"十四五"职业教育国家规划教材

"十四五"职业教育河南省规划教材

中国电力教育协会职业院校
电力技术类专业精品教材

电力安全技术

（第二版）

DIANLI ANQUAN JISHU

U0657882

全国电力职业教育教材编审委员会　组　编

杨文学　林建军　主　编

申麦琴　胡　斌　副主编

赖庆辉　梁华伟　编　写

田建华　主　审

中国电力出版社
CHINA ELECTRIC POWER PRESS

内 容 提 要

本书是集电气设备绝缘事故预防、人体安全防护、电力生产安全防护技术以及电力安全管理等多方面知识的专业教材,内容包括电力安全重要性的认识、电气设备绝缘特性及其状态诊断、人身触电伤害防护与现场急救技术、电气安全工器具的使用与管理、电力生产安全防护措施、电气火灾的预防与扑救、雷电过电压及其防护、内部过电压及其防护、电力安全管理等八个项目五十三个任务,内容丰富,形式新颖、针对性强。

本书主要作为高职高专电力技术类专业教学用书或电力及相关行业的培训用书,也可供电力生产技术人员参考使用。

图书在版编目(CIP)数据

电力安全技术/杨文学,林建军主编;全国电力职业教育教材编审委员会组编. —2版.—北京:中国电力出版社,2019.10(2025.1重印)

"十三五"职业教育规划教材

ISBN 978 - 7 - 5198 - 3873 - 7

Ⅰ.①电… Ⅱ.①杨…②林…③全… Ⅲ.①电力安全-高等职业教育-教材 Ⅳ.①TM7

中国版本图书馆 CIP 数据核字(2019)第 240248 号

出版发行:中国电力出版社
地　　址:北京市东城区北京站西街 19 号(邮政编码 100005)
网　　址:http://www.cepp.sgcc.com.cn
责任编辑:陈　硕(010—63412532)
责任校对:黄　蓓
装帧设计:郝晓燕
责任印制:吴　迪

印　　刷:北京雁林吉兆印刷有限公司
版　　次:2014 年 2 月第一版　2019 年 10 月第二版
印　　次:2025 年 1 月北京第二十二次印刷
开　　本:787 毫米×1092 毫米　16 开本
印　　张:20.75
字　　数:497 千字
定　　价:48.00 元

全国电力职业教育教材编审委员会

参 编 院 校

山东电力高等专科学校	西安电力高等专科学校
山西电力职业技术学院	保定电力职业技术学院
四川电力职业技术学院	哈尔滨电力职业技术学院
三峡电力职业学院	安徽电气工程职业技术学院
武汉电力职业技术学院	福建电力职业技术学院
江西电力职业技术学院	郑州电力高等专科学校
重庆电力高等专科学校	长沙电力职业技术学院

电力工程专家组

组　　长　解建宝

副 组 长　李启煌　陶　明　王宏伟　杨金桃　周一平

成　　员　（按姓氏笔画排序）

王玉彬　王　宇　王俊伟　刘晓春　余建华　吴斌兵

张惠忠　李建兴　李道霖　陈延枫　罗建华　胡　斌

章志刚　黄红荔　黄益华　谭绍琼

出 版 说 明

为深入贯彻《国家中长期教育改革和发展规划纲要（2010—2020）》精神，落实鼓励企业参与职业教育的要求，总结、推广电力类高职高专院校人才培养模式的创新成果，进一步深化"工学结合"的专业建设，推进"行动导向"教学模式改革，不断提高人才培养质量，满足电力发展对高素质技能型人才的需求，促进电力发展方式的转变，在中国电力企业联合会和国家电网公司的倡导下，由中国电力教育协会和中国电力出版社组织全国 14 所电力高职高专院校，通过统筹规划、分类指导、专题研讨、合作开发的方式，经过两年时间的艰苦工作，编写完成本套教材。

本套教材分为电力工程、动力工程、实习实训、公共基础课、工科专业基础课、学生素质教育六大系列。其中，电力工程和工科专业基础课系列教材 40 余种，主要针对发电厂及电力系统、供用电技术、继电保护及自动化、输配电线路施工与维护等专业，涵盖了电力系统建设、运行、检修、营销以及智能电网等方面内容。教材采用行动导向方式编写，以电力职业教育工学结合和理实一体化教学模式为基础，既体现了高等职业教育的教学规律，又融入电力行业特色，是难得的行动导向式精品教材。

本套教材的设计思路及特点主要体现在以下几方面。

（1）按照"行动导向、任务驱动、理实一体、突出特色"的原则，以岗位分析为基础，以课程标准为依据，充分体现高等职业教育教学规律，在内容设计上突出能力培养为核心的教学理念，引入国家标准、行业标准和职业规范，科学合理设计任务或项目。

（2）在内容编排上充分考虑学生认知规律，充分体现"理实一体"的特征，有利于调动学生学习积极性。是实现"教、学、做"一体化教学的适应性教材。

（3）在编写方式上主要采用任务驱动、行动导向等方式，包括学习情境描述、教学目标、学习任务描述、任务准备、相关知识等环节，目标任务明确，有利于提高学生学习的专业针对性和实用性。

（4）在编写人员组成上，融合了各电力高职高专院校骨干教师和企业技术人员，充分体现院校合作优势互补，校企合作共同育人的特征，为打造中国电力职业教育精品教材奠定了基础。

本套教材的出版是贯彻落实国家人才队伍建设总体战略，实现高端技能型人才培养的重要举措，是加快高职高专教育教学改革、全面提高高等职业教育教学质量的具体实践，必将对课程教学模式的改革与创新起到积极的推动作用。

本套教材的编写是一项创新性的、探索性的工作，由于编者的时间和经验有限，书中难免有疏漏和不当之处，恳切希望专家、学者和广大读者不吝赐教。

全国电力职业教育教材编审委员会

前　言

本书是按照"项目导向、任务驱动、理实一体、突出特色"的原则，顺应电力行业产业发展对高技术技能型人才需求，为适应工学结合人才培养模式、实现理实一体化教学而编写的。

全书贯穿"安全第一，预防为主"的理念，依据电力技术类专业毕业生的人才培养目标和对电力生产技能人员相关职业能力的培训要求，突出电力生产中影响系统安全的主要因素，探讨保障电力生产安全的技术与措施，以物（电气设备绝缘）、人、环境为主线，从预防电气设备绝缘事故、人身安全事故、电力生产安全事故的角度出发组织教材内容，符合学生认知规律和职业成长规律，强调学生职业能力培养和职业素质养成，让学生在完成具体学习任务中培养电力职业安全意识，掌握电力安全技术与措施，具备电力生产技能人员相关职业能力。

本书内容包括八个项目五十三个任务，内容丰富，形式新颖、针对性强。为学习贯彻落实党的二十大精神，本书根据《党的二十大报告学习辅导百问》《二十大党章修正案学习问答》，在数字资源中设置了"二十大报告及党章修正案学习辅导"栏目，以方便师生学习。

本书绪论和项目六、项目七由郑州电力高等专科学校杨文学编写，项目一由福建电力职业技术学院林建军编写，项目二由山西电力职业学院申麦琴编写，项目三、项目八由福建省德化县供电有限责任公司赖庆辉编写，项目四由郑州电力高等专科学校胡斌编写，项目五由郑州电力高等专科学校梁华伟编写，全书由杨文学统稿并担任主编。

郑州电力高等专科学校田建华教授对全书进行了仔细的审阅，提出了许多宝贵意见。本书在编写过程中参考了有关教材和资料，得到了一些电力系统兄弟单位的大力支持，在此表示衷心的感谢。

由于作者水平有限，书中有不当之处，恳请广大读者批评指正。

目　录

绪　　　论

电力工业是关系国计民生的基础产业，确保电力安全生产是电力企业的首要任务，同时也是保证我国电力系统健康发展的基础。电力安全生产的目的就是确保电力系统安全运行和电力可靠供应，为国民经济发展和人民生活提供优质、可靠的电能。

一、充分认识电力安全生产的重要性

安全是指不受威胁，没有危险、危害、损失。GB/T 28001—2011《职业健康安全管理体系》对"安全"给出的定义是：免除了不可接受的损害风险的状态。

电力安全生产的重要性是由电力生产的客观规律和特点以及社会作用决定的。近年来，我国经济高速发展，人们生活水平不断提高，对电力的需求也越来越大，电力工业得到了迅速发展，电力系统的规模也越来越大，自动化程度也越来越高，对电力系统的可靠性和安全性提出了更高的要求。随着国家电网公司"三集五大"体系建设不断深入，电力生产运行的管理机制也将发生重大变革，对电力系统安全可靠运行的要求也会越来越高。

（1）电力系统事故危害严重，影响经济发展和社会稳定。电力作为国民经济发展的基础产业，已经和经济社会发展、人民生活、构建和谐社会等息息相关，涉及整个社会的发展和稳定，电力企业安全生产的重要作用和意义日益凸显。如果供电中断，特别是电网事故造成大面积停电，将使各行各业的生产停顿或瘫痪，有的还会产生一系列次生事故，带来一系列次生灾害。另外，供电中断或大面积停电，会给社会和人民生活秩序带来混乱，甚至造成社会灾难，造成极坏的政治影响。因此，电力安全生产关系到国家人民生命财产安全，关系到人民群众的切身利益，关系到国民经济健康发展，关系到人心和社会的稳定。

（2）电力系统发生事故影响电力企业的效益。安全是电力生产的基础，如果电力系统经常发生事故，系统中的发电厂和变电站都不能正常运行，使电力生产和输配电处于混乱状态，因此电力企业本身需要安全生产。没有安全生产，就没有效益。电力企业的生存与发展，必然要求有好的经济效益，如果电力企业的安全生产做不好，必然减少发供电并增加各种费用的支出，其结果是成本上升，效益下降，因此，搞好安全生产是提高经济效益的基础。

（3）电力生产的特点要求电力系统必须具有很高的可靠性和连续性。电力系统是由发电—变电—输电—配电—用电等环节组成的一个整体。由于电能尚不能大规模储存，因此产、供、销是同时进行的，电力的生产、输送、使用一次性同时完成并随时处于平衡。电力生产的这些内在特点决定了电力生产的发、供、用必须有极高的可靠性和连续性，任何一个环节发生事故，都可能带来连锁反应，造成人身伤亡、主设备损坏或大面积停电，甚至造成全电力系统崩溃的灾难性事故。因此，电能生产的内在特点需要安全生产。特别是目前的电力系统已是大机组、大电厂、大容量、高电压、高度自动化的系统，对安全生产提出了更新、更高的要求，安全生产就显得更加重要。

（4）电力生产的劳动环境危险因素多，对安全的要求很高。电力生产的劳动环境有几个明显的特点。①电气设备多；②高温高压设备多，如火电厂的锅炉、汽轮机、压力容器和热力管道等；③易燃、易爆和有毒物品多，如燃煤、燃油、强酸、强碱、制氢气及制氧气系统、氢冷设备等；④高速旋转机械多，如发电机、风机、电动机等；⑤特种作业多，如带电作业、高空作业、起重及焊接作业等。这些特点表明，电力生产的劳动条件和环境相当复杂，本身潜伏着诸多不安全因素，潜在的危险性大，这些都构成了对职工人身安全的威胁，工作中稍有疏忽，潜在的危险会转化为人身事故。因此，电力生产环境要求我们对安全生产要高度重视。

二、我国用电安全现状

衡量安全用电水平通常用用电量与触电死亡人数的比值来表示。目前发达国家的用电安全水平一般为每用电 50×10^8 kWh 触电死亡 1 人。我国的用电安全理论研究和实际应用的发展是比较缓慢的，使我国与世界发达国家的差距较大。20 世纪 70 年代中期，我国每年人均占有的发电量仅 200kWh，而每年平均触电死亡人数近 6000 人，大约每用电（0.25～0.3）$\times10^8$ kWh 触电死亡 1 人，与发达国家同期的用电安全水平相差几十倍。因此我国触电事故的现状是比较严重的。据劳动部门统计，1980 年以前，我国工矿企业单位触电死亡人数占因公死亡人数的 6%～8%，排在第 5、6 位；进入 20 世纪 80 年代，触电事故比例呈增加趋势，1980 年，触电死亡人数占因公死亡人数的 10%以上，排在第 4 位；而 1993 年，触电事故又上升到职工伤亡事故的第 3 位，在建筑行业和农村，触电事故还要严重一些。将触电死亡人数与用电量对照分析，我国用电量与触电死亡人数之比不到 2×10^8 kWh/人，大约是发达国家的 25 倍，差距巨大。

近 20 年来，我国的经济建设蓬勃发展，同时用电安全水平也大幅度地提高。尽管我国的用电量迅速增加，供电区域迅速扩大，而每年触电死亡人数的绝对值却呈下降趋势。特别是近年来，随着双重绝缘、电气隔离、漏电保护等防触电新技术的广泛应用，对于减少触电事故已经取得了明显的效果，我国年发电量与触电死亡人数的比值从 0.38×10^8 kWh/人增至 1.51×10^8 kWh/人。从这方面来看，用电安全水平大约提高了 4 倍。

随着科学技术的发展，各种安全技术的应用，用电安全水平将进一步提升，同时也会出现新的电气安全问题，因此应不断研究触电领域里的新问题，包括对安全标准、安全规范、安全教育和安全管理等软科学课题的研究，还要研究不同用电装置、不同用电环境、不同用电条件、不同用电要求下的防触电技术。

三、提高电力安全生产水平的措施

1. 技术与设备方面

（1）不断强化和完善保证安全的技术手段。随着安全技术的进步，广泛采用安全技术措施，强化保障人身和设备安全与防止人为误操作的技术手段，加快老旧变电站、输电线路的技术改造，提高电网输送能力和安全稳定水平，确保电力系统运行安全和电力可靠供应。

（2）做好电气设备的运维检修，提高设备健康水平。设备健康水平是安全生产的硬件基础，直接关系到电力系统的安全运行，许多事故的发生都是与设备的缺陷有关。建立以缺陷管理为中心的设备运维检修机制，充分利用红外测温等成熟的在线监测和信息管理系统等技术手段，掌握设备运行状况，及时消除设备隐患。对一时难以消除的设备隐患，加强监测和跟踪，制定完善的应对预案，采取果断措施，不能存有任何侥幸心理和麻痹思想。根据电力系统迎峰度夏、防洪、防汛等特殊时期保供电要求，有针对性地加强电力系统设备各个时期的运行管理，对重要输电通道、枢纽变电站定期巡视，重点检查。

2. 安全管理与制度建设

（1）层层落实安全生产责任。坚持安全生产"一把手"负责制，制定安全生产目标和计划，将线路、设备划分区域，把安全责任层层分解落实到人，层层签订《安全生产目标责任书》，形成安全生产一级抓一级，将安全生产考核指标与部门、班组和个人经济利益挂钩，真正使安全管理做到全员化、全方位、全过程。

（2）加强机制建设，提高管理水平。建立持续改进机制，突出抓好安全性评价动态管理。建立应急预警机制，加强安全生产全过程管理，按照"分级管理、限期整改"原则，对存在安全隐患的部门，及时督促整改到位。加强监督考核，完善约束机制，切实履行安全监督职责。加强各种安全制度建设，规范员工行为，提升安全管理水平。

（3）实施现场标准化作业，杜绝习惯性违章。加强现场安全措施标准化管理，保证现场安全技术措施的落实，提高人员失误的防范和控制水平，可以从操作层面，建立所有操作项目的标准化管理体系，实现所有业务活动、生产活动的流程化，把各类文字流程图表化、现场化。推行岗位标准化作业流程，推广应用标准化设计、标准化巡检、标准化操作、标准化资料、标准化现场、标准化交接班、标准化讲解、标准化管理等，杜绝岗位员工习惯性违章。

（4）加强安全工器具的质量管理。严格执行工器具的报废制度，到期的、已损坏的和不合格的工器具一律要强制报废，禁止以任何形式将已报废的工器具给其他个人使用。制定并落实安全工器具检修管理标准化制度，对使用的工器具，需要的材料，修试记录、验收记录等都应做出具体详细的规定，做到有据可查，责任落实。

3. 员工安全教育

加强安全生产教育培训力度，提高人的安全意识，增强人的安全素质，使人人都懂得安全、会安全，才能确保安全生产。除了强制性进行《国家电网公司电力安全工作规程》教育外，还要分层次、分对象、分岗位、分工种，有针对性地进行培训，同时做好对生产事故的学习教育，切实提高职工的安全操作技术水平和安全防范意识，促使管理人员的安全管理素质整体提高，从而满足电力安全生产的需要。

四、电力生产安全目标

（1）总体安全目标。我国电力系统（或电力企业）安全生产的总体安全目标是防止两类七种事故。

两类事故是指对社会造成重大影响和对资产造成重大损失的事故，其中包括七种事故，它们分别是：

1）人身死亡事故。

2）大面积停电事故。

3）大电力系统瓦解事故。

4）电厂垮坝事故。

5）主设备严重损坏事故。

6）重大火灾事故。

7）核泄漏事故。

（2）供电企业安全生产目标实行三级控制的标准：

1）企业控制人身重伤事故，不发生人身死亡和重大电力系统、设备事故，不发生误操作事故，不发生重大交通事故和生产场所火灾事故；年内满足上级规定的百日安全个数。

2）二级基层单位控制人身轻伤、重大未遂事故和障碍，不发生人身重伤和责任电力系统、设备事故，不发生负主要责任的生产交通、火灾事故；年内满足本企业规定的百日安全个数。

3）班组控制人身未遂和设备异常，不发生轻伤事故和责任障碍；年内满足本单位规定的百日安全个数。

（3）送、变电施工企业安全施工目标实行三级控制的标准：

1）企业控制人身重伤事故，不发生人身死亡和重大施工机械设备、火灾及负主要责任的重大交通事故；年内满足上级规定的百日安全个数。

2）专业工地控制人身轻伤和重大未遂事故，不发生人身重伤和一般机械、设备、火灾、责任交通事故；年内满足本企业规定的百日安全个数。

3）班组控制人身未遂和异常，不发生轻伤事故和责任障碍；年内满足本单位规定的百日安全个数。

（4）修造企业安全生产目标实行三级控制的标准：

1）企业控制人身重伤事故，不发生人身死亡和重大机械设备、火灾及负主要责任的重大交通事故；年内满足上级规定的百日安全个数。

2）车间控制人身轻伤和重大未遂事故，不发生人身重伤和一般机械设备、火灾事故；年内满足本企业规定的百日安全个数。

3）班组控制人身未遂和异常，不发生轻伤事故和责任障碍；年内满足规定的百日安全个数。

（5）省公司生产系统年内百日安全个数：

1）66kV 及以上电压等级的主变压器容量 2000MVA 及以上和送电线路 1000km 及以上的供电企业 1 个，具备上述条件之一的供电企业 2 个。

2）66kV 及以上电压等级的主变压器容量 2000～1000MVA 和送电线路 1000～500km 的供电企业 2 个，具备上述条件之一的供电企业 3 个。

3）66kV 及以上电压等级的主变压器容量 1000MVA 及以下和送电线路 500km 及以下的供电企业 3 个。

4）调度部门、修造企业 3 个。

（6）各供电企业、施工企业、修造企业及其所属的二级单位（车间、专业工地）、班组可根据各自的实际情况确定各自的年度安全生产目标，但不得低于上级的要求。

项目一

电气设备绝缘的特性及其诊断

【项目描述】

    大量的人身或设备的安全事故表明，设备或线路的绝缘损坏是引起事故的最重要原因，故研究电气设备绝缘的特性及其状况具有非常重要的意义。本项目介绍电气设备绝缘的主要特性，即在低电场作用下的极化、电导、损耗现象及在高电场作用下绝缘的击穿现象；介绍常见的几种绝缘试验项目及对试验结果的诊断，即绝缘电阻（含吸收比或极化指数）、直流泄漏电流、介质损耗因数、局部放电的测量及耐压试验；最后综述绝缘预防性试验的意义、分类、总体要求，试验报告书的编写等。通过本项目的学习，知道绝缘的作用、分类、基本电气参数、预防性试验的意义、项目及基本方法、步骤，学会初步制定预防性试验方案，学会进行实际的绝缘试验的接线与操作，学会初步综合判断电气设备的绝缘状态，学会编写试验报告单，从而初步掌握电气试验岗位的基本知识及基本技能。

【教学目标】

    （1）了解电介质极化、电导、损耗、击穿的现象、概念及其相应的表征物理量。

    （2）了解影响电介质极化、电导、损耗、击穿的基本因素。

    （3）一般了解气体、液体、固体电介质击穿的基本机理。

    （4）知道提高气体、液体、固体电介质击穿电压（绝缘强度）的方法与措施。

    （5）知道绝缘预防性试验的意义、目的、分类、有效性、总体要求。

    （6）一般了解局部放电测量、串联谐振试验的基本试验原理、试验方法、试验接线及试验结果的诊断等。简要了解感应耐压试验和冲击耐压试验。

    （7）熟悉测试绝缘电阻（含吸收比或极化指数）、直流泄漏电流、介质损耗因数、工频耐压、直流耐压试验的基本试验原理、试验方法、试验接线、试验步骤，熟悉影响测试结果的基本因素、注意事项及对试验结果的分析判断。

    （8）了解试验报告的编写及相关规范标准等。

    （9）会利用电介质的绝缘特性，为工程实践中的应用服务。

    （10）会运用电气设备绝缘的电气特性及其预防性试验的基本知识，制定电气设备绝缘预防性试验方案。

    （11）会进行各种常见绝缘预防性试验项目的实际操作。

    （12）会编写试验报告单。

（13）会根据试验结果综合判断电气设备的绝缘状态。

【教学环境】

（1）场所：安静的，室内光线、温度、通风良好的教室或一体化教学用的实训室。

（2）设备：电气试验仿真系统、电化教学设备、黑板或白板、粉笔或白板笔、板擦、激光笔、投影仪、麦克风、音响器材、多媒体网络终端等。

（3）教学资源：模块化教材、讲义、PPT课件、讨论资料、测试资料等。

任务一　电介质极化现象的认识

【教学目标】

（1）了解电介质的定义、种类。

（2）知道电介质极化的现象、定义、表征指标及其物理意义。

（3）一般了解电介质极化的种类及其特点。

（4）一般了解影响电介质极化的因素。

（5）领会电介质极化现象在工程实践中的合理应用。

（6）懂得利用电路基本知识分析夹层式极化现象。

（7）懂得运用电介质极化现象为工程实践中的应用服务。

【任务描述】

电介质极化现象、概念、种类、特点、影响因素及在工程实践中的应用。

【任务实施】

（1）通过实验对比法（两个几何尺寸完全相同电容器的电容量的比对实验），引导学生对电介质极化这一抽象现象及概念的认知。

（2）通过图片展示，组织讨论电介质极化的种类、特点及影响因素。

（3）通过数个工程应用进一步加深对极化现象的理解。

【相关知识】

一、电介质的一般知识

电气设备主要是由导体和绝缘等部分组成的，在供用电系统中常常由于某一部分或某一电气设备的绝缘损坏而引发电气事故，破坏了系统工作的安全性和可靠性，给国民经济造成重大损失。因此，为保证电气设备的安全运行和电气工作人员的安全，必须对绝缘材料（即电介质）和绝缘结构的电气性能进行研究。

绝缘就是不导电的意思，绝缘的作用是把电位不相同的导体分隔开来，以保持它们之间不同的电位。

工程上应用的电介质按物态可分为气态、液态和固态三类，按化学结构可分为非极性及弱极性电介质、偶极性电介质和离子性电介质三类；固体绝缘按化学性质可分为无机绝缘材料、有机绝缘材料、混合绝缘材料三类。绝缘按在设备中的位置，可分为内绝缘、外绝缘两类。在有绕组的设备中，绝缘可分为主绝缘与纵绝缘两类。设备按绝缘结构，可分为变压器类、电容器、旋转电机、电力电缆、绝缘子套管等五类。

电介质在电场作用下的电气特性可用极化、电导、损耗及击穿来表征。一般气体电介质的极化，电导和损耗都很微弱，可忽略不计，需要注意的是液体和固体电介质的这些特性。

二、电介质的极化现象

1. 极化的概念

首先看一个对比试验。如图 1-1 所示，先将平行板电容器放在密封容器内并抽真空，极板上施加直流电压 U。如图 1-1（a）所示。如图 1-1（b），极板上电荷量为 Q_0。在两极板之间放入一厚度与极间距离相等的极性固体介质，施加同样电压 U，这时发现极板上的电荷量增加到 $Q_0 + Q'$，我们自然想知道，这额外增加的电荷量从何而来？

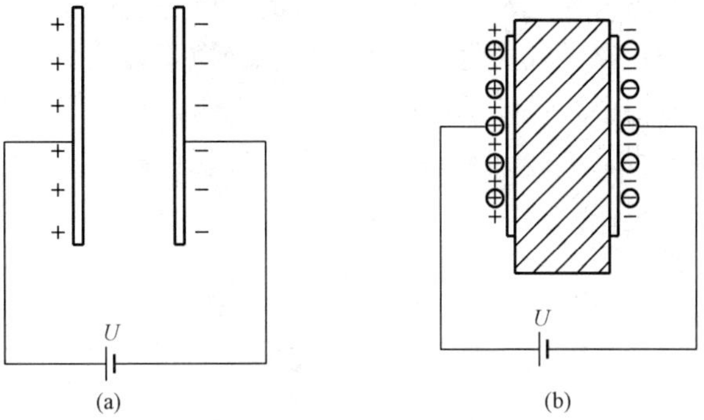

图 1-1　电介质的极化
（a）极间为真空；（b）极间有介质

这是因为极间介质在电场作用下，原来彼此中和的正、负电荷发生位移，形成电矩，在极板上另外吸引了一部分电荷 Q'，导致极板上电荷的增加。这种现象即称为电介质的极化。

极间真空时的电容可用下式表示

$$C_0 = \frac{Q_0}{U} = \varepsilon_0 \frac{A}{d} \tag{1-1}$$

式中　A——极板面积，mm^2；

　　　d——极间距离，m；

　　　ε_0——真空介电系数，ε_0 为 $\frac{1}{36\pi} \times 10^{-9}$（F/m）。

极间引入介质后

$$C = \frac{Q_0 + Q'}{U} = \varepsilon \frac{A}{d} \tag{1-2}$$

$$\varepsilon_r = \frac{C}{C_0} = \frac{Q_0 + Q'}{Q_0} = \frac{\varepsilon}{\varepsilon_0} \tag{1-3}$$

式中　C、ε——有介质时的电容和介电系数；

　　　C_0、ε_0——真空时的电容和介电系数；

　　　ε_r——介质的相对介电系数，是介质介电系数和真空介电系数之比，气体介质的相对介电系数 ε_r 接近于 1，其他常用的液体、固体绝缘的 ε_r 则各不相同，一般为 2~6。

2. 极化的基本形式及特点

（1）电子式极化。任何电介质都是由分子或离子构成。构成分子的原子则由带正电的原子核和带负电的电子组成，它们的作用中心重合，对外部呈中性。介质的这些带电质点内部结合力很强，不像导体中的原子那样容易互相脱离而形成自由电子和正离子，但它们在外电场作用下却会发生相对位移，使电子与原子核作用中心不重合，从而使分子呈现极性，如图 1-2 所示。这种极化存在于一切气体、液体和固体介质中。

电子式极化的主要特点：①不消耗能量，也称无损极化。这种电子位移的极化是弹性的，在外电场去掉后，正、负电荷依靠之间的吸引力而自动恢复到原来的中性状态，因而这种极化不消耗能量。②这种极化的特点是过程极快，约为 10^{-15} s。

（2）离子式极化。固体无机化合物多属离子式结构，如云母、陶瓷、玻璃等。无外电场作用时，正、负离子作用中心互相重合，对外部呈中性。在外电场作用下，正、负离子发生位移，于是正、负电荷作用中心不再重合，离子对外部呈现电的极性，如图 1-3 所示。

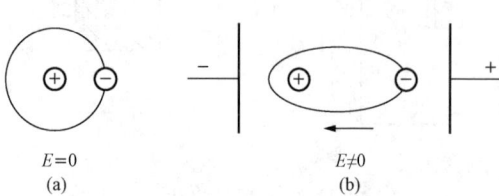

图 1-2　电子位移极化
（a）无外加电场；（b）有外加电场

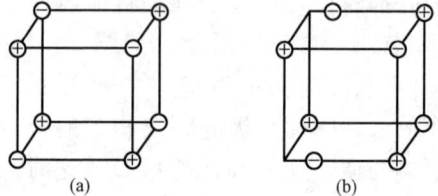

图 1-3　离子位移极化
（a）无外加电场；（b）有外加电场

离子式极化的主要特点：①离子式极化也是弹性位移，极化过程几乎不损耗能量，也是无损极化。②极化过程也很快，不超过 10^{-13} s。

（3）偶极式极化。有些介质是由偶极子组成的，称为极性电介质，如蓖麻油、氯化联苯、橡胶、胶木和纤维素等。偶极子的电子作用中心与原子核不相重合，好像分子的一端带正电荷，而另一端带负电荷，因而分子形成一个永久的偶极矩。单个分子虽具有极性，但整体排列杂乱无章，极性互相抵消，对外呈中性。在外电场作用下，偶极子沿电场方向有规律地排列，因而显示出电的极性来，如图 1-4 所示。

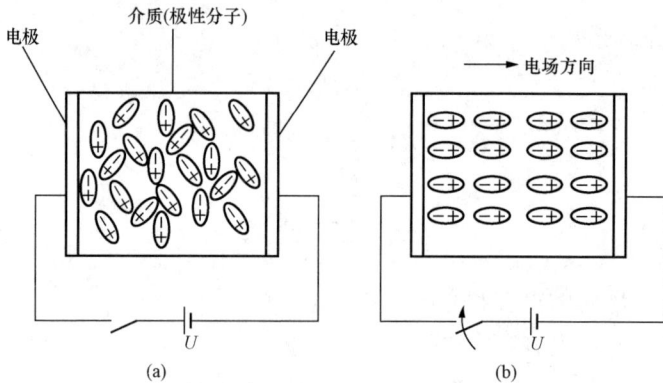

图 1-4　转向极化
（a）无外加电场；（b）有外加电场

偶极式极化的主要特点：①偶极式极化是非弹性的，因极性分子旋转时要克服分子间的吸引力（可想象为分子在一种黏性媒质中旋转时阻力很大一样），极化时消耗的能量在电场撤离时不能回收，所以偶极式极化为有损极化。②偶极式极化的过程较长，约为 $10^{-10} \sim 10^{-2}$ s，因此极性物质在频率较高的外加电压作用下，偶极子来不及沿电场方向排列，极化减弱，ε_r 减小。

（4）夹层式极化。高压电气设备如电缆、电容器、电机和变压器等的绝缘往往由几种不同材料组成，两层介质之间常夹有油层、胶层等，这时绝缘中就出现了不同介质的分界面。对于不均匀介质或含杂质的介质、受潮的介质，都可以认为是夹层式的介质。这种绝缘结构在电场下的极化称夹层式极化。

夹层式极化过程其实就是多种介质分界面上电荷重新分布的过程。在极化过程中，有的介质两面上的电荷通过自身电导中和，材料压降降低；有的介质则从电源再吸收一部分电荷——称吸收电荷，材料压降增加。所以夹层的存在使整个介质的等值电容增大，因而称夹层介质极化。图1-5所示为双层介质的极化。

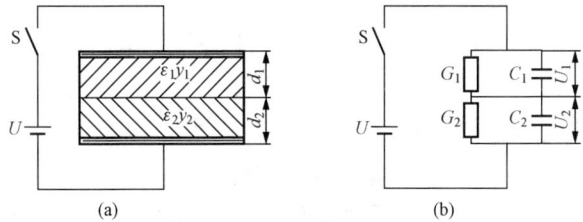

图 1-5 双层介质的极化
(a) 双层介质示意图；(b) 等值电路

这种极化的特点：①过程很慢，所需时间由几秒钟到几十分钟甚至更长。②极化过程消耗能量，属有损极化。

夹层式极化从电源中吸收电荷的过程缓慢，去掉电源后吸收电荷要释放出来也同样缓慢，因此对于使用过的大电容设备，应将两极短接彻底放电后，才能接触，以防止吸收电荷释放出来危及人身安全。

三、影响电介质极化的因素

ε_r 与温度、电源频率有关，且与介质的种类及极化形式有关。

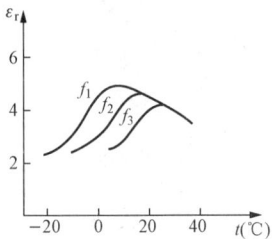

图 1-6 氯化联苯的 ε_r 与温度 t 及频率 f 的关系

以氯化联苯为例，温度高时其分子热运动加剧，妨碍偶极子沿电场方向取向，极化减弱；温度很低时，分子间联系紧密，偶极子难以转向，不易极化。所以随温度增加，极化程度先增加后降低。其 ε_r、f、t 之间的关系如图1-6所示。

四、电介质极化在工程实际中的应用

(1) 选择绝缘。在选择高压电气设备的绝缘材料时，除了要考虑材料的绝缘强度外，还应考虑相对介电常数 ε_r。例如在制造电容器时，要选择 ε_r 大的材料作为极板间的绝缘介质，以使电容器单位容量的体积和重量减小；在制造电缆时，则要选择 ε_r 小的绝缘材料作为缆芯与外皮间的绝缘介质，以减小充电电流。其他绝缘结构也往往希望选用 ε_r 小的绝缘材料。

(2) 多层介质的合理配合。一般高压电气设备中的绝缘常常是由几种电介质组合而成的。在交流及冲击电压下，串联电介质中的电场强度是按 ε_r 成反比分布的，这样就使得外加电压的大部分常常为 ε_r 小的材料所负担，从而降低了整体的绝缘强度。因此要注意选择 ε_r，使各层电介质的电场分布较均匀。

例如，若固体介质中含有气泡，气体的介电系数小，承担场强大，会先游离，游离后使固体介质逐渐劣化，导致整体材料的绝缘能力降低，所以常采用"浸油"、"充胶"等措施来消除气泡。对于固体介质和金属电极接触处的空气隙，则经常采用"短路"的办法，使气隙内的电场强度降为零，如35kV瓷套内壁上半导体釉，通过弹性铜片与导杆相连；高压电机定子线圈槽内绝缘外包半导体层后，再嵌入槽内等。

（3）介质损耗与电介质极化类型有关，而介质损耗是绝缘老化和热击穿的一个重要影响因素。

（4）夹层式极化现象在绝缘预防性试验中，可用来判断绝缘状况。

任务二 电介质的电导

📢 【教学目标】

（1）了解电介质电导的定义及其物理意义。

（2）领会电介质电导与金属电导的根本性区别。

（3）了解固体电介质电导的组成。

（4）了解影响电介质电导的因素。

（5）领会电介质电导在工程实践中的合理应用。

（6）会利用暂态电路的基本知识分析电介质三支路等值电路及其相关概念。

（7）会运用电介质电导现象为工程实践中的应用服务。

🎗 【任务描述】

电介质的电导现象、特点、组成、影响因素及在工程实践中的应用。

🐾 【任务实施】

（1）通过图解分析法引入电介质施加直流电压实验。分析电介质三支路等值电路的物理意义。

（2）通过小组讨论法，比较电介质电导与金属电导的区别。

（3）通过综合分析与工程实例进一步加深对电介质电导的理解及应用。

📖 【相关知识】

一、电介质电导现象

1. 电介质电导

任何电介质都不可能是理想的绝缘体，介质内部总存在一些自由的或联系较弱的带电质点，在电场作用下，它们可沿电场方向运动构成电流，因此任何电介质都具有一定的电导。

电导是衡量电介质导电能力的参数，用字母 G 表示，单位 S（西门子）。与金属材料一样，电介质在电流通过时也会存在阻碍电流定向迁移的所谓的电阻，特称为绝缘电阻，用符号 R_∞ 表示，因其数值通常很大，故单位习惯用 MΩ（兆欧）表示。绝缘电阻和电导互为倒数关系。

图 1-7（a）所示为测量固体电介质中电流的实验电路。开关 S1 闭合后，流过电介质内部的电流随时间的变化曲线如图 1-7（b）所示。它随时间逐渐衰减，最终达到某个稳定值，这种现象称为吸收现象。吸收现象是由电介质的极化产生的。图中 i_c 是由无损极化产生的电流，由于无损极化建立所需时间很短，所以 i_c 很快衰减到零。这部分电流又称为电容电流。i_a 是由有损极化产生的电流，而有损极化建立所需时间较长，所以 i_a 较为缓慢地衰减到零。这部分电流又称为吸收电流。I_g 是不随时间变化的恒定分量，称为电介质的电导电流或泄漏电流。泄漏电流是由于介质中的离子或电子（离子为主）在电场作用下定向移动构成的。它的大小与带电粒子的密度、速度、电荷量、外施电场等有关。

由此可见，通过电介质的电流由三部分组成，即

$$i = i_c + i_a + I_g \tag{1-4}$$

泄漏电流所对应的电阻称为绝缘电阻，其表达式为 $R = \dfrac{U}{I_g}$。

测量介质绝缘电阻，应在电容电流分量、吸收电流分量衰减完毕后进行，通常规定以施加电压 1min 或 10min（如大型电机）后所测得的泄漏电流来求之。

在图 1-7（a）中施加电压达到稳定后断开 S1，再合上 S2，有与吸收电流变化规律相同的电流反向流过，流过电流表的电流如图 1-7（b）下部曲线所示。

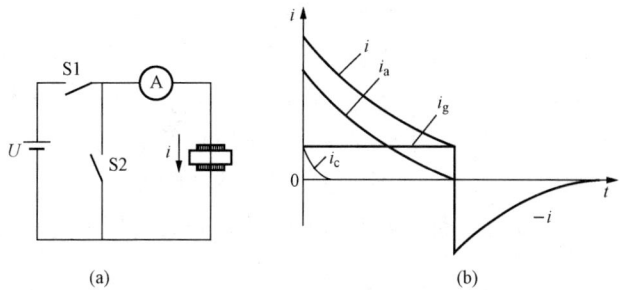

图 1-7　直流电压下流过固体电介质的电流
（a）实验电路；（b）电流随时间的变化曲线

根据上述分析，可以得到电介质的等值电路，如图 1-8 所示。它由三条并联支路组成，其中含有电容 C_0 的支路代表无损极化引起的瞬时电容电流支路，电阻 r_a 和电容 C_a 串联的支路代表有损极化引起的吸收电流支路，而含有电阻 R 的支路代表电导电流支路。

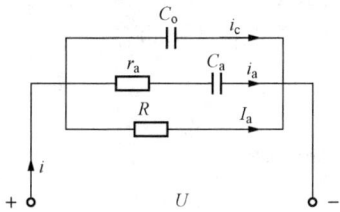

图 1-8　直流电压下介质的等值电路

2. 介质电导与金属电导的本质区别

（1）介质电导很小（电阻率 ρ 一般为 $10^9 \sim 10^{22}\,\Omega \cdot cm$），而金属电导很大（电阻率 ρ 一般为 $10^{-6} \sim 10^{-2}\,\Omega \cdot cm$）。故介质电导被用来构成电气设备隔离电位用的绝缘部分，而金属电导主要被用来构成电气设备运载电流的导电部分。

（2）介质电导主要由离子构成，包括介质本身和杂质分子离解出的离子（主要是杂质离子），故介质电导是离子性电导；而金属电导是由金属导体中的自由电子构成，故为电子性电导。

（3）介质电导具有正温度系数。介质温度愈高，参与移动的离子数量愈多，这有利于离子的迁移，故使其电导增大；而金属温度愈高，电子的不规则运动愈剧烈，从而不利于电子的定向迁移，故使其电导变小。因此，在测量电气设备的绝缘电阻或导体回路电阻时必须记录温度。

此外，介质电导还与电压有关，当外加电压使介质接近击穿时，会出现显著的、快速增加的自由电子导电现象，这时其电导值将急剧增大。

3. 固体电介质的组成

固体电介质又称固体绝缘，包括体积绝缘电阻 R_v 和表面绝缘电阻 R_s，两部分为并联关系，即

$$R = \frac{R_v R_s}{R_v + R_s} \tag{1-5}$$

体积绝缘电阻 R_v 反映的是绝缘内部的品质。表面绝缘电阻 R_s 除了与绝缘品质有关外，受外界条件的影响很大。若绝缘表面脏污、潮湿，表面绝缘电阻则明显下降，但用干净柔软的布擦干净后表面绝缘电阻就会大大提高。测量中若要把表面绝缘电阻分开，应在测量回路

中加辅助电极，如绝缘电阻表中的屏蔽电极 G，使表面泄漏电流不通过表计。

二、影响电介质电导的因素

影响气体介质、液体介质与固体介质电导的因素并不一样。气体介质只要工作在场强低于其击穿场强时，其电导可以忽略不计。下面介绍影响固体与液体电介质电导的主要因素。

（1）杂质。由于杂质中的离子数较多，故当介质中的杂质增多时，其电导会明显增加。在各类杂质中，以水分的影响最大。因水分本身的电导及损耗因数较大，且水分能使介质中的另一些杂质（如盐类、酸类等物质）发生水解，从而大大增加介质的电导。因此，电气设备在制造、运行、检修时都要特别注意防潮。

（2）温度。离子电导随温度的升高而增加。电介质电导率与温度的关系式为

$$\gamma = A e^{-\frac{B}{T}} \tag{1-6}$$

式中　　A、B——常数；

　　　　T——绝对温度。

三、电导在工程实际中的应用

（1）在直流电压作用下，串联的多层电介质各层的电压分布与电导成反比，因此设计直流电气设备时要注意所选用电介质电导率，尽量使材料得到合理的使用。

（2）注意环境湿度对固体电介质表面电导的影响，注意亲水性材料的表面防水处理。

（3）在绝缘预防性试验中，通过测量介质的绝缘电阻和泄漏电流来判断绝缘是否存在受潮或其他劣化现象。

任务三　绝缘电阻与直流泄漏电流的测量

🔊【教学目标】

（1）了解绝缘电阻表的原理与接线端子的作用，了解绝缘电阻表的基本结构与三种形式。

（2）了解测量绝缘电阻、吸收比、极化指数的目的、意义。

（3）熟悉绝缘电阻、吸收比、极化指数的测试方法、测试步骤及注意事项。

（4）了解影响绝缘电阻测量结果的因素、懂得对试验结果进行分析判断。

（5）了解直流泄漏电流测试的意义。

（6）了解直流泄漏电流测试的特点。

（7）熟悉直流泄漏电流的测试方法、试验接线及影响测试结果的因素，懂得对试验结果进行分析判断。

（8）会进行绝缘电阻、吸收比或极化指数等试验项目的实际操作。

（9）会进行直流泄漏电流等试验项目的实际操作。

🤲【任务描述】

介绍绝缘电阻（含吸收比、极化指数）、直流泄漏电流的测量。通过对绝缘电阻表结构分析、原理介绍、要点归纳、步骤讲解，掌握绝缘电阻（含吸收比、极化指数）、直流泄漏电流测量的目的、基本原理、试验接线及试验步骤、影响测量结果的因素以及对试验结果的分析判断。

☟【任务实施】

利用高压实训室或电气试验仿真系统，通过实际的测量绝缘电阻、直流泄漏电流等试验任务入手，引导、组织学生分小组讨论并实施。试验项目：10kV配电变压器绝缘电阻及直流泄漏电流试验。试验仪器及设备：电阻表及成套试验装置1套；直流高压发生器及成套试验装置1套；被试设备：如10kV配电变压器1台或其他。

任务可通过"任务单→资料单→操作单→评估单"等四个阶段来完成。

（1）任务单。任务单可布置工作任务具体内容，提出完成该任务的要求。

（2）资料单。资料信息可由老师传递，学生学习该任务模块的理论知识，熟悉该任务操作的基本流程。

（3）操作单。学生根据任务书按规范程序和步骤进行的操作，根据理论知识，或使用工器具按规程、规范完成任务。

（4）评估单。根据工作任务完成情况，可采用反思法和分组讨论法引导学生总结、分析，并提出改进意见，并对结果进行评估、考核。

▦【相关知识】

一、绝缘电阻表的原理与接线

绝缘电阻表是用来测量设备绝缘电阻的专用仪器。其按结构可分为手摇式、晶体管式和数字式，按电压等级一般有100、250、500、1000、2500、5000V等几种形式，可根据被试设备的电压等级进行选用。

1. 绝缘电阻表的结构及工作原理

（1）手摇式绝缘电阻表。手摇式绝缘电阻表内部结构主要由电源与测量机构两部分组成。电源为手摇发电机，测量机构是磁电式流比计。驱动发电机的转轴，发出的电压经整流后加至电流回路和电压回路的两个并联电路上。磁电式流比计处于不均匀磁场中，其指针的偏转与并联电路中电流的比值有关，电流的比值与电阻值成反比关系，因此偏转角反映了被测绝缘电阻值的大小。手摇式绝缘电阻表原理接线和外形如图1-9和图1-10所示。

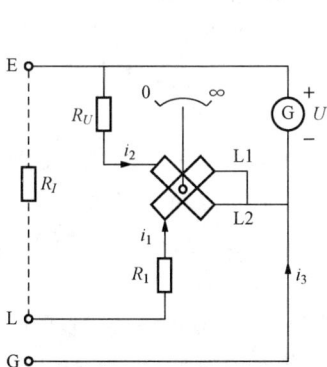

图1-9　绝缘电阻表原理接线图

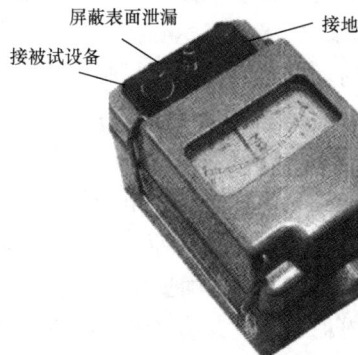

图1-10　手摇式绝缘电阻表外形

（2）晶体管式绝缘电阻表。晶体管式绝缘电阻表采用干电池供电，通过晶体管振荡器产生交变电压，经变压器升压及倍压整流后输出直流高压。

（3）数字式绝缘电阻表。数字式绝缘电阻表是将直流电源变频产生直流高压，通过程序控制使各种绝缘测试可由菜单选择自动进行。其测试电压大多可在500~5000V内选择，试

图 1-11　数字式绝缘电阻表外形

验电流为 2mA 和 5mA 等；测量范围比手摇式绝缘电阻表广，显示直观准确。大容量设备常需要进行吸收比或极化指数试验，采用数字式绝缘电阻表测量较采用其他结构绝缘电阻表测量而言，更简单易行，因此目前在电力系统中广泛应用。数字式绝缘电阻表外形如图 1-11 所示。

2. 绝缘电阻表的测量接线

常见的绝缘电阻表一般有三个接线端子，分别是"线路"端子 L、"地"端子 E、"屏蔽"端子 G。绝缘电阻表的"线路"端子 L 接于被试设备的高压导体上；"地"端子 E 接于被试设备的外壳或地上；"屏蔽"端子 G 接于被试设备的屏蔽环，以消除表面泄漏电流的影响。

二、测量绝缘电阻和吸收比及极化指数的意义

测量电气设备的绝缘电阻和吸收比及极化指数，是检查设备绝缘状况最简便的方法。在现场进行设备绝缘试验项目时，测量绝缘电阻是绝缘试验的第一个项目，用来检查设备是否有严重缺陷。

1. 定义

（1）绝缘电阻是指在设备绝缘结构的两个电极之间施加的直流电压值与流经该对电极的泄漏电流值之比。由任务二可知，在电气设备的绝缘上加上直流电压后，流过绝缘的电流要经过一个过渡过程才达到稳态值，因此绝缘电阻也要经过一定的时间才能达到稳定值，通常认为加压 60s 时，通过绝缘的吸收电流已衰减至接近于零。所以若无特殊说明，均指加压 1min 时所测得的数值为被试设备的绝缘电阻。

（2）吸收比 K 是指在进行同一次绝缘电阻试验中，1min 时的绝缘电阻值与 15s 时的绝缘电阻值之比值。

对电容量较大的高压电气设备，如电缆、电容器、变压器等，由于其绝缘均为多层介质，绝缘良好时存在明显的吸收现象，稳态绝缘电阻值也较高；绝缘受潮或存在某些穿透性的导电通道时，绝缘电阻达到稳态值所需的时间大大缩短，稳态值也低。因此，可以利用绝缘电阻值随时间变化的关系来反映绝缘的状况，主要以吸收比的大小为判断依据。如果吸收比有明显下降，说明绝缘受潮或油质严重劣化。

《电力设备预防性试验规程》中规定：$K \geq 1.3$ 为绝缘干燥，$K < 1.3$ 为绝缘受潮。

（3）对于大型电机或大型电力变压器及电容器等，由于吸收现象特别显著，在 60s 时测得的绝缘电阻仍会受吸收电流的影响，这时应采用加压 10min 和 1min 时的绝缘电阻值之比，即极化指数 PI 作为衡量指标。

绝缘良好时，极化指数 PI 一般不小于 1.5。由于吸收比 K 和极化指数 PI 是同一被试设备的两个绝缘电阻之比，它与被试绝缘的尺寸无关，只取决于绝缘本身的特性，所以更有利于反映绝缘的状态。

2. 测试意义（有效性及局限性）

测量电气设备的绝缘电阻和吸收比及极化指数，可有效检测出绝缘是否有贯通的集中性缺陷，整体受潮或贯通性受潮等。应当指出，只有当绝缘缺陷贯通于两极之间时，绝缘电阻测量才比较灵敏。若绝缘只存在局部缺陷，而两极间仍保持有部分良好绝缘，绝缘电阻测量值很少下降或没有变化，此时运用测量绝缘电阻试验便不能发现此类缺陷。

三、绝缘电阻、吸收比及极化指数的测试步骤

在现场进行绝缘电阻测试时，应按以下步骤进行：

（1）记录被试设备铭牌、运行编号及大气条件等。

（2）试验前应断开被试设备电源及一切对外连线，并将被试设备短接后接地放电 1min，电容量较大的应至少放电 5min，以免试验人员触电或烧坏仪器。

（3）校验绝缘电阻表短路指针是否指零和开路指针是否指示无穷大。

（4）用干燥清洁的柔软布擦去被试设备的表面污垢，以消除表面泄漏电流的影响。

（5）根据被试设备铭牌选择绝缘电阻表的电压等级。连接好试验接线，打开绝缘电阻表电源或驱动绝缘电阻表至额定转速，将 L 端引出线连至被试设备，待 1min 时读取绝缘电阻值；若进行设备吸收比及极化指数试验时，还应分别读取 15s 和 60s 及 10min 的绝缘电阻值。

（6）测试完毕，应先断开 L 线，然后再停表。

（7）试验完毕或重复试验时，必须将被试设备短接后对地充分放电，以保证测量的安全性与准确性。

（8）对大容量设备，还需要计算吸收比 R_{60s}/R_{15s} 或极化指数 R_{10min}/R_{1min} 值，便于更好判断设备的绝缘状况。

在湿度较大的条件下或需排除表面泄漏影响情况下的测量应加屏蔽线，屏蔽线可用软铜线缠绕，屏蔽端应接近 L 线而远离接地部分。

四、影响绝缘电阻测量的因素

（1）湿度。湿度对绝缘表面泄漏电流影响很大，能使绝缘表面吸附潮气、瓷质表面形成水膜，常使绝缘电阻显著降低。此外，还有一些绝缘材料有毛细血管作用，当空气湿度较大时，会吸收较多的水分，增加了电导率，也使绝缘电阻降低。

（2）温度。温度对绝缘电阻的影响很大，一般绝缘物的绝缘电阻随温度升高而减小。为便于比较，对同一设备尽可能在相近温度下进行测量，以减小因温度换算带来的误差。

（3）被试设备剩余电荷。绝缘电阻测量完毕后，应对被试设备充分放电，以将剩余电荷放尽，否则剩余电荷的存在会使测量数据虚假地增大或减小。

（4）感应电压。测量高压架空线路的绝缘电阻时，若该线路与另一带电线路有一段平行，则不能进行测量，以免工频感应电流流过绝缘电阻表，使测量无法进行，另外也防止感应电压危及测试人员人身安全。

五、绝缘电阻测试的注意事项

现场进行设备绝缘电阻测试时，必须遵照安全规程规定，按照绝缘电阻标准作业指导书进行操作，测试时应注意：

（1）如被试设备绝缘电阻值过低，应排除环境温度、湿度、表面脏污、感应电压等的影响。

（2）屏蔽环的装设位置。为了避免表面泄漏电流的影响，测量时应在绝缘电阻表面加等电位屏蔽环，且应靠近 L 端子装设。

（3）为了便于试验数据的比较，对同一设备最好用同型号绝缘电阻表。

（4）应避免记录时间带来的误差。条件允许时，应尽量使用带有测试绝缘吸收比和极化

指数的智能绝缘电阻表。

（5）试验前后对被试设备均应充分放电。

六、测量结果的分析判断

（1）所测得的绝缘电阻值应符合规程规定值。

（2）将绝缘电阻值换算至同一温度后，与出厂、交接、历年、大修前后和耐压前后的数值进行比较，与同型设备的相互比较、同一设备的相间比较，绝缘电阻试验结果不应有明显的降低或较大差异，否则应引起注意。

七、直流泄漏电流试验的意义及特点

电气设备的直流泄漏电流试验与绝缘电阻的原理相同，只是测量直流泄漏电流时所施加的电压较绝缘电阻表的额定输出电压高，测量中所采取微安表的准确度较绝缘电阻表高，并且可以随时监视直流泄漏电流数值的变化，绘制出直流泄漏电流与加压时间或直流泄漏电流与试验电压的关系曲线，便于对被试设备进行全面分析。因此，用直流泄漏电流试验来检测被试设备的整体受潮、劣化或局部缺陷，其有效性和灵敏度要比测量绝缘电阻高。

通过直流泄漏电流试验可发现以下绝缘缺陷：

（1）发现电气设备绝缘贯通的集中缺陷。

（2）整体受潮或有贯通的部分受潮。

（3）一些为未完全贯通的集中性缺陷。

（4）绝缘开裂、破损等。

八、直流泄漏电流的测量方法及其测量注意事项

1. 直流泄漏电流的试验接线

直流泄漏电流的测量应使用微安表，并根据试验需求选择不同的量程。直流泄漏电流的测试方法一般以微安表在测试回路中的接线位置进行区分。微安表在直流泄漏电流测量中有两类接线方式。

（1）微安表接在被试设备的高压端。测试接线如图 1-12 所示。

这种接线的优点是直流泄漏电流测量准确，排除了部分杂散电流的影响，接线简单。缺点是微安表处于高电位，必须有良好的绝缘与屏蔽；微安表距离试验人员比较远，读数不便。

在被试设备接地端无法打开时常采用这种接线。

（2）微安表接在被试设备的低压端。测试接线如图 1-13 所示。

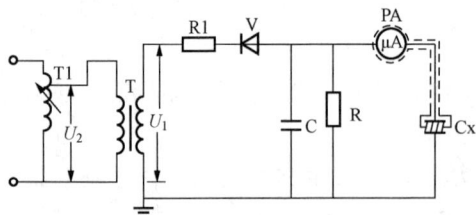

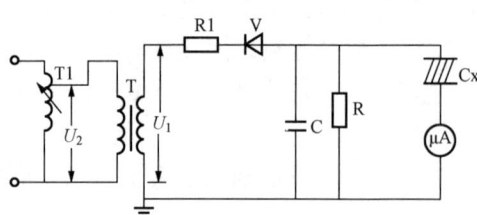

图 1-12　微安表接在被试设备的高压端的接线　　　图 1-13　微安表接在被试设备低压端的接线

T1—自耦调压器；T—试验变压器；R1、R—保护电阻；

V—硅堆；C—滤波电容；Cx—被试设备；PA—微安表

这种接线的微安表处于低电位，高压引线等部分的杂散电流不经过微安表，读数、切换

量程方便，屏蔽容易。

当被试设备的接地端能与地断开并有绝缘时，采用这种接线。

需要指出的是，在现场测试中，直流泄漏电流试验的主要试验设备为成套的直流高压发生器（内含调压、变压、整流、测量、监控及保护等功能），其外形如图1-14所示。

2. 直流泄漏电流测量的注意事项

（1）按试验要求接线，工作负责人认真核对试验接线，确认无误后方可通电试验。

（2）升压速度应均匀，不可太快。

（3）试验过程中如出现击穿、闪络等异常现象，应立即降压，断开电源，将被试设备放电，并查明异常原因。

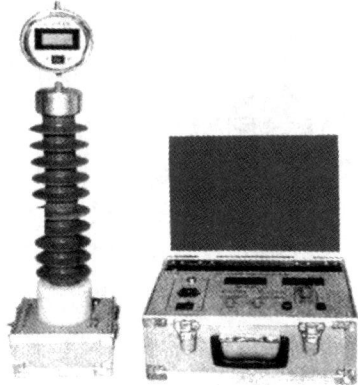

图1-14　直流高压发生器外形图

（4）试验完毕，降压断开电源后应将被试设备充分放电，被试设备周围对地绝缘导体也应进行充分放电，放电时应先使用高阻放电棒放电，严禁直接用地线进行放电。

九、影响直流泄漏电流测量结果的主要因素

（1）高压连接导线。高压连接导线和被试设备进行试验时，带有较高的电压，有可能使周围的空气发生游离，从而产生附加对地的直流泄漏电流而直接影响测量的准确性。

解决方法：尽量增加对地距离，采用带屏蔽的连接导线等措施，尽量缩短导线长度。

（2）湿度。当空气湿度大时，表面的直流泄漏电流增加，直接影响测量结果。

解决方法：测试前对被试设备表面进行清洁干燥处理，测试时使用屏蔽电极接线。

（3）温度。温度对试验结果的影响较大。

解决方法：所测的直流泄漏电流值要与历史数据换算到同一温度下进行比较。

（4）残余电荷。被试设备绝缘中的残余电荷是否放尽将直接影响直流泄漏电流的测试值。

解决方法：试前试后均应将被试设备进行充分的放电，重复试验亦应如此。

（5）其他，如试验电源的电压极性、波形，试验过程中的升压速度等影响。

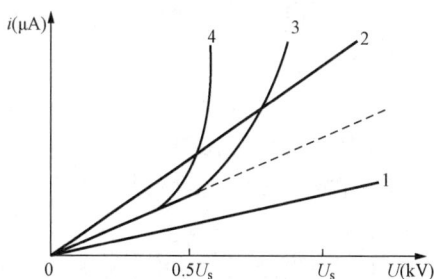

图1-15　直流泄漏电流随外加电压变化的曲线
1—绝缘良好；2—绝缘受潮；3—绝缘中有集中性缺陷；
4—绝缘中有危险的集中性缺陷；U—直流电压；
U_s—直流耐压试验电压；i—泄漏电流

十、试验结果的分析

（1）将试验结果与标准或规程相比较，不应超出标准或规程规定值，否则应查明原因，必要时应对被试设备进行分解试验，找出问题所在。

（2）对同类型设备的试验结果进行相互比较，同一设备的相间比较，与历次试验数据比较，其试验结果应无明显差别。

（3）试验电压一定时，被试设备的直流泄漏电流不应随加压时间的延长而有所增大，否则说明设备存在绝缘缺陷。

（4）利用直流泄漏电流随外加电压变化的曲线（见图1-15）进行判断，若为直线，则说明绝缘良好；如果发现电压升高时，直流泄漏电流上升得更快，则说明绝缘存在缺陷。

任务四　电介质的损耗

【教学目标】

（1）了解电介质损耗的定义及其表征指标。

（2）了解电介质损耗的种类及特点。

（3）懂得计算在不同电压类型下的电介质损耗。

（4）简要了解影响电介质损耗的因素。

（5）领会电介质损耗在工程实践中的合理应用。

（6）会利用交流稳态电路的基本知识分析电介质的两支路等值电路及相关概念。

（7）会运用电介质损耗现象为工程实践中的应用服务。

【任务描述】

介绍电解质的损耗。通过对图例分析、定义讲解、要点归纳，掌握电解质的损耗及其在工程实际中的应用。

【任务实施】

（1）引导学生搜集、总结绝缘材料发热的案例，并讨论损耗的原因。

（2）通过学过的电路知识，引导学生把电介质在交流电压作用下的发热现象进一步抽象为电路模型，并加以分析计算。

（3）通过实际应用案例，讨论分析，加深对电介质损耗现象的理解及应用。

【相关知识】

一、电介质的损耗现象

1. 电介质损耗的定义

由任务一和任务二可知，电介质在电场中存在能量损耗。我们把在外加电压作用下，电介质在单位时间内消耗的能量称为电介质的损耗，简称介损。

2. 电介质损耗的基本形式

（1）电导损耗：电导损耗是由电介质中的泄漏电流引起的。气体、液体和固体电介质中都存在这种形式的损耗。通常，电介质的电导损耗很小，但当电介质受潮、脏污或温度升高时，电导损耗会急剧增大。电导损耗在交、直流电压下都存在。

（2）极化损耗：极化损耗是由有损极化（即偶极式极化和夹层式极化）引起的。在直流电压下，由于极化的建立仅在加压瞬间出现一次，与电导损耗相比极化损耗可忽略不计。而在交流电压下，由于电压极性的不断变化，极化现象不断建立，故极化所引起的介质损耗就不可忽视。

（3）游离损耗：游离损耗是由气体电介质在电场的作用下出现局部放电引起的。游离损耗仅在外加电压超过一定值时才出现，且随电压升高而急剧增大。它在交、直流电压下都存在。

3. 表征介质损耗的指标——介质损耗因数 $\tan\delta$

在直流电压（低于发生局部放电的电压）作用下，介质中仅有电导损耗，因此介质损耗可用体积电导率和表面电导率这两个物理量来表征。

但在交流电压作用下，除电导损耗外，还有极化损耗，仅用电导率来表征介质损耗就不全面了，需要引入一个新的物理量——介质损耗因数 tanδ 来表示此时介质中的能量损耗。

图 1-8 所示的三支路等值电路可以代表任何实际电介质，不但适用于直流电压，也适用于交流电压。电路中的电阻 R 和 r_a 是引起功率损耗的元件，R 代表电导引起的损耗，r_a 代表极化损耗。此等值电路可进一步简化为图 1-16（a）所示的电阻电容并联等值电路。

在如图 1-16（b）所示的等值电路所对应的相量图中，φ 为电压、电流相量之间的夹角，即电路的功率因数角，δ 为 φ 的余角，称为介质损耗角。

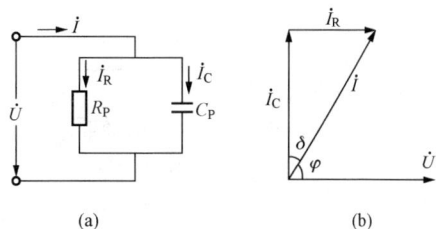

图 1-16　电介质的并联等值电路及相量图
（a）等值电路；（b）相量图

并联等值电路中，$\dot{I}_R=\dfrac{\dot{U}}{R_p}$，$\dot{I}_C=\dfrac{\dot{U}}{-jX_C}=j\omega C_p\dot{U}$，因此

$$\tan\delta=\frac{I_R}{I_C}=\frac{U/R_p}{U\omega C_p}=\frac{1}{\omega C_p R_p} \tag{1-7}$$

$$P=UI_R=UI_C\tan\delta=U^2\omega C_p\tan\delta \tag{1-8}$$

显然，介质损耗 P 与外加电压 U、电源角频率 ω 及电介质的等值电容 C 等因素有关，因此直接用 P 作为比较各种电介质品质好坏的指标是不合适的。在上述各量均为给定值的情况下，P 最后取决于 $\tan\delta$，而 $\tan\delta\dfrac{I_R}{I_C}$ 是一个无量纲的量，它与电介质的几何尺寸无关，只反映介质本身的性能。因此，在电气试验中常把 $\tan\delta$ 作为衡量电介质损耗的指标，称之为介质损耗因数或介质损耗角正切。

二、影响电介质损耗因数 tanδ 的因素

影响电介质损耗因数 tanδ 的因素主要有温度、频率和电压。不同的电介质所具有的损耗形式不同，从而温度、频率和电压对电介质损耗的影响也不同。

因为气体的电导及极化现象都很弱，故气体介质的 tanδ 很小，受温度和频率的影响都不大。但当外加电压超过气体的起始放电电压时，气体将发生局部放电，损耗急剧增加，如图 1-17 所示。

固体与液体电介质由于种类繁多、结构复杂，与温度、频率等因素就有着复杂的、不同的关系。典型的关系如图 1-18 所示。

三、tanδ 在工程实际中的应用

（1）选择绝缘。设计绝缘结构时，必须注意绝缘材料的 tanδ，tanδ 过大会引起严重发热，容易使材料劣化，甚至导致热击穿。

（2）在绝缘预防性试验中判断绝缘状况。当绝缘受潮或劣化时，tanδ 将急剧上升，绝缘内部是否存在局部放电，也可以通过 tanδ 与 U 的关系曲线加以判断。

（3）介质损耗引起的发热有时也可以利用。例如电瓷生产中对泥坯加热即是在泥坯两端加上交流电压，利用介质损耗发热加速泥坯的干燥过程。由于这种方法是利用材料本身介质损耗的发热，所以加热非常均匀。

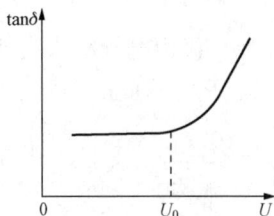

图 1-17　气体的 $\tan\delta$ 与
电压的关系

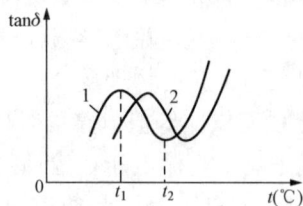

图 1-18　固体与液体 $\tan\delta$
与温度和频率的关系
1—对应于频率 f_1 的曲线；
2—对应于频率 f_2 曲线（$f_1 < f_2$）

任务五　绝缘介质损耗角正切的测量

【教学目标】

（1）了解测量 $\tan\delta$ 的意义。

（2）了解西林电桥及数字化自动介质测量仪的原理、接线方式、功能特点等。

（3）了解正接线与反接线的特点、适用范围等。

（4）熟悉影响 $\tan\delta$ 测量结果的因素和对结果的分析判断。

（5）会根据被试设备实际情况，灵活运用数字化自动介质测量仪进行 $\tan\delta$ 试验的实际操作。

【任务描述】

介绍 $\tan\delta$ 的测量。通过原理讲解、图例分析、要点归纳，掌握 $\tan\delta$ 测量的目的、基本原理、试验接线及试验步骤、影响测量结果的因素以及对试验结果的分析判断。

【任务实施】

利用高压实训室或电气试验仿真系统，通过实际的 $\tan\delta$ 试验的任务入手，引导并组织学生分小组讨论并实施。试验项目：10kV 配电变压器绕组连同套管的 $\tan\delta$ 试验。试验仪器及设备准备：西林电桥 1 套、数字式自动介损测量仪 1 套；被试设备：如 10kV 配电变压器 1 台或其他。

任务可通过"任务单→资料单→操作单→评估单"等四个阶段来完成。

（1）任务单。任务单布置工作任务具体内容，提出完成该任务的要求。

（2）资料单。资料信息可由老师传递，学生学习该任务模块的理论知识，熟悉该任务操作的基本流程。

（3）操作单。学生根据任务书按规范程序和步骤进行的操作，根据理论知识，或使用工器具按规程、规范完成任务。

（4）评估单。根据工作任务完成情况，可采用反思法和分组讨论法引导学生总结、分析，并提出改进意见，并对结果进行评估、考核。

【相关知识】

一、测量的方法、原理

$\tan\delta$ 反映的是流过绝缘介质的有功电流分量 I_R 与无功电流分量（电容电流）I_C 的百分

比，它跟绝缘介质本身材料的损耗性能有关。需要指出的是，良好绝缘的 $\tan\delta$ 不随电压的升高而明显增加，若介质内部存在缺陷，则 $\tan\delta$ 将随电压升高呈现明显的增大，如图 1-19 所示。

二、测量意义（有效性与局限性）

实践表明，$\tan\delta$ 的测量对于发现绝缘整体受潮、老化等分布性缺陷或绝缘中气隙放电缺陷较为灵敏。但当绝缘内的缺陷是集中性的，特别是被试设备体积越大或集中性缺陷所占体积越小时，用 $\tan\delta$ 测量发现缺陷就不灵敏。这是因为绝缘出现局部缺陷时，虽然

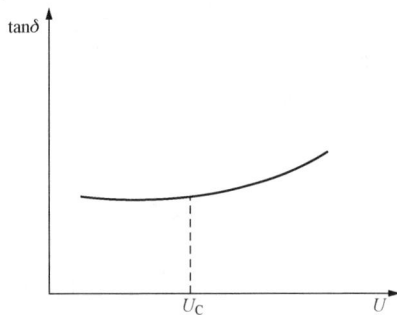

图 1-19　$\tan\delta$ 与电压的关系曲线

这部分的 $\tan\delta$ 值很高，但因为体积占比太小，局部的变化在整体的数值内反映不明显。换言之，用 $\tan\delta$ 发现缺陷的灵敏程度是由缺陷部分的体积占总体积的百分比决定的。故在预防性试验中，电机、电缆等这类体积较大的设备规定不作这项试验，以避免误判。

但如果是分布性缺陷，如油的劣化变质、绕组受潮等，则 $\tan\delta$ 的测量发现缺陷变得较为灵敏。以变压器油为例，纯净的好油耐压强度约为 250kV/cm，坏油是 25kV/cm，相差10 倍，但测量 $\tan\delta$ 时，好油仅为 0.0001，坏油突升为 0.1，相差达到 1000 倍。

对于那些体积小、电容量小的设备，如套管、互感器、耦合电容器等，则无论是集中性缺陷或是分布性缺陷，测量 $\tan\delta$ 都能反映出来，效果较好。

以前我国测量 $\tan\delta$ 的仪器主要是西林电桥和 M 型介质试验器，现在数字式自动介损测量仪的采用已相当普遍。

三、西林电桥

为了便于说明测量装置的基本原理，首先介绍 QS1 西林电桥。

1. 基本试验原理

西林电桥，即 QS1 电桥原理接线图如图 1-20 所示，QS1 电桥外形如图 1-21 所示。

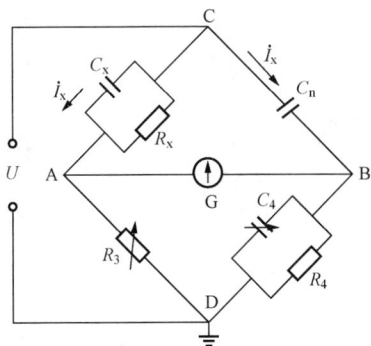

图 1-20　QS1 电桥原理接线图

图 1-21　QS1 电桥外形

图中 C_n 为标准无损空气电容器，是电桥的外接设备；Z_x 为被试设备；在电桥本体内只有 R_3 和 Z_4 这两个桥臂。R_3 为无感十进制可调电阻，Z_4 由 C_4 和 R_4 并联组成，其中 C_4 为十进制可调电容箱；R_4 为固定电阻。

在 C、D 两端施加试验电压，对于额定电压在 10kV 及以上的设备，通常施加 10kV 交

流试验电压，额定电压在 10kV 以下的设备，施加其额定电压；反复调节 R_3、C_4 使电桥平衡，则桥臂阻抗满足下列关系

$$\frac{Z_x}{Z_3} = \frac{Z_n}{Z_4}$$

式中　Z_x、Z_3、Z_n、Z_4——各桥臂复阻抗。

把被试设备 Z_x 用 R_x 与 C_x 并联的等值电路代替，则

$$\frac{1}{\dfrac{1}{R_x} + j\omega C_x} \frac{1}{R_3} = \left(\frac{1}{R_4} + j\omega C_4\right)\frac{1}{j\omega C_n}$$

化简上式，并使等式两边实部与虚部分别相等，即可求得

$$\tan\delta = \frac{1}{\omega C_x R_x} = \omega C_4 R_4 \qquad (1\text{-}9)$$

$$C_x = C_n \frac{R_4}{R_3} \frac{1}{1 + \tan^2\delta}$$

因 $\tan^2\delta \ll 1$，可略去，则

$$C_x = C_n \frac{R_4}{R_3} \qquad (1\text{-}10)$$

在使用频率 $f = 50\,\text{Hz}$ 时，$\omega = 2\pi f = 100\pi$，为便于计算，制造时 R_4 固定为 $\dfrac{10000}{\pi}\Omega$，那么 $\tan\delta = C_4$，C_4 的单位为 μF。

测量 C_x 也可判断绝缘状况，如对电容式套管，若 C_x 明显增加，说明内部电容层间可能有短路或水分侵入。

2. QS1 电桥的接线方式

QS1 电桥的基本线路接线有正接线和反接线，如图 1-22 所示。

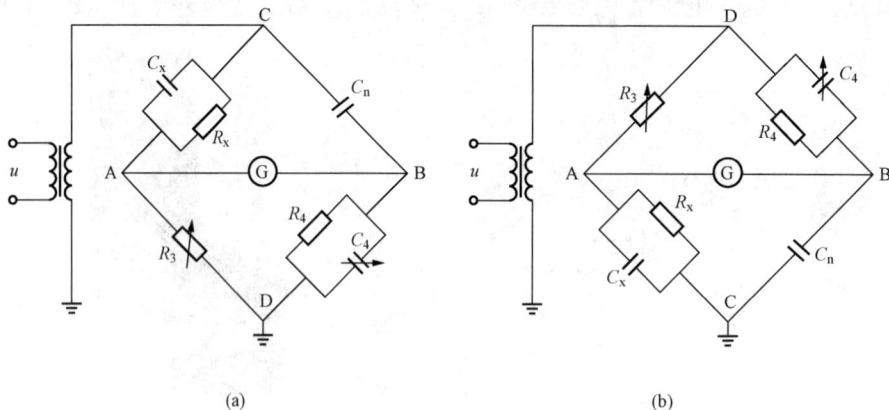

图 1-22　QS1 电桥基本线路
(a) 正接线法；(b) 反接线法

(1) 正接线如图 1-22 (a) 所示。此时试品两端对地绝缘（如电容式套管、耦合电容器、电容型 TA 等），桥体处于低电位，操作安全方便。该接线因不受被试设备高压端对地杂散电容的影响，抗干扰性强。但由于现场设备外壳几乎都是固定接地的，故正接线的采用

受到了一定的限制。

（2）反接线如图 1-22（b）所示。反接线适用于被试设备一端接地。该接线在测量时桥体位于高电位，试验电压受电桥绝缘水平限制，高压端对地杂散电容不易消除，抗干扰性差。

由于 QS1 电桥的结构很复杂，现场操作又很繁琐，误差较大，加上数字化自动介损测量仪已在现场广泛应用，故本书不再介绍 QS1 电桥的主要部件、作用及操作步骤。

四、数字式自动介损测量仪

数字式自动介损测量仪的最大优势在于实现自动测量，可以补偿西林电桥的原理性误差，没有复杂的机械调节部件，测量以软件为主，性能稳定，测量精度、可靠性，特别是抗干扰能力都比 QS1 电桥高。数字式自动介损测量仪已经取代了 QS1 电桥。

1. 测量原理

数字式自动介损测量仪的原理接线及结构框图分别如图 1-23 和图 1-24 所示。

2. 功能特点

数字式自动介损测量仪为一体化结构，内置介损电桥、变频电源、试验变压器和标准电容器等，采用变频抗干扰和傅里叶变换数字滤波技术，全自动智能化测量，强干扰下测量数据非常稳定，测量结果由大屏幕液晶显示，自带微型打印机可打印输出。

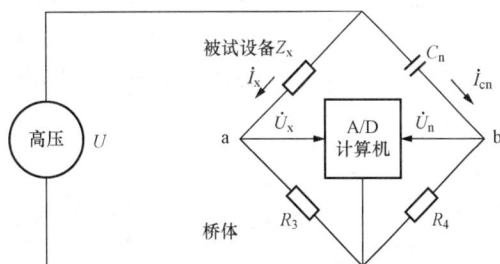

图 1-23　数字式自动介损测量仪的原理接线

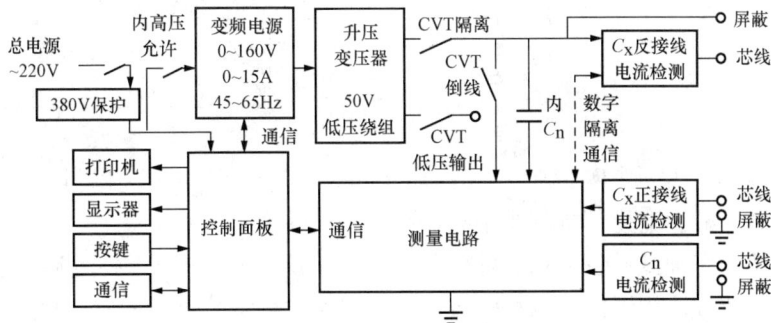

图 1-24　数字式自动介损测量仪原理结构框图

3. 试验接线

该仪器具有如图 1-25 和图 1-26 所示正/反接线，内/外标准电容，内、外高压多种工作模式，具有 CVT（电容式电压互感器）中分压电容自励磁测量接口，CVT 中分压电容可一次接线同时测出。

五、影响 tanδ 测量结果的因素和结果分析

tanδ 的测量值除受设备本身的绝缘状况、结构、介质材料、是否有分布性缺陷等因素影响外，还受到五种因素的影响。

1. 电磁场的干扰

当被试设备周围有电抗器等漏磁通较大的设备时，会受到磁场干扰，并作用于电桥检流计内的电流线圈。现场测试时，电桥应尽量远离磁场源，并取检流计开关在两种极性（"接通Ⅰ"和"接通Ⅱ"）下所测得结果的平均值。

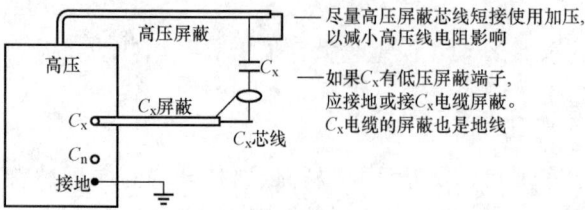

图 1-25　数字式自动介损测量仪正接线方式

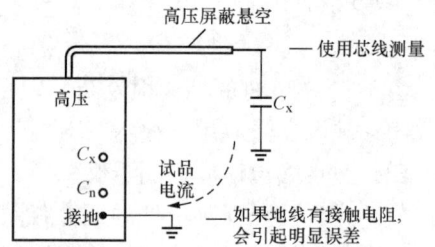

图 1-26　数字式自动介损测量仪反接线方式

当被试设备周围有带电设备时，由于被试设备与周围带电设备之间存在耦合电容，使被试设备上产生干扰电流 I_g，此电流在桥臂上引起压降，改变各臂间平衡条件，造成 δ 偏大或偏小的误差，甚至出现负值的测量结果，如图 1-27 和图 1-28 所示。

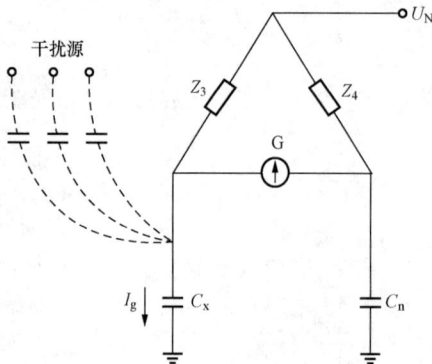

图 1-27　电场干扰示意图

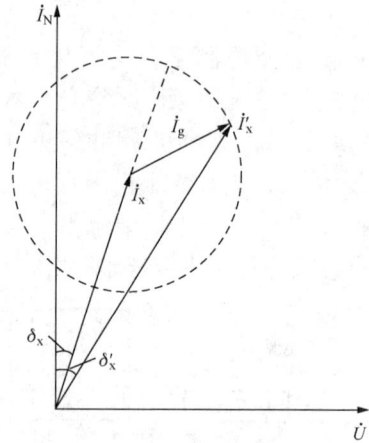

图 1-28　相量图

现场测试时，减少电场干扰的措施有：

（1）屏蔽法。在被试设备上加装屏蔽罩（金属网或薄片），使干扰电流只流经屏蔽，不流经电桥桥臂。此法适用于体积较小的被试设备，但对测量结果有影响，较少采用。

（2）采用正接线法。西林电桥正接线的抗干扰能力比反接线强。

（3）提高试验电压。试验电流增大，信噪比提高，干扰电流的影响相对减小，适用于弱干扰信号的消除。

（4）选相、倒相法。轮流由 A、B、C 三相选取试验电源（选相），每次又在正反两种电源极性下（倒相）测出 C_1、$\tan\delta_1$ 及 C_2、$\tan\delta_2$，选取三相中 $\tan\delta$ 差值最小的一相，求 $\tan\delta$、C 的计算式为

$$\tan\delta = \frac{C_1\tan\delta_1 + C_2\tan\delta_2}{C_1 + C_2}$$

$$C = \frac{C_1 + C_2}{2}$$

（5）移相法。采用移相器，使流过被试设备的电流与干扰电流同相或反相，则测得的

$\tan\delta$ 就与被试设备真实值一致。

（6）改变频率法。该方法采用与电网频率不同的变频电源作为试验电源，测量强电场干扰下被试设备的 $\tan\delta$。数字式自动介损测量仪即采用了改变频率法。

2. 被试设备表面泄漏的影响

影响程度与被试设备电容量大小成反比。测试前，应将被试设备表面加以清洁干燥。

3. 温度的影响

温度对 $\tan\delta$ 的影响程度随材料、结构的不同而异。一般情况下，$\tan\delta$ 随温度上升而增加。为便于比较，应将不同温度下的 $\tan\delta$ 值换算至 20℃。应当指出，由于被试设备的温度换算系数不是十分符合实际，换算后往往误差较大。因此，尽量在同一温度或 10～30℃ 温度范围内测量。

4. 电压的影响

良好绝缘的 $\tan\delta$ 不随电压的升高而明显增加。若绝缘内部有缺陷，则 $\tan\delta$ 将随电压的升高而明显增加。$\tan\delta$ 与电压的关系典型曲线如图 1-29 所示。

5. 设备电容的影响

前已述及，对电容量较小的设备（套管、互感器、耦合电容器等），测量 $\tan\delta$ 能有效地发现局部集中性和整体分布性缺陷；但对电容量较大的设备只能发现整体分布性缺陷，如存在局部集中性缺陷，由于其引起的损耗仅占总损耗的很小一部分而被掩盖。

图 1-29 $\tan\delta$ 与电压的关系典型曲线
1—绝缘良好的情况；2—绝缘老化的情况；
3—绝缘中存在气隙的情况；4—绝缘受潮的情况

六、$\tan\delta$ 测量结果的分析判断

（1）与规程规定的注意值比较。

（2）与历史数据比较，有时数据虽未超标，但有明显增长趋势，也应引起注意。此时，可增加试验项目，以便对设备进行综合分析。例如：35kV 以上电力变压器绕组，30℃时的 $\tan\delta$ 不得超过过去试验值的 2%；运行中的 35kV 以上电压互感器，在 30℃时的 $\tan\delta$ 值不应超过过去试验值的 5%。

（3）与同类设备比较，数据不应有明显差异。

（4）必要时，可通过制作如图 1-19 所示的 $\tan\delta$ 与电压的关系曲线来判断设备的绝缘状况。

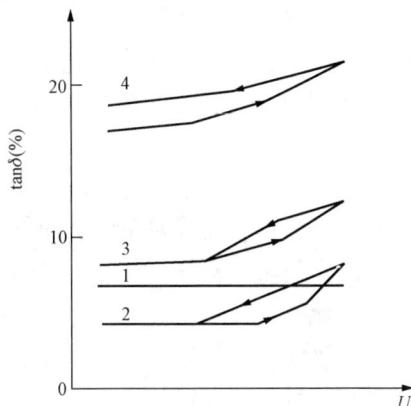

任务六 气体介质的击穿现象

◁》【教学目标】

（1）简要了解气体介质的击穿机理。

（2）知道电气强度的概念。

（3）一般了解影响气体介质击穿的主要因素，简要了解极性效应现象。

（4）熟悉电晕放电的现象、原因、危害及限制措施。

（5）领会提高气体介质击穿电压的措施。

（6）掌握提高气体介质电气强度（击穿电压）的措施，并运用在实际工作中。

（7）能对各种气体放电现象作一般的定性化解释。

【任务描述】

本任务介绍气体介质的击穿。通过话题导入、图例分析、原理讲解、要点归纳，掌握气体介质的击穿机理、影响因素及提高击穿电压的措施。

【任务实施】

（1）话题导入法：引导学生讨论自然界或日常生活中的气体放电现象。

（2）利用高压实训室或电气试验仿真系统，通过实际的空气试验任务入手，引导并组织学生分小组讨论并实施。通过实际实验或仿真系统或图例分析说明气体间隙的伏安特性实验、各种放电试示意图和棒—板、棒—棒间隙的直流击穿电压与气隙距离的关系实验。试验仪器及设备：高电压气体放电实验装置1套（可提供直流、交流实验电源）；被试设备：如板—板间隙1对，球—球间隙1对，棒—棒间隙1对，棒—板间隙1对，绝缘薄屏障1片。

任务通过"任务单→资料单→操作单→评估单"等四个阶段来完成。

（1）任务单。任务单布置工作任务具体内容，提出完成该任务的要求。

（2）资料单。资料信息可由老师传递，学生学习该任务模块的理论知识，熟悉该任务操作的基本流程。

（3）操作单。学生根据任务单按规范程序和步骤进行的操作，根据理论知识或使用工器具按规程、规范完成任务。

（4）评估单。根据工作任务完成情况，可采用反思法和分组讨论法引导学生总结、分析，提出改进意见，并对结果进行评估、考核。

【相关知识】

一、气体介质的击穿机理

气体放电过程与气隙间的电场均匀程度有关。实际上，无论是均匀电场还是不均匀电场，它们的一般放电过程是类似的，那就是随着外施电压的增加，放电都是逐渐发展的，都是由非自持放电转入自持放电的。

如图1-30所示，在外界光源照射下，对两平行平板电极（极间的电场是均匀的，极间的介质为空气）间施加一可调的直流电压，当电压从零逐渐升高时，可以得到气体中的电流I与所加电压U之间的关系，即气体间隙放电时的伏安特性曲线，如图1-31所示。

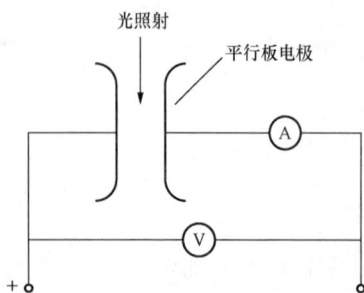

图1-30　实验原理接线图

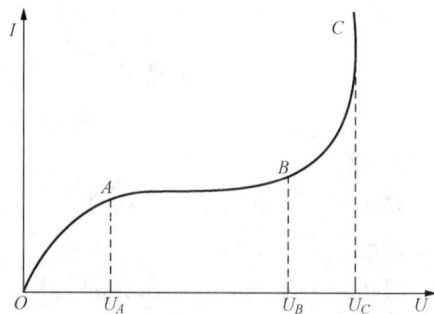

图1-31　气体间隙放电时的伏安特性曲线

线性段 OA：随着电压的升高，带电质点的运动速度加大，间隙中的电流也随之近乎成比例增大。

饱和段 AB：到达 A 点后，电流不再随电压的增大而增大，因为这时在单位时间内所有由外界游离因素产生的有限带电质点已全部参与了导电，故电流趋于饱和。饱和段的电流密度仍然是极小的，一般只有 $10^{-19}\,A/cm^2$ 的数量级，因此此时气隙仍处于良好的绝缘状态。

碰撞游离段 BC：进一步增大电压以后，间隙中的电流又随外加电压的增加而增大，如曲线的 BC 段，因为这时电子在足够强的电场作用下，已积累起足以引起碰撞游离的动能，使得间隙中的带电质点骤增，即电子崩现象。图 1 - 32 为电子崩发展的示意图。

自持放电段（C 点以后）：当电压继续升高至某临界值 U_0 以后，电流突增，同时伴随着产生明显的外部特征，如发光、发声等现象。此时气体间隙突然变为良好的导电状态。

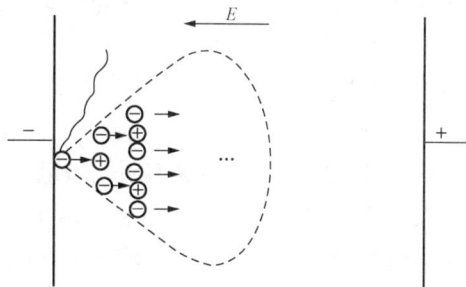

图 1 - 32　电子崩发展的示意图

实验表明，当外加电压小于 U_0 时，间隙电流极小，气体本身的绝缘性能尚未被破坏。此时若去掉外界游离因素，电流也将消失，我们把这类放电称为非自持放电。当外加电压达到 U_0 后，气体中的游离过程仅仅依靠外电场的作用即可自行维持，而不再需要外界游离因素，我们把这类放电称为自持放电。曲线上 C 点就是非自持放电和自持放电的分界点，我们把由非自持放电转为自持放电的临界电压 U_0 称为起始放电电压，其对应的电场就称为起始放电场强 E_0。

游离放电的进一步发展以至气隙击穿的最后过程将随气隙中电场形式的不同而不同。

在均匀电场中，由于各处的场强相等，只要任意一处开始出现自持放电，就意味着整个间隙将被完全击穿，故均匀电场中的起始放电电压就等于间隙的击穿电压。实验表明，在标准大气条件下，均匀电场中空气间隙的击穿场强（也称为气体的电气强度）约为 $30kV/cm$（峰值）。

在不均匀电场中，由于各处的场强差异悬殊，当放电由非自持转入自持放电时，仅仅是在高场强的局部区域出现自持放电（电晕放电），而大多弱电场区域还是良好的绝缘体，故欲使整个间隙击穿还需继续升高电压。也就是说，在不均匀电场中，击穿电压可能比起始电压高得多。

气体放电后，根据电源容量、气体压力、电极形状的不同，将具有不同的放电形状。在电源容量很小，气体压力较低时，表现为充满整个间隙的辉光放电；在电源容量不大，大气压下，常表现为跳跃性的火花放电；在电源容量较大且内阻较小时就可能出现电流大、温度高的电弧放电；在电极的曲率半径较小时，会在该电极附近出现淡淡发光薄层的电晕放电；由电晕电极伸出的明亮而细的断续放电通道，则称为刷状放电。

非自持放电指的是一旦失去外界电离因素（如宇宙射线等），放电将无法自行继续发展。自持放电则无需外界电离因素，仅靠放电过程的本身（如依靠均匀电场中的金属表面电离，不均匀电场中的光电离等）即可维持的放电。目前，用于解释气体放电的理论还不太成熟，主要有两个：一是汤逊放电理论，用于解释高真空、小气隙、均匀电场中的气体放电现象。

它认为放电达到自持放电依靠的是碰撞电离与表面电离的作用。另一个是流注放电理论，用于解释大气压、长间隙、不均匀电场中的气体放电现象。它认为放电达到自持放电依靠的是空间光电离的作用。限于篇幅，本书不再详述。

二、影响气体介质击穿电压的因素

1. 电场均匀程度

气体的击穿电压与间隙电场的均匀程度有着密切的关系。实验表明，随着电场不均匀程度的逐步增大，间隙的平均击穿场强也逐步由均匀电场的 30kV/cm（峰值）左右逐渐减小到不均匀电场中的 5kV/cm（峰值）以下。电场越均匀，气体介质的平均击穿场强越高。

2. 气体种类

理论及实践均表明，具有吸附效应的电负性气体，如 SF_6 等，比空气的击穿场强高。

3. 气体状态（大气压力、温度、湿度）

实验及理论表明，同一气隙在不同的大气条件（通常指的是大气压力、温度与湿度）下的击穿电压亦不同。因为大气压力、温度和湿度均会影响空气的密度、电子的自由行程、碰撞游离及吸附效应，从而影响气隙的击穿电压。如大气压力越大，温度越低，空气的密度就越低，则碰撞电离过程中的自由行程越短，越不容易积聚动能，故气体的击穿电压就越高。

4. 极性效应

理论及实践均表明，在不对称的不均匀电场中，如棒—板结构的气隙，当极间距离相同时，负棒—正板的击穿电压将比正棒—负板的高得多，但发生电晕时的起始电压却比后者低，这种现象称为极性效应。由实验获得棒—板与棒—棒空气间隙的直流击穿电压 U_b 与间隙距离 d 的关系如图 1-33 所示。由图 1-33（a）可见，对棒—板间隙，其击穿电压正如前述的具有明显的极性效应。在所测的极间距离范围内（$d=10cm$），负极性击穿场强约为 20kV/cm，而正极性击穿场强只有 7.5kV/cm，相差较大。棒—棒间隙由于是对称电场，故无明显极性效应，其击穿电压介于棒—板间隙在两种极性下的击穿电压之间。为了进行超高压直流输电线路的绝缘设计，则需要研究长间隙棒—板间隙的直流击穿特性。300cm 以内的棒—板间隙的实验结果如图 1-33（b）所示。由图可见，此时负极性的平均击穿场强降至 10kV/cm 左右，正极性的平均击穿场强降至 4.5kV/cm 左右。对较大间隙的（50～300cm）的棒—棒间隙，其直流电压下的平均击穿场强 4.8～5.0kV/cm。

5. 电压作用时间

理论及实践均表明，放电的发展需要一定的时间。故在不均匀电场中，由于放电所需要的时间（包括放电时延与放电形成时延）较长，故跟外加的电压作用时间关系密切。如外加电压的作用时间极短时（如雷电冲击电压通常仅为几微秒到几十微秒、操作冲击电压通常为几百微秒到几千微秒等），则将需要比持续作用电压作用（如工频交流电压、直流电压等）下更高的电压才能击穿。因此，在冲击电压作用下，通常采用伏秒特性（既考虑了击穿电压，同时也考虑了放电时间）才能全面反映气体间隙的击穿特性。

三、提高气体介质击穿电压的措施

1. 尽量改善气隙的电场均匀程度

如许多高压电气设备的高压引线端都具有尖锐的形状，所以增大其曲率半径是改善电场均匀程度最为常见的一种方法，同时也要改善电气设备电极的表面及其边缘状况，尽量避免毛刺及棱角等，以消除局部电场增强。如在变压器套管端部加球形屏蔽罩等；超（特）高压

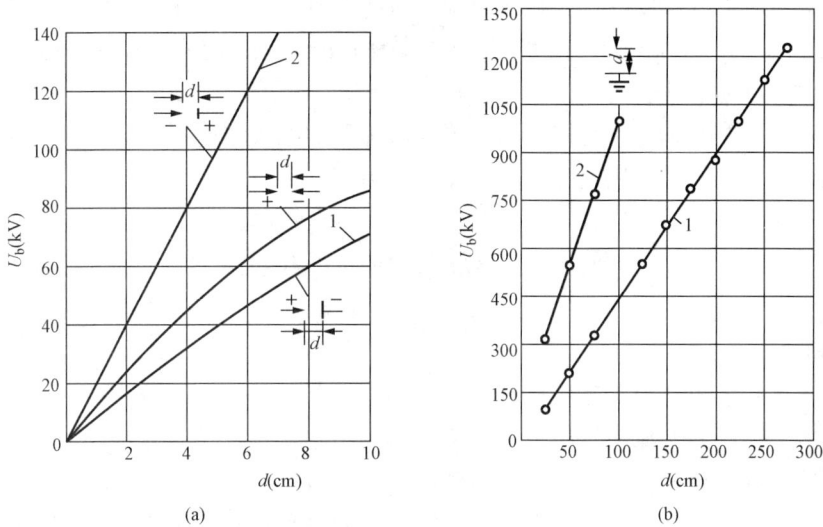

图 1-33　棒—板、棒—棒间隙的直流击穿电压 U_b 与气隙距离 d 的关系

（a）短间隙 U_b 与 d 间关系；（b）长间隙 U_b 与 d 间关系

1—正极性；2—负极性

线路采用分裂导线；有些高压电器采用空心薄壳的、扩大尺寸的球面或旋转椭圆面等形式的电极；发变电站里采用管型空心硬母线等。

近年来随着电场数值计算的应用，在设计电极时常使其具有最佳外形，以提高间隙的击穿电压。

此外，在极不均匀电场的棒—板间隙中，放入薄片固体绝缘材料（如纸或纸板等），在一定条件下，可以显著提高间隙的击穿电压，所采用的薄层固体材料称为屏障。因屏障极薄，屏障本身的耐电强度无多大意义，而主要是屏障阻止了空间电荷的运动，改善了电场分布，从而使击穿电压提高。

2. 削弱气体电离的发展程度

（1）采用高真空。当气隙中压力很低（接近真空）时，击穿电压也能迅速提高。因为在这样稀薄空气的空间里，气体分子的自由行程非常大，在空间很小的容积内，发生碰撞的概率几乎是零，因此不会发生碰撞游离而使真空间隙击穿。高真空介质在电力系统中得到了普遍的应用，如真空开关、真空电容器等，特别在配电系统中其优越性尤为突出。

（2）采用高气压。提高气体压力后，气体的密度加大，减少了电子的平均自由行程，削弱了碰撞游离的发展，从而提高了间隙的击穿电压。高气压在实际中得到了广泛应用，比如早期的压缩空气断路器就是利用加压后的压缩空气作为内部绝缘的；在高压标准电容器中，也有采用压缩空气或氮气作为绝缘介质。

必须指出的是，当气压增大到一定值时，会逐渐呈现饱和效应。不均匀电场中提高气压后，也可提高间隙的击穿电压，但程度不如均匀电场显著，这一点在绝缘设计时应予注意。

（3）采用高电气强度气体。在气体电介质中，有一些含卤族元素的强电负性气体，如六氟化硫（SF_6）、氟里昂（CCL_2F_2）等，因其具有强烈的吸附效应，所以在相同的压力下具有比空气高得多的电气强度（为空气的 2.5～3 倍），故把这一些气体（或空气与这类气体的混合气体）称为高电气强度气体。显然，采用这些高电气强度气体来替代空气将大大提高气体间隙的击穿电压。目前，SF_6 全封闭组合电器在强电领域的应用已经很普遍了。

3. 合理采用电极结构

在设计高压装置时，应尽量采用棒—棒类对称型的电极结构，而避免棒—板类不对称的电极结构。不可避免时，则应避免采用正棒—负板结构。

任务七　液体介质的击穿现象

【教学目标】

（1）简要了解液体介质的击穿机理。

（2）了解影响液体介质击穿的主要因素。

（3）领会提高液体介质击穿电压的措施。

（4）掌握提高液体介质电气强度（击穿电压）的措施，并运用在实际工作中。

（5）能对液体放电现象作一般的定性化解释。

【任务描述】

本任务介绍液体介质的击穿。通过原理讲解、图例分析、要点归纳，掌握液体介质的击穿机理、影响因素及提高击穿电压的措施。

【任务实施】

利用高压实训室或电气试验仿真系统，通过实际的液体试验任务入手，引导并组织学生分小组讨论并实施。实验分析法：①标准油杯中变压器油工频击穿电压与含水量的关系的实验；②标准油杯中变压器油工频击穿电压与温度的关系的实验。试验仪器及设备：标准油杯及成套绝缘油试验装置 1 套；被试品，10kV 变压器油。

任务通过"任务单→资料单→操作单→评估单"等四个阶段来完成。

（1）任务单。任务单布置工作任务具体内容，提出完成该任务的要求。

（2）资料单。资料信息可由老师传递，学生学习该任务模块的理论知识，熟悉该任务操作的基本流程。

（3）操作单。学生根据任务单按规范程序和步骤进行的操作，根据理论知识，或使用工器具按规程、规范完成任务。

（4）评估单。根据工作任务完成情况，可采用反思法和分组讨论法引导学生总结、分析，提出改进意见，并对结果进行评估、考核。

【相关知识】

电气设备绝缘用的液体介质主要是从石油中提炼出来的矿物油，广泛用于变压器、互感器、油断路器、套管，称为变压器油。其他如蓖麻油、人工合成氯化联苯、合成十二烷基苯等都不如变压器油应用广泛。液体介质在设备中起着绝缘、冷却、灭弧、浸渍、填充等作用。下面以变压器油为例分析液体介质的击穿特性及影响击穿电压的因素。

一、液体介质的击穿机理

从击穿机理的角度，可将液体介质分为两类：纯净油和工程用油，两者击穿机理有很大不同。

1. 纯净油的击穿机理

纯净油的击穿过程与气体介质类似，可用碰撞游离理论解释：从阴极出发的自由电子在向阳极运动的过程中产生碰撞游离。外加电场越强，碰撞游离程度越高，产生的带电质点数越多。当外加电场达一定值时，液体介质纯净油被击穿。液体介质的密度远比气体介质的密度大，故液体介质的耐电强度一般比气体高得多。

2. 工程用油的小桥击穿机理

纯净油提炼很困难，即使为纯净油，设备在运行中也会有固体绝缘材料脱落的纤维和从空气中吸收的潮气，故工程用油总是含有杂质。

工程用油的击穿过程可用"小桥"理论来解释：由于油中的主要杂质为水和纤维，它们的相对介电系数分别约为81和6～7，比油的相对介电系数1.8～2.8大得多，所以当油中的水分被纤维吸收后，易沿电场定向排列，形成所谓的杂质"小桥"。当小桥架通两电极，由于水分和纤维电导较大，流过"小桥"的泄漏电流增加，发热增加，使温度升高，"小桥"中水分汽化，气泡扩大，也会使油受热分解，形成气泡。即使"小桥"不架通两电极，由于吸潮纤维的存在，使没被"小桥"架通部分油场强增加而导致其游离分解出气体，也会产生气泡，最后可能在气体通道中击穿。

二、影响液体介质击穿电压的因素

1. 杂质

影响变压器油绝缘强度的因素很多，但最主要的是水分，特别是纤维吸收了水分之后最为严重。在油中水分处于溶解状对油的绝缘强度影响不大，但当水分处于悬浮状时，则使绝缘强度大为降低。图1-34、图1-35分别为标准油杯示意图及其在标准油杯试验电极间隙（2.5mm）的工频击穿电压与含水量的关系曲线。当含水量仅为0.02%时，耐压已比纯油降低约10倍，当含水量大于0.02%～0.03%时，只是增加几条并联的击穿通道，绝缘强度已不会再下降。

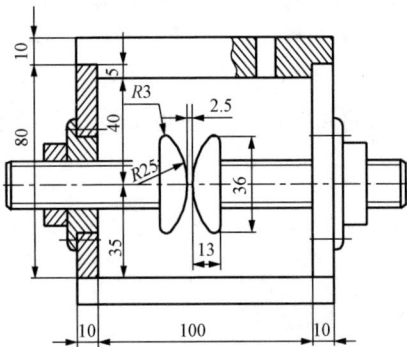

图1-34　标准油杯示意图

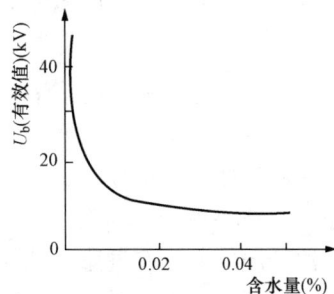

图1-35　在标准油杯中变压器油的
工频击穿电压和含水量的关系

2. 电压作用时间

油抗电强度与外加电压作用时间有关。电压作用时间越长，油中杂质有足够的时间搭成小桥，抗电强度就低；作用时间越短，如在冲击电压作用下，油中杂质来不及在两电极间搭起小桥，击穿电压就高。有关的试验结果如图1-36所示。对于不太脏的油，工频电压加压1min时的抗电强度与电压作用更长时的抗电强度相差不多，故工程上变压器油工频耐压时间就取 1min。

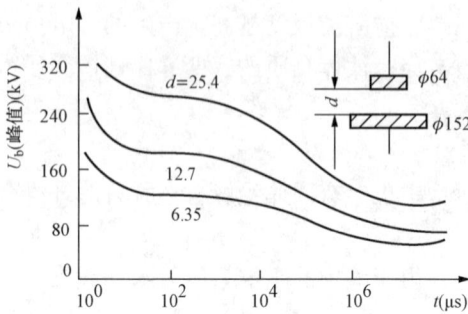

图 1-36　变压器油的击穿电压和
电压作用时间的关系

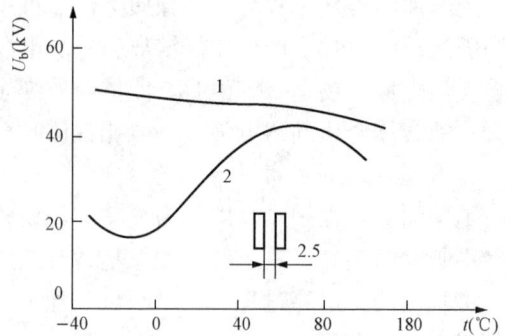

图 1-37　标准油杯中变压器油
工频击穿电压与温度的关系
1—干燥的油；2—受潮的油

3. 温度

油击穿电压与油温有关。受潮的油击穿电压与油温的关系如图 1-37 曲线 2 所示。由图可知，当 $0℃ < t < 60 \sim 80℃$ 时，温度上升，击穿电压上升；$t > 60 \sim 80℃$ 时，温度上升，水分汽化，击穿电压下降；油温在 0℃ 以下进一步降低时，水分凝结呈悬浮状，另外油变黏稠，击穿电压上升。由图 1-37 可见，油温在 $60 \sim 80℃$ 时，击穿电压最高。变压器在运行过程中，应巡视油温，油温超过 $60 \sim 80℃$ 时，应减负荷或加强散热。

未受潮的油击穿电压受温度影响很小，如图 1-37 曲线 1 所示。

4. 电场均匀程度

如果电场均匀，则油的品质对击穿电压影响很大；如果电场极不均匀，则油的品质对击穿电压影响很小。也就是说，在极不均匀电场中，通过提高油的品质来提高击穿电压好处不显著，因为极尖处电场极强，易游离造成油品质的下降；相反，如果油的品质很差，改善电场均匀程度的好处不显著，因为杂质的影响能使电场畸变。

5. 压力

压力上升，气体在油中的溶解度增加，另外，气泡的局部放电电压也上升，所以整体油的击穿电压上升。

三、提高液体介质击穿电压的措施

1. 提高油的品质

提高油品质的方法有过滤、祛气、干燥。

2. 阻止杂质小桥的形成

阻止杂质小桥形成的方法：①在曲率半径较小的电极上，覆盖薄电缆纸、黄蜡布或涂以漆膜。②在曲率半径小的电极上包缠较厚的电缆纸等固体绝缘层覆盖，这可减小油中电场强度的最大值，从而显著地提高工频及冲击击穿电压。③在油隙中放置尺寸较大（与电极尺寸相适应）、厚度在 $1 \sim 3mm$ 的层压纸板或层压布板屏障，从而使油间隙的击穿电压提高。

任务八 固体介质的击穿现象

📢【教学目标】

(1) 简要了解固体介质的击穿机理。

(2) 了解影响固体介质击穿的主要因素。

(3) 领会提高固体介质击穿电压的措施。

(4) 掌握提高固体介质电气强度（击穿电压）的措施，并运用在实际工作中。

(5) 能对固体放电现象作一般的定性化解释。

🤲【任务描述】

本任务介绍固体介质的击穿。通过原理讲解、图例分析、要点归纳，掌握固体介质的击穿机理、影响因素及提高击穿电压的措施。

〰️【任务实施】

利用高压实训室或电气试验仿真系统，从实际的固体绝缘试验任务入手，引导并组织学生分小组讨论并实施。实验分析法：①油浸电工纸板击穿电压与电压作用时间的关系的试验；②聚乙烯的短时间电气强度与周围温度的关系的试验。

任务通过"任务单→资料单→操作单→评估单"等四个阶段来完成。

(1) 任务单。任务单布置工作任务具体内容，提出完成该任务的要求。

(2) 资料单。资料信息可由老师传递，学生学习该任务模块的理论知识，熟悉该任务操作的基本流程。

(3) 操作单。学生根据任务单按规范程序和步骤进行的操作，根据理论知识，或使用工器具按规程、规范完成任务。

(4) 评估单。根据工作任务完成情况，可采用反思法和分组讨论法引导学生总结、分析，提出改进意见，并对结果进行评估、考核。

📖【相关知识】

固体电介质的击穿特性与气体、液体电介质的击穿特性有很大不同，主要体现在以下两点：一是固体电介质的固有耐电强度比气体和液体电介质高（因密度最大）；二是固体电介质的击穿过程最复杂（因结构最复杂），且击穿后其绝缘性能不能恢复。固体电介质击穿后会出现烧焦或熔化的通道、裂缝等，即使去掉外施电压，也不能像气体、液体电介质那样恢复绝缘性能，属于非自恢复绝缘。

一、固体介质的击穿机理

固体电介质的击穿与电压作用时间有很大的关系，且随电压作用时间的不同，固体电介质的击穿有电击穿、热击穿和电化学击穿三种不同的形式。

1. 电击穿

固体介质的电击穿理论与气体及纯净液体介质类似，认为是在强电场作用下，电介质内部少量的带电质点剧烈运动，发生碰撞游离形成电子崩，当电子崩足够强时，破坏了固体电介质的晶格结构导致击穿。由于固体的密度比气体与液体高得多，故三者中固体的耐电强度最高。通常，空气的耐电强度一般在 $3\sim40\text{kV/mm}$，液体的耐电强度在 $10\sim20\text{kV/mm}$，而固体的耐电强度达到十几至几百千伏每毫米。

其特点是电压作用时间极短，约为 $10^{-6} \sim 10^{-8}$ s；击穿电压高，击穿场强与电场均匀程度有密切关系，但与环境温度无关。

2. 热击穿

如果介质内部存在缺陷时，缺陷处损耗增多，当发热量大于散热量，温度升高，当温度升高到一定值时，介质分解炭化，绝缘性能丧失，叫热击穿。其主要特点是作用时间较长，可以是几分钟或几小时；热击穿电压值较低，绝缘内部（主要是局部）温度上升较高；热击穿电压随着环境温度的上升而下降，但与电场均匀程度关系不大。

3. 电化学击穿

设备运行很长时间后（数千小时乃至数年），运行中绝缘受到电场、热、化学、机械等的作用，性能逐渐变差。这一过程如果是可逆的，称介质疲劳；如果是不可逆的，叫介质老化。介质老化后，绝缘能力下降，最后导致绝缘在较低的工作电压下击穿。其特点是电压作用时间长，击穿电压低。

二、影响固体介质击穿电压的因素

1. 温度

当环境温度较低时，介质击穿场强很高，且与环境温度几乎无关，属电击穿；当环境温度高于一定值，这时周围温度越高，散热条件越差，热击穿电压就越低，如图 1-38 所示。对不同材料，此转折温度是不同的，即使同一材料，如材料愈厚，散热越困难，此转折温度可能更低，即在更低温度时便出现热击穿。

2. 受潮

固体电介质受潮后其击穿电压的下降程度与材料的吸水性有关。对不易吸潮的电介质，如聚乙烯、聚四氟乙烯等，受潮后击穿电压下降一半左右；对易吸潮的电介质，如棉纱、纸等纤维材料，受潮后击穿电压仅为干燥时的几百分之一。所以高压电气设备的绝缘在制造时应注意烘干，在运行中要注意防潮，并定期检查受潮情况。

3. 电压作用时间

外施电压作用时间对击穿电压影响很大。外加电压作用时间短暂（0.1s 内），热、化学等因素来不及起作用，对绝缘造成的击穿通常属电击穿，击穿电压高。随外施电压作用时间的增长（从几小时到数年），击穿电压显著降低，属于热击穿或电化学击穿。如图 1-39 所示，以常用的油浸电工纸板为例，以 1min 工频击穿电压（幅值）作为基准值（100%），则在长期工作电压下的击穿电压值仅为其几分之一，而在雷电冲击电压作用下的击穿电压值为其 300% 以上。

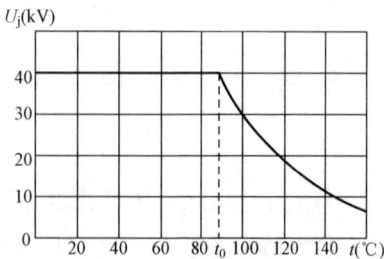

图 1-38　工频电压下电瓷的击穿
电压与温度的关系

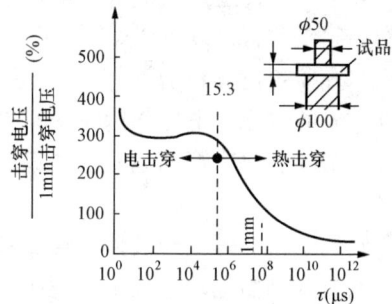

图 1-39　油浸电工纸板的击穿电压与
电压作用时间的关系

4. 电场均匀程度

在均匀电场中，击穿电压随绝缘厚度增加呈线性上升；不均匀电场中，介质厚度增加时，散热困难，容易出现热击穿。所以击穿电压随介质厚度增加上升不明显，此时继续增加绝缘厚度意义不大。

5. 电压种类

在相同条件下，固体电介质在直流、交流和冲击电压下的击穿电压往往是不同的。在直流电压下，固体电介质的损耗（主要为电导损耗）比工频交流电压下的损耗（除电导损耗外，还包括极化损耗甚至还有游离损耗）小，电介质发热少，因此直流击穿电压比工频击穿电压（幅值）高。而交流电压下，工频交流击穿电压要高于高频交流击穿电压，因为高频下局部放电严重，发热也严重，使其击穿电压最低。在冲击电压下，由于电压作用时间极短，热的效应和电化学的影响来不及起作用，因此其击穿电压比工频交流电压和直流电压下都高。

6. 机械负荷

固体介质在使用中有时会遇到较大的机械负荷作用，使材料发生裂缝、松散，其击穿电压显著降低。

7. 累积效应

电气设备的绝缘在制造或运行中，内部不可避免地存在某些缺陷，在冲击电压或工频试验电压下，介质内部会发生局部放电并留下损伤的痕迹，但未形成完全击穿。但随着冲击电压或耐压试验次数的增多，这些缺陷或局部损伤逐步发展，从而使击穿电压降低，最终导致介质的完全击穿，这种现象叫"累积效应"。

三、提高固体介质击穿电压的措施

1. 改进绝缘设计

采用合理的绝缘结构，使绝缘各部分的耐电强度与其所承担的场强有适当的配合；改善电极形状及表面粗糙度，尽可能使电场分布均匀；使边缘效应减小到最小程度，改善电极与电介质的接触状态，消除接触处的气隙或使接触处的气隙不承受电位差；改进密封结构，确保可靠密封等。

2. 改进制造工艺

尽可能地清除介质中残留的杂质、气泡和水分等，使固体电介质尽可能均匀致密。如采用精选材料、改善工艺、真空干燥、浸渍（浸油、胶、漆等）等方法。

3. 改善运行条件

特别注意防潮，加强散热冷却，防止臭氧及有害气体与绝缘材料接触。

任务九　耐压试验方法

🔊【教学目标】

（1）熟悉耐压试验方法的种类。

（2）熟悉工频交流耐压试验的目的、意义、试验方法、试验接线及注意事项。

（3）领会容升效应现象及在高压侧直接测量的必要性。

（4）了解直流耐压试验的目的、方法、接线、注意事项。

（5）了解串联谐振试验的目的、意义、方法、接线。

（6）简要了解感应耐压试验的目的、方法。

（7）简要了解冲击耐压试验的目的、意义。

（8）会进行工频耐压试验项目的实际操作。

（9）会进行直流耐压试验项目的实际操作。

（10）会进行串联谐振试验的实际操作。

【任务描述】

介绍耐压试验。通过对原理讲解、图示分析、要点归纳，掌握工频交流耐压试验、直流耐压试验、串联谐振耐压试验、感应耐压试验、冲击耐压试验的目的、意义、原理及试验方法。

【任务实施】

利用高压实训室或电气试验仿真系统，通过实际的各种耐压试验任务入手，引导并组织学生分小组讨论并实施。试验仪器及设备：交直流耐压试验成套装置1套，串联谐振试验装置1套（条件允许时）。被试设备：若干，如10kV电压互感器、电流互感器、三相交联聚乙烯电力电缆（XLPE）等。

任务通过"任务单→资料单→操作单→评估单"等四个阶段来完成。

（1）任务单。任务单布置工作任务具体内容，提出完成该任务的要求。

（2）资料单。资料信息可由老师传递，学生学习该任务模块的理论知识，熟悉该任务操作的基本流程。

（3）操作单。学生根据任务单按规范程序和步骤进行的操作，根据理论知识，或使用工器具按规程、规范完成任务。

（4）评估单。根据工作任务完成情况，可采用反思法和分组讨论法引导学生总结、分析，提出改进意见，并对结果进行评估、考核。

【相关知识】

耐压试验是考核设备在运行中承受各种过电压能力的有效办法。耐压试验易于揭露设备中隐藏的缺陷。为避免试验时设备的损坏，耐压试验应在一系列非破坏性试验合格后进行。

耐压试验分工频交流耐压、直流耐压、串联谐振耐压、感应耐压、冲击耐压试验等几种。限于篇幅，本任务重点介绍工频、直流、串联谐振耐压试验。

一、工频交流耐压试验

1. 工频交流耐压试验的意义

电力设备在运行中，绝缘长期承受电场、温度和机械等诸多因素的作用会逐渐发生劣化，形成缺陷。各种试验方法，各有所长，均能发现电力设备的一些缺陷，反映出绝缘状况，前述的绝缘电阻测量、泄漏电流测量、介质损耗因数测量的电压往往都低于电力设备的工作电压，作为设备安全运行的保证还不够有力。工频耐压试验能较真实反映电力设备的实际运行状况，而且其试验电压一般比运行电压高得多，因此能够通过工频耐压试验的设备通常有较大的安全裕度。

因此，工频交流耐压试验直接考核电力设备的绝缘强度，是鉴定设备绝缘好坏的最有效、最直接的方法，是保证设备安全运行的一个重要手段。

2. 工频交流耐压试验电压与试验时间的选择

工频交流耐压试验可准确地考验绝缘裕度，能有效地发现较危险的集中性缺陷，但对于固体有机绝缘，在较高的交流电压持续作用一定时间后，会使绝缘中一些缺陷更加发展，但在耐压试验中还未导致击穿，即产生累积效应。

为此，合理选择试验电压与试验时间很重要。试验电压太低，对试品考验不严格；试验电压太高，对试品造成破坏。同样，试验时间太短，缺陷可能来不及揭露；试验时间太长，对试品将造成损坏。通常，我国的工频交流耐压试验时间取 1min。

3. 工频试验变压器

工频试验变压器是获得工频高压的电源设备，其工作原理与普通变压器相同，但由于用途不同，所以在结构和运行方面有很多特点。工频试验变压器是单相的，变比大，而且工作电压可在很大的范围内调节。由于工频试验变压器不会遭遇大气过电压和内部过电压，所以其绝缘裕度设计得比较小，使用时应小心，勿使其超过额定值。

工频试验变压器与电力变压器不同，其负载是电容性的。对试验变压器的容量要求

$$S \geqslant 2\pi f U_s^2 \times 10^{-3}(\text{kVA}) \tag{1-11}$$

式中 U_s——被试设备试验电压（kV）；

f——频率，为 50Hz。

一般对 250kV 以上的试验变压器，其高压侧额定电流为 1A，通常这已能满足试验要求。电压等级更低的工频试验变压器（额定电压低于 250kV），其高压侧额定电流，一般制成 0.1~0.4A 或更小，这对用于小电容设备或作为其他设备的充电电源也足够了。

试验变压器一般做成一极接地，所以只有一个高压引出线套管。为测量方便，有些试验变压器还配有测量绕组。试验变压器的调压方式有自耦式（用于容量较小的变压器）和动圈式调压器。

4. 工频交流耐压试验接线

工频交流耐压试验原理接线，如图 1-40 所示。图中各主要元件的作用为：

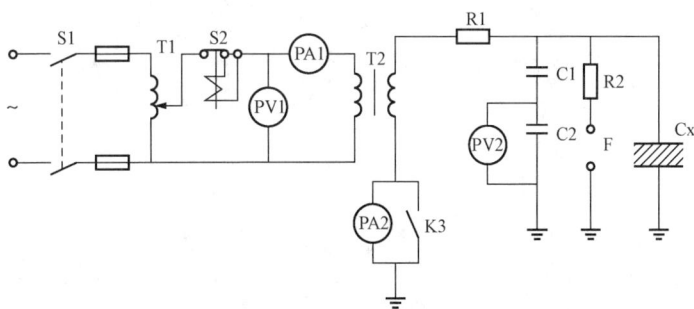

图 1-40 交流耐压试验原理接线图

（1）调压器 T1 用于改变试验电压大小。

（2）工频试验变压器 T2，用于升压，以提供试验用高压。

（3）电容分压器是由一个小电容量电容 C_1（高压臂）和一个大电容量电容 C_2（低压臂）串联构成电容分压器，直接并接在高压侧的被试设备两端，通过接在低压臂上的电压表 PV2 反映高压侧的试验电压。电压表 PV2 测量 C_2 上的电压，然后按分压比计算出高压侧

电压。分压比可按下式计算

$$k = \frac{C_1 + C_2}{C_1} \approx \frac{C_2}{C_1} \tag{1-12}$$

（4）PV1 在升降压过程中起监控作用。仅对小容量设备，才可根据该电压表的读数按变比 k 换算后间接测量高压侧被试设备的试验电压。

（5）球隙 F。一方面用于保护被试设备。试验时调整球隙间距，使其放电电压等于 $1.1U_s$，防止试验人员误操作把电压调得过高。一旦电压被调得过高球隙就会击穿，利用自动装置跳掉电源，保护被试设备。另一方面，球隙可用于高压测量。

（6）R1 限制设备击穿时的电流，防止高压侧产生振荡。一般 R1 采用水电阻，根据实际经验取其阻值 R1 为 $0.1\Omega/V$，并应有足够的容量。

（7）R2 限制球隙击穿时的电流，防止铜球隙表面被电流烧损。

（8）毫安表 A2 用于测量流过被试设备的电流，试验过程若其读数突然增大，说明被试设备已放电或击穿。

（9）短路开关 K3 用于保护毫安表，若毫安表读数突然增大满偏，合上开关 K3，将毫安表短路。

（10）过流继电器 K2 用于试验回路过流或短路保护。

（11）Cx 为被试设备。

5. 容升效应及工频高压的测量方法

进行交流耐压试验时，被试设备的绝缘视为容性负载。试验变压器对容性设备进行耐压试验时的简化等值电路及相量图如图 1-41 和图 1-42 所示。图中，R 是变压器及试验回路电阻，X_L 是变压器的漏抗，X_C 是被试设备容抗。这样，电路就是简单的 RLC 串联回路。由于 X_C 上的电压与 X_L 上电压相位刚好相反，施加在被试设备上的电压 U_C 比电源电压 U_1 乘以变比 k 后的电压 kU_1（即 U）高，这种现象称为"容升"效应。因此对大电容量设备测量试验电压时，强调应在高压侧直接测量以减小误差。

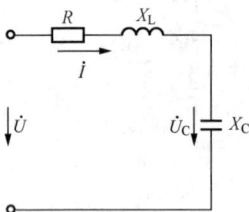

图 1-41　简化等值电路图　　　　图 1-42　"容升"效应的电压相量图

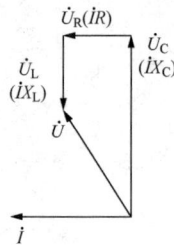

直接在高压侧测量工频高压的方法有：用电压互感器测量，即将电压互感器的一次绕组并联在被试设备两端，测量二次绕组电压，然后将测得的结果乘以互感器的变比。用高压静电电压表（静电系仪表）测量。当高压加在静电电压表电极，两极间产生的电场力使活动电极产生偏转，带动测量机构指示被测电压值。它既可测交流高压有效值，也可测直流高压平均值，但不便于现场测试。用电容分压器测量，原理如前述，可测量各种电压，现场最常用。用球隙测量。铜球间隙距离与放电电压之间存在着一定关系，利用这种关系可以测量电压测得的是电压的幅值，但不便于现场测试。

6. 工频交流耐压试验步骤和注意事项

(1) 确定试验电压值。根据被试设备情况和有关标准规定，选择恰当的耐压试验电压值。

(2) 选择试验设备，绘制试验接线图。根据被试设备参数、试验电压大小和现有试验设备的条件，选择合适的试验方法及试验设备。例如，试验变压器的额定电压、电流、容量、各测量仪器的量程，都应满足试验要求。根据试验的要求和选择好的试验设备，正确绘出试验接线图。

(3) 现场布置和接线。根据试验现场的情况，对选择好的试验设备进行合适的现场布置，然后按试验接线图进行现场接线。现场布置主要应注意的是高压部分对地、对试验人员等应保持足够的安全距离，高压引线连接应牢靠，并尽可能短；非被试相及设备外壳应可靠接地。

(4) 调整保护间隙。不接设备缓慢升压，调整球隙距离使其放电电压约为试验电压的110%～120%。重复 3 次，取平均值。然后降压到零并切断试验电源。

(5) 进行耐压试验。将高压线牢靠地接在被试设备上，接通电压，开始升压试验。升压必须从零开始，不可冲击合闸。升压速度在 75% 试验电压以前可以是任意的，其后应以每秒 2% 试验电压连续升到试验电压值，开始计时并读取试验电压值。时间到后，迅速均匀降压到零，然后切断电源，放电、接地。

在升压过程中如果发现电压表摆动大，或电流表指示电流急剧上升，绝缘有烧焦或冒烟以及被试设备发生异常声响等不正常现象，应立刻降压，断开电源，停止试验，并查明原因。

(6) 耐压试验后的检查。耐压试验后，应紧接着测量被试设备的绝缘电阻，以了解耐压试验后的绝缘状况。对有机绝缘，试验后应立即触摸，检查应无明显的发热现象，否则应视为绝缘不良（如受潮），需进行处理（如干燥）。

7. 工频交流耐压试验结果分析

(1) 工频交流耐压试验中，被试设备在试验电压下未被击穿，则认为绝缘耐压通过（合格）；否则判定绝缘不合格。被试设备是否发生击穿可按下列情况判断：

1) 表计指示。工频交流耐压试验的等值电路（如图 1 - 41 所示）不难看出，当被试设备绝缘击穿后，通过分析，可能出现下列三种情况：

当 $X_C - X_L = X_L$，即 $X_C = 2X_L$ 时，击穿前后电流不变；

当 $X_C - X_L > X_L$，即 $X_C > 2X_L$ 时，击穿后电流增加；

当 $X_C - X_L < X_L$，即 $X_C < 2X_L$ 时，击穿电流减小。

在一般情况下 X_C 远大于 X_L，因此发生击穿后，回路电流增加，电流指示突然上升。

2) 控制回路动作情况。如果过流继电器整定适当（一般整定为试验变压器额定电流的1.3～1.5 倍），过流继电器动作使电源开关断开，则表明被试设备可能已被击穿。

3) 其他异常情况。若在试验过程中被试设备发生冒烟、燃烧、焦味、放电声等现象，则表明绝缘击穿，或者存在其他问题。

(2) 对有机绝缘材料，试验后应立即触摸，如出现普遍或局部发热，则认为绝缘不良。

(3) 对组合绝缘或有机绝缘，耐压试验前后绝缘电阻不应明显下降，否则须进一步查明原因。若耐压试验后的绝缘电阻比耐压试验前下降 30% 以上，则该设备绝缘不合格。

（4）在试验过程中，若受空气湿度、温度或表面脏污等的影响，仅引起表面滑闪放电或空气放电，则不应认为不合格。在经过清洁、干燥处理后，再次进行试验，若并非外界因素的影响，而是由于瓷件表面釉层绝缘损伤、老化等引起的，则应认为不合格。

二、直流耐压试验

1. 直流耐压试验的意义

对于发电机等大容量的被试设备，如果现场做工频交流耐压试验，试验设备容量大，搬运困难。因为介质施加直流电压时，流过介质的只有电导电流 I_R，而施加交流电压时，介质电流包含电导电流 I_R 和电容电流 I_C。所以直流耐压试验设备轻小，便于现场进行试验。

直流耐压试验在升压过程中可以观察对应泄漏电流的变化，易于发现绝缘内部集中性缺陷。

如果被试设备绝缘中有气泡，在直流电压作用下，当外加电压较高时，气泡开始发生局部放电，在电场作用下，气泡中正负电荷反向移动，停留在气泡壁上，这样，电荷电场方向与外电场相反，使得外电场在气泡里的强度不断减弱，从而抑制了气泡内的局部放电。而作交流耐压试验时，每个半波里都要发生局部放电。此外，在直流电压作用下，介质损耗仅为电导损耗，也比同样电压下的交流电压的损耗为小。故直流耐压试验对绝缘的损伤较小。

因此，直流耐压试验的耐压时间比交流耐压试验长，为 $5\sim10\mathrm{min}$，试验电压 U_s 高，试验电压由交流耐压试验电压和交直流击穿场强之比决定，并主要根据运行经验确定。例如：试验电压对发电机定子绕组取 $2\sim3$ 倍额定电压；对橡塑绝缘电力电缆额定电压不大于 $10\mathrm{kV}$ 者取 $4\sim6$ 倍 U_0（U_0 指电缆线芯对地或对金属屏蔽层间的额定电压），$35\mathrm{kV}$ 者取 $4\sim5$ 倍 U_0。

以上都是直流耐压试验的优点，但直流耐压试验对绝缘的考验不如交流耐压试验接近实际和准确。

直流耐压试验通常在泄漏电流读数无异常后直接进行。

2. 直流耐压试验接线

同直流泄漏电流试验接线。

3. 试验注意事项及试验现象分析

（1）注意事项

1）升压过程中应逐段升压，每段不能过大，以防止表针过载被打坏。

2）注意微安表极性与直流电源极性的对应，以免指针反偏。

（2）试验现象分析

1）升压到某值（如 $1/4U_s$、$1/2U_s$、$3/4U_s$、U_s 等），如发现泄漏电流变化、微安表指针突然正向冲击摆动，则可能是由于被试设备或试验回路出现闪络，或被试设备内部间歇性放电引起。

2）若电压不变，微安表指针随时间延长而逐渐下降，可能是被试设备表面绝缘电阻因发热干燥逐渐增加引起。如逐渐上升，则可能是由被试设备绝缘老化引起。

三、串联谐振耐压试验

1. 串联谐振耐压试验的意义

大型变压器、发电机、电力电缆、GIS 等电容量较大的设备若进行工频交流耐压试验，需要大容量的试验变压器、调压器和试验电源，现场往往很难做到。

　　传统的直流耐压试验虽然具有试验容量小、试验设备轻便等优点，但对 XLPE 电缆，无论从理论上还是实践上都证明了不宜采用直流耐压试验，原因如下：

　　（1）直流电压下绝缘电场分布与交流电压下电场分布不同，前者按电阻率分布，而后者按介电系数分布，尤其在电缆终端和接头等高压电缆附件中，直流电场强度的分布与交流电场强度分布完全不同，这往往造成交流工作电压下有缺陷部位在直流耐压试验时不会击穿而被检出，或者在交流工作电压下绝不会产生问题的部位，却在直流耐压试验时发生击穿。

　　（2）XLPE 电缆自身的固有场强已很高，检出电缆缺陷要用很高的试验电压，甚至严重损伤电缆时才能检出。

　　（3）由于 XLPE 电缆的高绝缘电阻和相应的空间电荷效应，尚不能排除在直流电压下会造成 XLPE 电缆绝缘的非故意预先损伤，直流耐压试验时形成的空间电荷，可造成电缆在投入交流工作电压运行时击穿或附件界面因积聚电荷而产生沿界面滑闪。

　　为了能够既真实有效地发现大型设备的绝缘缺陷，又能最大程度地降低试验设备的容量，采用工频交流耐压或直流耐压试验的方法显然是无法实现的，若采用串联谐振耐压试验就能解决上述问题。

　　2. 串联谐振耐压试验的原理

　　该试验采用的串联谐振主要解决试验变压器额定电流能满足试验要求，而额定输出电压小于试验电压的情况。串联谐振的等效电路如图 1-43（a）所示，其相量图如图 1-43（b）所示。

　　调节试验回路中的电容、电感、电源频率都可以使电感与电容处于串联谐振状态，即 $\omega L = \dfrac{1}{\omega C}$。此时在电感和电容上的电压可以大大超过回路外加电压，达到以低电压、小容量电源来使被试设备的绝缘承受高电压的目的。流过高压回路的电流，在谐振时达到最大值，即

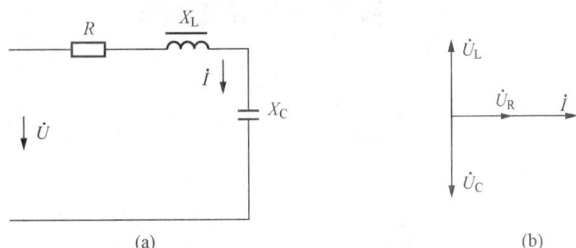

图 1-43　串联谐振等效电路及相量图
（a）等效电路；（b）相量图

$$I_{\max} = \frac{U}{R} \tag{1-13}$$

式中　R——高压回路等效电阻；
　　　$I_{\max}$——高压回路电流，A；
　　　U——试验变压器高压输出电压，V。

　　此时被试设备上的电压 U 和电抗上电压 U_L 相等，即

$$U_C = U_L = IX_L = \frac{U}{R}X_L = QU \tag{1-14}$$

$$Q = \frac{X_L}{R} \tag{1-15}$$

式中　Q——电抗器的品质因数，一般为 10～40。

　　3. 变频式串联谐振试验原理及优点

　　采用固定的高压电抗器 L，试验回路由可控硅变频电源装置 FC 供电，频率在一定范围内调节。其特点是尺寸小、质量轻、品质因数高，但试验电源频率非工频，不过均认为试验

电压频率在 $10\sim300\mathrm{Hz}$ 范围内与工频电压试验基本等效。目前变频式串联谐振试验装置已被广泛应用。

(1) 变频式串联谐振试验装置一般分为以下四部分:

1) 变频谐振电源。变频谐振电源是变频式串联谐振试验装置的核心设备,将交流 220/380V、50Hz 电源变为频率可调、电压可调,同时集保护、控制、监测功能于一体。变频谐振电源如图 1-44 所示。

图 1-44　变频谐振电源　　　　　　图 1-45　励磁变压器

2) 励磁变压器将变频谐振电源输出的电压升高,同时隔离高压和低压。励磁变压器如图 1-45 所示。

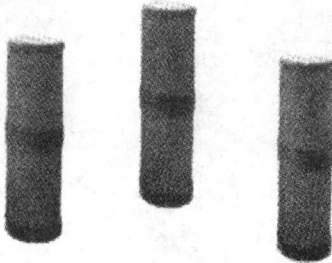

图 1-46　谐振电抗器

3) 谐振电抗器又称高压电抗器,主要作用是与被试设备发生串联谐振。电抗器可串联、可并联,满足多种试验要求。谐振电抗器如图 1-46 所示。

4) 分压器和补偿电容器,主要用于测量被试设备上的高压电压值。补偿电容器用来补偿小电容被试设备,使谐振频率达到规定范围。

(2) 变频式串联谐振耐压试验原理接线如图 1-47 所示。

当调节变频电源柜输出电压频率达到谐振条件,即

$$f=\frac{1}{2\pi\sqrt{LC}}$$

时,可使被试设备上获得的电压为电源电压的 Q 倍,即被试设备上得到的容量

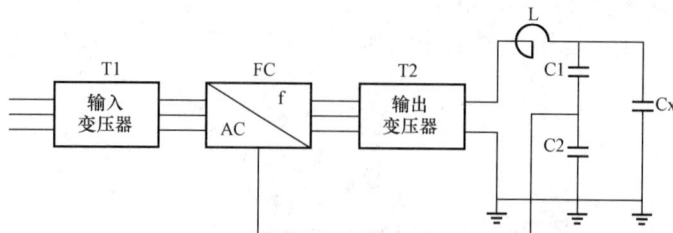

图 1-47　变频式串联谐振耐压试验原理接线图

T1—输入变压器;FC—变频电源柜;T2—输出变压器;L—固定电压电抗器;

C1、C2—电容分压器;Cx—被试设备

为试验电源容量的 Q 倍。

　　变频式串联谐振试验装置不同于一般通用的试验仪器，最大的特点是同一套设备可以用于不同电气设备的交流耐压试验，试验人员也可根据不同的被试设备和试验要求进行配置。分压器和补偿电容器如图 1-48 所示。

　　变频串联谐振耐压试验优点很多，是当前高电压试验比较成熟的方法，在国内外已经得到广泛的应用。

　　变频串联谐振是谐振式电流滤波电路，能改善电源波形畸变，获得较好的正弦电压波形，有效防止谐波峰值对被试设备的误击穿。变频串联谐振工作在谐振状态，当被试设备的绝缘点被击穿时，电流立即脱谐，回路电流迅速下降。发生闪络击穿时，因失去谐振条件，除短路电流立即下降外、高电压也立即消

图 1-48　分压器、补偿电容器

失，电弧即可熄灭，其恢复电压的再建立过程很长，很容易再次达到闪络电压断开电源，所以适用于高电压、大容量的电力设备的绝缘耐压试验。

四、感应耐压试验

　　因为外施工频交流耐压只考核了有绕组类设备的主绝缘，而纵绝缘和中性点绝缘无法得到考核，所以，必须采用感应耐压试验，借助辅助变压器或非被试绕组的支撑，达到对主、纵绝缘的全面考核。

五、冲击耐压试验

　　在运行过程中，电气设备除了承受长期工作电压的作用外，还可能承受短时雷电过电压和操作过电压的作用。冲击耐压试验就是用来检验高压电气设备对雷电过电压和操作过电压的耐受能力。由于冲击耐压试验对试验设备和测试仪器的要求高、投资大，测试技术也较复杂，冲击试验后会对绝缘造成累积效应，所以只在制造厂的型式试验或出厂试验中才进行该项试验，运行部门的预防性试验中一般不做，而是用等值工频交流耐压试验来代替。但对超高压设备、特高压设备而言，普遍认为不能以工频交流耐压试验替代冲击耐压试验，应进行冲击耐压试验。

任务十　绝缘局部放电测量

【教学目标】

　　（1）了解局部放电的定义及原因。

　　（2）一般了解局部放电产生的机理。

　　（3）了解局部放电的相关参数。

　　（4）领会局部放电测量的目的。

　　（5）了解局部放电的测量方法。

　　（6）简要了解脉冲电流法测量的方法、接线方式、注意事项及对试验结果的分析判断。

　　（7）初步掌握采用脉冲电流法进行局部放电的测试工作。

　　（8）会利用电路的基本知识分析电介质内部局部放电时的等效电路。

【任务描述】

本任务介绍局部放电测量的基本知识。通过原理讲解、图示分析、定义讲解、要点归纳，掌握局部放电测量的基本概念、试验目的、意义、方法、接线、注意事项及对测量结果的分析判断。

【任务实施】

利用高压实训室或电气试验仿真系统，通过实际的局部放电试验任务入手，引导、组织学生分小组讨论并实施。实验分析及图示分析法：局部放电的原理及其等效电路图，脉冲电流测试回路原理图，变压器局部放电试验等。试验仪器及设备局部放电测量仪1套（条件允许时）；被试设备若干。

任务通过"任务单→资料单→操作单→评估单"等四个阶段来完成。

（1）任务单。任务单布置工作任务具体内容，提出完成该任务的要求。

（2）资料单。资料信息可由老师传递，学生学习该任务模块的理论知识，熟悉该任务操作的基本流程。

（3）操作单。学生根据任务单按规范程序和步骤进行的操作，根据理论知识，或使用工器具按规程、规范完成任务。

（4）评估单。根据工作任务完成情况，可采用反思法和分组讨论法引导学生总结、分析，提出改进意见，并对结果进行评估、考核。

【相关知识】

一、局部放电测量的目的及意义

局部放电是指绝缘介质中的一种电气放电。这种放电仅限制在绝缘介质中一部分且只使导体间的绝缘局部桥接。局部放电常发生在电场强度较高，且介质强度较低的部位。局部放电是高电压绝缘中普遍存在的问题，并不引起绝缘立即击穿，但可以导致电介质特别是有机电介质的局部损坏。若局部放电长期存在，会导致绝缘劣化、绝缘强度下降，最终导致击穿。局部放电测量，不但能够了解设备的绝缘状况，还能及时发现设备结构和制造工艺方面的隐形缺陷。因此，要保证设备长期运行的可靠性，局部放电测量是不可或缺的。我国国家标准和IEC都对此提出了相应规范。

二、局部放电的机理

如图 1-49 （a） 所示，设在固体或液体电介质内部 g 处存在一个气隙或气泡，C_g 为该气隙的电容，C_b 为与该气隙串联的绝缘部分的电容，C_a 为其余完好绝缘部分的电容。由此可得其等值电路，如图 1-49 （b） 所示，图中 g 为放电间隙，它的击穿等值于 g 处气隙发生的火花放电，Z 为相应于气隙放电脉冲频率的电源阻抗。

在电源电压 $U = U_m \sin \omega t$ 的作用

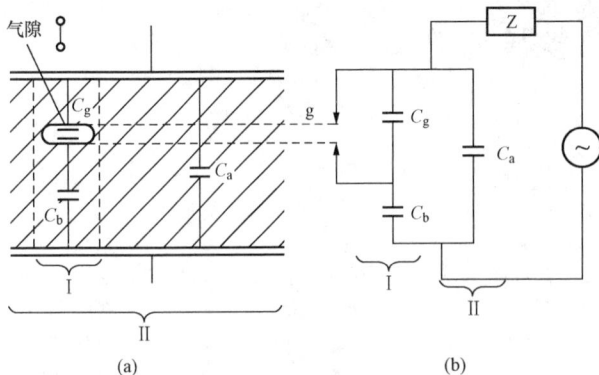

图 1-49 绝缘内部气隙

(a) 绝缘内部气隙示意图；(b) 等值电路

下，C_g 上分到的电压为 $U_g = \dfrac{C_b}{C_b + C_g} U_m \sin\omega t$，如

图 1-50（a）中虚线所示。当 U_g 达到该气隙的放电电压 U_s 时，气隙内发生火花放电，放电产生的空间电荷建立反电场，使 C_g 上的电压急剧下降到剩余电压 U_r 时，火花熄灭，完成一次局部放电。随着外加电压的继续上升，C_g 重新获得充电，当 U_g 又达到 U_s 时，气隙发生第二次放电，依此类推。气隙每放电一次，其电压瞬间下降 $\Delta U_g = U_s - U_r$，同时产生一个对应的局部放电电流脉冲，由于发生一次局部放电过程的时间很短，约为 10^{-8} s，可以认为是瞬时完成的，故放电脉冲电流表现为与时间轴垂直的一条直线，如图 1-50（b）所示。

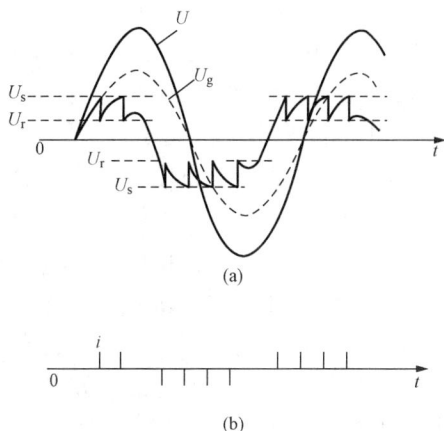

图 1-50　局部放电时的电压电流变化曲线
（a）局部放电时的电压变化曲线；
（b）局部放电时的电流变化曲线

气隙放电时，其放电电荷量为

$$q_r = \left(C_g + \frac{C_a C_b}{C_a + C_b} \right) \Delta U_g \qquad (1\text{-}16)$$

因为 $C_a \gg C_b$，所以

$$q_r \approx (C_g + C_b) \Delta U_g = (C_g + C_b)(U_s - U_r) \qquad (1\text{-}17)$$

式中　q_r——实际放电量，但因 C_g、C_b 等在实际中无法测定，因此 q_r 很难测得。

由于气隙放电引起的电压变动 ΔU_g，将按反比分配在 C_a 和 C_b 上。从气隙两端看 C_a 和 C_b 串联连接，因而 C_a 上的电压变动 ΔU_a 为

$$\Delta U_a = \frac{C_b}{C_a + C_b} \Delta U_g \qquad (1\text{-}18)$$

也就是说，当气隙放电时，被试设备两端的电压会下降 ΔU_a。这相当于被试设备放掉电荷 q 为

$$q = (C_a + C_b) \Delta U_a = C_b \Delta U_g = C_b(U_s - U_r) \qquad (1\text{-}19)$$

式中　q——视在放电量，通常以它作为衡量局部放电强度的一个重要参数。

比较式（1-17）和式（1-19）可得

$$q = \frac{C_b}{C_g + C_b} q_r \qquad (1\text{-}20)$$

由于 $C_g \gg C_b$，所以视在放电量 q 要比实际放电量 q_r 小得多，但它们之间存在比例关系，因而 q 值可以相对地反映 q_r 的大小。

需要指出的是，上述施加的是交流电压。如果在直流电压作用下，因为电压的大小和极性都不变，一旦气隙被击穿，空间电荷会在气隙内建立起反电场，放电熄灭，直到空间电荷通过介质内部电导相互中和使反电场削减到一定程度后，才开始第二次放电。可见，在其他条件相同时，直流电压下单位时间的放电次数要比交流电压下少很多，故在直流电压下的局部放电对绝缘的损伤也较交流电压下的局部放电小。

局部放电的特性参数主要有以下四个：

（1）视在放电量 q。发生局部放电时，一次放电在设备两端出现的瞬变电荷量称视在放电量（单位：pC）。它表征了被试设备在规定电压下，局部放电的强烈程度。

（2）局部放电起始电压 U_s。指在规定条件下，被试设备产生局部放电（放电量达到一定值）时，设备两端施加的电压值。

（3）局部放电终止电压 U_r。指在规定条件下，局部放电量下降到一定值时，设备两端施加的电压值。

（4）放电重复率，指单位时间内局部放电的平均脉冲个数（单位：次/s）。

三、局部放电测量方法简介

发生局部放电时，将产生很多现象，有些是电的，如发出电脉冲、介质损耗增加、发出电磁波辐射等；有些是非电的，如光、热、噪声、气体压力变化和化学变化。这些现象都可以用来判断局部放电是否存在。因此，检测方法也可以分为电气法的和非电气法。电气法有脉冲电流法、介质损耗法和电磁辐射法。非电气法有声波法、测光法、测热法和物理化学法。

电气法的灵敏度较非电气法高，因此，目前一般多采用电气法，而电气法中采用最多的是脉冲电流法。因为在局部放电时产生的电荷交换，将使被试设备两端出现电压脉动，并在检测回路中引起高频脉冲电流，因此在回路中的检测阻抗上就可取得代表局部放电的脉冲信号，通过测量绝缘中发生局部放电时产生的放电脉冲，来判断有无局部放电、局部放电强弱及发生的部位。

这种方法测量的是视在放电量，灵敏度高，是目前国际电工委员会推荐的局部放电测试的通用方法之一。

四、脉冲电流法测量基本接线简介

根据被试设备的实际情况，局部放电测量的基本接线有三种测量电路如图 1-51 所示。

电源 u 通过低通滤波器作用于被试设备上，当被试设备中发生局部放电时，其放电脉冲通过耦合电容 C_k 耦合到检测阻抗 Z_m 上，再经过放大器 A 将脉冲信号放大后送入测量仪器 M，从而读出所需局部放电特性参数。

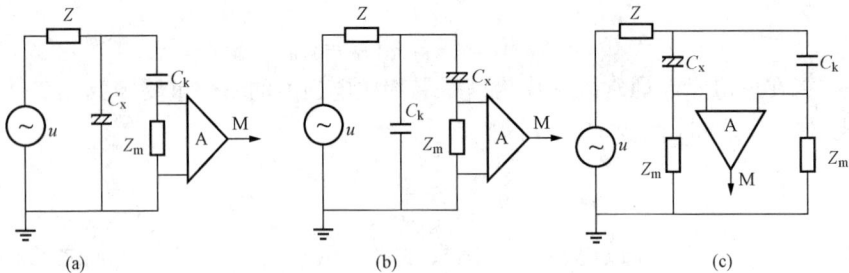

图 1-51　测量局部放电的基本电路被试设备
(a)、(b) 直接法；(c) 平衡法

图 1-51（a）中，试验电压经低通滤波器 Z，加于被试设备 C_X，测量支路由耦由耦合电容 C_k 和检测阻抗 Z_m 串联而成，并与被试设备 C_X 并联，因此称并联测量电路。此电路适用于被试设备一端接地的情况，在实际测量应用较多。

图 1-51（b）所示为串联测量电路。此种电路将检测阻抗 Z_m 串接在试品 C_X 低压端与

地之间，并由 C_X 形成放电脉冲通路。因此使用此种电路，被试设备的低压端必须能与地绝缘。

图 1-51（c）所示为平衡测量电路。此电路中被试设备 C_X 及耦合电容 C_k 低压端均与地绝缘，测量仪器 M 测量 Z_m 与 Z'_m 上的电压差。此电路抗外部干扰的性能较好，因为外部干扰在 Z'_m 及 Z_m 上产生的干扰信号基本上可以互相抵消。

所有上述电路，都希望检测阻抗 Z_m（Z'_m）及耦合电容 C_k 本身不产生或基本上不产生局部放电。

五、测量结果的分析判断

局部放电测量能检测出绝缘中存在的局部缺陷。当局部放电的强度比较小时，说明绝缘中的缺陷不太严重；局部放电的强度比较大时，则说明缺陷已扩大到一定程度，而且局部放电对绝缘的破坏作用加剧。

试验规程规定了某些设备在规定电压下的允许视在放电量，可将测量结果与规定值进行比较；如规程中没有给出规定值，则应在实践中积累数据，以获取判断标准。

任务十一　绝缘预防性试验综述

【教学目标】

（1）了解绝缘预防性试验的意义。

（2）了解绝缘预防性试验的分类。

（3）熟悉绝缘预防性试验的总体要求。

（4）熟悉试验报告单的基本内容。

（5）全面了解变压器绝缘预防性试验方案的制订及实施。

（6）会初步编制试验方案。

（7）会初步根据测试对象编制相应的试验报告单。

（8）会初步依据相关规范、标准进行综合分析，诊断绝缘状态。

【任务描述】

介绍绝缘预防性试验综述。通过案例分析、图表演示、要点归纳，掌握绝缘预防性试验的意义、分类、总体要求、试验报告单的编写、变压器绝缘试验方案的制订及实施等。

【任务实施】

利用高压实训室或电气试验仿真系统，通过实际的变压器常规绝缘预防性试验任务入手，引导并组织学生分小组讨论并实施。实验分析法：对一台 10kV 配电变压器绝缘进行常规的绝缘预防性试验。试验仪器及设备：常规绝缘预防性试验装置 1 套；被试设备，如 10kV 配电变压器 1 台等。

任务通过"任务单→资料单→操作单→评估单"等四个阶段来完成。

（1）任务单。任务单布置工作任务具体内容，提出完成该任务的要求。

（2）资料单。资料信息可由老师传递，学生学习该任务模块的理论知识，熟悉该任务操作的基本流程。

（3）操作单。学生根据任务单按规范程序和步骤进行的操作，根据理论知识，或使用工器具按规程、规范完成任务。

（4）评估单。根据工作任务完成情况，可采用反思法和分组讨论法引导学生总结、分析，并提出改进意见，并对结果进行评估、考核。

目【相关知识】

一、电气试验的意义及分类

电气设备在制造、运输、运行或检修过程中，由于各种原因可能在设备内部留下潜伏性缺陷。如果将存在缺陷的电气设备投入运行，可能当时就会发生事故，有的虽暂时不发生事故，但在运行一段时间后，原有缺陷进一步发展，最后也会扩大为事故。电气设备在运行中发生事故，将给电力系统本身及整个社会造成严重的后果。因此，电气设备在产品制造出厂前、现场安装完成后、投入运行前，都要进行试验。

电气试验的种类：

（1）根据试验项目内容，可分为：

1）绝缘试验指对电气设备绝缘状况的检查试验，主要包括外绝缘外观检查；绝缘特性试验，因试验电压低，对被试设备不会造成绝缘损伤，故又称为非破坏性试验；耐压试验，因试验电压高，试验中可能损害被试设备，故又称为破坏性试验。

2）特性试验。通常把绝缘试验以外的电气试验统称为特性试验。对不同的设备有不同的特性试验项目。例如，对于变压器常进行的试验项目有电压比、直流电阻、极性、空载电流、阻抗电压、空载和负载损耗试验等；而对于无间隙金属氧化物避雷器常进行的试验项目则是测量直流参考电压，$0.75U_{1mA}$ 时的泄漏电流等。

（2）根据试验目的与任务可分为：

1）交接试验，指电气设备安装完成后的验收试验。

2）预防性试验，为了及时发现运行中设备的隐患，预防发生事故或设备损坏，对已投入运行的电气设备进行的定期试验或检测。

3）其他试验，包括临时性试验（有时遇到异常情况，根据具体需要，临时对设备进行事故调查试验等）、带电测量和在线监测（目前电力系统在逐步推广）。

4）电气设备的工厂试验。上述针对的是电力系统挂网运行的设备进行各种试验。对电气设备制造商来说，需要进行的试验有型式鉴定试验、中间试验、出厂试验、抽样试验等。

限于篇幅，本书仅介绍绝缘预防性试验。

二、绝缘预防性试验的总体要求

1. 气候条件

被试设备温度不应低于5℃，户外试验应在良好的天气下进行，且空气相对湿度一般不高于80%。

2. 试验顺序

应先进行非破坏性试验，最后进行破坏性试验。如果非破坏性试验未通过，则不能进行破坏性试验。

对于充油设备，只有在油试验合格后方可进行耐压试验。

3. 试验电压的极性

进行直流高压试验时，应采用负极性接线。

4. 充油设备静置时间

充油设备在充满合格油后应有足够的静置时间，待气泡消除后方可进行耐压试验。静置时间如无制造厂规定，则应依据设备额定电压满足表 1-1 的要求。

5. 耐压试验电压值执行标准

（1）110kV 以下的电力设备，应按标准进行耐压试验（有特殊规定者除外）。110kV 及以上的电力设备按规定或在必要时进行耐压试验。

（2）非标准电压等级的电力设备的交流耐压试验值，可根据标准规定的相邻电压等级按插入法进行计算。

表 1-1	静置时间
设备额定电压（kV）	静置时间（h）
500	＞72
220	＞48
110 及以下	＞24

（3）进行耐压试验时，应尽量将连在一起的各种设备分开来单独试验（制造厂装配的成套设备不在此限），但同一试验电压的设备可连在一起进行试验。已有单独试验记录的若干不同试验电压的电力设备，在单独试验有困难时，也可以连在一起进行试验。此时试验电压应采用所连接设备中的最低试验电压。

（4）当电力设备的额定电压与实际使用的额定电压不同时，应根据以下原则确定试验电压：

1）当采用额定电压较高的设备以加强绝缘时，应按照设备的额定电压确定其试验电压。

2）当采用额定电压较高的设备作为代用设备时，应按照实际使用的额定工作电压确定其试验电压。

（5）对进口设备试验应按合同规定的标准执行，但在签订设备合同时要注意耐压试验电压不得低于我国现行试验标准。

6. 对多绕组绝缘试验接线的要求

对多绕组设备进行绝缘试验时，非被试绕组应短路接地。

7. 试验周期

原则上 220kV 及以上电气设备的试验周期为 2 年，110kV 及以下电气设备的试验周期为 3 年，10kV 及以下配电变压器（不含开关站的配电变压器）的试验周期为 5 年。

三、试验报告的编写

通常试验报告应包括以下十一个要项：

（1）标题。

（2）安装地点、运行编号、试验日期、温度（变压器还应注明上层油温）、湿度、天气。

（3）试验目的。

（4）试验依据。

（5）试验性质。

（6）设备铭牌（包括设备型号、额定电压、出厂序号、生产厂家、出厂日期等必要的参数）。

（7）试验内容（体现试验方法及接线图）。

（8）试验数据及数据处理（如需换算的应进行换算）。

（9）试验结论（包括判断标准）。

（10）使用仪器名称、编号。

（11）试验单位、试验人员签字（盖章）。

四、各种绝缘预防性试验的有效性比较

几种绝缘预防性试验方法的有效性比较如表 1-2 所示，供对电气设备绝缘进行综合性诊断时参考。

表 1-2 几种绝缘预防性试验方法的比较

序号	试验方法	能发现的缺陷
1	测量绝缘电阻及泄漏电流	贯穿性的受潮、脏污和导电通道
2	测量吸收比	大面积受潮、贯穿性的集中缺陷
3	测量 tanδ	绝缘普遍受潮和劣化
4	测量局部放电	有气体放电的局部缺陷
5	油的气相色谱分析	持续性的局部过热和局部放电
6	交流或直流耐压试验	抗电强度下降到一定程度的主绝缘局部缺陷
7	操作波或倍频感应耐压试验（限于变压器类设备）	抗电强度下降到一定程度的主绝缘或纵绝缘的局部缺陷

五、变压器绝缘常规试验简介

为了进一步掌握绝缘预防性试验的方法，理解预防性试验的应用，下面介绍预防性试验方法的具体应用，即变压器绝缘试验。其他电气设备的试验以此类推。

变压器绝缘试验项目包括：测量绝缘电阻 R_∞ 和吸收比 K、泄漏电流 I_∞、介质损耗角正切值 tanδ 绝缘油试验、工频耐压及感应耐压试验，对于 110kV 及以上变压器还应作局部放电测试。限于篇幅，本书仅介绍测量绝缘电阻、泄漏电流、介质损耗角正切值 tanδ 三种常规试验。

1. 变压器绝缘电阻及吸收比的测量

绝缘电阻与吸收比测量是检查变压器绝缘状况最基本的方法，一般情况下，对判断绝缘整体受潮，部件表面受潮，贯穿性集中缺陷，如瓷件破裂、引线接壳、器身内部导线引起的半通性或金属性短路等具有较高的灵敏性。实践证明，变压器绝缘在干燥前后其绝缘电阻的变化倍数要比 tanδ 的变化倍数大得多。

（1）试验方法：

1）测量仪器一般采用 2500V 或 5000V 绝缘电阻表。

2）按表 1-3 依次测量各绕组对地及其他绕组的绝缘电阻接线时被测绕组短路不接地，非被试绕组短路接地。表中序号 4 和 5 的项目，只对容量为 16000kVA 及以上的变压器进行。

3）记录大气条件及变压器上层油温。

4）充油变压器要静置足够时间才可进行测量。

5）测量铁芯对地、夹件对地、铁芯与夹件之间绝缘电阻。

（2）试验数据分析。测得的绝缘电阻值与各绕组历次测量结果比较进行判断：交接试验时，一般不应低于出场试验值的 70%（相同温度下）。大修后或运行中测量的绝缘电阻值可与交接试验时的绝缘电阻值比较。油浸式电力变压器绝缘电阻的温度换算系数见表 1-4。当测量绝缘电阻时的温度差不是表 1-4 中所列数据时，其换算系数 A 可用插入法确定。

表 1 - 3　　　　　　　　　　　　　测量和接地部位及试验顺序

序号	双绕组变压器		双绕组变压器	
	测量绕组	接地部位	测量绕组	接地部位
1	低压	高压绕组和外壳	低压	高压、中压绕组和外壳
2	高压	低压绕组和外壳	中压	高压、低压绕组和外壳
3			高压	中压、中压绕组和外壳
4	高压和低压	外壳	高压和中压	低压和外壳
5			高压、中压和低压	外壳

注　测试时尽量在变压器油温低于 50℃ 时进行，测量温度以顶层油温为准。所测数据应与规程给出数值进行比较，
　　与历年数据比较应换算至同一温度。

表 1 - 4　　　　　　　油浸式电力变压器绝缘电阻的温度换算系数

温度差 K	5	10	15	20	25	30	35	40	45	50	55	60
换算系数 A	1.2	1.5	1.8	2.3	2.8	3.4	4.1	5.1	6.2	7.5	9.2	11.2

注　测量温度以上层油温为准。

　　考虑到变压器选用材料、产品结构、工艺方法以及测量时的温度、湿度等因素的影响，
难以确定出统一的绝缘电阻标准，《电气装置安装工程电气设备交接试验标准》中对变压器
绝缘电阻给出了最低允许参考值，如表 1 - 5 所示。

表 1 - 5　　　　　　油浸电力变压器绕组绝缘电阻的最低允许值　　　　　　（MΩ）

高压绕组电压等级（kV）	温度（℃）								
	5	10	20	30	40	50	60	70	80
3～10	675	450	300	200	130	90	60	40	25
3520～35	900	600	400	270	180	120	80	50	35
63～330	1800	1200	800	540	360	240	160	100	70
500	4500	3000	2000	1350	900	600	400	270	180

　　测量吸收比和极化指数对判断被试设备的绝缘受潮情况比较灵敏。由于吸收比和极化指
数和变压器的电压等级和容量有关，状态检修试验规程规定油浸式电力变压器吸收比不低于
1.3 或极化指数不低于 1.5 或绝缘电阻不低于 10000MΩ 为合格。

　　2. 变压器泄漏电流的测量

　　试验加压部位与测绝缘电阻同，试验电压标准见表 1 - 6。试验时将负极性直流高压升高
到试验电压，停止 1min，测量通过被试绕组的直流电流，即为所测泄漏电流。

表 1 - 6　　　　　　　　　　　　试验电压的标准　　　　　　　　　　　　（kV）

绕组额定电压	3	6～15	20～35	35 以上
直流试验电压	5	10	20	40

对所测结果进行分析判断时，应与同类型变压器、同一变压器不同相间进行比较，与历次测量值进行比较，不应有数量级的变化。如果测量数值逐年增大，这往往是绝缘（包括油质）老化的结果。若所测结果与历年所测比较突然增大，则可能有严重缺陷，应查明原因。

3. 变压器介质损耗角正切值的测量

变压器绕组连同套管的 $\tan\delta$ 主要用于检查变压器受潮、油质劣化及严重局部缺陷。在测量绕组 $\tan\delta$ 时，因变压器外壳直接接地，故只能选择反接线进行测量，测试部位按表 1 - 3 进行，表中序号 4、5 两项只对容量 16000MVA 以上变压器进行。

项 目 小 结

（1）绝缘的作用就是把不同电位的导体隔离开来。介质在电场作用下有下列现象：极化、电导、损耗、击穿。反映极化程度的物理量是相对介电常数 ε_r，ε_r 越大，极化程度越强，ε_r 太大的极性介质如水不能作为绝缘材料。影响极化强度的因素是频率与温度。

（2）电导反映电介质的导电能力，任何绝缘材料的绝缘能力都不是绝对的。反映电导程度的参数是 γ，γ 越大，泄漏电流越大，易导致热击穿。影响介质电导的因素是杂质与温度。

（3）介质损耗角正切值 $\tan\delta$。对于均匀介质而言，它反映介质单位体积的有功损耗，$\tan\delta$ 越大，设备运行时有功损耗越大，发热越严重，易造成恶性循环而最终导致热击穿。影响 $\tan\delta$ 的因素比较复杂，主要是温度、杂质与外加场强等。

（4）反映电介质耐受高场强能力的是电气强度（又称击穿场强）E_b，它等于击穿电压和材料厚度（或极间隙）的比值。气体介质放电的主要机理是用于解释低气压、均匀电场中的汤逊放电理论及用于解释大气压、长间隙、不均匀电场中的流注放电理论。影响气体介质击穿电压的因素主要是电场均匀程度、气体状态、气体种类、电极极性等。提高气体介质击穿电压的措施主要是尽量改善电场均匀程度及削弱气体电离的发展过程（如采用高真空、高气压、高电气强度气体等）。工程上遇到的绝缘结构多数是不均匀的，极不均匀电场的气体间隙放电过程会有电晕放电和极性效应现象。最常用的气体绝缘材料是空气和 SF_6 气体。空气价廉，但其放电电压会受大气状态的影响。SF_6 气体电气强度高，灭弧性能好，是设备内绝缘的常用材料，但制作及运行维护费用高。

（5）纯净油的击穿过程可用电击穿理论解释，含有杂质的绝缘油击穿过程可用"小桥"理论解释。影响液体介质击穿电压的因素主要是杂质、电压作用时间、温度、电场均匀程度、大气压力等。提高液体介质击穿电压的措施主要是尽可能减少杂质的存在（如过滤、祛气、干燥）及阻止杂质小桥的发展过程（如在电极表面上包缠覆盖层、绝缘层，在油间隙中设置绝缘屏障等）。液体介质除了绝缘作用外，还有冷却、灭弧的作用。

（6）固体绝缘的击穿形式有电击穿、热击穿和电化学击穿。冲击电压下往往发生电击穿，受潮后往往发生热击穿，运行长时间后往往发生电化学击穿。影响固体介质击穿电压的因素主要是电压作用时间、温度、电场均匀程度、电压种类、累计效应、受潮、机械负荷等。提高固体介质击穿电压的措施主要是合理设计绝缘结构，改进制造工艺，改善运行环境等。固体绝缘除了绝缘作用外，还有用作支撑、极间障的作用。

（7）绝缘电阻及吸收比测量是判断绝缘状况的最常用又最简便有效的方法，对于判断绝缘的贯通性的受潮、脏污及贯通性的缺陷有效。对于未贯通性的缺陷，有时虽然缺陷已相当严重，但测出的绝缘电阻值仍很大，这是由于绝缘电阻表输出电压较低的缘故。所以绝缘电阻及吸收比测量试验对发现缺陷有局限性。泄漏电流试验通常是与直流耐压试验同时进行。在直流耐压试验升压的过程中测量泄漏电流，其原理与测量绝缘电阻同，但由于试验电压高，所以对发现绝缘贯通性的受潮、脏污及贯通性的缺陷更灵敏。

（8）设备绝缘有缺陷时，在工作过程中有功损耗会增大，测量其介质损耗角正切值 $\tan\delta$ 也会相应增大，因此可通过测量设备绝缘的介质损耗角正切值 $\tan\delta$，来判断绝缘状况。但该试验也有局限性，对于大体积设备绝缘中的集中性缺陷反应不灵敏，但对于小体积设备，或者普遍受潮和劣化的绝缘，则较为有效。

（9）耐压试验应在非破坏性试验合格后进行，它对设备能否投入运行起着决定性的作用。本项目介绍了工频交流、直流、变频串联谐振耐压试验，简要介绍了感应耐压与冲击试验。工频交流耐压试验是鉴定设备绝缘好坏的最有效和最直接的方法，是保证设备安全运行的一个重要手段。电容量较大的设备进行交流耐压试验，需要大容量的试验变压器、调压器和试验电源，现场往往很难做到。在此情况下常采用变频串联谐振试验来解决试验电源容量不足的问题。串联谐振主要解决试验变压器额定电流能满足试验需求，而额定输出电压小于试验电压的情况。因为外施工频交流耐压只考核了有绕组类设备的主绝缘，而纵绝缘和中性点绝缘无法得到考验，所以，必须采用感应耐压试验，借助辅助变压器或非被试绕组的支撑，达到对主、纵绝缘的全面考核。直流耐压试验主要用来考验被试品的耐电强度，其试验电压高，设备轻便，对发现设备的一些局部缺陷有着特殊的意义，如较交流耐压试验易发现发电机端部绝缘缺陷。但直流耐压试验不如交流耐压真实。冲击耐压试验用于 330kV 及以上超高压设备的绝缘鉴定试验，220kV 及以下设备在现场通常不做该试验。

（10）电气设备通常都是组合绝缘，其绝缘强度很大程度上取决于是否产生局部放电以及局部放电的程度，测定绝缘在不同电压下局部放电强度的规律，能预示绝缘的发展情况，也是估计绝缘电老化程度的重要依据。

（11）绝缘预防性试验是在检修、交接时进行，目的在于发现绝缘中隐藏的缺陷，防止在运行中缺陷进一步发展引发电气事故。绝缘预防性试验分为绝缘特性试验（非破坏性试验）与耐压试验（破坏性试验）两大类。试验时应根据总体要求进行，如应在天气良好条件下进行；应先做绝缘特性试验，且试验合格后方可进行耐压试验；110kV 以下的电气设备，应按有关标准进行耐压试验（有特殊规定者除外），110kV 及以上的电气设备按规定或在必要时进行耐压试验。书中以变压器为例，介绍了常规绝缘预防性试验方法的具体性应用，如试验报告单的编写、试验部位、试验接线及应注意的事项，试验结果的判断等。

思 考 题

1-1　为什么同电压等级的真空断路器的断口距离比隔离开关要小得多？

1-2　高海拔地区的线路悬式绝缘子为什么比同电压等级的平原地带要多加几片？

1-3　电介质在电场作用下的每个物理现象是什么？各有什么参数反映？

1-4　选择电容器介质时，应选用 ε_r（填大或小）的介质，选用电缆介质时应选用 ε_r（填大或小）的介质，这是为什么？

1-5　为什么电容器在电网中退出运行时，要充分放电后才能检修？

1-6　金属电导与介质电导有什么不同？

1-7　电介质在直流电压作用下的三个电流分量是什么？各有什么物理意义？

1-8　电介质在直流电压作用下的损耗与在交流电压作用下的损耗有何不同？

1-9　电介质在冲击电压下常常是什么击穿？受潮后常常是什么击穿？在工作电压下常常是什么击穿？

1-10　比较固体介质在工频、直流、冲击、高频电压下击穿电压的大小。

1-11　简述绝缘预防性试验的意义、分类及试验总体要求。

1-12　测量被试设备的绝缘电阻，应在加压 1min 后进行，这是为什么？

1-13　绝缘电阻表屏蔽端子 G 的作用是什么？

1-14　画出被试设备接地和不接地时泄漏电流的试验接线。

1-15　如何根据泄漏电流的试验结果判断绝缘状况？

1-16　简述直流耐压试验的必要性。

1-17　谈谈 $\tan\delta$ 测量的有效性问题。

1-18　画出工频耐压试验接线图，并说出各元件作用。说明为什么大容量设备进行工频耐压试验时，试验电压应在高压侧测量。

1-19　变频串联谐振试验装置一般由哪几部分组成？变频串联谐振试验装置中分压器和补偿电容器分压器的作用？

1-20　串联谐振耐压试验的优点是什么？

1-21　测量局部放电的意义是什么？局部放电测量法有哪几种方法？

1-22　局部放电测试电路有哪几种并画出原理接线图？

1-23　交接试验与预防性试验有什么不同？

1-24　说说对绝缘预防性试验的总体要求。

1-25　什么是破坏性试验和非破坏性试验？请通过实例说明（如变压器绝缘试验）。

1-26　说说各种耐压试验的意义与目的？

1-27　试验报告的编写通常应包括哪些要项？

项目二

人身触电伤害及其防护

【项目描述】

在进行电力作业时，如果工作人员不懂得安全知识，不采用可靠的防护措施或者违反有关的安全规程和规定，就极易发生人身触电事故。人身触电事故的特征是突发性大、死亡率高。因此，触电事故是人们生活和整个社会都应重视和预防的问题，也是电力安全技术工作的重点。通过本项目的学习，知道电流对人体的作用，充分认识电对人体的伤害，知道触电的严重后果，以便对其提高警惕。学习触电的原因和形式，理解触电是如何发生的，增强防范意识，积极采取防范措施，避免触电伤害。

【教学目标】

（1）能了解电流对人体的作用，并能叙述影响电流对人身伤害程度的因素。

（2）能叙述防止人身触电的技术措施。

（3）能结合现场采取实际有效的防止触电措施。

（4）能叙述触电急救的步骤并学会触电急救的操作步骤。

【教学环境】

要求有教学实训场地，场地配备有一定数量的实验台及配套的实验工具和常用的电气安全用具（如验电器、绝缘垫、绝缘手套等），实验台应该具备完成相应的保护接地、保护接零、触电急救等相关实验功能，并要求存放工器具的场所要符合要求。

任务一 触 电 伤 害

【教学目标】

（1）会鉴别不同类型的触电对人体造成伤害的区别。

（2）能叙述各种伤害的特点。

【任务描述】

在进行电力作业时，可能因为各种原因引发人体触电事故，学习电流对人体的作用，让学生充分认识电流对人体的伤害，知道触电的严重后果，以便对其提高警惕。

【任务实施】

利用案例分析法对电流对人体的作用进行分析。该案例为某省某化工厂发生的一起触电事故。

一、案例内容

某省某化工厂工人韩某（21 岁）与其他 3 名工人从事化工产品的包装工作。某日，班长让韩某去取塑料编织袋，韩某回来时一脚踏上盘在地上的电缆线，触电摔倒，在场的其他工人急忙拽断电缆线，拉下开关，一边在韩某胸部乱按，一边报告领导打 120 急救电话。待急救车赶到开始抢救时，韩某已出现昏迷、呼吸困难、脸及嘴唇发紫、血压忽高忽低等症状。现场抢救 20 分钟，待韩某稍有好转后送去医院继续抢救。住院特护 12 天，一般护理 3 天后病情稳定出院。花费医疗费 8000 元。

二、原因分析

（1）缝包机的电缆线长约 20m，由三种不同规格的电缆线拼接而成，而且线头包裹不好。检查电缆线的质量，均属伪劣产品。

（2）事故现场未见漏电保护器。

（3）当时因阴雨连绵，加上该化工产品吸水性较强，电缆表面潮湿，又由于韩某布鞋被水浸透，布鞋的对地电阻实际等于零。

三、事故的思考

（1）根据以上的事故调查情况得知，上报电缆更换及漏电保护器配置的计划，未及时整改，也未采取有效措施实施监控，一拖再拖，由事故隐患变成事故。

（2）分析当时的情况，如果安装有可靠的漏电保护器，在电缆潮湿的情况下，漏电保护器的开关可能根本合不上，不可能发生这起事故。即使开关能勉强合上，湿透的脚踏到线头上，漏电保护器的动作电流肯定会超过数倍而断电。

（3）事故发生后该车间进行了认真的整改，更新了电缆，配置了漏电保护器，科学地安排了线路，仅仅投资 150 元。

四、防范措施

（1）按照国家用电管理规定，用户必须安装漏电保护装置。

（2）供电企业应宣传用电知识，让用户具备相关的安全知识，以免发生触电事故。

（3）落实安全规章制度，强化安全防范措施。

通过该案例的分析让学生认识电流对人体的危害，并能认识到懂得安全知识的重要意义。

閪【相关知识】

电对人体作用的机理，是一个复杂的问题，影响因素很多，至今尚未完全探明。在同样的情况下，电对不同的人产生的生理效应不尽相同，即使同一个人，在不同的环境、不同的生理状态下，生理效应也不相同。但国际电工委员会（LEC）通过大量的事故案例研究表明，电对人体的伤害主要是由于电流。

电流流过人体时，人体会产生不同程度的刺麻、酸疼、打击感，并伴随不自主的肌肉收缩。触电者会因肌肉收缩而紧握带电体，不能自主摆脱。电流会对人体造成多种伤害，如伤害人体的皮肤、肌肉、骨骼、呼吸系统、心脏和神经系统，破坏人体内部器官甚至导致死亡的严重后果。

一、电流伤害

电流对人体的伤害可以分为电伤和电击两种类型。

（1）电伤。电伤是电流的热效应、化学效应、机械效应及电流本身作用造成的人体伤害。电伤可分为电烧伤、电烙印、皮肤金属化和电光眼。

1）电烧伤是由电流的热效应造成的伤害，分为电流灼伤和电弧烧伤。

电流灼伤是人体与带电体接触，电流通过人体时电能转换成热能所引起的伤害。由于人体与带电体的接触面积一般都不大，且皮肤的电阻又比较高，因而产生在皮肤与带电体接触部位的热量就较多，因此，皮肤受到的灼伤比体内严重，且电流愈大、通电时间愈长、电流途径上的电阻愈小，电流灼伤愈严重。

电弧烧伤是由弧光放电造成的烧伤，也是最常见、最严重的电伤。弧光放电时电流很大，能量也很大，电弧温度高达数千摄氏度，可造成大面积的深度烧伤，严重时能让肌体组织烘干、烧焦。电弧烧伤既可以发生在高压系统，也可以发生在低压系统。在低压系统中，带负荷拉开裸露的刀开关时，产生的电弧可能烧伤人的手部和面部；线路短路，跌落式熔断器的熔丝熔断时，炽热的金属微粒飞溅出来也可能造成灼伤；因误操作引起的短路也可能导致电弧烧伤人体等。在高压系统中，由于误操作会产生强烈电弧，把人严重烧伤；人体过分接近带电体，其间距小于放电距离时，会直接产生强烈电弧对人放电，造成电弧烧伤，严重时会因电弧烧伤而死亡。

2）电烙印。当载流导体较长时间接触人体时，因电流的化学效应和机械效应作用，接触部分的皮肤会变硬并形成圆形或椭圆形的肿块痕迹，如同烙印一样，故称为电烙印。电烙印边缘明显，颜色呈灰黄色；电烙印并不立即出现，而在相隔一段时间后才出现，一般不会发炎或化脓，但往往造成局部麻木和失去知觉。

3）皮肤金属化。在电流作用下，产生的高温电弧使周围的金属熔化、蒸发并飞溅渗透到皮肤表层，使皮肤变得粗糙、硬化并呈现一定颜色（灰黄色或蓝绿色），称为皮肤金属化。金属化后的皮肤经过一段时间后方能自行脱落，对身体机能不会造成不良的后果。

4）电光眼

电光眼的表现为眼角膜和结膜发炎。弧光放电时辐射的红外线、可见光、紫外线都会损伤眼睛。在短暂照射的情况下，引起电光眼的主要原因是紫外线。

（2）电击。电击指电流通过人体内部对人体所造成的伤害。电击主要伤害的是人体的心脏、呼吸系统和神经系统，从而破坏了人的生理活动，甚至危及人的生命。例如，电流通过心脏，造成心脏功能紊乱、导致血液循环的停止，引起心室纤维性颤动；电流通过中枢神经系统的呼吸控制中心使呼吸停止；电流通过胸部可使胸肌收缩迫使呼吸停顿。这几种情况都会导致死亡。研究表明"心室纤维性颤动"是致死最根本、占比例最大的原因。

电击是触电事故中后果最严重的一种，绝大部分触电死亡事故都是电击造成的。

二、电磁场伤害

空间电磁波可以通过人体皮肤及其他器官，汇集于大脑，干扰人的植物神经和中枢神经，从而影响人的大脑接收外界信息，使人产生烦躁、恐慌、心律紊乱等不正常的生理现象，导致人体的多种疾病发生。

20世纪50年代，许多发达国家通过大量的动物实验和长期的人体观察，发现电磁辐射确实能对人体产生不良作用。一是使人体细胞组织的温度升高而发生形态学改变，二是对人体神经系统发生作用产生功能性改变。电磁辐射对人体的危害主要表现在它对人体神经系统的不良作用，其主要症状是神经衰弱，具体表现为头昏脑胀、无精打采、失眠多梦、疲劳无力，以及记忆力减退和心情沮丧等，有时还有头痛眼胀、四肢酸痛、食欲不振、脱发、多汗、体重下降等现象。国外医学研究表明，使用电脑终端机每周超过20h的妇女流产概率较高，尽管其中有人体自然疲劳的因素，但电磁辐射的不良作用却是不能忽视的。

所以经常工作于高频设备附近的人员，常会产生精神疲倦、手抖、手痛、失眠等症状，要在工作结束很长时间后上述症状才能消除，身体才能恢复。所以高频电磁场对人体有害。

三、雷电伤害

雷击是一种自然灾害，强大的雷电流通过被击物时，产生大量的热量，使物体遭到破坏。当人体遭到雷击时，会立即引起心脏纤维性颤动，并导致死亡，或者人体组织受到严重破坏，所以受雷击触电者下肢皮肤常有焦死或者树枝状的放电痕迹；雷击还可以使人心理上发生变化而引起中毒，有时会在雷击触电发生几小时后突然死亡。

四、静电触电伤害

静电现象是一种常见的带电现象，主要是由于不同物质的互相摩擦产生，摩擦速度越高、距离越长、压力越大，摩擦产生的静电越多；另外产生静电的多少还和两种物质的性质有关。在生产和生活中，一些不同的物质相互接触和分离就会产生静电。例如在生产工艺中的挤压、切割、搅拌、喷溅、流动和过滤，以及生活中的行走、起立、穿脱衣服等都会产生静电。

静电有一个很大的特点就是静电电量不大而静电电压很高，有时可能高达数万伏，甚至十万伏以上。由于电压很高，很容易发生放电，形成静电火花。这样，在易燃易爆的场所，可能因静电火花引起火灾和爆炸。另外，当人体接近带静电物体，或带静电荷的人体接近接地体时，会产生电击伤害。

任务二　人身触电伤害程度的影响因素

【教学目标】

（1）掌握人身触电伤害程度的影响因素有哪些。

（2）能叙述作用于人体的电流划分为几个等级。

（3）能叙述电流的种类和途径与触电伤害程度的关系是什么。

【任务描述】

为了保证电气作业人员在电力作业时的人身安全，让作业人员学习触电的原因及形式，理解触电是如何发生的，增强防范意识，积极采取防范措施，避免触电伤害。

【任务实施】

让学生在学校实训教室进行电流感知的实验。

（1）熟悉实训室的相关规定和管理制度。

（2）熟悉实验设备的工作性能和实验工具是否满足要求及安全性的检查。

一、实验内容

电流感知实验。

二、实验步骤

（1）选择 XK‐AQYD1 型实训台 2 号挂箱，准备 500 型兆欧表。

（2）将兆欧表 L 端连线、E 端连线分别连接挂箱 L、E 插孔。

（3）检查挂箱感知放电开关并将其扳到感知位置。

（4）被试者将单手平按在挂箱两块实验极板上。

（5）此时助手由慢至快（缓慢增速）摇动兆欧表。

（6）被试者不能忍受时将手抬起。

（7）将双手分别接触两个极板重复以上过程。

通过实验来体验电流大小不同对人体的作用有何区别。

【相关知识】

电流对人体伤害的程度与通过人体电流的大小、电流通过的持续时间、电流通过人体的途径、电流的种类等多种因素有关。而且，上述各个影响因素相互之间，尤其是电流大小与通电时间之间有着密切的联系。

1. 电流大小与伤害程度的关系

通过人体的电流越大、人的生理反应和病理反应越明显，引起心室颤动所需的时间越短，致命的危险性越大。按照人体呈现的状态，可以将人体通过的电流分为三个级别：

（1）感知电流。感知电流是指电流流过人体时可引起感觉的最小电流。

感知电流的概率曲线如图 2-1 所示。概率为 50% 时，平均感知电流成年男性约为 1.1mA，成年女性约为 0.7mA。感知电流一般不会对人体造成伤害，但可能因不自主反应而导致高处跌落等二次事故。

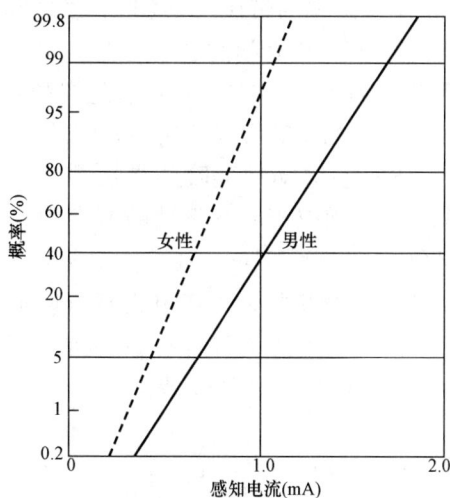

图 2-1　感知电流的概率曲线

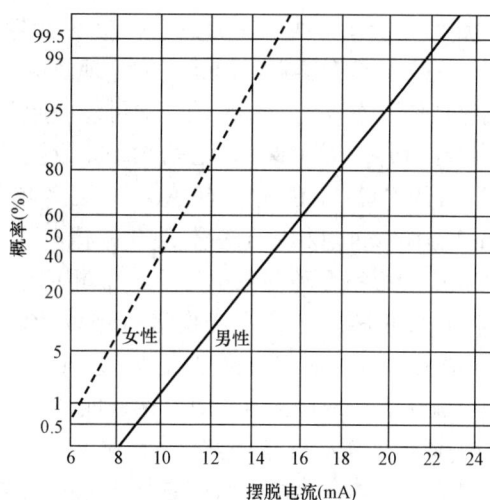

图 2-2　摆脱电流的概率曲线

（2）摆脱电流。当通过人体的电流超过感知电流时，肌肉收缩增加、刺痛感觉增强、感觉部位扩展。当电流增大到一定程度时，由于中枢神经反射和肌肉收缩、痉挛，触电人将不能自行摆脱带电体。在一定概率下，人触电后能自行摆脱带电体的最大电流，称为该概率下的摆脱电流，摆脱电流的最小值，称为摆脱阈值。摆脱电流与人体生理特征、电极形状、电极尺寸等因素有关。摆脱电流的概率曲线如图 2-2 所示。摆脱电流在概率为 50% 时，成年男性约为 16mA，成年女性约为 10.5mA；在概率为 99.5% 时，成年男性约为 22.5mA，成年女性约为 15mA。

　　(3) 室颤电流。通过人体引起心室发生纤维性颤动的最小电流称为室颤电流，室颤电流的最小值称为室颤阈值。室颤电流是短时间内使人致命的最小电流。室颤电流受电流持续时间、电流途径、电流种类、人体生理特征等因素的影响。当电流持续时间超过心脏搏动周期时，人的室颤电流约为 50mA；当电流持续时间短于心脏搏动周期时，人的室颤电流约为数百毫安；当电流持续时间在 0.1s 以下时，如电击发生在心脏易损期，500mA 以上的电流可引起心室颤动。对于从左手到双脚的电流途径，可按图 2-3 所示划分电流对人体作用的带域。

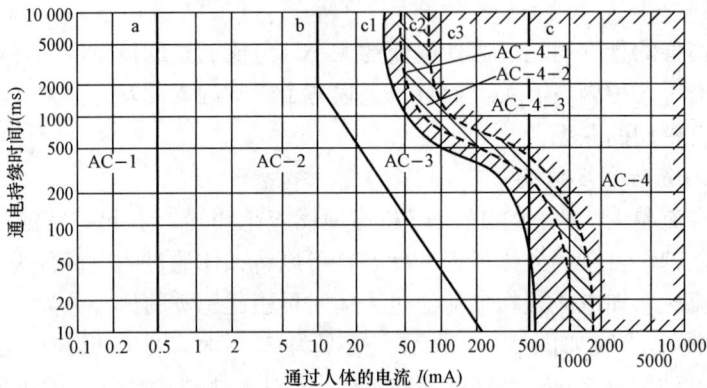

图 2-3　交流电流对人体作用的带域划分

　　图 2-3 所示 a 线以左的 AC-1 区为无生理效应、没有感觉的带域。a 线与 b 线之间的 AC-2 区通常是有感觉，但无害的生理效应的带域。b 线与 c1 线之间的 AC-3 区通常是没有机体损伤、不发生心室颤动，但可能引起肌肉收缩和呼吸困难，可能引起心脏组织和心脏脉冲传导障碍，还可能引起心房颤动，以及转变为心脏停止跳动等可复性病理效应的带域。c 线以右的 AC-4 区是除有 AC-3 区各项效应外，还有心室颤动危险的带域。c1 线上 500mA、100ms 点相应于心室颤动的概率为 0.14%；c2 线相应于心室颤动的概率为 5%；c3 线相应于心室颤动的概率为 50%。相应于 AC-4 区内的电流和时间，还可能引起呼吸中止、心脏停止跳动、严重烧伤等病理效应。图中 b 线不是摆脱阈值。当电击持续时间从 10ms 增至 100ms 时，室颤电流从 500mA 降至 400mA；当电击持续时间从 1s 增至 3s 时，室颤电流从 50mA 降至 40mA。两段曲线之间用平滑曲线连接起来即为 c1 线。

　　2. 电流持续时间与伤害程度的关系

　　电流在人体内作用的时间越长，危险性越大，主要原因如下：

　　(1) 人体电阻减小。电击持续时间越长，人体电阻由于出汗、击穿、电解而下降，电击危险性越大。

　　(2) 能量增加。电流持续时间越长，体内积累外界电能越多，伤害程度增高，表现为室颤电流减小。

　　(3) 中枢神经反射增强。电击持续时间越长，中枢神经反射越强烈，电击危险性越大。

　　工频电流对人体的作用见表 2-1，如表所列生理效应。因此，当发现有人触电时，应当迅速使触电者摆脱带电体。

表 2 - 1　　　　　　　　　　　　　工频电流对人体的作用

电流（mA）	电流持续时间	生理效应
0～0.5	连续通电	没有感觉
0.5～5	连续通电	开始有感觉，手指、手腕等处有麻感，没有痉挛，可以摆脱带电体
5～30	数分钟以内	痉挛，不能摆脱带电体，呼吸困难，血压升高，达可以忍受的极限
30～50	数秒～数分钟	心脏跳动不规则，昏迷，血压升高，强烈痉挛，时间过长即引起心室颤动
50～数百	低于心脏搏动周期	受强烈刺激，但未发生心室颤动
50～数百	超过心脏搏动周期	昏迷，心室颤动，接触部位留有电流通过的痕迹
超过数百	低于心脏搏动周期	在心脏易损期触电时，发生心室颤动，昏迷，接触部位留有电流通过的痕迹
超过数百	超过心脏搏动周期	心脏停止跳动，昏迷，可能致命的电灼伤

3. 电流流通的途径与伤害程度的关系

人体在电流的作用下，没有绝对安全的途径。电流通过心脏，会引起心室颤动乃至心脏停止跳动而导致死亡；电流通过中枢神经及有关部位，会引起中枢神经强烈失调而导致死亡；电流通过头部，严重损伤大脑，可能使人昏迷不醒而死亡；电流通过脊髓，会使人截瘫；电流通过人的局部肢体，可能引起中枢神经强烈反射而导致严重后果。

但通过心脏的电流越多、电流通过人体路线越短的途径是危险性越大的途径。因此从左手到胸部是最危险的电流途径。

4. 电流种类和频率与伤害程度的关系

不同种类电流对人体伤害的构成不同，危险程度也不同，但各种电流对人体都有致命危险。

（1）电流的种类不同对人体构成的伤害不同。直流电流的作用。在接通和断开瞬间，直流感知阈值约为 2mA。300mA 以下的直流电流没有确定的摆脱阈值，300mA 以上的直流电流将导致不能摆脱或数秒至数分钟以后才能摆脱带电体。电流持续时间超过心脏搏动周期时，直流室颤电流为交流的数倍；电流持续时间在 200ms 以下时，直流室颤电流与交流大致相同。

（2）频率不同对人体的影响也不同。不同频率的交流电流对人体的影响也不同。通常，30～100Hz 的交流电对人体伤害最大，低于或高于此段频率的电流对人体的伤害程度要显著减轻，当频率为 450～500kHz 时，触电危险性便基本消失；频率在 20kHz 以上的交流小电流在医学上用于理疗，对人体已无伤害，但这种频率的电流通常以电弧的形式出现，有灼伤人体的危险。

5. 人体电阻与伤害程度的关系

人体电阻有表面电阻和体积电阻之分。

表面电阻是沿着人体皮肤表面所呈现的电阻。体积电阻是从皮肤到人体内部所构成的电阻。体积电阻和表面电阻都将对触电后果产生影响。对电击来说，体积电阻的影响最为显著。表面电阻对触电后果的影响是比较复杂的，当整个触电回路总的表面电阻较低时，有可能产生抑制电击的积极影响。反之，当人体局部潮湿时，特别是如果仅仅只有触及带电部分处的皮肤潮湿时，那就会大大增加触电的危险性。这是因为人体局部潮湿，对触电回路总的表面电阻值不产生很大的影响，触电电流不会大量从人体表面分流，而触电处皮肤潮湿，将会使人体体积电阻下降，以致使触电的危害性增大。

　　体积电阻值的变化幅度也很大。当人体皮肤处于干燥、洁净和无损伤的状态下时，人体电阻可高达 $40\sim100k\Omega$；而当皮肤处于潮湿状态如湿手、出汗或受到损伤时，则人体电阻会降到 1000Ω 左右；如皮肤完全遭到破坏，人体电阻将下降到 $600\sim800\Omega$ 左右。必须注意的是，这里所讲的皮肤电阻指的是皮肤沿体内方向的电阻值，与前述的表面电阻不应相混淆。

　　显然，人体电阻是表面电阻和体积电阻的并联值。

　　人体电阻除了和皮肤的状态有关外，还和触电的状态有关。当接触面积加大，接触压力增加时也会降低人体电阻；通过的电流加大，通电的时间加长，会增加发热出汗，或使皮肤炭化，也会降低人体电阻；接触电压增高，会击穿角质层，并增加肌体电解，也会降低人体电阻。

　　另外，频率变化时，人体电阻将随频率的增加而降低，频率为 $100kHz$ 时的人体电阻约为 $50Hz$ 时的 50% 左右。

　　不同条件下的人体电阻如表 2 - 2 所示。

表 2 - 2　　　　　　　　　　　不同条件下的人体电阻

接触电压（V）	人体电阻（Ω）			
	皮肤干燥	皮肤潮湿	皮肤湿润	皮肤浸入水中
10	7000	3500	1200	600
25	5000	2500	1000	500
50	4000	2000	875	440
100	3000	1500	770	375
250	1500	1000	650	325

　　6. 人体本身的状况与伤害程度的关系

　　电流对人体的作用，女性比男性更敏感，女性的感知电流和摆脱电流约比男性低 1/3。另外心室颤动电流约与体重成正比，因此小孩遭受电击比成人危险。

　　人的健康状况和精神状态，对于触电的危害程度也有极大的关系。当人的情绪低落时感受的伤害会加重。患有心脏病、肺病、内分泌失常、中枢神经系统疾病及酒醉者等，其触电的危险性最大。所以对于电气工作人员，应当定期进行严格的体格检查。

任务三　人身触电方式

🔊【教学目标】

　　（1）能知道触电的方式的种类。

　　（2）通过触电方式的介绍能提高人体防止触电的能力。

🤲【任务描述】

为了保证电气作业人员在电力作业时的人身安全，让作业人员学习触电的原因及形式，理解触电是如何发生的，增强防范意识，积极采取防范措施，避免触电伤害。

〰️【任务实施】

让学生在学校实训教室进行触电方式的实验：

（1）熟悉实训室的相关规定和管理制度。

（2）熟悉实验设备的工作性能和实验工具是否满足要求及其安全性的检查。

一、实验内容

模拟人体跨步电压触电实验。

二、实验步骤

（1）选择 XK - AQYD1 型实训台 1 号和 7 号挂箱，准备万用表。

（2）按原理图接线。

（3）合上实训台电源，合上模拟接地故障点开关，用万用表从故障接地点开始向外依次测量相邻两点的电位差，或从故障接地点开始依次向外测量每一点对地的电位差，描绘完成测量的电压曲线。

（4）被试者将单手平按在挂箱两块实验极板上。

（5）此时助手由慢至快（缓慢增速）摇动兆欧表。

（6）被试者不能忍受时将手抬起。

（7）将双手分别接触两个极板重复以上过程。

通过实验来体验电流大小不同对人体的作用有何区别。

📖【相关知识】

一、人身触电的方式

人身触电的方式很多，归纳起来有六类。

1. 人体与带电体的直接接触触电

发生触电时，所触及的带电体为正常运行时，称为直接接触触电。人体与带电体的直接接触触电又可分为单相触电和两相触电。

根据国内外的统计资料，单相触电事故占全部事故的 70% 以上。因此，防止触电事故的技术措施应将单相触电作为重点。

（1）单相触电。人体接触三相电网中带电体的某一相时，电流通过人体流入大地，这种触电方式称为单相触电。电网可分为大接地电流系统（中性点直接接地系统）和小接地电流系统（中性点不接地系统），由于这两种系统中性点的运行方式不同，发生单相触电时，电流经过人体的路径及大小就不一样，触电危险性也不相同。

1）中性点直接接地系统的单相触电。以 380/220V 的低压配电系统为例，当人体触及某一相导体时，相电压作用于人体，电流经过人体、大地、系统中性点接地装置、中性线形成闭合回路，如图 2 - 4 所示。由于接地装置的电阻比人体电阻小得多，则通过人体的电流 I_r 约为 220mA，远大于人体的摆脱阈值，足以使人致命。一般情况下，工作人员脚上穿有鞋子，有一定的限流作用，人体与带电体之间以及站立点与地之间也有接触电阻，所以实际电流小于 220mA，人体触电后，有时可以摆脱。但人体触电后由于遭受电击的突然袭击，慌乱中易造成二次伤害事故（例如空中作业触电时坠落到地面等）。所以工作人员工作时应穿合格的绝缘鞋，在配电室的地面上应垫有绝缘橡胶垫，以防触电事故的发生。

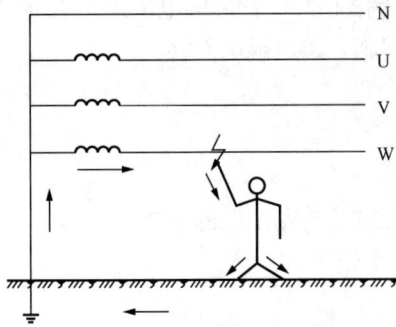

2) 中性点不接地系统的单相触电：如图 2-5 所示。当人站立在地面上，接触到该系统的某一相导体时，由于导体与地之间存在对地阻抗 Z_c（由线路的绝缘电阻 R 和对地电容 C 组成），则电流以与人体接触的导体、人体、大地、另两相导线对地阻抗 Z_c 构成回路，通过人体的电流主要决定于线路的绝缘电阻 R。正常情况下，R 相当大，单相触电时通过人体的电流小，一般不致造成对人体的伤害；但当线路绝缘下降，R 减小时，单相触电对人体的危害仍然存在。而在高压系统中，线路对地电容较大，则单相触电通过

图 2-4　中性点直接接地的供电系统

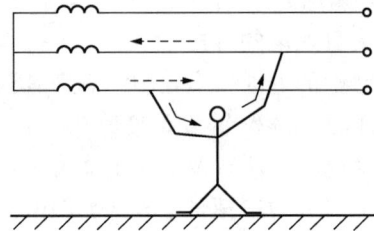

人体的电容电流较大，将危及触电者的生命。

（2）两相触电。当人体同时接触带电设备或线路中的两相导体时，电流从一相导体经人体流入另一相导体，构成闭合回路，这种触电方式称为两相触电，如图 2-6 所示。此时，加在人体上的电压为线电压，它是相电压的 $\sqrt{3}$ 倍；通过人体的电流与系统中性点运行方式无关，其大小只决定于人体电阻和人体与之相接触的两相导体的接触电阻之和。因此，它比单相触电的危险性更大。例如，380/220V 低压系统线电压为 380V，设人体电阻为 1000Ω，则通过人体的电流约为 380mA，大大超过人体的致颤阈值，足以致人死亡。两相触电多在带电作业时发生，由于相间距离小，安全措施不周全，使人体直接或间接通过作业工具同时触及两相导体，造成两相触电。

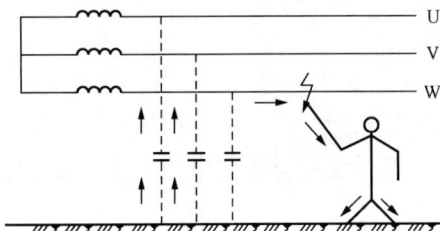

图 2-5　中性点不接地的供电系统　　　图 2-6　两相触电的示意图

2. 间接接触触电

它包括跨步电压触电和接触电压触电。

（1）跨步电压触电，如图 2-7 所示。当电气设备或载流导体发生接地故障时，接地电流将通过接地体流向大地，并在地中接地体周围作半球形的散流。在以接地故障点为球心的半球形散流场中，靠近接地点处的半球面上，电流密度线密，离开接地点的半球面上电流密度线疏，且愈远愈疏；另一方面，靠近接地点处的半球面的截面积较小、电阻大，离开接地点处的半球面面积大、电阻减小，且愈远电阻愈小。因此，在靠近接地点处沿电流散流方向取两点，其电位差较远离接地点处同样距离的两点间的电位差大，当离开接地故障点 20m 以外时，这两点间的电位差即趋于零。我们将两点之间的电位差为零的地方称为电位的零点，即所谓电气地。显然，在该接地体周围，对电气地而言，接地点处的电位最高，离开接地点处，电位逐渐降低，其电位分布呈伞形下降。此时，人在此有电位分布的区域内行走

时，其两脚之间（一般为 0.8m 的距离）呈现出电位差，此电位差称为跨步电压 U_{kb}。

由跨步电压引起的触电叫跨步电压触电。由图 2-7 可见，在距离接地点故障点 8～10m 以内，电位分布的变化率较大，人在此区域内行走，跨步电压高，就有触电的危险；在离接地故障点 8～10m 以外，电位分布的变化率较小，人的两脚之间的电位差较小，跨步电压触电的危险性明显降低。人在跨步电压的作用下时，电流将从一只脚经腿、胯部、另一只脚与大地构成回路，虽然电流没有通过人体的全部重要器官，但当跨步电压较高时，触电者有脚发麻、抽筋的症状，会跌倒在地，跌倒后，电流可能会改变路径（如从左手至脚）而流经人体的重要器

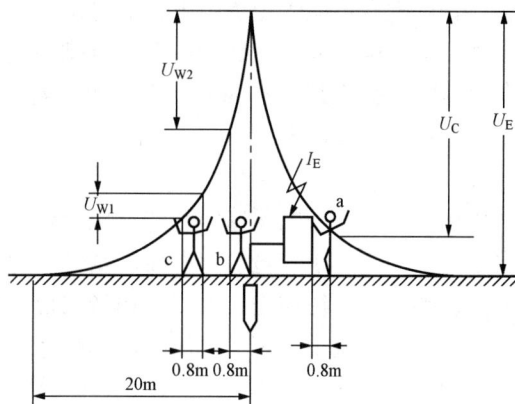

图 2-7　跨步电压触电示意图

U_{W1}、U_{W2}—跨步电压；U_C—接触电压；U_E—接地短路电压

官，使人致命。因此《电业安全工作规程》规定，发生高压设备、导线接地故障时，人在室内不得接近故障点 4m 以内，人在室外不得接近故障点 8m 以内。如果要进入此范围内工作，为防止跨步电压触电，进入人员应穿绝缘鞋。

需要指出，跨步电压触电还可能发生在另外一些场合，例如，避雷针或避雷器动作，其接地体周围的地面也会出现伞形电位分布，同样会发生跨步电压触电。

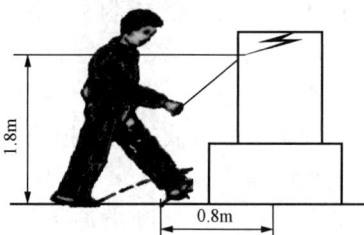

图 2-8　接触电压触电示意图

（2）接触电压触电。在正常情况下，电气设备的金属外壳是不带电的，由于绝缘损坏，设备漏电，使设备的金属外壳带电，人触及漏电设备的外壳，加于人手与脚之间的电位差（脚距漏电设备 0.8m，手触及设备距地面垂直距离 1.8m），称为接触电压，由接触电压引起的触电叫接触电压触电，如图 2-8 所示。若设备的外壳不接地，此时接触电压触电情况与单相触电情况相同；若设备外壳接地，则接触电压为设备外壳对地电位之差。

人需要接近漏电设备时，为防止接触电压触电，应戴绝缘手套、穿绝缘鞋。

3. 人体与带电体的距离小于安全距离的弧光放电触电

前面几类触电事故都是人体与带电体直接接触或间接接触时发生的。实际上，当人体与带电体（特别是高压带电体）间的空气间隙小于一定的距离时，虽然人体没有接触带电体，也可能发生触电事故。这是因为人体与带电体的距离足够近时，人体与带电体间的电场强度将大于空气的击穿场强，空气将被击穿，带电体对人体放电，并在人体与带电体间产生电弧，此时人体将受到电弧灼伤及电击的双重伤害。这种与带电体的距离小于安全距离的弧光放电触电多发生在高压系统中。此类事故的发生，大多数是工作人员误入带电间隔，误接近带电设备所造成的。因此，为防止这类事故的发生，有关标准规定了不同电压等级的最小安全距离，工作人员距离带电体的距离不允许小于此距离值。

4. 剩余电荷触电

电气设备的相同绝缘和对地绝缘都存在电容效应。由于电容效应具有储存电荷的性能，

因此在刚断开电源的停电设备上，都会保留一定量的电荷，称为剩余电荷。若此时有人触及停电设备，就有可能遭受剩余电荷的电击。另外，如大容量电力设备和电力电缆、并联电容器等遥测绝缘电阻或耐压试验后都会有剩余电荷存在。设备容量越大、电缆线路越长，这种剩余电荷的积累就越高。因此，在遥测绝缘电阻或耐压试验工作结束后，必须注意充分放电，以防剩余电荷触电。

5. 感应电压触电

由于带电设备的电磁感应和静电感应作用，能使附近的停电设备上感应出一定的电位，其数量的大小决定于带电设备电压的高低、停电设备与带电设备两者的平行距离、几何形状等因素。感应电压往往是在电气工作者缺乏思想准备的情况下出现的，因此，具有相当大危险性。在电力系统中，感应电压触电事故屡有发生，甚至造成伤亡事故。

6. 静电触电

静电电位可高达数万伏至十万伏，可能发生放电，产生静电火花，引起爆炸、火灾，也可能造成对人体的电击伤害。由于静电电击不是电流持续通过人体的电击，而是由于静电放电造成的瞬时冲击性电击，能量较小，通常不会造成人体心室颤动而致死，但是往往造成二次伤害，如高处坠落或其他机械伤害，因此同样具有相当大的危险性。

二、发生事故的原因

电力生产过程中，发生触电的原因很多，归纳起来，有以下几个方面：

(1) 电气设备、生产厂房、工作场所及工作使用的工具等不符合安全要求。

(2) 在电气设备停电检修或试验时，没有采取完善的组织措施。如对设备的停、送电的联系和指挥不明，各部门之间互相要求不明确，任务交代不具体等，致使有关部门弄错了停电时间和停电范围，造成设备尚未停电就开始检修或试验工作；工作尚未结束就给设备送电；工作人员扩大了检修、试验范围，误走到带电设备上工作等。此外，在安排工作时由于人员分配不恰当，让不符合电气安全要求的人员参加工作；让技术水平较低的工人担任复杂的工作；对应该有人监护的工作未派专人监护等，都可能造成触电事故。

(3) 在电气设备停电检修或试验时，没有采取可靠的安全措施。如切断电源不彻底，未将有关变压器或电压互感器的低压回路完全断开，当在低压回路中操作时造成电压反馈，使高压侧产生高电压危及人身安全；在停电后未将停电设备的各侧三相短路接地，由于运行人员误操作或其他原因，误将高压电送到检修设备上，造成检修设备上工作人员的触电事故。

(4) 在带电作业时，违反有关安全规定。如没有按要求采取完善可靠的技术措施和组织措施，使用不合格的工具，分配未经培训合格的人员参加工作，没有严格执行监护制度等。

(5) 在进行电气操作时，违反有关操作规程造成误操作。如带负荷拉、合隔离开关；做安全措施时，将接地线挂到带电设备上等。在发生这类误操作时，操作人员除了触电外还可能造成电弧灼伤。

(6) 在处理设备或线路接地故障时，没有遵守安全规定，而导致接触电压触电和跨步电压触电等。

综上所述，电力生产过程中造成触电事故的原因很多，但大多数是违反安全规程造成的。触电不仅危及人身安全，也影响整个电力系统的安全运行。为此，应采取有效的措施，预防人身触电事故的发生。

任务四 直接触电的防护措施

【教学目标】

（1）知道防止直接触电事故发生的措施。

（2）能在实际工作和生活中采用防止触电事故发生的措施。

（3）知道提高防止人体触电的技术技能。

【任务描述】

作业人员在现场作业时，作业环境中存在有带电线路或带电设备，为了防止直接接触带电设备发生直接触电事故，保证作业人员安全，必须采取可靠的技术措施。本任务介绍防止直接接触触电的措施，了解防止直接触电事故发生措施的理论依据。

【任务实施】

一、任务内容

35kV 以下架空线路防直接接触触电技术措施。

二、收集防直接接触触电措施资料

根据理论和工作经验得知，具体的防止直接触电相关措施有绝缘、屏护、安全电压、安全距离、隔离变压器等。在进行相应的设备安装、线路架设时都应该考虑防直接接触触电，并采取相应措施。

三、实施过程

（1）确定 35kV 以下架空线路对地或水面、建筑物的安全距离，分别列于表 2-3、表 2-4。

2-3　35kV 以下架空线对地或水面的安全距离

最小距离 (m) ＼ 线路电压 (kV) 线路经过地区	<1	1~10	35
居民区	6.0	6.5	7.0
非居民区	5.0	5.5	6.0
交通困难地区	4.0	4.5	5.0
步行可以达到的山坡	3.0	4.5	5.0
步行不能达到的山坡、峭壁或岩石	1.0	1.5	3.0

表 2-4　35kV 以下架空线与建筑物的安全距离

线路电压（kV）	≤1	10	35
垂直距离（m）	2.5	3.0	4.0
水平距离（m）	1.0	1.5	3.0

（2）安装要求：

1）对线路的安装要按照 GB50173—1992《电气装置安装工程 35kV 及以下架空电力线

路及验收规范》标准执行。

  2）对安装使用的器具和材料进行检验，必须符合安全工器具的相关规定。

  3）安装工艺和技术要求要满足相关规定。

  4）做好防护措施，加强绝缘防护、屏护的使用等。

  【相关知识】

  人身触电的形式很多，以直接触电和间接触电最为常见，针对不同的触电事故，应采取不同的安全防护措施。本任务只讨论防止直接触电的措施，其他的触电方式在相应章节中穿插讲解。值得一提的是，无论哪种触电事故总是突然发生，且在极短的时间内造成难以挽回的后果，因此触电事故的防范要着重以防为主。

  为了防止直接触电事故，不仅要求正确选用电工器材，严格按照电气安装规程的有关规定正确架设安装，以及使用者必须遵守有关安全规程以外，而且要求电工产品的设计、结构、制造质量也要符合有关部门制定的一系列技术条件、标准和规范。直接触电的防护措施主要有五个安全保护措施如下。

  一、绝缘

  绝缘指利用绝缘材料对带电体进行封闭和电位隔离。良好的绝缘是保证设备和线路正常工作的必要条件，也是防止触电事故的重要措施。设备或线路的绝缘必须与所采用的电压相符合，与周围环境和运行条件相适应。

  绝缘是防止直接触电的最基本措施之一。为保证人身安全，一方面要选用合格的电器设备或导线；另一方面要加强设备检查，掌握设备绝缘性能，发现问题及时处理，防止发生触电事故。

  电气工作人员在工作中应尽可能停电操作，操作前要验电，防止突然来电，并与附近未停电的设备保持安全距离。如确实需要低压带电作业，要遵守带电作业的相关规定。在绝缘站台、垫上工作穿上绝缘鞋，戴上绝缘手套，使用的有绝缘手柄的工具等都是防止直接触电的措施。

  二、屏护

  屏护指遮栏、护罩、护盖或围栏等，用于将危险的带电体同外界隔离开，以防止工作人员无意识地触及或过分接近带电体所引起的触电事故。

  屏护的作用如下：①防止工作人员意外碰触或过分接近带电体。②作为检修部位与带电体的距离小于安全距离时的隔离措施。③保护电气设备不受机械损伤。

  屏护主要用于电气设备不便于绝缘或绝缘不足的场合以保证安全，如开关电器的可动部分一般不能包以绝缘，因此需要屏护。对于高压设备，由于全部绝缘往往有困难，如果人接近至一定程度时，就会发生严重的触电事故。因此，不论高压设备是否有绝缘，均应采用屏护或其他防止接近的措施。室内、外安装的变压器和配电装置应装有完善的屏护。当作业场所临近带电体时，在作业人员与带电体之间、过道、入口等处均应装设可移动的临时性屏护。

  根据具体情况，采用遮栏、栅栏和板状屏护。遮栏与设备带电体部分的距离应满足有关规定值。为防止意外带电而造成触电事故，对金属材料制成的屏护必须实行可靠的接地措施。

  为了便于检查，一般室内配电装置宜装网状遮栏。其网眼不应大于20mm×20mm，以防止工作人员在检查时将手或工具伸入遮栏内。网状遮栏的高度不低于 170cm，使个子高的人也不可能将手伸过遮栏上端。遮栏一般装在户外配电装置周围。栅栏的高度在户外应不低于 150cm，在户内不低于 120cm，栅栏栏杆间的距离和最下一层与地面的距离一般不应超过 10cm。

三、障碍

设置障碍可防止工作人员无意识触及或接近带电体，但它并不能防止工作人员有意识移开、绕过或翻越该障碍触及或接近带电体，所以是一种不安全的防护。

四、安全距离

安全距离是指带电体与地面之间、带电体与其他设备和设施之间、带电体与带电体之间必要的安全距离。凡易于接近的带电体，与其距离应保持在伸出手臂时所能触及范围之外。正常操作时，凡使用较长工具者，间距应加大。间距应将可能触及的带电体置于可能触及的范围之外。在间距的设计选择时，既要考虑安全要求，同时也要符合人——机功效学的要求。

五、采用安全电压

在人们容易触及带电体的场所，动力、照明电源采用安全电压是防止人体触电的重要措施之一。

安全电压是为防止触电事故而采用的由特定电源供电的电压系列。通过人体的电流取决于加于人体的电压和人体电阻。安全电压就是根据人体允许通过的电流值（30mA）与人体电阻值（1700Ω）的乘积确定的。我国规定的安全电压额定值是交流电压 42、36、24、12、6V，空载交流电压的最大值是 50V，直流安全电压的上限是 72V。

采用安全电压，必须具备以下条件：①安全电压的供电电源要使用隔离变压器，使其输入电路与输出电路实现电路上可隔离，或采用独立电源；②隔离变压器的低压侧出线端不准接地；③设备本身及其附近没有被人体触及的带电体（低于 25V 时不要求）；④采用超过 24V 的安全电压时，必须采取防止直接触及带电体的保护措施。

任务五　间接触电的防护措施

🔊【教学目标】

（1）知道防止间接触电事故发生的措施。

（2）能在实际工作和生活中采用防止间接触电事故发生的措施。

（3）能知道提高防止人体间接触电的技术技能。

🖐【任务描述】

本任务介绍防止间接触电的措施，通过概念解释及定性分析，了解防止间接触电事故发生的措施理论依据。

🐾【任务实施】

让学生在学校实训教室进行防止间接触电措施的实验。

（1）熟悉实训室的相关规定和管理制度。

（2）熟悉实验设备的工作性能和实验工具是否满足要求并对其安全性的检查。

实验内容

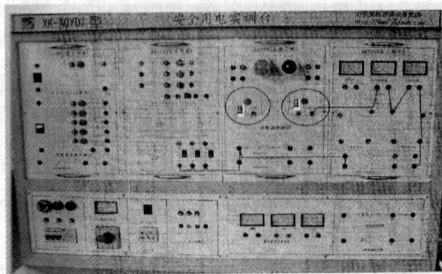

图 2-9　XK-AQYDI 型实训台示意图

实验操作步骤：

（1）选择 XK-AQYD1 型实训台（如图 2-9 所示）3 号、5 号和 6 号挂箱，按原理接线图接线，注意理解大地电阻的原理。

（2）合上实训台的电源。

（3）在原理接线图中分别按动漏电按钮模拟设备漏电人体触电情况，观察两种情况（有接地线和无接地线情况）下加在人体的电压情况。

（4）在原理接线图中模拟真实大地电阻投入电容器，将电流表串入"人体"观察两种情况下的数据变化。

（5）根据以上结果得出结论。

【相关知识】

安全接地是防止接触电压触电和跨步电压触电的根本方法。安全接地包括电气设备外壳（或构架）保护接地，保护接零或零线的重复接地。

一、保护接地

保护接地是将一切正常时不带电而在绝缘损坏时可能带电的金属部分（如各种电气设备的金属外壳、配电装置的金属构架等）与独立的接地装置相连，从而防止工作人员触及时发生触电事故。它是防止接触电压触电的一种技术措施。

保护接地是利用接地装置足够小的接地电阻值，降低故障设备外壳可导电部分对地电压，减少人体触及时流过人体的电流，达到防止接触电压触电的目的。

1. 中性点不接地系统的保护接地

在中性点不接地系统中，用电设备一相绝缘损坏，外壳带电，如果设备外壳没有接地，如图 2-5 所示，则设备外壳上将长期存在着电压（接近于相电压），当人体触及到电气设备外壳时，就有电流流过人体，其值为

$$I_r = \frac{3U_{ph}}{(3R_r + Z_c)} \tag{2-1}$$

接触电压为

$$U_{jc} = \frac{3U_{ph}R_r}{(3R_r + Z_c)} \tag{2-2}$$

式中　I_r——流过人体电流，A；

U_{jc}——作用人体的接触电压，V；

R_r——人体电阻，Ω；

Z_c——电网对地绝缘阻抗，Ω；

U_{ph}——电源相电压，V。

如图 2-10 所示，若采用保护接地，保护接地电阻 R_b 与人体电阻 R_r 并联，由于 $R_b \ll R_r$，设备对地电压及流过人体的电流可近似为

$$U_{jc} = \frac{3U_{ph}R_b}{(3R_b//R_r + Z_c)} \approx \frac{3U_{ph}R_b}{(3R_b + Z_c)} \tag{2-3}$$

$$I_r = \frac{U_{jc}}{R_r} = \frac{3U_{ph}R_b}{(3R_b + Z_c)R_r} \tag{2-4}$$

由于式（2-2）与式（2-3）中的 $Z_c \gg R_r$ 且 $Z_c \gg R_b$，所以其分母近似相等，而分子因 $R_r \ll R_b$，使得接地后对地电压大大降低。同样由式（2-1）与式（2-4）得知，保护接地后，人体触及设备外壳时流过的电流也大大降低。由此可见，只要适当地选择 R_b 即可避免人体触电。

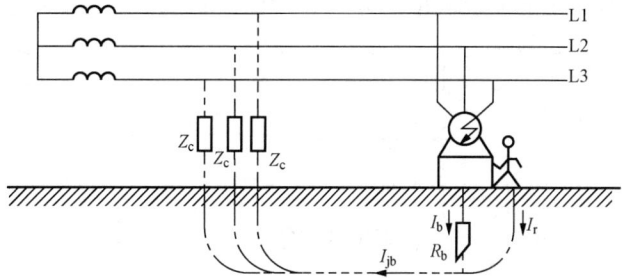

图 2-10 中性点不接地系统的保护接地

例如 220/380V 中性点不接地系统，对地接地绝缘阻抗 Z_c 取绝缘电阻 7000Ω，有设备发生单相碰壳。若没有保护接地，有人触及该设备外壳，人体电阻 $R_r = 1000Ω$，则流过人体电流约为 66mA；但如果该设备有保护接地，接地电阻为 $R_b = 4Ω$，则流过人体电流约为 0.26mA。显然，该电流不会危及人身安全。

同样，即使在 6～10kV 中性点不接地系统中，若采取保护接地，尽管其电压等级较高，也能减少设备发生碰壳而人体触及设备时流过人体的电流，减小触电的危险性。如果进一步采取相应的防范措施，增大人体回路的电阻，例如人脚穿胶鞋，也能将人体电流限制在 50mA 之内，保证人身安全。

2. 中性点直接接地系统的保护接地

在中性点直接接地系统中，若不采取保护接地，当人体接触一相碰壳的电气设备时，人体相当于发生单相触电（如图 2-4 所示），流过人体的电流及触及电压为

$$I_r = \frac{U_{ph}}{R_r + R_0} \tag{2-5}$$

$$U_{jc} = \frac{U_{ph}}{R_r + R_0} R_r \tag{2-6}$$

式中 R_0——中性点接地电阻，Ω。

以 380/220V 低压系统为例，若人体电阻 $R_r = 1000Ω$，$R_0 = 4Ω$，则流过人体电流 $I_r \approx 220$mA，作用于人体电压 $U_{jc} \approx 220$V，足以使人致命。

如图 2-11 所示，若采用保护接地，电流将经人体电阻与 R_b 的并联支路、电源中性点接地电阻、电源形成回路，设保护接地电阻 $R_b = 4Ω$，流过人体的电流及接触电压为

图 2-11 中性点直接接地
系统的保护接地

$$U_{jc} = I_b R_b = U_{ph} \frac{R_b}{R_0 + R_b // R_r}$$

$$\approx U_{ph} \frac{R_b}{R_0 + R_b} = 110(V) \tag{2-7}$$

$$I_r = \frac{U_{jc}}{R_r} = \frac{U_{ph}}{R_r} \frac{R_b}{R_0 + R_b} \approx 110(mA) \tag{2-8}$$

电流 110mA 虽比未装保护接地时的电流值小，但对人体安全仍有致命的危险。所以，在中性点直接接地的低压系统中，电气设备的外壳采用保护接地仅能

减轻触电的危险程度，并不能保证人身安全；在高压系统中，其作用就更小。

二、保护接零及零线的重复接地

1. 保护接零

在中性点直接接地的低压系统中，一般采用三相四线制的供电方式，将电气设备的金属外壳与电源接地中性线做金属性的连接，称为保护接零，如图 2-12 所示。

采用保护接零时，当电气设备某相绝缘损坏碰壳，接地短路电流流经短路线和接地线构成回路。由于接地中性线阻抗很小，接地短路电流较大，足以使线路上（或电源处）的低压断路器或熔断器以很短的时间将设备从电网中切除，使故障设备停电；另外，人体电阻远大于接零回路，也使流过人体的电流接近于零，确保人身的安全。

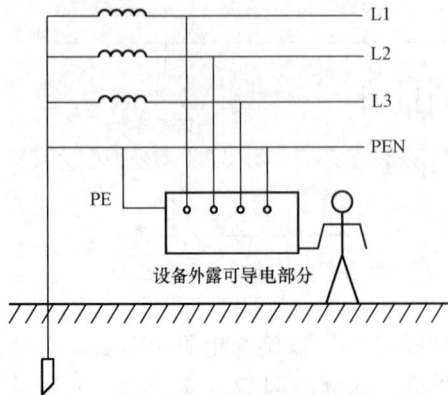

图 2-12　保护接零

2. 零线的重复接地

运行经验表明，在保护接零的系统中，只在电源的中性点处接地还不够安全，为了防止发生零线断线而失去保护接零的作用，还应在零线的一处或多处通过接地装置与大地连接，即零线重复接地，如图 2-13。

在保护接零的系统中，若零线不重复接地，当零线断线时，只有断线处之前的电气设备的保护接零起作用，人身安全得以保护；在断线处之后，若某一台设备一相绝缘损坏碰壳时，会使断线处之后所有设备外壳带有危险的相电压；即使相线不碰壳，在断线处之后的负荷群中，如果出现三相负荷不平衡（如一相或两相断开），也会使设备外壳出现危险的对地电压，危及人身安全。采用了零线的重复接地后，即使发生零线断线，断线处之后的设备外壳相当于进行了保护接地，其危险性相对减小。

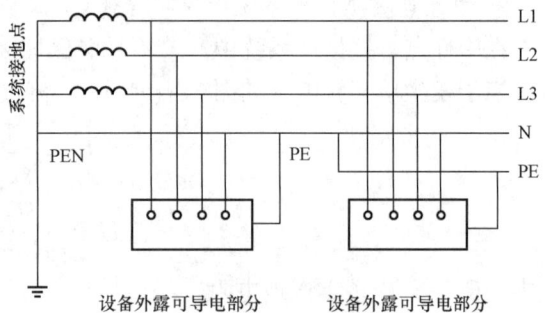

图 2-13　零线重复接地

在工作现场，人们对电气设备的外壳接地或接零的重复接地线不十分重视，有时检修后忘记将其恢复，发现其断线也不及时处理，或将其剪断，平时也不注意检查，这些都可能带来严重的后果。

三、安全接地的注意事项

电气设备的保护接地、保护接零及零线的重复接地都是为了保证人身安全的，故统称为安全接地。为了使安全接地切实发挥作用，应注意以下问题：

（1）同一电力系统中，只能采用一种安全接地的保护方式，否则，当保护接地的设备一相漏电碰壳时，接地电流经保护接地体、电流中性点接地体构成回路，使零线上带危险电压，危及人身安全。另外，混用安全接地保护方式还可能导致保护装置失灵。

（2）应将接地电阻控制在允许范围内。例如 3～10kV 高压电气设备单独使用的接地装置的接地电阻，一般不超过 10Ω；低压电气设备及变压器的接地电阻，不大于 4Ω；当变压器容量不大于 100kVA 时，接地电阻不大于 10Ω，重复接地的接地电阻每处不大于 10Ω，变压器总容量不大于 100kVA 的电网，每处接地电阻不大于 30Ω，且重复接地不应少于 3 处；高压和低压共用同一接地装置时，接地电阻不大于 4Ω 等。

（3）零线的主干线不允许装设开关或熔断器。

（4）各设备的保护接零线不允许串接，应各自与零线的干线直接相连。

任务六　漏电保护装置的使用

【教学目标】

（1）知道漏电保护装置的使用。

（2）知道漏电保护装置的工作原理和工作性能，以便在实际工作和生活中正确选择和合理采用。

（3）掌握提高防止人体触电的技术技能。

【任务描述】

本任务介绍漏电保护装置的工作原理和选择原则，通过理论分析知道漏电保护装置的工作原理和漏电保护装置选择要求，并尽量结合实际工作和生活进行正确的选择和合理的采用。

【任务实施】

利用案例分析法对漏电保护装置的作用进行分析。

一、案例内容

用电户王某某因室内线路漏电，家用漏电保护器无法投运，便私自解除运行。某日，王某某使用"热得快"烧水，因"热得快"漏电，造成触电死亡。

二、原因分析

（1）由于该用户对漏电保护装置的认识不足，擅自解除其运行，导致整个家内用电设备失去保护措施，导致惨剧发生。

（2）该用户对漏电保护装置的管理与维护知识缺乏，导致做出错误的处理方法，对漏电保护装置要每个月至少检查、试跳一次，居民用户不要购买使用"热得快"、带插座的灯头等易发生漏电的用电器。

三、防范措施

（1）按照国家用电管理规定，用户必须安装漏电保护装置。

（2）供电企业应宣传漏电保护装置使用和管理的相关知识，让用户具备相关的知识，以免发生类似事故。

【相关知识】

GB 6829—1995《剩余电流动作保护器的一般要求》中将漏电保护器称为剩余电流动作保护器，英文缩写 RCD。

一、漏电保护器的种类

按工作类型分为开关型、继电器型、单一型、组合型。

按相数或级数分为单相一线、单相两线、三相三线、三相四线、四极四线。

按结构原理分为电压型、电流型、鉴相型、脉冲型。

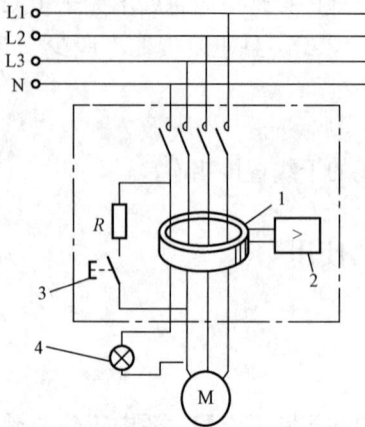

图 2-14　电流型漏电保护器结构示意图
1—检测元件；2—中间环节；
3—试验按钮；4—指示灯

现以电流型漏电保护器为例，介绍其原理，电流型漏电保护器结构示意图如图 2-14 所示。

图中检测元件是一个零序电流互感器。中间环节的作用就是对来自零序电流互感器的漏电信号进行放大和处理，并输出到执行机构。试验装置由试验按钮和限流电阻串联的组成，用于模拟漏电路径，以检查装置能否正常动作。

执行机构即分励脱扣器，如图 2-15 所示，用于接收中间环节的指令信号，实施动作，自动切断故障处的电源。

没有发生漏电或触电的情况下，$\dot{I}_{L1} + \dot{I}_{L2} + \dot{I}_{L3} + \dot{I}_N = 0$，电流型漏电保护器不动作。一旦发生接地故障，故障相有一部分电流经故障点流入大地，此时零序电流互感器内电流相量和不等于零，即 $\dot{I}_{L1} + \dot{I}_{L2} + \dot{I}_{L3} + \dot{I}_N = \dot{I}_r \neq 0$，电流型漏电保护器动作，切断故障回路，从而保证人身安全。

电流型漏电保护器的最大优点是既可作为全系统的总保护，又可以分路、分级安装，实现分路、分级保护。停电范围小，便于查找和排除故障，而且它的灵敏度高、动作时间短、动作可靠，不改变电网的运行方式。其缺点是结构复杂，造价较高。维护检修复杂，灵敏度变化大。

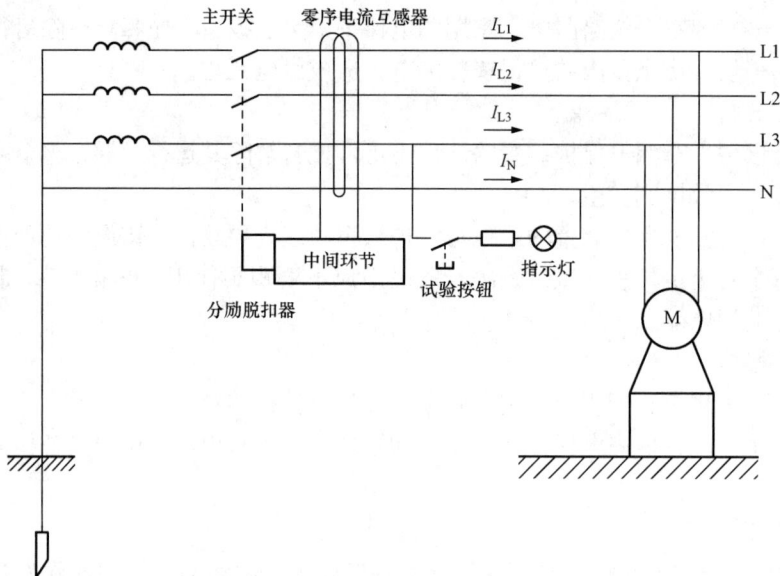

图 2-15　电流型漏电保护器工作原理图

二、漏电开关的技术参数

（1）额定电压 U_N。规程推荐 U_N 优选值为 220、380V。

（2）额定电流 I_N。I_N 为允许长期通过的负荷电流。

（3）额定漏电动作电流 $I_{\Delta N}$。$I_{\Delta N}$ 为制造厂规定的漏电保护器必须动作的漏电电流值，推荐采用 10、15、30、50、100、300、500、1000、3000mA 等。

（4）额定漏电不动作电流 $I_{\Delta No}$。$I_{\Delta No}$ 为制造厂规定的漏电保护器必须不动作的漏电电流值。额定漏电不动作电流优选 $0.5I_{\Delta N}$。漏电电流小于或等于 $I_{\Delta No}$ 时必须保证不动作。

（5）额定漏电动作时间是指从突然施加额定漏电动作电流起，到电路被切断为止的时间。例如 30mA、0.1s 的保护器，从电流值达到 30mA 起，到主触头分离为止的时间不超过 0.1s。

三、漏电保护器的选用

选用漏电保护器技术参数应注意与被保护设备或线路的技术参数和安装使用的具体条件相配合。

手持式电动工具、移动电器、家用电器等设备应优先选用额定漏电动作电流不大于 30mA、0.1s 内动作的漏电保护器。

医院中的医疗电气设备，应选用额定漏电动作电流为 6mA、0.1s 内动作的漏电保护器。

安装在潮湿场所（如工厂的镀锌车间、清洗场）的电气设备应选用额定漏电动作电流为 15mA、0.1s 内动作或额定漏电动作电流 6~10mA 的反时限特性漏电保护器。

安装在游泳池、喷水池、水上游乐园、浴室等特定区域的电气设备应选用额定漏电动作电流为 10mA、0.1s 内动作的漏电保护器。

单台电气设备，可根据其容量大小选用额定漏电动作电流 30mA 以上、100mA 及以下、0.1s 内动作的漏电保护器。

在金属物体上工作，操作手持式电动工具或使用非安全电压的行灯时，应选用额定漏电动作电流为 10mA，0.1s 内动作的漏电保护器。

四、漏电开关的运行与维护

（1）漏电保护器投入运行后，应每年对保护系统进行一次普查。

（2）电工每月至少对漏电保护器用试跳器试验一次。

（3）漏电保护器动作后，若经检查未发现事故点，允许试送电一次，以发现事故点。

（4）漏电保护器故障后应由专业人员及时检修或更换，严禁私自撤除或更换。

（5）在保护范围发生人身触电伤亡事故，应检查漏电保护器动作情况，分析其未能起到保护作用的原因，在未调查前保护好现场，不得改动漏电保护器。

任务七　人身触电现场急救

【教学目标】
（1）知道触电急救的基本原则。
（2）掌握触电急救操作的基本步骤。
（3）叙述触电急救中应注意的事项。

【任务描述】
本任务介绍触电脱离电源和现场救护的方法，通过图文结合形象介绍，掌握脱离电源、现场触电的救护方法。

【任务实施】
在实训室进行触电急救的实操训练，并进行触电急救操作过程的考核。

一、任务名称

触电急救。

二、具体任务

运用现场心肺复苏法（CPR）对触电者进行紧急救护。

三、工作规范及要求

（1）迅速将触电者脱离低压电源。解救触电者时救护者必须首先懂得自我保护，若出现可能导致救护者或触电者触电的情况，立即终止本任务。

（2）正确进行脱离电源后的处理。要求正确判断触电者神志、呼吸及脉搏状况。

（3）假设触电者已无神志、无呼吸、无心跳，要求结束判断后立即运用现场心肺复苏法进行紧急救护，并在90s内完成四个CPR压吹循环。

（4）在完成四个CPR压吹循环后，要求对触电者的情况进行再判定，并口述瞳孔、脉搏和呼吸情况。

（5）要求操作程序正确、动作规范。

（6）出现下列任意一种情况考核成绩记为"不合格"：

1）成绩低于60分。

2）"脱离电源"项目得分为0分。

3）"人工循环（体外按压）"项目中，按压错误次数超过30次。

四、时间要求

本模块操作时间为3min，时间到立即终止任务。触电急救考核评分细则及触电急救考核表分别列于表2-5、表2-6。

表2-5 触电急救考核评分细则

编号：	姓名：		单位：		
成绩：	考评员：		日期：		
技能操作模块名称	触电急救	适用岗位	各岗位	考核时限	3min
需要说明的问题和要求	（1）出现下列任意一种情况考核成绩记为"不合格"：①"脱离电源"项目得分为0分；②"人工循环（体外按压）"项目中，按压错误次数超过30次 （2）一人单独操作，在规定时间内完成脱离电源、现场心肺复苏前的处理、人工心肺复苏、抢救中再判定等步骤；须按工作程序操作，工序错误扣除应做项目得分 （3）心肺复苏模拟人工作程序设定：操作时间为120s，操作频率为100次/min，操作模式为单人训练模式，语音提示为关闭，考生不得观看电脑显示 （4）心肺复苏模拟人操作时间80s，包括口对口人工呼吸、胸前叩击、人工胸外心脏按压、抢救中再判定及口述15s；考核时限到以后的操作不记分 （5）本细则依据中华人民共和国电力行业标准《电力行业紧急救护技术规范》及《国际心肺复苏（CPR）与心血管急救指南2005》制定				
工具、材料、设备、场地	（1）考核环境模拟低压触电现场 （2）电脑心肺复苏模拟人 （3）数字秒表1只；酒精卫生球（签）、一次性CPR屏障消毒面膜；干燥木棒、金属杆各1根，2m及以上无卷曲电线1根				

表 2 - 6　　　　　　　　　　　触电急救考核表

序号	项目名称	质量要求	满分	扣分标准	扣分原因	扣分	得分
1	迅速脱离电源（10s）	（1）立即拉开电源开关或拔除电源插头，或用有绝缘柄的电工钳或有干燥木柄的斧头切断电线，断开电源 （2）用带有绝缘胶柄的钢丝钳、绝缘物体或干燥不导电物体等工具使触电者迅速脱离电源（可任选一种操作）	4	任何使救护者或触电者处于不安全状况的行为不得分 操作不规范扣2分 操作时间超过10s扣2分			
2	脱离电源后的处理						
2.1	判断伤员意识及呼叫（10s）	意识判断： （1）轻拍伤员肩部，高声呼叫伤员，5s内完成 （2）无反应时，立即用手指掐压人中穴，5s内完成	4	未操作一项扣2分。其中如果某一项有操作动作，但操作不规范扣1分；两项操作都不规范扣2分。按人中用力过小、过大扣1分，方式、方法不正确扣1分，按压位置不正确扣1分，按压人中时间短于3s扣1分。拍肩用力过小过大扣1分。操作时间超过10s扣2分。每一项最多扣2分，扣完为止			
		呼救：大叫"来人啊！救命啊！有人触电啦！"	2	未呼救不得分，呼救声音小扣1分，操作时间超过2s扣1分			
2.2	摆好伤员体位（5s）	（1）使伤员仰卧于硬板床或地上，头、颈、躯干平卧无扭曲，双手放于两侧躯干旁 （2）解开上衣，暴露胸部 （3）5s内完成	2	未操作一项扣1分，操作不规范一项扣1分，操作时间超过5s扣1分，扣完为止			
2.3	通畅气道（5s）	采用仰头抬颏法通畅气道：用一只手置于伤员前额，另一只手的食指与中指置于下颌骨近下颏处，两手协同使头部后仰90°	4	未操作扣4分 未采用仰头抬颏法通畅气道扣2分 气道未开放到位，头部后仰不到90°扣1分 仰头抬颏手法不对，仰头抬颏用力过大扣1分 操作时间超过3s扣1分，扣完为止			

序号	项目名称	质量要求	满分	扣分标准	扣分原因	扣分	得分
2.3	通畅气道（5s）	迅速清除口腔异物，2s内完成	2	未操作扣2分，未用食指清除扣1分，有动作但动作不到位扣1分，超时扣1分			
2.4	判断伤员呼吸（10s）	看：看伤员的胸部、腹部有无起伏动作，3～5s完成	2	未操作扣2分，操作时间超过5s或少于3s扣1分，操作不规范扣1分			
		听：用耳贴近伤员的口鼻处，听有无呼气声音，可与"看"同时进行	2	未操作扣2分，操作不规范扣1分，时间少于3s扣1分			
		试：用颜面部的感觉测试口鼻有无呼气气流，也可用毛发等物放在口鼻处测试，3～5s完成	2	未操作扣2分，操作时间超过5s或少于3s扣1分，操作不规范扣1分			
		在观察过程中要求气道始终保持开放位置	2	气道未开放扣2分，开放不到位扣1分			
2.5	口对口人工呼吸2次（5s）	保持气道通畅，用手指捏住伤员鼻翼，连续吹气2次，每次1s以上，5s内完成	8	未用仰头抬颏法或未保持气道通畅，扣2分　少吹一次气或未吹进气1次扣4分，吹气量不足或过大1次扣2分　通畅气道方法不正确（仰头抬颏手法、仰头抬颏用力过大、头部后仰不到90°）、未用手指捏住伤员鼻翼、未观察伤员胸部有无起伏、未放松捏鼻翼的手、2次吹气之间间隔时间过短，每项扣1分（最多不超过2分）　超时扣1分，扣完为止	未吹进正确：错误：		
2.6	胸前扣击（4s）		2	未操作扣2分，未手握空心拳、未快速垂直、击打部位不正确、力量过大过小，每项扣1分，捶击次数少1次扣1分，捶击时间不符合要求扣1分，扣完为止	错误显示：吹气：按压：		

续表

序号	项目名称	质量要求	满分	扣分标准	扣分原因	扣分	得分
3	现场心肺复苏 CPR						
3.1	CPR 操作频率	（1）按压频率为 100 次/min，每按压 30 次，时间为 16～20s （2）按压与人工呼吸比例：每按压 30 次后吹气 2 次（30：2） （3）要求 50s 内完成 2 个 30：2 压吹循环	10	按压频率：一个按压循环 30 次时间在 16～20s，短于 16s 不短于 14s 一个循环扣 1 分，短于 14s 一个循环扣 2 分；长于 20s 不长于 22s 扣 1 分，超过 22s 扣 2 分 一个 30：2 压吹循环比例不正确扣 2 分；多进行或少进行一个压吹循环扣 2 分，扣完为止 少进行一个循环在相应项目内按按压错误 30 次，未吹进气 2 次计算			
3.2	人工循环（体外按压）	按压位置： （1）食指及中指沿伤员肋弓下缘向中间移滑，找到肋骨和胸骨接合处的中点，两手指并齐，中指放在切迹中点（剑突底部），食指平放在胸骨干部，另一只手的掌根紧挨食指上缘，置于胸骨上，即为正确按压位置 （2）胸部正中，双乳头之间，胸骨的下半部即为正确的按压位置 按压姿势： （1）将定位之手取下，重叠将掌根放在另一手背上，两手手指交叉抬起，使手指脱离胸壁 （2）两臂绷直，双肩在伤员胸骨上方正中，靠自身重量垂直向下按压 按压用力方式： （1）平稳，有节律，不能间断 （2）不能冲击式的猛压 （3）下压及向上放松时间相等，下压至按压深度（成人伤员为 3.8～5cm），停顿后全部放松 （4）垂直用力向下 （5）放松时手掌根部不得离开胸壁	30	第一次按压前未进行按压位置查找扣 2 分，查找按压位置方法不正确扣 1 分 按压错误一次扣 1 分；一个循环内按压次数少于 30 次，少一次扣 1 分 未用左手根部按压、两手未重叠、两手手指未交叉抬起、两臂未绷直、未靠自身重量垂直向下按压、节律未保持平稳有间断、按压有冲击式的猛压、下压及向上放松时间不相等、放松时手掌根部离开胸壁，每项一个按压循环扣 1 分（最多不超过 4 分），扣完为止	按压记录 未按压： 正确： 错误：		

续表

序号	项目名称	质量要求	满分	扣分标准	扣分原因	扣分	得分
3.3	口对口人工呼吸	(1) 保持气道通畅 (2) 用按于前额一手的拇指与食指捏住伤员鼻翼下端 (3) 吸一口气后，用自己的嘴唇包住伤员微张的嘴 (4) 向伤员口中吹气，换气的同时侧头仔细观察伤员胸部有无起伏 (5) 一次吹气完毕后，脱离伤员口部，吸入新鲜空气，同时使伤员的口张开，并放松捏鼻的手 (6) 每个吹气循环需连续吹气2次，5s内完成 (7) 每次吹气1s以上	20	未用仰头抬颏法通畅气道，一次扣2分 未保持气道通畅，一个吹气循环扣2分 少吹1次气或未吹进气1次扣4分，吹气量不足或过量1次扣2分 仰头抬颏手法、仰头抬颏用力过大、头部后仰不到90°、未用手指捏住伤员鼻翼、未观察伤员胸部有无起伏、未放松捏鼻的手、2次吹气之间间隔时间过短过长、一个循环一项扣1分（最多不超过4分），扣完为止	吹气记录 未吹进： 正确： 错误：		
4	抢救过程中的再判定(15s)	(1) 用看、听、试方法对伤员呼吸和心跳是否恢复进行再判定 (2) 口述瞳孔、脉搏和呼吸情况	4	有动作，但未到位或方法不对，每一项扣1分（最多不超过2分） 有一项未作扣2分，扣完为止			

注 在实际进行人工心肺复苏时，应按压吹气2min后（相当于抢救时做了5组30：2按压吹气循环以上），再进行再判断。

【相关知识】

在电力生产使用过程中，人身触电事故时有发生，但触电并不等于死亡。实践证明，只要救护者采取快速和正确的方法对触电者施救，能够使触电者伤情减轻、痛苦减少，多数不会有生命危险。触电急救的关键是迅速脱离电源及正确的现场急救，依据DL 408—1991《电业安全工作规程（发电厂和变电站电气部分）》的附录紧急救护法要求，触电急救步骤和方法进行施救。

触电急救原则：迅速、就地、准确、坚持。

一、脱离电源

触电急救时，首先要使触电者迅速脱离电源，越快越好。因为电流作用时间越长，伤害越严重。

脱离电源就是要把触电者接触的那一部分带电设备的开关、隔离开关或其他断路设备断开，或设法将触电者与带电设备脱离。在脱离电源过程中，救护人员既要救人，又要注意保护自己。触电者未脱离电源前，救护人员不准直接用手触及触电者，因为有触电危险。

1. 脱离低压电源

脱离低压电源方法可用"拉、切、挑、拽、垫"来概括。

（1）"拉"：如果触电地点附近有电源开关或电源插座，可立即拉开开关或拔出插头，断开电源。但应注意到拉线开关或部分墙壁开关等只控制一根线的开关，有可能因安装错误切断中性线而没有切断电源的相线。

（2）"切"：如果触电地点附近没有电源开关或电源插座（头），可用有绝缘柄的电工钳或有干燥木柄的斧头、铁锹等利器切断电线，断开电源。切断点应选择导线在电压侧有支持物处，防止带电导线断落触及其他人体。剪断电线要分相，一根一根地剪断，并尽可能站在绝缘物或干燥木板上。

（3）"挑"：当电线搭落在触电者身上或压在触电者身下时，可用干燥的衣服、手套、皮带、木板、木棒等绝缘物体及其他带有绝缘部分的工具，拉开触电者或挑开电线，使触电者脱离电源。

（4）"拽"：如果触电者衣服是干燥的，电线又没有紧缠在身上，不至于使救护人员直接触及触电者的身体时，救护人员可直接用一只手抓住触电者不贴身的衣服，将触电者拉脱电源，也可站在橡胶垫或干燥的木制物等绝缘材料上，用一只手把触电者拉脱电源，但不可使用两只手。

（5）"垫"：如果电流通过触电者入地，并且触电者紧握导线，可设法用干燥的木棒塞到其身下使其与地绝缘而切断电流，然后采取其他方法切断电源。

2. 脱离高压电源的方法

（1）立即打电话通知有关部门断电。

（2）如果电源开关离触电现场不太远，则可戴上绝缘手套、穿上绝缘靴，用相应电压等级的绝缘工具按顺序拉开开关。

（3）往架空线路抛挂裸金属软导线，人为造成线路短路，迫使保护装置动作，从而使电源开关跳闸。抛挂前，将短路线的一端先固定在铁塔或接地引下线上，另一端系重物。抛掷短路线时，应注意防止电弧伤人或断线危及人员安全，也要防止重物砸伤人。

（4）如果触电者触及断落在地上的带电高压导线，且尚未确证线路无电之前，救护人不可进入断线落地点 8～10m 的范围内，以防跨步电压触电。进入该范围的救护人员应穿上绝缘靴或临时双脚并拢跳跃地接近触电者。触电者脱离带电导线后应迅速将其带至 8～10m 以外立即开始触电急救。只有确证线路已经无电，才能在触电者离开触电导线后就地急救。

二、采用心肺复苏法现场急救

1. 心肺复苏法的意义

心肺复苏法就是对由于急性心肌梗塞、突发性心律失常以及意外事故如触电所引起的心跳呼吸骤停的人，在紧急情况时所采取的急救措施。因而现场复苏成为挽救生命的唯一方式和希望所在。

2. 现场操作

（1）实施操作前的步骤。

首先判断触电者意识：轻拍触电者面部或肩部，并大声叫喊："喂，你怎么样啦？"如无反应，说明意识已丧失。然后用"看、听、试"的办法判断触电者的呼吸。"看"是观察触电者的胸部、腹部有无起伏动作；"听"是用耳朵贴近触电者的口鼻处，听他有无呼吸声音；"试"是用手或小纸条试测触电者口鼻有无呼吸的气流，再用两手指按压一侧喉结旁凹陷处的颈动脉有无搏动感觉。如"看"、"听"、"试"的结果，既无呼吸又无颈动脉搏动，则可判断触电者呼吸停止或心跳停止或心跳呼吸均停止。

当判断触电者呼吸和心跳停止时，应立即按心肺复苏法就地抢救。所谓心肺复苏法就是支持生命的三项基本措施：一是通畅气道，二是口对口（鼻）人工呼吸，三是胸外按压（人工循环）。

其次，立即高声呼救，目的在于呼唤其他人前来帮助救人，并尽快帮助拨打"120"急救电话，向急救中心呼救，使急救医生尽快赶来。

最后，摆正患者的体位，让患者仰卧在坚实的平面上，头部不得高于胸部，应与躯干在一个平面上。

（2）畅通气道。首先，清除口中异物。使触电者仰面躺在平硬的地方，迅速解开其领扣、围巾、紧身衣和裤带。如发现触电者口内有异物、假牙、血块等异物，可将其身体及头部同时侧转，迅速用一个手指或两个手指交叉从口角处插入，从中取出异物；操作时注意防止将异物推到咽喉深处。

其次，打开气道。打开气道的目的使舌根离开咽后壁，使气道畅通。气道畅通后；人工呼吸时提供的氧气才能到达肺部，人的脑组织以及其他重要器官才能得到氧气供应。一般采用仰头抬颌法通畅气道，救护人用一只手压住患者前额，另一只手的手指将其额颌骨向上抬起，两手协同将头部推向后仰，舌根自然随之抬起，气道即可畅通；尽量使头部充分后仰，最终使下颌角与耳垂之间的连线与地面垂直即可。

（3）口对口人工呼吸。人工呼吸是用人工方法借外力来推动肺、膈肌或胸廓的活动，使气体被动地进入或排出肺脏，以保证肌体氧气的供应和二氧化碳的排出。常用的有口对口、口对鼻两种人工呼吸法，其中口对口人工呼吸是为触电者提供所需氧气的最简单、快速而有效的方法如图 2-16 所示：

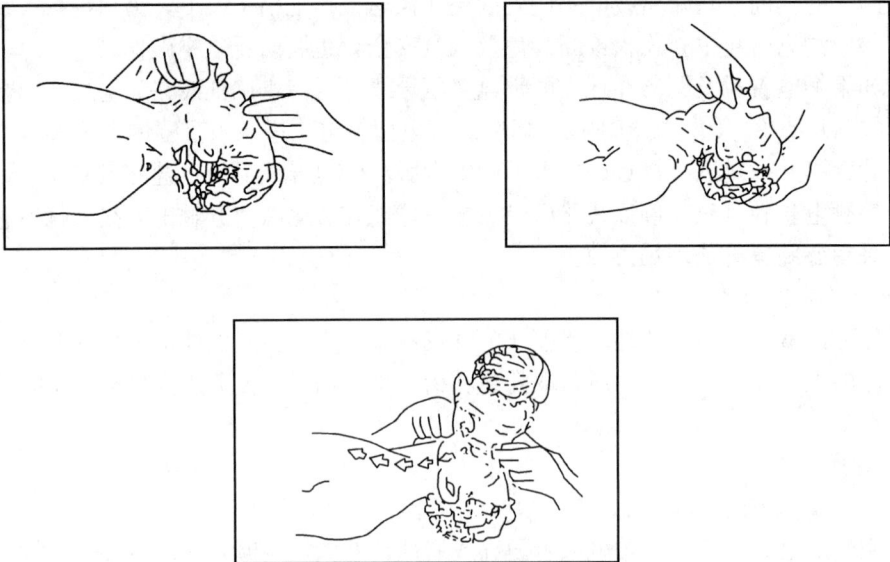

图 2-16　口对口人工呼吸法示意图

步骤一：用一手的拇指、食指捏紧双侧鼻孔，以防止吹气时气体从鼻孔排出而不能由口腔进入肺部。

步骤二：深吸一口气，用口唇严密地包住触电者的口唇，注意不要漏气，在保持气道畅通的操作下，将气体吹入患者的口腔到肺部。

步骤三：吹气后，口唇离开，并松开捏鼻的手指，使气体呼出。

观察触电者胸部有无起伏，如果吹气时胸部抬起，说明气道畅通，口对口吹气的操作是正确的。

每次吹气时间：1.5s。

每次吹气量：800～1200mL，平均900mL。

每分钟进行口对口吹气的频率：12～16次。

对口腔严重外伤、牙关紧闭的触电者，可采用口对鼻人工呼吸，吹气时要将患者嘴唇紧闭，防止漏气。

（4）胸外按压。

胸外按压的目的是通过人工的力量，使得心脏被动射血，以带动血液循环。

步骤一：找准按压的位置，定位的方法，用右手食指和中指顺肋缘向上滑动到剑突下，这时食指和中指与胸骨长轴垂直，食指上方胸骨的正中区即为按压区，如图2-17所示。

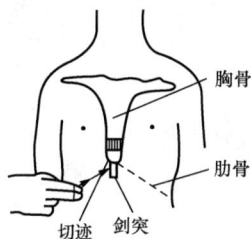

图2-17　胸外按压位置示意图

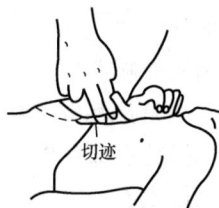

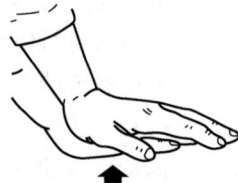

图2-18　胸外按压的按压方法

步骤二：按压方法是左手的掌根部放在按压区，右手重叠在左手背上，两手手指翘起离开胸壁，如图2-18所示。

步骤三：按压姿势为两臂绷直，双肩在触电者胸骨上方正中，靠自身重量垂直向下按压，平稳地、有规律地进行，每次抬起时，掌根不要离开胸壁，保持选择好的按压位置不变。按压深度为4～5cm。按压频率为100次/min。

按压与人工呼吸比例通常是成人为30：2，婴儿、儿童为15：2。抢救过程再判断用看、听、试方法在5～7s时间内完成对伤员呼吸和心跳是否恢复的再判定。

三、心肺复苏法的综述

操作过程有以下步骤：

（1）首先判断昏倒的触电者有无意识。

（2）如无反应，立即呼救，叫"来人啊！救命啊！"等。

（3）迅速将触电者放置于仰卧位，并放在地上或板上。

（4）开放气道（①仰头举颏；②清除口腔异物）。

（5）判断触电者有无呼吸（通过看、听、试来进行）。

（6）如无呼吸，立即口对口人工呼吸。

（7）如无脉搏，立即在正确定位下进行胸外按压。

（8）如呼吸与脉搏都丧失，人工呼吸和胸外按压同时进行，操作比例为30：2，每做30

次按压，需做 2 次人工呼吸，如此反复进行，直到协助抢救者或专业医务人员赶来。

项 目 小 结

人们在生活和工作中可能会发生触电事故。如果人们对触电的基本知识和对防止触电事故发生的技术措施有所了解，就能在生活和工作中减少或避免一些事故发生，为人们的生命加上一道保护的防线，也是现场安全生产的基础保障。因此，了解触电的基本知识，正确掌握防止触电事故发生的技术措施，学会触电急救的操作方法，是非常重要且必要的。

本项目主要介绍了触电的基本知识、防止直接和间接触电事故发生的技术措施、学会现场触电急救的操作方法等相关知识，并通过实验项目能深刻理解和掌握相关的知识内容及注意事项等知识，引导学生在生活和工作中应用这些防护措施，来提高学生的自我安全防护能力。

思 考 题

2-1 电流伤害有哪几种？危害如何？

2-2 影响人身触电伤害程度的因素有哪些？

2-3 人体触电的方式有哪些？什么是接触电压和跨步电压？其特点如何？

2-4 防止直接触电和间接触电的措施有哪些？

2-5 保护接地和保护接零有什么区别？

2-6 漏电保护装置应根据什么选择？

2-7 通过触电急救的操作说出它的基本原则、基本步骤和要领。

项目三

电 气 安 全 工 器 具

【项目描述】

------------------◎

电气安全工器具是保证电气作业人员在生产作业过程中人身安全的重要用具。本项目通过对各类辅助安全用具、基本安全用具、防护安全用具的作用、结构、使用方法与保管要求等方面的详细介绍，使学生能熟练地对各类安全工器具进行检查并牢固掌握其使用方法，能正确选用相应的安全用具并熟练完成分合电气设备、验电及装设接地线操作和登杆作业。

【教学目标】

------------------◎

（1）能区分各类电气安全工器具并掌握其作用及管理要求。

（2）熟练检查各类电气安全工器具的合格性能。

（3）正确选用相应的电气安全工器具并熟练完成设备的相关状态的操作及登杆作业。

【教学环境】

------------------◎

要求有教学实训场地，场地配备有一定数量的各类常用电气安全工器具（验电器、绝缘棒、绝缘手套、绝缘靴、安全帽、安全带、安全绳、脚扣等），存放安全工器具的场所的温度、湿度等环境要符合安全工器具的保管要求；安装有配电变压器、跌落式熔断器等设备的 10kV 配电变压器台架及线路。

任务一　安全工器具的使用与管理

【教学目标】

（1）掌握安全工器具的作用、分类及管理要求。

（2）能叙述安全工器具的试验周期及要求。

（3）能开展安全工器具检查并建立台账。

【任务描述】

为了保证电气作业人员在生产活动中的人身安全，确保电气安全工器具的产品质量和安全使用，规范电气安全工器具的管理，本任务介绍了安全工器具的作用、分类、试验及管理办法，并通过开展安全工器具的检查及建立台账的任务实施，掌握安全工器具的管理要求。

【任务实施】

对学校实训教室（工厂）或学生实习班组配置的安全工器具进行检查并建立安全工器具台账。

一、安全工器具的检查

安全工器具应按要求定期进行日常检查、维护、保养，发现不合格或超试验周期的应另外存放，做出不准使用的标志，停止使用并进行妥善处理，做好现场检查记录。安全工器具日常检查的主要内容有：

(1) 是否超试验周期或使用有效期。

(2) 存放地点温度、湿度是否符合要求。

(3) 编号是否完整，实物与编号是否对应定置存放。

(4) 是否清洁、完好。

(5) 连接部分是否牢固、可靠，无锈蚀、断裂。

(6) 是否有机械损伤、裂纹、变形、老化、炭化等现象。

安全工器具在使用之前，还应检查是否符合设备的电压等级。安全工器具日常检查表见表 3-1。

表 3-1　　　　　　　　　　　　安全工器具日常检查表

部门（班组）：　　　　　　　　　　　　　　　　　　　检查时间：

序号	工器具名称	工器具编号	发现的主要问题	检查人	处理情况	处理人

二、安全工器具台账的建立

企业车间安全员应负责统一管理并建立安全工器具台账，及时更新滚动，做到账、卡、物相符，试验报告、检查记录齐全。安全工器具应统一编号、定置存放，编号应分类，同一场所（包括同一使用场所）的安全工器具编号禁止重复，编号时不应因刻印号码等降低绝缘、刚性和使用安全。安全工器具台账见表 3-2。

表 3-2　　　　　　　　　　　　　安 全 工 器 具 台 账

序号	工器具名称	编号	生产厂家	规格型号	使用部门	使用班组	保管人	购置日期	上次试验日期	下次试验日期	备注

【相关知识】

一、安全工器具的作用

电气安全工器具是用于防止触电、灼伤、高空坠落、摔跌、物体打击等人身伤害，保障操作者在工作时人身安全的各种专门用具和器具。在电力系统中，为了顺利完成任务而又不发生人身事故，操作者必须携带和使用各种安全工器具。如对运行中的电气设备进行巡视、改变运行方式、检修试验时，需要采用电气安全用具。在线路施工中，需要使用登高安全用具。在带电的电气设备上或邻近带电设备的地方工作时，为了防止触电或被电弧灼伤，需使用绝缘安全用具等。其余的用具不管是否用绝缘材料制成，由于不对其绝缘性能提出特殊要求，均属非绝缘安全用具。

电力企业对电气伤害事故案例的统计分析发现，人身触电、灼伤、高处摔跌等事故中有相当一部分是由于没有使用或没有正确使用电气安全工器具引起的，也有一部分是由于缺少电气安全工器具或使用不合格电气安全工器具引起的。因此，每个从事电力生产的人员都必须学会正确选择和使用电气安全工器具，才能保证工作人员在生产活动中的人身安全，有效地防止人身伤害事故的发生。

二、安全工器具的分类

安全工器具可分为绝缘安全工器具、一般防护安全工器具和警示标志三大类。绝缘安全工器具又分为基本绝缘安全工器具和辅助绝缘安全工器具两种。

1. 绝缘安全工器具（绝缘安全用具）

（1）基本绝缘安全工器具又称基本安全用具，是指绝缘强度能长时间可靠承受电气设备的工作电压，能直接操作带电设备、接触或可能接触带电体的工器具。这种安全工器具的大小、尺寸和绝缘性能取决于电气设备的电压等级。

（2）辅助绝缘安全工器具又称辅助安全用具，是指绝缘强度不能承受电气设备或线路的工作电压，只用于加强基本绝缘安全工器具的保安作用，用以防止接触电压、跨步电压、泄漏电流电弧对操作人员的伤害；不能用辅助绝缘安全工器具直接接触高压电气设备带电部分。低压电气设备的工作电压和可能出现的过电压数值都不高，多数辅助绝缘安全工器具的绝缘强度都可以满足要求，因此一些辅助绝缘安全工器具在低压系统中可以作为基本安全用具。

2. 一般防护安全工器具

一般防护安全工器具又称防护安全用具，是指那些本身没有绝缘性能，但可以在作业中起到防护工作人员免遭伤害的安全工器具。

3. 安全警示标志标示牌

它包括各种安全警告牌、设备标示牌、安全围栏（围网）、安全色等。

安全工器具分类见表 3-3。

表 3-3　　　　　　　　　　安 全 工 器 具 分 类

类　　型	名　　　称
基本绝缘安全工器具	验电器、绝缘杆、绝缘隔板、绝缘罩、携带型短路接地线、个人保安接地线、核相器等
辅助绝缘安全工器具	绝缘手套、绝缘靴（鞋）、绝缘垫（台）等
一般防护安全工器具	安全帽、安全带、梯子、安全绳、脚扣、防静电服（静电感应防护服）、防电弧服、导电鞋（防静电鞋）、安全自锁器、速差自控器、防护眼镜、过滤式防毒面具、正压式消防空气呼吸器、SF_6 气体检漏仪、氧量测试仪、耐酸手套、耐酸服及耐酸靴等
安全标示牌	安全围栏、安全警告牌、安全色等

三、安全工器具的试验

为防止使用中的电气安全工器具的性能发生改变或存在安全隐患而导致在使用中发生事故，确保工作人员在使用安全工器具时的人身安全，必须对安全工器具按相关规定进行预防性试验，通过试验、检测、诊断的方法来判断这些工器具是否符合使用条件并继续使用。未经试验、超出试验有效期及试验不合格的安全工器具不得使用。有质量问题的同批次安全工器具、发现有损伤的安全工器具应经过修理并试验合格后方可继续使用。常用绝缘安全工器具的试验项目、周期和要求见表 3-4，常用一般防护安全工器具的试验标准见表 3-5。

表 3-4　　　　　　　　常用电气绝缘安全工器具的试验项目、周期和要求

序号	名称	项目	周期	要 求				说明
1	电容型高压验电器	(1) 起动电压试验	1 年	起动电压值不高于额定电压的 40%，不低于额定电压的 15%				试验时接触电极应与试验电极相接触
		(2) 工频耐压试验	1 年	额定电压 (kV)	试验长度 (m)	工频耐压 (kV)		
						1min	5min	
				10	0.7	45	—	
				35	0.9	95	—	
				63	1.0	175	—	
				110	1.3	220	—	
				220	2.1	440	—	
				330	3.2	—	380	
				500	4.1	—	580	
2	携带型短路接地线	(1) 成组直流电阻试验	不超过 5 年	在各接线鼻之间测量直流电阻，对于 25、35、50、70、95、120mm² 的各种截面，平均每米的电阻值应分别小于 0.79、0.56、0.40、0.28、0.21、0.16mΩ				同一批次抽测，不少于 2 条，接线鼻与软导线压接的应做该试验
		(2) 操作棒的工频耐压试验	5 年	额定电压 (kV)	试验长度 (m)	工频耐压 (kV)		
						1min	5min	
				10	—	45	—	试验电压加在护环与紧固头之间
				35	—	95	—	
				63	—	175	—	
				110	—	220	—	
				220	—	440	—	
				330	—	—	380	
				500	—	—	580	
3	个人保安线	成组直流电阻试验	不超过 5 年	在各接线鼻之间测量直流电阻，对于 10、16、25mm² 的截面，平均每米的电阻值应小于 1.98、1.24、0.79mΩ				同一批次抽测，不少于两条
4	绝缘杆	工频耐压试验	1 年	额定电压 (kV)	试验长度 (m)	工频耐压 (kV)		
						1min	5min	
				10	0.7	45	—	
				35	0.9	95	—	
				63	1.0	175	—	
				110	1.3	220	—	
				220	2.1	440	—	
				330	3.2	—	380	
				500	4.1	—	580	

续表

序号	名称	项目	周期	要求				说明
5	核相器	(1) 连接导线绝缘强度试验	必要时	额定电压（kV）	工频耐压（kV）	持续时间（min）		浸在电阻率小于100Ω·m水中
				10	8	5		
				35	28	5		
		(2) 绝缘部分工频耐压试验	1年	额定电压（kV）	试验长度（m）	工频耐压（kV）	持续时间（min）	
				10	0.7	45	1	
				35	0.9	95	1	
		(3) 电阻管泄漏电流试验	半年	额定电压（kV）	工频耐压（kV）	持续时间（min）	泄漏电流（mA）	
				10	10	1	≤2	
				35	35	1	≤2	
		(4) 动作电压试验	1年	最低动作电压应达0.25倍额定电压				
6	绝缘罩	工频耐压试验	1年	额定电压（kV）	工频耐压（kV）	时间（min）		
				6～10	30	1		
				35	80	1		
7	绝缘隔板	(1) 表面工频耐压试验	1年	额定电压（kV）	工频耐压（kV）	持续时间（min）		电极间距离300mm
				6～35	60	1		
		(2) 工频耐压试验	1年	额定电压（kV）	工频耐压（kV）	持续时间（min）		
				6～10	30	1		
				35	80	1		
8	绝缘胶垫	工频耐压试验	1年	电压等级	工频耐压（kV）	持续时间（min）		
				高压	15	1		
				低压	3.5	1		
9	绝缘鞋	工频耐压试验	半年	工频耐压（kV）	持续时间（min）	泄漏电流（mA）		
				15	1	≤7.5		
10	绝缘手套	工频耐压试验	半年	电压等级	工频耐压（kV）	持续时间（min）	泄漏电流（mA）	
				高压	8	1	≤9	
				低压	2.5	1	≤2.5	
11	导电鞋	直流电阻试验	穿用不超过200h	电阻值小于100kΩ				

表 3-5　　　　　　　　　　　常用一般防护安全工器具的试验标准

1	安全带	静负荷试验	1年	种类	试验静拉力（N）	载荷时间（min）	牛皮带试验周期为半年
				围杆带	2205（225kg）	5	
				围杆绳	2205（225kg）	5	
				护腰带	1470（150kg）	5	
				安全绳	2205（225kg）	5	

2	安全帽	(1)冲击性能试验	按规定期限	冲击力小于 4900N（500kg）	使用寿命从制造之日起，塑料帽≤2.5年，玻璃钢帽≤3.5年
		(2)耐穿刺性能试验		钢锥不接触头模表面	
3	脚扣	静负荷试验	1年	施加 1176N（120kg）静压力，持续时间 5min	
4	升降板	静负荷试验	半年	施加 2205N 静压力，持续时间 5min	
5	竹（木）梯	静负荷试验	半年	施加 1765N（120kg）静压力，持续时间 5min	

四、安全工器具管理办法

电力企业要制订安全工器具的管理细则，实行分级管理，明确分工，落实责任，对安全工器具实施全过程管理。

1. 管理职责

（1）企业安全监察部门管理职责。企业安全监察部门是安全工器具的归口管理部门，其主要职责是：

1）负责制订本企业的安全工器具的管理制度。

2）负责编制安全工器具的购置计划并付诸实施。

3）负责本企业安全工器具的选型、选厂。

4）负责监督检查安全工器具的购置、验收、试验、使用、保管和报废工作。

5）每半年对企业各车间安全工器具进行抽查，所有检查均要做好记录。

（2）车间管理职责：

1）车间应制订安全工器具管理职责、分工和工作标准。

2）车间安全员是管理安全工器具的负责人，负责制订、申报安全工器具的订购、配置、报废计划，组织、监督检查安全工器具的定期试验、保管、使用等工作，督促指导班组开展安全工器具的培训工作。

3）车间应建立安全工器具台账，并抄报企业安全监察部门。

4）车间应每季度对所辖班组的安全工器具检查一次，所有检查均要做好记录。

（3）班组、站、所管理职责：

1）各班组、站、所应建立安全工器具管理台账，做到账、卡、物相符，试验报告、检查记录齐全。

2）公用安全工器具设专人保管，保管人应定期进行日常检查、维护、保养，发现不合格或超试验周期的应另外存放，做出不准使用的标志，停止使用。个人安全工器具自行保管。安全工器具严禁他用。

3）对工作人员进行安全培训，严格执行操作规定，正确使用安全工器具。不熟悉使用操作方法的人员不得使用安全工器具。

4）班组每月对安全工器具全面检查一次，并对班组、车间、企业等检查做好记录。

2. 安全工器具的购置及验收

安全工器具的产品质量直接关系到现场工作人员的生命安全和设备安全，因此，必须符合国家和行业有关安全工器具的法律、行政法规、规章、强制性标准及技术规程的要求。

（1）采购。采购安全工器具所选生产厂家必须具有相应资质，在电力工业电力安全工器具质量监督检验测试中心公布的电力安全工器具生产厂家检验合格产品名单中选择，采取招标的方式购置所需的安全工器具。安全工器具出厂产品必须具有以下文件和资料：①安全生产许可证；②产品合格证；③安全鉴定证；④产品说明书；⑤产品检测试验报告。

（2）对生产厂家的要求。采购安全工器具必须签订合同，并在合同中明确生产厂家的责任：

1）必须对制造的安全工器具的质量和安全技术性能负责。

2）负责对用户做好其产品使用、维护的培训工作。

3）负责对有质量问题的产品，及时、无偿更换或退货。

4）根据用户需要，向用户提供安全工器具的备品、备件。

5）因产品质量问题造成的不良后果，由产品生产厂家承担相应的责任，并取消其同类产品的推荐资格。

（3）验收。安全工器具必须严格履行验收手续，由采购部门负责组织验收，企业安全监察部门派人参加，并在验收单上签字确认。经验收合格者方可入库或交付使用单位，不合格者坚决予以退货。

3. 安全工器具的领用

规范安全工器具的领用制度是防止安全工器具遗忘、遗失在工作现场，预防人为事故发生的有力措施。

每当施工作业或执行某张工作票内容前，应根据作业内容领取相应的安全工器具。领用时应将安全工器具的名称、领用的数量、领用时间、使用原因（执行某种作业）、领用人员、施工中损坏的原因、归还时间等记录清楚，形成领用安全工器具的闭环制度。

班组安全工器具如发生毁坏或需要增配，应由各使用车间写出书面申请交企业安全监察部门，由安全监察部门依据班组安全工器具台账进行核查后更换或补配。

4. 安全工器具的一般保管要求

安全工器具应统一存放在专用的电力安全工器具箱、智能安全工器具柜或专用的放置构架上，存放地点环境必须防潮、防尘、通风、干燥，存放在温度为 $-15\sim+35\,^{\circ}\!\mathrm{C}$、相对湿度在 80% 以下的环境中。安全工器具固定存放时不得与其他工具、材料混放，严禁与其他施工材料混放运输。

安全工器具应编号定置存放，登记并建立台账，要做到账、卡、物相符，对号入座，试验报告及检查记录齐全。

5. 安全工器具的报废

（1）电力安全工器具经试验或检验不符合国家或行业标准的必须报废。

（2）超过有效使用期限，不能达到有效防护功能指标的必须报废。

（3）外观存在明显破损，影响工器具整体性能的必须报废。

（4）报废的安全工器具应由试验单位没收存放，统一销毁处理，并统计上报安全监察部门备案。

任务二　辅助绝缘安全工器具的使用与管理

【教学目标】

（1）能熟练检查绝缘手套、绝缘靴（鞋）、绝缘垫、绝缘台等辅助绝缘安全工器具的使用合格性，对不合格的辅助绝缘安全工器具能记录其缺陷。

（2）能熟练使用安全工器具完成 10kV 跌落式熔断器的分、合闸操作。

【任务描述】

使用绝缘手套、绝缘靴等安全工器具按操作顺序和要求断开和合上 10kV 跌落式熔断器对配电变压器停、送电。

【任务实施】

一、工作环境介绍

1. 10kV 跌落式熔断器

10kV 跌落式熔断器又称为跌落式开关，是 10kV 配电线路分支线和配电变压器最常用的一种短路保护电器，其外形如图 3-1 所示。它具有经济、操作方便、适应户外环境性强等特点，被广泛用于 10kV 配电线路和配电变压器一次侧作为保护和进行设备投、切操作。它安装在 10kV 配电线路分支线上，可缩小停电范围，因其有一个明显的断开点，具备了隔离开关的功能，为检修的线路和设备创造了一个安全的作业环境，增加了检修作业人员的安全性。10kV 跌落式熔断器安装在配电变压器上，可以作为配电变压器的主保护。

图 3-1　10kV 跌落式熔断器

2. 使用的安全用具

绝缘手套、绝缘靴和绝缘棒。

3. 操作人员

根据《电力安全工作规程》规定，倒闸操作应由两人进行，一人操作，一人监护，并认真执行唱票、复诵制度。

4. 操作时的安全注意事项

雷电时禁止进行倒闸操作。一般情况下不允许带负荷操作跌落式熔断器，只允许操作空载设备（线路）。

二、操作过程

农配网 10kV 配电线路分支线和额定容量小于 200kVA 的配电变压器允许按以下操作步骤进行操作。

（1）由操作人员根据操作指令填写电力线路倒闸操作票并经审核预演正确。

（2）核对现场所需操作的配电变压器高压侧跌落式熔断器及低压侧空气断路器名称、编号应正确无误。

（3）操作人员检查绝缘手套、绝缘靴和绝缘棒，应合格并与使用电压等级相符。

（4）操作由两人进行，操作人员在监护人员的监护下先断开配电变压器低压侧空气断路器，然后使用绝缘棒开始操作跌落式熔断器，操作时操作人员必须穿绝缘靴、戴绝缘手套。

（5）在使用绝缘棒进行跌落式熔断器拉闸操作时，先拉中间相，再拉背风的边相，最后拉断迎风的边相。这是因为配电线路或配电变压器由三相运行改为两相运行，拉中间相时所产生的电弧火花最小，不至于造成相间短路；其次是拉背风的边相，因为中间相已被拉开，背风边相与迎风边相的距离增加了一倍，即使有过电压产生，造成相间短路的可能性也很小；最后拉断迎风边相时，仅有对地的电容电流，产生的电火花已很轻微。

（6）合闸时候的操作顺序与拉闸时相反，先合迎风边相，再合背风的边相，最后合上中间相。

（7）操作人员在拉、合跌落式熔断器开始或终了时，不得有冲击。冲击将会损伤开关，如将绝缘子拉断、撞裂，鸭嘴舌头撞偏，操作环拉掉、撞断等。操作时分、合必须到位。

合熔断器的过程用力应慢（开始）——快（当动触头临近静触头时）——慢（当动触头临近合闸终了时）；拉熔断器的过程用力应慢（开始）——快（当动触头离开静触头时）——慢（当动触头临近拉闸终了时）。快是为了防止电弧造成电器短路和灼伤触头，慢是为了防止操作冲击力，造成熔断器机构损伤。

分、合熔断器是频繁的操作，操作不当便会造成触头烧伤引起接触不良，使触头发热，弹簧退火，促使触头接触更为不良，形成恶性循环。所以，拉、合熔断器时要用力适度。合好后，要仔细检查使鸭嘴舌头能紧紧扣住舌头长度 2/3 以上，可用绝缘棒钩住上鸭嘴向下压几下，再轻轻试拉，检查是否合好。合闸时未能到位或未合牢靠，熔断器上静触头压力不足，极易造成触头烧伤或者熔管自行跌落。因此，熔断器的每次操作须仔细认真，不可粗心大意，特别是合闸操作，必须使动、静触头接触良好。

（8）操作完成后要进行工器具清理，绝缘棒、绝缘手套及绝缘靴要归还入库保管。

【相关知识】

一、绝缘手套

绝缘手套是在高压电气设备上进行操作时使用的辅助绝缘安全工器具，如用来操作高压隔离开关、高压跌落式熔断器、柱上高压真空断路器等。在低压带电设备上工作时，它可作为基本绝缘安全工器具使用，即使用绝缘手套可直接在低压设备上进行带电作业。绝缘手套可使人的两手与带电物绝缘，是防止同时触及不同极性带电体造成触电的安全用具。

1. 绝缘手套的分类及技术要求

绝缘手套由特种橡胶制成，按所能承受的工频耐压值高低，可分为高压绝缘手套和低压绝缘手套。可耐受 8kV 工频电压的为高压绝缘手套。可耐受 2.5kV 工频电压的为低压绝缘手套。绝缘手套如图 3-2 所示。

绝缘手套必须具有良好的电气绝缘特性，受平均拉伸强度应不低于 14MPa，平均扯断伸长率应不低于 600%，拉伸永久变形不应超过 15%，抗机械刺穿力应不小于 18N/mm，并具有耐老化、耐燃、耐低温性能。

2. 使用与保管注意事项

（1）每次使用前应先检查是否超过有效试验期，然后再进行外部检查，如发现有发黏、裂纹、破口

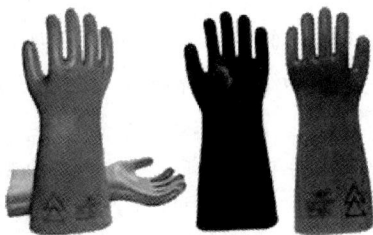

图 3-2 绝缘手套

（漏气）、气泡、发脆等损坏时禁止使用。检查方法是将手套朝手指方向卷曲，当卷到一定程度时，内部空气因体积减小、压力增大，手指鼓起，不漏气者即为良好。

（2）进行设备验电、倒闸操作、装拆接地线等工作应戴绝缘手套。使用绝缘手套时，里面最好戴上一双棉纱手套，这样夏天可防止出汗而操作不便，冬天可以保暖。戴手套时，应

将上衣袖口套入手套筒口内。

（3）绝缘手套使用后应擦净、晾干，最好撒上一些滑石粉以免粘连。

（4）绝缘手套应存放在干燥、阴凉的地方，并应倒置在指形支架上或存放在专用柜内，与其他工具分开放置，其上不得堆压任何物件以免划破手套。合格与不合格的绝缘手套不能混放，以免使用时拿错。

（5）绝缘手套应远离热源，避开酸、碱、油类等腐蚀品，并避免阳光直射，以防胶质老化，降低绝缘性能。

二、绝缘靴（鞋）

绝缘靴（鞋）的作用是使人体与地面绝缘。绝缘靴是高压操作时用来与地保持绝缘的辅助绝缘安全工器具。为防止静电感应电压，用于 220～500kV 带电杆塔上及 330～500kV 带电设备区非带电作业的绝缘鞋，是由特种性能橡胶制成的。低压系统中，绝缘靴和绝缘鞋都可作为防护跨步电压的基本绝缘安全工器具。

1. 绝缘靴的分类及规格

绝缘靴由特种橡胶制成，按帮面高低不同可分为半筒绝缘靴和高筒绝缘靴。半筒绝缘靴帮面高度为 160～185mm，高筒绝缘靴帮面高度为 250～195mm。绝缘靴通常不上漆，这是和涂有光泽黑漆的橡胶水靴在外观上所不同的。绝缘靴如图 3-3 所示。

图 3-3 绝缘靴

绝缘靴靴底应有防滑花纹，绝缘靴靴底厚度扣除防滑花纹不得小于 4mm，绝缘靴靴面及靴帮的厚度应不小于 1.5mm，靴帮的拉伸强度应大于 13MPa。

2. 使用及保管注意事项

（1）雷雨天气或一次系统有接地时，巡视高压设备及倒闸操作应穿绝缘靴。使用绝缘靴时，应将裤管套入靴筒内，并要避免接触尖锐的物体，避免接触高温或腐蚀性物质，防止受到损伤。严禁将绝缘靴挪作他用。

（2）为了使用方便，一般现场至少配备大、中号绝缘靴各两双，以便大家都有靴穿用。

（3）绝缘靴如试验不合格，则不能再穿用。

（4）绝缘靴使用前应检查，不得有外伤，无裂纹、漏洞、气泡、毛刺、划痕等缺陷。如发现有以上缺陷，应立即停止使用并及时更换。

（5）绝缘靴应存放在干燥、阴凉的地方，并应存放在专用柜内，要与其他工具分开放置，其上不得堆压任何物件。

（6）不得与石油类的油脂接触，合格与不合格的绝缘靴（鞋）不能混放，以免使用时拿错。

三、绝缘垫

绝缘垫是用于加强工作人员对地的绝缘，其保安作用与绝缘靴基本相同，因此可把它视为是一种固定的绝缘靴。绝缘垫一般铺在配电装置室等地面上以及控制屏、保护屏和发电机、调相机的励磁机等端处，以便带电操作开关时，增强操作人员的对地绝缘，避免或减轻发生单相短路或电气设备绝缘损坏时，接触电压与跨步电压对人体的伤害。在低压配电室地面上铺绝缘垫，可代替绝缘鞋，起到绝缘作用。因此，在 1kV 及以下时，绝缘垫可作为基本绝缘安全工器具；而在 1kV 以上时，仅作辅助绝缘安全工器具。

1. 绝缘垫的分类及规格

图 3-4 所示绝缘垫有时也称为绝缘毯，由特种橡胶制成，表面采用皱纹状或菱形花纹状等防滑设计，以增强表面防滑性能。常用绝缘垫的厚度有 4、6、8、10、12mm 五种，耐压等级分别为 10、25、30、35kV 等规格，宽度常为 1m，长度为 5m，其最小尺寸不宜小于 0.8m×0.8m。

2. 使用及保管注意事项

（1）在使用过程中，应保持绝缘垫干燥、清洁，注意防止与酸、碱及各种油类物质接触，以免受腐蚀后老化、龟裂或变黏，降低其绝缘性能。

（2）绝缘垫应避免阳光直射或锐利金属划刺，存放时应避免与热源（暖气等）距离太近，以防急剧老化变质，使其绝缘性能降低。

（3）使用过程中要经常检查绝缘垫有无裂纹、划痕等，发现有问题时要立即禁用并及时更换。

（4）在使用时地面应平整，无锐利硬物。铺设绝缘垫时，绝缘垫的接缝要平整不卷曲，防止运行人员在巡视设备或倒闸操作时跌倒。

四、绝缘台

绝缘台是一种用在任何电压等级的电力装置中作为带电工作时的辅助绝缘安全工器具，其作用与绝缘垫、绝缘靴相同。

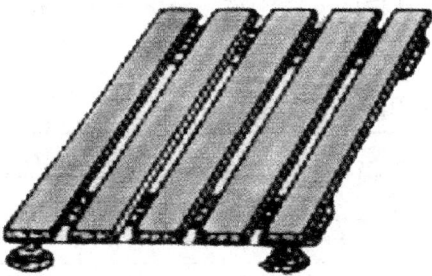

图 3-4 绝缘垫

1. 绝缘台式样及规格

绝缘台的台面用干燥、木纹直且无节疤的木板或木条拼成，相邻板条留有一定的缝隙，以便于检查其绝缘支持绝缘子是否有损坏。台面板四脚用支持绝缘子与地面绝缘并作台脚之用。绝缘台外形如图 3-5 所示。

图 3-5 绝缘台

绝缘台最小尺寸不宜小于 0.8m×0.8m，最大尺寸不宜超过 1.5m×1.0m。台面板条间缝隙不宜大于 2.5cm，以免鞋跟陷入。支持绝缘子不得小于 10cm，台面板边缘不得伸出绝缘子以外，以免绝缘台倾翻，使作业人员摔倒。为增加绝缘台的绝缘性能，台面木板（木条）应涂绝缘漆。

2. 使用及保管注意事项

（1）绝缘台多用于变电站和配电室内。如用于户外，应将其置于坚硬的地面，不应放在松软的地面或泥草中，以避免台脚陷入泥土中造成台面触及地面而降低绝缘性能。

（2）绝缘台的台脚绝缘子应无裂纹、破损，木质台面要保持干燥清洁。

（3）绝缘台使用后应妥善保管，不得随意登、踩或作板凳用。

任务三　基本绝缘安全工器具的使用与管理

📢【教学目标】

(1) 能熟练检查验电器、绝缘杆、接地线等基本绝缘安全工器具是否合格，对不合格的基本绝缘安全工器具能记录其缺陷。

(2) 能熟练使用高压验电器、携带型短路接地线完成高压电气设备（高压线路）的验电、装设接地线操作。

👐【任务描述】

使用高压验电器、携带型短路接地线完成已停电的 10kV 配电变压器的验电、装设接地线的操作。

〰️【任务实施】

一、验电的一般规定

(1) 在停电的设备或线路工作地段装接地线前，应先验电，验明设备或线路确无电压。验电时，应使用相应电压等级、合格的接触式验电器。验电前，应先在有电设备上进行试验，确认验电器良好；无法在有电设备上进行试验时，可用工频高压发生器等确证验电器良好。

注意：不能只依靠验电器的试验按钮检测验电器良好，因试验按钮只能检测验电器的声光回路完好，不能确认验电器的探头感应部分完好；无法在有电设备上试验验电器时，只能用工频高压发生器确证，不得使用中频信号发生器或高频信号发生器，因任何不符合工频条件的高压发生器都可能改变验电器电容电流的分布，影响验电器验电性能。

(2) 检修设备或线路的验电应逐相进行。检修联络用的断路器、隔离开关时，应在其两侧验电。对同杆塔架设的多层电力线路进行验电时，应先验低压、后验高压，先验下层、后验上层，先验近侧、后验远侧。禁止工作人员穿越未经验电、接地的 10kV 及以下线路对上层线路进行验电。

(3) 高压验电时应戴绝缘手套，验电器的伸缩式绝缘棒长度应拉足，验电时应握在手柄处时手不得超过护环，人体应与验电设备保持表 3-6 规定的安全距离。雨雪天气时不得进行室外直接验电。

表 3-6　　　　　　　　常用设备不停电时的安全距离

电压等级（kV）	安全距离（m）	电压等级（kV）	安全距离（m）
10 及以下	0.7	220	3.0
20、35	1.0	330	4.0
63（66）、110	1.5	500	5.0

(4) 线路上的验电，如果是在木杆、木梯或木架上验电，不接地不能指示的，可在验电器绝缘杆尾部接上接地线，但应经运行值班负责人或工作负责人许可。

(5) 表示设备断开和允许进入间隔的信号、经常接入的电压表等，如果指示有电，则禁止在该设备上工作。

(6) 对无法进行直接验电的设备、高压直流输电设备和雨雪天气时的户外设备，可以进行间接验电，即通过设备的机械指示位置、电气指示、带电显示装置、仪表及各种遥测、遥信信号等的变化来判断是否有电。判断时，至少应有两个非同样原理或非同源的指示发生对应变化，且所有这些确定的指示均已同时发生对应变化，才能确认该设备已无电；若进行遥控操作，则应同时检查隔离开关的状态指示、遥测、遥信信号及带电显示装置的指示进行间接验电。

（7）330kV 及以上的电气设备，可采用间接验电方法进行。

二、装设接地线的一般规定

（1）当验明设备或线路确已无电压后，应立即将检修设备接地并三相短路或在线路工作地段两端装设接地线。装、拆接地线应在监护下进行。

（2）对于可能送电至停电设备的各方面或停电线路工作地段的分支线都要装设接地线。对于因平行或邻近带电设备（线路）导致检修设备（线路）可能产生感应电压时，应加装接地线。

（3）检修部分若分为几个在电气上不相连接的部分，则各段应分别验电接地短路。接地线、接地开关与检修设备之间不得连有断路器或熔断器。若由于设备原因，接地开关（线）与检修设备之间连有断路器，在接地开关（线）和断路器合上后，应有保证断路器不会分闸的措施。

（4）同杆塔架设的多层电力线路挂接地线时，应先挂低压、后挂高压，先挂下层、后挂上层，先挂近侧、后挂远侧；拆除时顺序相反。

（5）装设接地线应先接接地端，后接导体端，接地线应接触良好、连接应可靠；拆接地线的顺序与此相反。装、拆接地线均应使用绝缘棒或专用的绝缘绳并戴绝缘手套。禁止用其他导线作接地线或短路线。接地线应使用专用的线夹固定在导体上，禁止用缠绕的方法进行接地或短路。

（6）若杆塔无接地引下线时，可采用临时接地体，接地体的截面积不准小于 190mm²，接地体在地面下深度不准小于 0.6m。在室内配电装置上，接地线应装在该装置导电部分的规定地点，这些地点的油漆应刮去，并画有黑色标记。

三、配电变压器验电、装设接地线的操作

（1）验电、装设接地线由两人进行，其中一人操作、一人监护。

（2）将接地线接地端固定好。

（3）确证使用的 10kV 验电器合格。

（4）用验电器在配电变压器高压侧验电，验明无电压后即装设接地线。

【相关知识】

一、验电器

验电器又称测电器、试电器或电压指示器，是检验电气设备、电器、导线上是否有电的一种专用安全用具。当每次断开电源进行检修时，必须先用它验明设备确实无电后，方可进行工作。验电器分为高压验电器和低压验电器两类。低压验电器可分为普通低压验电笔和数字式低压验电笔。

1. 低压验电器

（1）低压验电器的作用及分类。为了工作和携带方便，低压验电器常做成钢笔式、螺丝刀式或数字式验电笔，但不管哪种形式，其基本结构和工作原理都是一样的。

1) 普通低压验电笔是用来检验 220V 及以下低压带电导体或电气设备及外壳是否带电的专用测量工具，也可以用它来区分相（火）线和中性（地）线。此外它还可以用来区分交、直流电。若是交流电，氖泡两极发光；若是直流电，则只有一极发光。普通低压验电笔前端为金属探头，后端也有金属挂钩或金属接触片等，以便使用时用手接触，中间绝缘管内装有发光氖泡、电阻及压紧弹簧，外壳为透明绝缘体，如图 3-6 所示。

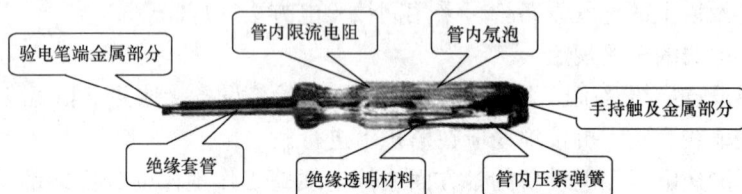

图 3-6 普通低压验电笔的基本结构

普通低压验电笔的工作原理：当测试带电导体时，金属探头触及带电导体，手触及验电笔后端的金属挂钩或金属片，电流通过验电笔端、氖泡、电阻、人体和大地形成回路使氖泡发光，并且氖泡愈亮说明电压愈高。

只要带电体与大地之间存在 60V 以上的电位差，验电笔就会发出辉光。如果氖泡不亮，则表明该物体不带电。

2) 数字式低压验电笔。数字式低压验电笔如图 3-7 所示。它由笔尖（工作触头）、笔身、指示灯、电压显示、电压感应通电检测按钮、电压直接检测按钮、电池等组成，用于检测 12~220V 交直流电压和各种电气设备。

图 3-7 数字式低压验电笔

数字式低压验电笔除了具有普通低压验电笔的功能外，还具有如下特点：①当右手指按通电检测按钮，并将左手触及笔尖时，指示灯亮，则表明正常工作；指示灯不亮，说明电池没电了。②测试交流电时，切勿按感应通电按钮。笔尖插入相线孔时，指示灯亮，则表明有交流电；需要电压显示时，则按检测按钮，最后显示数字为所测电压值；未到高段显示值 75% 时，则显示低段值。

（2）使用及注意事项：

1) 低压验电笔在使用前，应先在带电体上进行校核，确认验电笔完好，以防因验电笔故障造成误判断，从而导致触电事故。

2) 验电时，持电笔的手一定要触及金属片部分，若手指不接触验电笔端金属部分，则可能出现氖泡不能点亮的情况。

3) 严禁戴线手套持验电笔在线路或设备上验电。如果验电时戴手套，即使电路有电，验电笔也不能正常显示。

4) 避免在光线明亮处观察氖泡是否起辉，以免因看不清而误判。

5) 在有些情况下，特别是测试仪表，往往因感应而带电，某些金属外壳也会有感应电。在这种情况下，用验电笔测试有电，不能作为存在触电危险的依据，因此，还必须采用其他方法（如用万用表测量）确认其是否真正带电。

6) 低压验电笔因无高压验电器的绝缘部分，故严禁用验电笔去验已停电的高压电气设备或线路，以免发生触电事故。

2. 高压验电器

高压验电器是一种用来验证高压电气设备是否带有电压的电力安全用具。当设备断电后，装设携带型短路接地线前，必须用高压验电器验明设备确实无电后，方可装设接地线。

(1) 高压验电器的分类及结构。电容型高压验电器被广泛使用，其指示方式可分为旋转感应式、声光报警式等，其中声光报警式验电器在实际运用中最为广泛。

1) 声光报警式高压验电器。声光报警式高压验电器具有声光双重信号显示，当验电器靠近交流高压带电体时会发出间歇声响和色光双重指示。如图 3-8 所示，该验电器由金属探头、试验按钮、电子声光

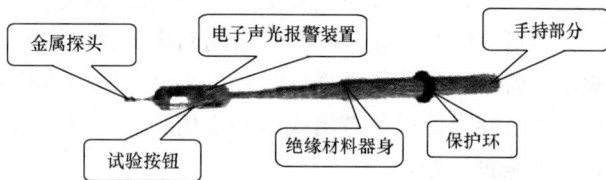

图 3-8 声光报警式高压验电器结构

报警装置、绝缘材料器身、手持部分和保护环等组成，也就是由指示部分、绝缘部分和握柄三部分组成。声光报警式高压验电器可伸缩收藏，操作杆器身部分由环氧树脂玻璃钢管制造，产品结构一体，使用存放方便。

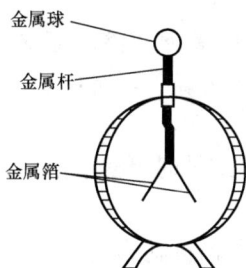

(a)   (b)

图 3-9 旋转感应式高压验电器

(a) 构造；(b) 验电示意

2) 旋转感应式高压验电器。旋转感应式高压验电器构造如图 3-9 (a) 所示。其上部是一金属球（或金属板），它和金属杆相连接，金属杆穿过橡皮塞，其下端挂两片极薄的金属箔，封装在玻璃瓶内。验电时，把物体与金属球接触，如图 3-9 (b) 所示。如果物体带电，就有一部分电荷传到两片金属箔上，金属箔由于带

了同种电荷，彼此排斥而张开，所带的电荷越多，张开的角度越大；如果物体不带电，则金属箔不动。

(2) 高压验电器的有关最小长度要求：

高压验电器最小有效绝缘长度应满足表 3-7 中的规定。高压验电器最小握柄长度应满足表 3-8 中的规定。

表 3-7   高压验电器最小有效绝缘长度

电压等级（kV）	缩态长度（m）	伸态长度（m）	有效绝缘长度（m）
10 及以下	0.6	1.4	0.7
35	0.7	1.9	0.9
110	0.8	2.4	1.3
220	1.0	3.2	2.1
500			4.0

表 3 - 8 高压验电器最小握柄长度

电压等级（kV）	10 以下	35	63（66）	110	220	330	500
最小握柄长度（m）	0.12	0.15	0.25	0.3	0.5	0.6	0.8

（3）使用与保管：

1）使用前根据被验电设备的额定电压选用合适电压等级的合格高压验电器。验电操作顺序应按照验电"三步骤"进行：在验电前首先必须进行自检，方法是用手指按动自检按钮，指示灯有间断闪光，同时发出间断报警声，说明验电器正常，或将验电器在带电的设备上验电以验证验电器是否良好，也可用高压验电发生器检验验电器音响报警信号是否完好；然后再在已停电的设备进出线两侧逐相验电；当验明无电后再把验电器在带电设备上复核一下，看其是否良好。

2）使用前要检查验电器的绝缘杆外观，应良好，无弯曲变形，表面光滑，无裂缝，无脱落层，各部件连接牢固，保护环明显醒目，固定牢固。

3）验电时应戴绝缘手套，如使用抽拉式验电器时绝缘杆应完全拉开。验电器应逐渐靠近带电部分，一旦验电器发出声、光信号即说明该设备有电，应立即将金属接触电极离开被测设备，以保证验电器的使用寿命。

4）避免跌落、挤压、强烈冲击、振动，不要用腐蚀性化学溶剂和洗涤剂等溶液擦洗。

5）不要放在露天烈日下暴晒；验电器使用后应存放于匣内，置于干燥处，避免积灰和受潮。

6）当按动验电器自检开关自检时，如指示器强度弱（包括异常）应及时更换电池。

二、绝缘杆

绝缘杆又称绝缘棒，也称绝缘拉杆、操作拉杆、令克棒，是用于短时间对带电设备进行操作或测量的基本绝缘安全工器具，如用来操作高压隔离开关和跌落式熔断器的分合、安装和拆除临时接地线、放电操作、处理带电体上的异物以及进行高压测量、试验、直接与带电体接触等各项作业和操作。

1. 绝缘杆的结构及规格

绝缘杆的结构主要由工作部分、绝缘部分和手握部分构成，如图 3 - 10 所示。

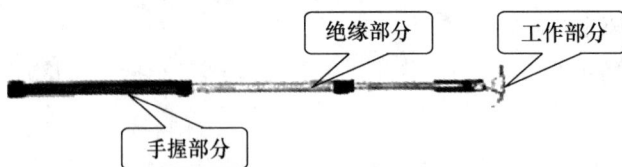

图 3 - 10 绝缘杆的结构

工作部分一般由金属或具有较大机械强度的绝缘材料（如玻璃钢）制成，样式因功能不同而不同。工作部分用于完成操作功能，它装在绝缘杆的最上端，用来直接接触带电设备，一般不宜过长。在满足工作需要的情况下，其长度不应超过 50~80mm，以免操作时发生相间或接地短路。

绝缘部分和手握部分是用环氧玻璃布管、塑料带、胶木等制成，两者之间由护环隔开。绝缘杆的绝缘部分须光洁、无裂纹或硬伤，其长度根据工作需要、电压等级和使用场所而定，但为了保证操作时有足够的绝缘安全距离，绝缘杆最小有效绝缘长度不得小于表 3 - 9 给出的数值。根据电压等级的不同，绝缘杆手握部分的最小长度见表 3 - 10。

表 3-9　　　　　　　　　　　　　绝缘杆最小有效绝缘长度

电压等级（kV）	10 以下	35	63（66）	110	220	330	500
最小有效绝缘长度（m）	0.7	0.9	1.0	1.3	2.1	3.1	4.0

表 3-10　　　　　　　　　　　　　绝缘杆手握部分最小长度

电压等级（kV）	10 以下	35	63（66）	110	220	330	500
手握部分最小长度（m）	0.3	0.6	0.7	0.9	1.1	1.4	4.0

为了便于携带和保管，往往将绝缘杆分段制作，每段端头有金属螺丝，用以相互镶接，也可用其他方式连接，使用时将各段接上或拉开即可。绝缘杆每三个月检查一次。检查时要擦净表面，检查有无裂纹、机械损伤、绝缘层损坏。

2. 使用与保管

（1）使用绝缘杆前，应检查绝缘杆的堵头，如发现破损应禁止使用。

（2）在连接绝缘杆节与节的丝扣时，要离开地面，以防杂草、土进入丝扣中或粘在杆体的表面上。

（3）雨天、雪天在户外操作电气设备时，绝缘杆的绝缘部分应有防雨罩，罩的上口应与绝缘部分紧密结合，无渗漏现象，罩下部分的绝缘杆保持干燥。

（4）使用绝缘杆时，操作人员应戴绝缘手套、穿绝缘靴（鞋），人体应与带电设备保持足够的安全距离，并注意防止绝缘杆被人体或设备短接，以保持有效的绝缘长度。

（5）操作绝缘杆时，绝缘杆不得直接与墙或地面接触，以防碰伤其绝缘表面。

（6）绝缘杆应存放在干燥的地方，以防止受潮；一般应放在特制的架子上或垂直悬挂在专用挂架上，以防弯曲变形。

三、绝缘隔板

绝缘隔板是由绝缘材料制成，用于隔离带电部件、限制工作人员活动范围的绝缘平板。一般绝缘隔板用胶木板、环氧树脂板等绝缘材料制成。其外形多种多样，可根据不同的用途和要求制成不同的形状。绝缘隔板一般用在部分停电工作中，施工人员与 35kV 及以下线路的距离不能满足安全距离时，则用能承受该电压等级的绝缘隔板将 35kV 及以下线路临时隔离起来，也可用绝缘隔板以防止停电开关的误操作。当开关断开后，为防止误操作，可在动触头和静触头之间用绝缘隔板将其隔开，使其在发生误操作时也合不上开关，从而保证人身安全。在一个供电回路停电检修时、做交流耐压试验时、在电源断开点的两侧有可能产生电弧时，也可用绝缘隔板来加强绝缘，防止因试验电压对带电部分产生闪络而发生的事故。绝缘隔板应满足绝缘工具的耐压试验要求，用于 10kV 电压等级的绝缘隔板厚度不应小于 3mm；用于 35kV 电压等级的绝缘隔板厚度不应小于 4mm。

四、绝缘罩

绝缘罩是由绝缘材料制成，用于遮蔽带电导体或非带电导体的保护罩。当工作人员与带电部分之间的安全距离达不到要求时，为了防止工作人员触电，可将绝缘罩放置在带电体上。绝缘罩可作为电力设备的配电变压器、柱上断路器、真空断路器、SF$_6$ 断路器等设备及各类穿墙套管、母线、户外母线桥、户内母线桥和各种支柱绝缘子的绝缘保护。

在高压开关柜检修时，为防止开关拉杆自动脱落或误合而造成事故，以往大都采用绝缘隔板。但实践证明,由于绝缘隔板容易滑落和吸潮,放置困难、笨重,安全可靠性尚难满足要求,开关绝缘罩则是代替绝缘隔板的理想的安全隔离工具。绝缘罩采用硅橡胶、PE、PVC等高分子树脂材料,一次热压成型。检修时,用专用的操作棒套放在开关的动触头上即可,有倒送电可能的,也应考虑在出线侧开关装用此罩,装时在挂地线之前,拆时在拆地线之后。开关绝缘罩在某种程度上比挂接地线更加安全可靠,挂接地线并不能减少事故,只能减小事故的伤害程度而已,唯有加装绝缘罩,才能彻底杜绝事故。

五、携带型短路接地线和个人保安接地线

1. 携带型短路接地线

携带型短路接地线是用于防止设备、线路突然来电,消除感应电压,放尽剩余电荷的临时接地装置。装设接地线是防止工作地点突然来电的可靠安全措施,是保护工作人员免遭触电伤害最直接的保护措施。还可以使工作地点始终处于地电位的保护之中,同时也是消除停电设备残存电荷或感应电荷的有效措施。在发生误送电时,能使保护动作,迅速切断电源。携带型短路接地线可以制成分相式和组合式两种。

(1) 携带型短路接地线的构成。携带型接地线由以下几部分组成,如图3-11所示:

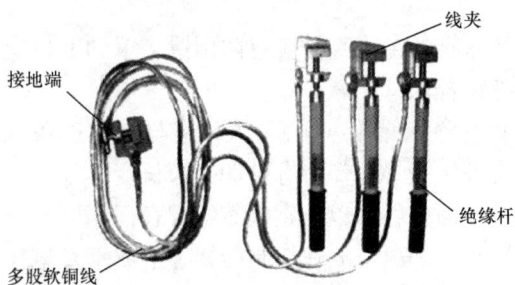

图3-11　携带型短路接地线

1) 线夹(专用夹头),有连接接地线到接地装置的线夹、连接短路线到接地线部分的线夹和短路线连接到母线的线夹。

2) 多股软铜线,其中相同的三根短的软铜线是接向三根相线用的,它们的一端短接在一起,一根长的软铜线是接向接地装置端的。多股软铜线的截面应满足装设地点短路电流的要求,即在短路电流通过时,铜线不会因产生高热而熔断,且应保持足够的机械强度,故该铜线截面不得小于$25mm^2$。铜线截面的选择应视该接地线所处的电力系统而定,电力系统比较大的,短路容量也大,这时应选择较大截面的短路铜线。多股软铜线应用透明外护套保护且外护层厚度应大于1mm。

接地线的正确装拆顺序很重要。装设接地线必须先接接地端,后接导体端,且必须接触良好;拆接地线的顺序与此相反。

(2) 接地线的使用和保管注意事项:

1) 使用时,接地线的连接器(线卡或线夹)装上后接触应良好,并有足够的夹持力,以防短路电流幅值较大时,由于接触不良而熔断或电动力的作用而脱落。

2) 应检查接地软铜线和三根短软铜线的连接是否牢固,一般应由螺丝拴紧后,再加焊锡焊牢,以防因接触不良而熔断。

3) 装设接地线必须由两人进行,装、拆接地线均应使用绝缘棒和戴绝缘手套。

4) 接地线在每次装设以前应经过详细检查,如发现绞线松股、断股、护套严重破损、夹具断裂松动等现象应及时修理或更换,禁止使用不符合规定的导线作接地线或短路线之用。

5) 接地线必须使用专用线夹固定在导线上,严禁用缠绕的方法进行接地或短路。

6) 装设接地线时,接地线与带电设备的距离应考虑接地线摆动的影响。

7）每组接地线均应编号，并存放在固定地点，存放位置也应编号。接地线号码与存放位置号码必须一致，以免在较复杂的系统中进行部分停电检修时，发生误拆或忘拆接地线而造成事故。

8）接地线和工作设备之间不允许连接隔离开关或熔断器，以防它们断开时，设备失去接地，使检修人员发生触电事故。

2. 个人保安接地线

个人保安接地线（俗称小地线）是用于防止感应电压危害的个人用接地装置，是由工作人员自拆自挂的地线，为区别于正常接地线，又称为个人保安接地线。

个人保安接地线使用有透明护套的多股软铜线，截面积不小于 $16mm^2$，且应带有绝缘手柄或绝缘部件。个人保安接地线如图 3-12 所示。

个人保安接地线由工作人员自行携带，

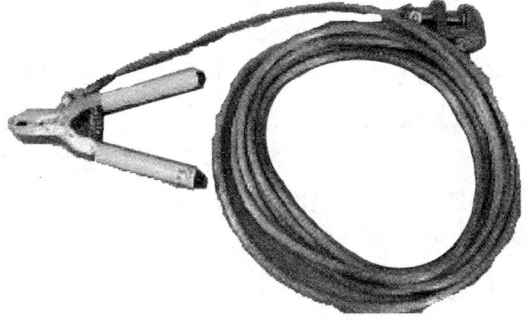

图 3-12　个人保安接地线

凡在 110kV 及以上同杆塔并架或相邻的平行有感应电的线路上停电工作时，应在工作相上使用，并不准采用搭连虚接的方法接地。要注意只有在工作接地线挂好后，方可在工作相上挂个人保安接地线。工作结束时，工作人员应拆除所挂的个人保安接地线。

六、核相器

核相器是用于检查连接设备、电气回路相位是否相同的装置。不同的电力系统要并网运行时，除并网电压相同、频率一致外，相位也必须相同。确定两个电力系统相位是否相同，核相器是一种既方便又简单的工具。

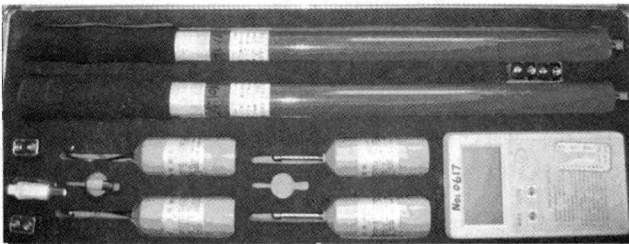

图 3-13　无线式核相器

1. 核相器的结构

核相器由长度和内部结构基本相同的两根测量杆配以带切换开关的检流计组成。其按信号输入方式分为无线式核相器和有线式核相器两种。无线式核相器具有操作安全、便捷、可靠性高等优点，目前在电力系统中得到非常广泛的应用。如图 3-13 所示。

2. 使用及保管

（1）使用核相器前，应检查核相器的工作电压与被测设备的额定电压是否相符，是否超过试验有效期。

（2）使用核相器前，应检查核相器的测量杆绝缘是否完好。

（3）使用核相器时，应戴绝缘手套。

（4）户外使用核相器时，须在天气良好时进行。

（5）核相器应存放在干燥的柜内。

任务四　防护安全用具的使用与管理

📢【教学目标】

（1）熟练检查安全带、安全帽、脚扣等防护安全用具是否合格，对不合格的防护安全用具能记录其缺陷。

（2）能完成脚扣的冲击检查试验。

（3）熟练使用安全带、安全帽、脚扣完成登杆作业。

👐【任务描述】

安全帽、安全带、脚扣属于一般防护安全用具，本身没有绝缘性能，但可以防护工作人员发生事故，主要用作防止高空坠落。本任务要求能熟练使用安全带、安全帽、脚扣完成登杆作业。

〰️【任务实施】

一、登杆作业介绍

登杆作业是配电线路电工进行线路检修、杆上设备更换等操作必须掌握的一项基本技能。由于它是高空作业，因此对人员身体状态、登杆工器具、监护人员和安全措施均有较为严格的要求。

二、登杆工器具

安全带、脚扣、安全绳、安全帽。

三、登杆人员要求

（1）登杆作业由2人组成，专责监护1人，杆上作业1人。

（2）登杆作业人员身体、精神状态良好，身着工作服，穿工作鞋，戴安全帽、手套。

四、登杆准备工作

（1）工器具的检查。登杆前必须对登杆的脚扣、安全带、安全绳、安全帽进行外观、试验合格证的检查。

为了安全，在登杆前必须对所用的脚扣仔细检查各部分有无断裂、锈蚀现象；脚扣皮带是否牢固可靠，若损坏，不得用绳子或电线捆绑代替。

（2）登杆前，应先检查电杆根部、基础和拉线是否牢固。遇有冲刷、起土、上拔或导地线、拉线松动的电杆，应先培土加固，打好临时拉线或支好杆架后，再行登杆。

（3）对脚扣和安全带进行冲击试验。脚扣试验时必须单脚进行，当一只脚扣试验完毕后，再试第二只。试验方法简便，用一只脚扣蹬一步电杆，然后使整个人的重力以冲击的速度加在这一只脚扣上。在试验后证明两只脚扣都没有问题时才能正式登杆。

五、脚扣登杆作业

1. 向上攀登

在地面套好脚扣，登杆时根据自身方便，可任意用一只脚向上跨扣（跨距大小根据自身条件而定），同时用与上跨脚同侧的手向上扶住电杆；然后另一只脚再向上跨扣，同时另一只手也向上扶住电杆，如图3-14所示；重复以上步骤，直到杆顶需要作业的部位。只需注意两手与两脚的协调配合，当左脚向上跨扣时，左手应同时向上扶住电杆；当右脚向上跨扣时，右手应同时向上扶住电杆。

2. 杆上作业

（1）作业人员在电杆左侧工作。此时作业者左脚在下，右脚在上，即身体重心放在左脚，右脚辅助；估测好人体与作业点的距离，找好角度，系牢安全带即可开始作业（必须扎好安全带，并且要把安全带可靠地绑扎在电杆上，以保证在高空作业时的安全）。

（2）作业人员在电杆右侧工作。此时作业者右脚在下，左脚在上，即身体重心放在右脚，以左脚辅助；同样也要估测好人体与作业点的距离和角度，系牢安全带后即可开始作业。

（3）作业人员在电杆正面作业。此时作业者

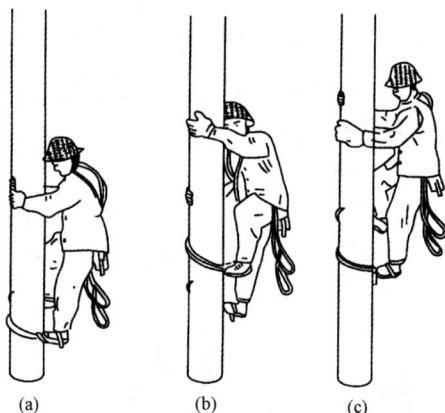

图 3-14　运用脚扣登杆示意图

可根据自身方便采用上述两种方式的一种方式进行作业，也可以根据负荷轻重、材料大小采取一点定位，即两脚同在一条水平线上，用一只脚扣的扣身压扣在另一只脚的扣身上。这样做是为了保证杆上作业时的人体平稳。脚扣扣稳之后，同样选好距离和角度，系牢安全带后进行杆上作业。

图 3-15　运用脚扣下杆示意图

3. 下杆

杆上工作全部结束，经检查无误后下杆。下杆可根据用脚扣在杆上作业的三种方式，将置于电杆上方侧的（或外边的）脚先向下跨扣，同时与向下跨扣的脚的同侧手向下扶住电杆；然后再将另一只脚向下跨扣，同时另一只手也向下扶住电杆，下杆姿势如图 3-15 所示。重复以上步骤，只需注意手脚协调配合往下即可，直至着地。

要注意运用脚扣上、下杆的每一步，必须先使脚扣环完全套入，并可靠地扣住电杆，才能移动身体，否则容易造成事故。

六、登杆作业基本操作过程概述

根据实际工作与考核现场综合分析，对登杆过程作以下概述：

（1）工作人员接到工作负责人的登杆作业命令后，工作人员到工具室选择所需的合格的登杆作业安全工器具。

（2）将选好的工器具搬移到指定的杆塔。

（3）对该杆塔进行检查（检查杆塔基础、杆身及拉线等）。

（4）对登杆用脚扣进行冲击试验。

（5）检查一切正常后向监护人报告开始登杆。

（6）上杆与下杆步骤参照登杆作业方法。

（7）达到工作位置后系好安全带。

（8）站稳后开始工作。

（9）工作结束后下杆。

（10）下杆后整理好工器具，搬移到库存点摆放好。

（11）向工作监护人汇报工作结束。

【相关知识】

一、安全带

安全带是预防高处作业人员工作坠落伤亡最有效的防护用品，特别是对登杆作业的人员，只有系好安全带后，两只手才能同时进行作业，否则工作既不方便，而且可能发生坠落事故，危险性很大。

图 3-16　安全带

1. 安全带的结构

安全带由带子、绳子和金属配件组成，如图 3-16 所示。根据作业性质的不同，其结构形式也有所不同。

安全带和绳目前多以绵纶为主要材料。电工围杆带可用黄牛革制作，金属配件用普通碳素钢或铝合金钢制作。安全带的腰带和保险带、保险绳应有足够的机械强度，材质应有耐磨性，卡环（钩）应具有保险装置。保险带、保险绳使用长度在 3m 以上的应加缓冲器。

2. 安全带的使用与保管

（1）安全带使用前，必须作一次外观检查，检查项目：①组件完整、无短缺、无伤残破损；②绳索、编带无脆裂、断股或扭结；③金属配件无裂纹、焊接无缺陷、无严重锈蚀；④挂钩的钩舌咬口平整不错位，保险装置完整可靠；⑤铆钉无明显偏位，表面平整，如发现安全带有上述缺陷，应禁止使用。平时不用时对安全带也应一个月作一次外观检查。

（2）安全带应系在牢固的物体上，禁止系挂在移动或不牢固的物件上，不得系在棱角锋利处。安全带要高挂和平行拴挂，严禁低挂高用。在杆塔上工作时，应将安全带后备保护绳系在安全牢固的构件上（带电作业视其具体任务决定是否系后备安全绳），不得失去后备保护。

（3）安全带使用和存放时，应避免接触高温、明火和酸类物质，以及有锐角的坚硬物体和化学药物。

（4）安全带可放入低温水中，用肥皂轻轻擦洗，再用清水漂干净，然后晾干，不允许浸入热水中，以及在阳光下暴晒或用火烤。

（5）安全带上的各种部件不得任意拆掉，更换新绳时要注意加绳套，带子使用期为 3～5 年，发现异常应提前报废。

二、安全帽

安全帽是用来保护使用者头部，减缓外来物体冲击伤害的个人防护用品，如图 3-17 所示。

1. 安全帽的保护原理

安全帽对头颈部的保护基于两个原理：

（1）使冲击载荷传递分布在头盖骨的整个面积上，避免打击一点。

（2）头与帽顶空间位置构成一个能量吸收系统，可起到缓冲作用，因此可减轻或避免伤害。

2. 安全帽的使用

（1）使用安全帽前应进行外观检查，检查安全帽的帽壳、帽箍、顶衬、下颚带、后扣、帽箍扣等组件应完好无损，帽壳与顶衬缓冲空间在 25～50mm。

（2）安全帽戴好后，应将后扣拧到合适位置或将帽箍扣调整到合适的位置，锁好下颚带，防止工作中前倾后仰或其他原因造成滑落。

图 3 - 17　安全帽

安全帽的使用期限视使用状况而定。若使用且保管良好，可使用 5 年以上。

3. 电报警安全帽

该产品在普通安全帽的基础上加装了近电报警器，增加了近电报警功能，不影响安全帽的本来功能。当工作人员接近带电体安全距离时，安全帽内近电报警器即自动鸣响报警，警告工作人员此处有电。

每次使用电报警安全帽前，选择灵敏开关于高或低档，然后按一下安全帽的自检开关，若能发出音响信号，即可使用；头戴或手持电报警安全帽接近检修架空电力线路和用电设备时，在报警距离范围内若发出报警声音，表明带电。

使用高压近电报警安全帽检查其音响部分是否良好，不得作为无电的依据。

三、脚扣

脚扣是攀登电杆的主要用具。脚扣是用钢或合金材料制作的近似半圆形、带皮带扣环和脚登板的轻便登杆用具，有木杆和水泥杆用两种形式。木杆用脚扣的半圆环和根部均有突起的小齿，以便登杆时刺入杆中起防滑作用；水泥杆用脚扣的半圆环和根部装有橡胶套或橡胶垫来防滑。脚扣有大小号之分，以适应电杆粗细不同的需要。水泥杆用脚扣一般还分为活动式和固定式两种类型，活动式脚扣通常适用于拔梢杆，固定式脚扣适用于等径杆。使用脚扣登杆较方便，攀登速度快、易学会，但易于疲劳，适于短时间作业。脚扣如图 3 - 18 所示。

图 3 - 18　脚扣

（1）脚扣使用前应进行外观检查，主要检查：

1）金属母材及焊缝无任何裂纹及可目测到的变形；

2）橡胶防滑块（套）完好，无破损；

3）皮带完好，无霉变、裂缝或严重变形；

4）小爪连接牢固，活动灵活。

对闲置的脚扣，也应每月进行一次外观检查。

（2）正式登杆前在杆根处用力试登，判断脚扣是否有变形和损伤。

（3）登杆前应将脚扣登板的皮带系牢，登杆过程中应根据杆径粗细随时调整脚扣尺寸。

（4）特殊天气使用脚扣时，应采取防滑措施。

（5）严禁从高处往下扔摔脚扣。

脚扣虽是攀登电杆的安全保护用具，但应经过较长时间的练习、熟练地掌握后，登杆时才能起到保护作用；若使用不当，也会发生人身伤亡事故。

四、梯子

梯子是工作现场常用的登高用具，分为直梯和人字梯两种，直梯和人字梯又分为可伸缩型和固定长度型，在变电站高压设备区或高压室内应使用绝缘材料的梯子，禁止使用金属梯子。搬动梯子时，应将梯子放倒，由两人搬运，并与带电部分保持足够的安全距离。

登梯作业注意事项：

（1）梯子应能承受工作人员携带工具攀登时的总重量。

（2）梯子不得接长或垫高使用。如需接长时，应用铁卡子或绳索切实卡住或绑牢并加设支撑。

（3）梯子应放置稳固，梯脚要有防滑装置；使用前，应先进行试登，确认可靠后方可使用。有人员在梯子上工作时，梯子应有人扶持和监护。

（4）梯子与地面的夹角应为 65°左右，工作人员必须在距梯顶不少于 2 档的梯蹬上工作。

（5）人字梯应具有坚固的铰链和限制开度的拉链。

（6）靠在管子上、导线上使用梯子时，其上端需用挂钩挂住或用绳索绑牢。

（7）在通道上使用梯子时，应设监护人或设置临时围栏。梯子不准放在门前使用，必要时应采取防止门突然开启的措施。

（8）严禁有人在梯子上时移动梯子，严禁上下抛递工具、材料。

此外，每个月要对梯子外观进行检查一次，看是否有断裂、腐蚀现象。

五、安全绳

安全绳是高空作业时必备的人身安全保护用品，通常与护腰式安全带配合使用。安全绳用锦纶丝捻制而成的，具有质量小、柔性好、强度高等优点，目前广泛应用于送电线路等的高处作业中。根据使用情况的不同，目前常用的安全绳有 2m、3m 和 5m 三种。

安全绳的使用与保管：

（1）每次使用前必须进行外观检查，凡安全绳出现连接铁件有裂纹或变形、锁扣失灵、锦纶绳断股的情况都不得使用。

（2）使用的安全绳必须按规程进行定期静荷重试验，并做好合格标志。

（3）安全绳应高挂低用。如果高处无绑扎点，可挂在与作业点等高处，不得低挂高用（即安全绳的绑扎点低于作业点）。

（4）绑扎安全绳的有效长度，应根据工作性质而定，一般为 3～4m。如果在 2m 处的高空作业，绑扎安全绳的有效长度应小于对地高度，以便起到人身保护作用。如果在 500kV 线路上作业，因绝缘子串很长，可将安全绳接长使用。

（5）安全绳用完应放置好，切忌接触高温、明火和酸类物质以及有锐角的坚硬物等。

六、防静电服

防静电服全称为静电感应防护服，用于在有静电的场所降低人体电位、避免服装上带高电位，引起其他危害的特种服装。

防静电服是 10～500kV 带电作业用的必备服装，是采用金属纤维与柞蚕丝混纺后与蒙乃尔合金丝并捻交织成布后再制成的服装，具有优良可靠的电气性能和阻燃性能，各项指标均符合 GB6568.1—2000《带电作业用屏蔽服装》规定的指标。当地电位作业人员穿着防静电服后，能有效地保护人体免受高压电场及电磁波的影响。

七、防电弧服

防电弧服是一种用绝缘和防护的隔层制成的保护穿着者身体的防护服装，用于减轻或避免电弧发生时散发出的大量热能辐射和飞溅融化物的伤害。

八、安全自锁器、速差自控器、防护眼镜

1. 安全自锁器

安全自锁器能在限定距离内快速制动锁定坠落人，特别适用于攀登作业。当发生坠落时其安全绳拉出距离不超过 0.2m，冲击力小于 2949N。其控制系统采用经过特殊处理的特种钢，质轻、耐磨，耐腐蚀，抗冲击；外壳采用铝合金，质轻，不老化；安全绳材质为航空钢丝绳，悬挂绳，可与任何有挂点的安全带配套使用。

2. 速差自控器

速差自控器是一种装有一定长度绳索的器件。作业时其可不受限制地拉出绳索；坠落时，因速度的变化其可将拉出绳索的长度锁定。

3. 防护眼镜

防护眼镜是在维护电气设备和进行检修工作时，保护工作人员不受电弧灼伤以及防止异物落入眼内的防护用具。

九、过滤式防毒面具、正压式消防空气呼吸器

1. 过滤式防毒面具

过滤式防毒面具简称防毒面具，是用于有氧环境中使用的呼吸器，使用注意事项有：

（1）使用防毒面具时，空气中氧气浓度不得低于 18%，温度为 $-30 \sim 45℃$，不能用于槽、罐等密闭容器环境。

（2）使用者应根据其面型尺寸选配适宜的面罩号码。

（3）使用前应检查面具的完整性和气密性，面罩密合框应与佩戴者颜面密合，无明显压痛感。

（4）使用中应注意有无泄漏和滤毒罐失效等情况。

（5）防毒面具的过滤剂有一定的使用时间，一般为 $30 \sim 100min$。过滤剂失去过滤作用（面具内有特殊气味）时，应及时更换。

2. 正压式消防空气呼吸器

正压式消防空气呼吸器简称空气呼吸器，是用于无氧环境中的呼吸器，如图 3-19 所示。

该空气呼吸器配有视野广阔、明亮、气密良好的全面罩，供气装置配有体积较小、重量轻、性能稳定的新型供气阀；选用高强度背托和安全系数较高的优质高压气瓶；减压阀装有残气报警器，在规定气瓶压力范围内，可向佩戴者发出声响信号，提醒使用人员及时撤离现场。使用正压式消防空气呼吸器可使抢险救护人员在充满浓烟、毒气、蒸汽或缺氧的恶劣环境下安全地进行灭火、抢险救灾和救护工作。

使用该空气呼吸器应注意：

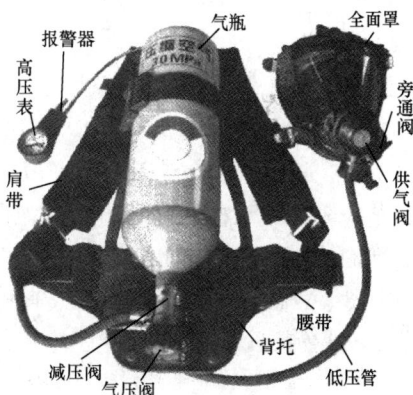

图 3-19　正压式消防空气呼吸器

（1）使用时应根据其面型尺寸选配适宜的面罩号码。

（2）使用前应检查面具的完整性和气密性，面罩密合框应与人体面部密合良好，无明显压痛感。

（3）使用中应注意有无泄漏。

十、SF$_6$气体检漏仪、氧量测试仪

1. SF$_6$气体检漏仪

SF$_6$气体检漏仪主要用来检测环境空气中 SF$_6$气体含量和氧气含量，当环境中 SF$_6$气体含量超标或缺氧时，能实时进行报警。它采用独有的微量 SF$_6$气体检测技术，能检测到 1000ppm 浓度的 SF$_6$气体，不仅可以达到保障人身安全的目的，而且还能够保设备正常运行。

2. 氧量分析仪

氧量分析仪是用在有可燃气体、蒸气与空气形成的爆炸和温度组别为 T1～T6 的 1 区、2 区易燃易爆危险场所，对空气、氮气、氢气、氩气等气体中的氧气浓度连续监测的仪器。它采用进口高性能电化学式气体传感器和微处理机技术，具有数字显示、上下限报警、标准信号输出及继电器触点报警输出等功能。

项 目 小 结

安全工器具的正确检查、使用和保管是防止现场工作人员触电、灼伤、坠落、摔跌伤害的一个十分重要的环节，也是现场安全生产的基础工作。因此，了解各种电气安全工器具的性能和用途，正确掌握它们的使用和保管方法，是非常重要且必要的。

本项目主要介绍了电气安全工器具的作用、分类、结构、保管以及在工作现场使用前的检查方法与注意事项等知识，通过引导学生使用安全工器具完成对跌落式熔断器的分、合操作和验电、装设接地线操作，以及使用防护安全工器具完成登杆作业，使学生了解掌握辅助安全工器具、基本安全工器具、一般防护安全工器具的区别，正确掌握常用安全工器具的检查、使用与保管方法，提高学生的自我安全防护能力。

思 考 题

3-1　安全工器具如何分类？安全工器具的管理职责如何规定？

3-2　通过断、合跌落式熔断器及对配电变压器的验电、装设接地线操作，你对绝缘手套、绝缘靴、绝缘棒、高压验电器、携带型短路接地线等安全工器具的检查、使用和保管有什么新的认识和体会？

3-3　登杆作业的安全工器具有哪几种？登杆作业前要做哪些准备工作？根据自己登杆作业的实际情况说明登杆作业基本步骤和要领。

项目四

电 力 生 产 安 全 措 施

【项目描述】

电力生产安全措施是保证电力生产现场安全管理，规范各类工作人员的行为，保证人身、电网和设备安全的重要手段。本项目通过对电力生产安全管理的组织措施、技术措施、危险点及其防护，电气设备倒闸操作和带电作业的安全措施等方面的详细介绍，要求学生能正确掌握保证安全的各项组织措施及其相关要求，保障安全的技术措施及其实施步骤，倒闸操作的基本原则和注意事项，带电作业的基本要求以及危险点分析的基本方法 。

【教学目标】

（1）能掌握工作票制度、工作许可制度、工作监护制度、工作间断、转移和终结制度的内容和要求；能熟练填写工作票。

（2）能掌握保证安全的技术措施并熟练应用。

（3）能掌握倒闸操作的基本要求和倒闸操作票的填写。

（4）能掌握带电作业的基本要求和一般安全技术措施。

（5）能了解危险点的定义和基本危险点分析方法。

【教学环境】

要求有教学实训场地，场地配备有一定数量的各类常用电气安全用具（验电器、绝缘棒、绝缘手套、绝缘靴、安全帽、围栏、标示牌、接地线等），存放安全用具的场所的温湿度等环境要符合安全用具的保管要求；安装有变压器、断路器、隔离开关、互感器、避雷器设备。

任务一 保证安全的组织措施

【教学目标】

（1）能掌握工作票制度、工作许可制度、工作监护制度、工作间断、转移和终结制度的内容。

（2）能初步掌握各种工作票的填写要求。

（3）能掌握工作票所列人员的职责和要求。

🌱【任务描述】

本任务介绍了保证安全的组织措施：工作票制度、工作许可制度、工作监护制度、工作间断、转移和终结制度的内容，各种工作票的填写要求，工作票的使用流程，工作票所列人员的职责和要求，使学生掌握在电气设备上工作时，保证安全的组织措施的实施与注意事项。

🌊【任务实施】

首先学习工作票制度、工作许可制度、工作监护制度、工作间断、转移和终结制度的内容，各种工作票的填写要求，工作票的使用流程，工作票所列人员的职责和要求等知识。其次就根据下达的 10kV 线路跌落式熔断器更换工作，按照《电力安全工作规程》的规定组织现场勘察，办理施工检修作业前的安全手续，履行现场保证安全的组织措施，即办理电力线路第一种工作票，现场履行工作许可制度、工作监护制度、工作间断制度、工作终结和恢复送电制度等。

一、保证安全的组织措施实施过程

1. 填写工作票

（1）工作票由工作负责人填写，也可以由工作票签发人填写。

（2）工作票应使用黑色或蓝色的钢（水）笔或圆珠笔填写与签发，一式两份，内容应正确，填写应清楚，不得任意涂改。如有个别错、漏字需要修改，应使用规范的符号，字迹应清楚。

（3）工作票上所列的工作地点，以一个电气连接部分为限。所谓一个电气连接部分是指电气装置中，可以用隔离开关同其他电气装置分开的部分。

2. 签发工作票

（1）工作票填写完成后，由工作票签发人审核无误，手工或电子签名后方可执行。

（2）工作票由设备运行单位签发，也可由经设备运行单位审核合格且经批准的修试及基建单位签发。修试及基建单位的工作票签发人及工作负责人名单应事先送有关设备运行单位备案。

（3）供电单位或施工单位到用户变电站内施工时，工作票应由有权签发工作票的供电单位、施工单位或用户单位签发。

（4）第一种工作票所列工作地点超过两个，或有两个及以上不同的工作单位（班组）在一起工作时，可采用总工作票和分工作票。总、分工作票应由同一个工作票签发人签发。总工作票上所列的安全措施应包括所有分工作票上所列的安全措施。几个班同时进行工作时，总工作票的工作班成员栏内，只填明各分工作票的负责人，不必填写全部工作人员姓名。分工作票上要填写工作班人员姓名。

3. 执行工作票

（1）第一种工作票应在工作前一日送达运行人员，可直接送达或通过传真、局域网传送，但传真传送的工作票许可应待正式工作票到达后履行。临时工作可在工作开始前直接交给工作许可人。第二种工作票和带电作业工作票可在进行工作的当天预先交给工作许可人。

工作班组在作业前要整齐列队，清点人数由工作负责人宣读工作票；严肃、认真、详细地交代工作任务、安全措施及注意事项。每个成员都必须集中精神，认真听取。交代后，工作负责人或安全员要向一部分成员提问，以引起注意，达到每个成员确实了解清楚。

工作负责人在作业过程中要始终在现场，必须做到不间断的监护督促全班人员认真执行工作票上的各项安全措施，保证作业安全。

执行变电第一种工作票：当工作全部完毕，人员撤离工作地点，经工作负责人和工作许可人双方到现场交代、验收，并在工作票上签字后即为工作终结；工作负责人可以带领全班人员撤离工作现场。地线拆除必须认真填写在工作票中，必要时当时不能拆除的接地线要注明原因。

（2）一个工作负责人不能同时执行多张工作票，工作票上所列的工作地点，以一个电气连接部分为限。

（3）一张工作票上所列的检修设备应同时停、送电，开工前工作票内的全部安全措施应一次完成。若至预定时间，一部分工作尚未完成，需继续工作而不妨碍送电者，在送电前，应按照送电后现场设备带电情况，办理新的工作票，布置好安全措施后，方可继续工作。

若以下设备同时停、送电时，可使用同一张工作票：属于同一电压、位于同一平面场所，工作中不会触及带电导体的几个电气连接部分；一台变压器停电检修，其断路器也配合检修；全站停电。

（4）同一变电站内在几个电气连接部分上依次进行不停电的同一类型的工作，可以使用一张第二种工作票。

（5）在同一变电站内，依次进行的同一类型的带电作业可以使用一张带电作业工作票。

（6）持线路或电缆工作票进入变电站或发电厂升压站进行架空线路、电缆等工作，应增填工作票份数，由变电站或发电厂工作许可人许可，并留存。

上述单位的工作票签发人和工作负责人名单应事先送有关运行单位备案。

（7）需要变更工作班成员时，应经工作负责人同意，在对新的作业人员进行安全交底手续后，方可进行工作。非特殊情况不得变更工作负责人，如确需变更工作负责人应由工作票签发人同意并通知工作许可人，工作许可人将变动情况记录在工作票上。工作负责人允许变更一次。原、现工作负责人应对工作任务和安全措施进行交接。

（8）在原工作票的停电及安全措施范围内增加工作任务时，应由工作负责人征得工作票签发人和工作许可人同意，并在工作票上增填工作项目。若需变更或增设安全措施者应填用新的工作票，并重新履行签发许可手续。

（9）变更工作负责人或增加工作任务，如工作票签发人无法当面办理，应通过电话联系，并在工作票登记簿和工作票上注明。

（10）工作票有破损不能继续使用时，应补填新的工作票，并重新履行签发许可手续。

4. 工作许可

（1）工作许可人在完成施工现场的安全措施后，还应完成以下手续，工作班方可开始工作。

（2）会同工作负责人到现场再次检查所做的安全措施，对具体的设备指明实际的隔离措施，证明检修设备确无电压。

（3）对工作负责人指明带电设备的位置和注意事项。

（4）和工作负责人在工作票上分别确认、签名。

（5）运行人员不得变更有关检修设备的运行接线方式。工作负责人、工作许可人任何一方不得擅自变更安全措施，工作中如有特殊情况需要变更时，应先取得对方的同意并及时恢复。变更情况及时记录在值班日志内。

5. 工作监护

（1）工作许可手续完成后，工作负责人、专责监护人应向工作班成员交代工作内容、人员分工、带电部位和现场安全措施，进行危险点告知，并履行确认手续，工作班方可开始工作。工作负责人、专责监护人应始终在工作现场，对工作班人员的安全认真监护，及时纠正不安全的行为。

（2）所有工作人员（包括工作负责人）不许单独进入、滞留在高压室、阀厅内和室外高压设备区内。

若工作需要（如测量极性、回路导通试验、光纤回路检查等），而且现场设备允许时，可以准许工作班中有实际经验的一个人或几人同时在它室进行工作，但工作负责人应在事前将有关安全注意事项予以详尽的告知。

（3）工作负责人在全部停电时，可以参加工作班工作。在部分停电时，只有在安全措施可靠，人员集中在一个工作地点，不致误碰有电部分的情况下，方能参加工作。

工作票签发人或工作负责人，应根据现场的安全条件、施工范围、工作需要等具体情况，增设专责监护人和确定被监护的人员。

专责监护人不得兼做其他工作。专责监护人临时离开时，应通知被监护人员停止工作或离开工作现场，待专责监护人回来后方可恢复工作。若专责监护人必须长时间离开工作现场时，应由工作负责人变更专责监护人，履行变更手续，并告知全体被监护人员。

（4）工作期间，工作负责人若因故暂时离开工作现场时，应指定能胜任的人员临时代替，离开前应将工作现场交代清楚，并告知工作班成员。原工作负责人返回工作现场时，也应履行同样的交接手续。

若工作负责人必须长时间离开工作现场时，应由原工作票签发人变更工作负责人，履行变更手续，并告知全体工作人员及工作许可人。原、现工作负责人应做好必要的交接。

6. 工作间断、转移和终结

（1）工作间断时，工作班人员应从工作现场撤出，所有安全措施保持不动，工作票仍由工作负责人执存，间断后继续工作，无需通过工作许可人。每日收工，应清扫工作地点，开放已封闭的通道，并将工作票交回运行人员。次日复工时，应得到工作许可人的许可，取回工作票，工作负责人应重新认真检查安全措施是否符合工作票的要求，并召开现场站班会后，方可工作。若无工作负责人或专责监护人带领，作业人员不得进入工作地点。

（2）在未办理工作票终结手续以前，任何人员不准将停电设备合闸送电。在工作间断期间，若有紧急需要，运行人员可在工作票未交回的情况下合闸送电，但应先通知工作负责人，在得到工作班全体人员已经离开工作地点、可以送电的答复后方可执行，并应采取下列措施：

1）拆除临时遮栏、接地线和标示牌，恢复常设遮栏，换挂"止步，高压危险！"的标示牌。

2）应在所有道路派专人守候，以便告诉工作班人员"设备已经合闸送电，不得继续工作"。守候人员在工作票未交回以前，不得离开守候地点。

（3）拆除临时遮栏、接地线和标示牌，恢复常设遮栏，换挂"止步，高压危险！"的标示牌。应在所有道路派专人守候，以便告诉工作班人员"设备已经合闸送电，不得继续工作"。守候人员在工作票未交回以前，不得离开守候地点。

（4）检修工作结束以前，若需将设备试加工作电压，应按下列条件进行：

1）全体工作人员撤离工作地点。

2）将该系统的所有工作票收回，拆除临时遮栏、接地线和标示牌，恢复常设遮栏。

3）应在工作负责人和运行人员进行全面检查无误后，由运行人员进行加压试验。

工作班若需继续工作时，应重新履行工作许可手续。

（5）在同一电气连接部分用同一工作票依次在几个工作地点转移工作时，全部安全措施由运行人员在开工前一次做完，不需再办理转移手续。但工作负责人在转移工作地点时，应向工作人员交代带电范围、安全措施和注意事项。

（6）全部工作完毕后，工作班应清扫、整理现场。工作负责人应先周密地检查，待全体工作人员撤离工作地点后，再向运行人员交代所修项目、发现的问题、试验结果和存在问题等，并与运行人员共同检查设备状况、状态，有无遗留物件，是否清洁等，然后在工作票上填明工作结束时间。经双方签名后，表示工作终结。

待工作票上的临时遮栏已拆除，标示牌已取下，已恢复常设遮栏，未拆除的接地线、未拉开的接地隔离开关、装置等设备运行方式已汇报调度，工作票方告终结。

（7）只有在同一停电系统的所有工作票都已终结，并得到值班调度员或运行值班负责人的许可指令后，方可合闸送电。

（8）已终结的工作票、事故应急抢修单应保存1年。

二、10kV 线路跌落式熔断器更换工作的安全组织措施

1. 现场勘察

（1）工作地点为学校实训基地的 10kV 配电线路跌落式熔断器安装点。

（2）由培训教师指定工作票签发人、工作负责人及工作许可人，注意在一张电力线路工作票中，工作票签发人和工作许可人不得兼任工作负责人。由工作票签发人组织学生到作业现场实地勘察，填写现场勘察单（见表 4-1）。

（3）现场勘察应查看现场检修（施工）作业范围内设施情况、现场作业条件、环境，应停电的设备、保留或邻近的带电部位等。根据现场勘察结果，对危险性、复杂性和困难程度较大的作业项目，应制订组织措施、技术措施和安全措施。

2. 填写工作票

工作票是保证施工检修作业人员人身安全的重要组织措施之一。在完成工作现场的勘察后，办理停电申请及工作票。

工作票是指将需要检修、试验的设备、工作内容、工作人员、安全措施等填写在具有固定格式的书面上，以作为进行工作的书面联系，这种印有电气工作固定格式的书页称为工作票。所谓工作票制度是指在电气设备上进行任何电气作业都必须填写工作票，并依据工作票布置安全措施和办理开工、终结手续。

工作票是准许在电气设备或线路上工作的书面安全要求之一，也是明确安全职责，向工作人员进行安全交底，履行工作许可、间断、终结等手续，实施安全技术措施的书面依据。因此，在电气设备或线路上工作时，应根据工作性质和工作范围的不同，认真、正确地填写和使用工作票。

表 4 - 1　　　　　　　　　　　　　**电力线路工作现场勘察单**

编号：_____

工作名称		勘察单位	
工作范围			
工作主要内容			
现场勘察情 况图示 （工作范围及保留带电部分图示或地下缆沟管线等布置图）			
现场勘察情况说明	(1) 邻近、交叉或跨越带电设备距离：		
	(2) 工作地段周围环境：		
	(3) 地下管网布置情况：		
	(4) 其他：		
现场工作安全要求			
审核：	勘察人：	勘察日期：　年　　月　　日	

电力线路第一种工作票格式见附录二。

3. 办理工作许可手续

工作许可人应在线路可能受电的各方面都拉闸停电、装设好接地线后，方可发出线路停电检修的许可工作命令。

工作许可后，工作负责人应向参与本次作业的工作班组人员交代工作内容和现场安全措施，班组人员全部清楚工作内容和现场安全措施并逐个在工作票上签字确认后方可开始工作。

4. 办理工作终结手续

现场工作完成后，工作负责人应及时报告工作许可人并办理工作终结手续。工作许可人在接到所有工作负责人的工作终结报告，并确认全部工作已完毕，所有工作人员已从线路上撤离，接地线已全部拆除，核对无误后，方可下令拆除各侧安全措施，恢复送电。

【相关知识】

一、工作票

1. 工作票是准许在电气设备上工作的书面命令，也是执行保证安全技术措施的书面依据。

2. 工作票的分类

在电气设备上的工作，应填用工作票或事故应急抢修单，其方式有以下六种：

(1) 变电站（发电厂）第一种工作票（见附录三）。

(2) 电力电缆第一种工作票（见附录四）。

（3）变电站（发电厂）第二种工作票（见附录五）。

（4）电力电缆第二种工作票（见附录六）。

（5）变电站（发电厂）带电作业工作票（见附录七）。

（6）变电站（发电厂）事故应急抢修单（见附录八）。

填用第一种工作票的工作情况有：高压设备上工作需要全部停电或部分停电者；二次系统和照明等回路上的工作，需要将高压设备停电者或做安全措施者，高压电力电缆需停电的工作；换流变压器、直流场设备及阀厅设备需要将高压直流系统或直流滤波器停用者；直流保护装置、通道和控制系统的工作，需要将高压直流系统停用者；换流阀冷却系统、阀厅空调系统、火灾报警系统及图像监视系统等工作，需要将高压直流系统停用者；其他工作需要将高压设备停电或要做安全措施者。

填用第二种工作票的工作情况有：控制盘和低压配电盘、配电箱、电源干线上的工作；二次系统和照明等回路上的工作，无需将高压设备停电者或做安全措施者；转动中的发电机、同期调相机的励磁回路或高压电动机转子电阻回路上的工作；非运行人员用绝缘棒、核相器和电压互感器定相或用钳形电流表测量高压回路的电流；大于设备不停电时的安全距离（见表4-2）的相关场所和带电设备外壳上的工作以及无可能触及带电设备导电部分的工作；高压电力电缆不需停电的工作；换流变压器、直流场设备及阀厅设备上工作，无需将直流单、双极或直流滤波器停用者；直流保护控制系统的工作，无需将高压直流系统停用者；换流阀水冷系统、阀厅空调系统、火灾报警系统及图像监视系统等工作，无需将高压直流系统停用者。

表 4-2　　　　　　　　　　　设备不停电时的安全距离

电压等级（kV）	安全距离（m）	电压等级（kV）	安全距离（m）
10 及以下（13.8）	0.70	750	7.20
20、35	1.00	1000	8.70
63（66）、110	1.50	±50 及以下	1.50
220	3.00	±500	6.00
330	4.00	±600	8.40
500	5.00	±800	9.30

填用带电作业工作票的工作情况有：带电作业或与邻近带电设备距离小于表4-2规定的工作。

填用事故应急抢修单的工作情况有：事故应急抢修可不用工作票，但应使用事故应急抢修单。

事故应急抢修工作是指：电气设备发生故障被迫紧急停止运行，需短时间内恢复的抢修和排除故障的工作。非连续进行的事故修复工作，应使用工作票。

二、工作票所列人员的基本条件

工作票的签发人应是熟悉人员技术水平、熟悉设备情况、熟悉安全规程，并具有相关工作经验的生产领导人、技术人员或经本单位分管生产领导批准的人员。工作票签发人员名单应书面公布。

工作负责人（监护人）应是具有相关工作经验，熟悉设备情况和安全规程，经工区

（所、公司）生产领导书面批准的人员。工作负责人还应熟悉工作班成员的工作能力。

工作许可人应是经工区（所、公司）生产领导书面批准的有一定工作经验的运行人员或检修操作人员（进行该工作任务操作及做安全措施的人员）；用户变、配电站的工作许可人应是持有效证书的高压电气工作人员。

专责监护人应是具有相关工作经验，熟悉设备情况和安全规程的人员。

三、工作票所列人员的安全责任

工作票签发人：审核工作必要性和安全性；审核工作票上所填安全措施是否正确完备；审核所派工作负责人和工作班人员是否适当和充足。

工作负责人（监护人）：正确安全地组织工作；负责检查工作票所列安全措施是否正确完备，是否符合现场实际条件，必要时予以补充；工作前对工作班成员进行危险点告知，交代安全措施和技术措施，并确认每一个工作班成员都已知晓；严格执行工作票所列安全措施；督促、监护工作班成员遵守本规程，正确使用劳动防护用品和执行现场安全措施；工作班成员精神状态是否良好，变动是否合适。

工作许可人：负责审查工作票所列安全措施是否正确、完备，是否符合现场条件；工作现场布置的安全措施是否完善，必要时予以补充；负责检查检修设备有无突然来电的危险；对工作票所列内容即使发生很小疑问，也应向工作票签发人询问清楚，必要时应要求作详细补充。

专责监护人：明确被监护人员和监护范围；工作前对被监护人员交代安全措施，告知危险点和安全注意事项；监督被监护人员遵守安全规程和现场安全措施，及时纠正不安全行为。

工作班成员：熟悉工作内容、工作流程，掌握安全措施，明确工作中的危险点，并履行确认手续；严格遵守安全规章制度、技术规程和劳动纪律，对自己在工作中的行为负责，互相关心工作安全，并监督安全规程的执行和现场安全措施的实施；正确使用安全工器具和劳动防护用品。

四、工作票的有效期与延期

第一、二种工作票和带电作业工作票的有效时间以批准的检修期为限。

第一、二种工作票需办理延期手续，应在工期尚未结束以前由工作负责人向运行值班负责人提出申请（属于调度管辖、许可的检修设备，还应通过值班调度员批准），由运行值班负责人通知工作许可人给予办理。第一、二种工作票只能延期一次，带电作业工作票不准延期。

五、工作票填写要求

1. 工作票的内容填写要求

工作票应填写工作票编号、工作负责人、工作班成员、工作地点和工作内容，计划工作时间、工作终结时间，停电范围、安全措施，工作许可人、工作票签发人、工作票审批人、送电后评语等内容。

2. 工作票的填写要求

一个工作班在同一时间内，只能布置一项工作任务，发一张工作票。工作范围以一个电气连接部分为限。电气连接部分是指接向汇流母线，并安装在某一配电装置室、开关场地、变压器室范围内，连接在同一电气回路中设备的总称，包括断路器、隔离开关、电压互感器和电流互感器等。若几项任务需要交给同一工作班执行时，为防止将工作的时间、地点和安全措施搞错而造成事故，只能先布置其中的一个任务，发给工作负责人一张工作票。待任务完成将工作票收回后，再布置第二个任务和发给工作负责人第二张工作票。值班人员接到工作票后，要审查工作票上所提出的安全措施是否完备。发现错误或有疑问时，应向签发人提出。施工负责人在接受工作任务后，应组织有关人员研究所提出的任务和安全措施并按照任务要求在开工前做好必要的准备工作。

工作许可人填写安全措施，不准写"同左"的字样。

应装设的地线，要写明装设的确实地点，已装设的地线要写明确实地点和地线编号。

工作地点保留带电部分，要写明工作邻近地点有触电危险的具体带电部位和带电设备名称并悬挂警告牌。

在开工前，工作许可人必须按工作票"许可开始工作的命令"栏内的要求把许可的时间，许可人及通知方式等认真地填写清楚，工作终结后，工作负责人必须按"工作终结的报告"栏内规定的内容，逐项认真填写，严格履行工作票终结手续。

工作票的填写内容，必须符合部颁安全工作规程的规定，工作票由所统一编号，按顺序使用。填写工作票要做到字迹工整、清楚、正确。如有个别错、漏字，需要修改时，必须保持清晰并在该处盖章。执行后的工作票要妥善保管，至少保存三个月，以备检查。

任务二　保证安全的技术措施

【教学目标】

（1）能掌握停电、验电、装设接地线、悬挂标示牌和装设遮栏等保证安全的技术措施的内容与注意事项。

（2）能熟练布置变电站室外设备停电作业的技术措施。

【任务描述】

本任务介绍了保证安全的技术措施：停电、验电、装设接地线、悬挂标示牌和装设遮栏等保证安全的技术措施的内容与注意事项，要求学生能熟练布置变电站室外设备停电作业的技术措施。

【任务实施】

某110kV电压等级变电站，根据工作任务安排，需要更换主变压器1台，该站接线方式如图4-1所示。

技术措施是保证电力作业安全的重要措施之一，包括停电、验电、接地、悬挂标示牌和装设遮栏。根据该项施工任务，以上技术措施实施如下：

【任务实施】

一、停电

工作地点应停电的设备为：

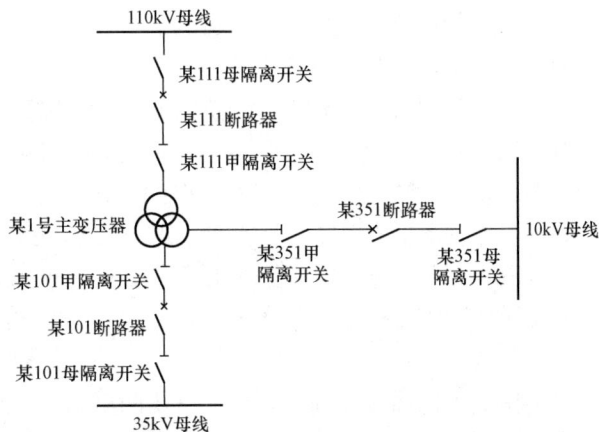

图4-1　某110kV电压等级变电站接线方式图

（1）检修设备。

（2）与工作人员在进行工作中正常活动范围的距离小于表 4-3 规定的设备。

根据现场勘查，结合工作实际，该项工作任务需要停电的设备为：断开某 111 断路器、某 351 断路器、某 101 断路器，拉开某 111 甲隔离开关、某 111 母隔离开关、某 351 甲隔离开关、某 351 母隔离开关、某 101 甲隔离开关、某 101 母隔离开关，并将上述断路器和隔离开关的操作电源断开。

二、验电

验电时，应使用相应电压等级、合格的接触式验电器，在装设接地线或合接地开关（装置）处对各相分别验电。验电前，应先在有电设备上进行试验，确证验电器良好。高压验电应戴绝缘手套。验电器的伸缩式绝缘棒长度应拉足，验电时手应握在手柄处不得超过护环。

该项工作任务是某 1 号主变压器（主变）更换，工作地点是主变本体，所应装设的接地线是主变三侧与甲隔离开关之间的引流线上，故验电点也是主变三侧与甲隔离开关之间的引流线，在此验电确认确无电压，具备装设接地线条件。

三、装设接地线

对于可能送电至停电设备的各方面都应装设接地线或合上接地开关（装置），所装接地线与带电部分应考虑接地线摆动时仍符合安全距离的规定。当验明设备确已无电压后，应立即将检修设备接地并三相短路。对于因平行或邻近带电设备导致检修设备可能产生感应电压时，应加装工作接地线或使用个人保安线，加装的接地线应记录在工作票上，个人保安线由工作人员自装自拆。接地线与检修设备之间不得连有断路器或熔断器。接地线应用有透明护套的多股软铜线组成，其截面不得小于 $25mm^2$。

装设接地线应由两人进行，先接接地端，后接导体端，接地线应接触良好，连接应可靠。拆接地线的顺序与此相反。装、拆接地线均应使用绝缘棒和绝缘手套。人体不得碰触接地线或未接地的导线，以防止触电。带接地线拆设备接头时，应采取防止接地线脱落的措施。接地线应使用专用的线夹固定在导体上，禁止用缠绕的方法进行接地或短路。

该项工作任务应装设的接地线为：在某 1 号主变与某 111 甲隔离开关之间的引流线上装一组地线、在某 1 号主变与某 351 甲隔离开关之间的引流线上装一组地线、在某 1 号主变与某 101 甲隔离开关之间的引流线上装一组地线，共装设接地线 3 组，已确保工作地点主变本体三侧无来电的可能，确保工作人员的安全。

四、悬挂标示牌和装设遮栏

在一经合闸即可送电到工作地点的断路器和隔离开关的操作把手上，均应悬挂"禁止合闸，有人工作！"的标示牌。在主控室后台机显示屏上进行操作的断路器和隔离开关的操作处均应相应设置"禁止合闸，有人工作！"的标记。

该项工作任务应在某 111 断路器、某 351 断路器、某 101 断路器，某 111 甲隔离开关、某 111 母隔离开关、某 351 甲隔离开关、某 351 母隔离开关、某 101 甲隔离开关、某 101 母隔离开关操作把手上悬挂"禁止合闸，有人工作！"的标示牌，并在控制室后台机上作相应的设置。

在工作地点四周装设围栏，出入口要围至邻近道路旁边，设有"从此进出！"的标示牌。工作地点四周围栏上悬挂适当数量的"止步，高压危险！"标示牌，标示牌应朝向围栏里面。在工作地点设置"在此工作！"的标示牌。禁止工作人员擅自移动或拆除围栏、标示牌。

在某 1 号主变本体四周装设遮栏，遮栏上"止步，高压危险！"的标示牌朝向围栏的内部，提醒工作人员，遮栏的开口朝向工作人员便于出入的通道上，出口处悬挂"从此进出！"的标示牌，并在某 1 号主变的本体上悬挂"在此工作！"的标示牌。

【相关知识】

一、停电

1. 停电范围

工作地点，应停电的设备如下：

（1）检修的设备。

（2）与工作人员在进行工作中正常活动范围的距离小于表 4 - 3 规定的设备。

表 4 - 3　　　　工作人员工作中正常活动范围与设备带电部分的安全距离

电压等级（kV）	安全距离（m）	电压等级（kV）	安全距离（m）
10 及以下（13.8）	0.35	750	8.00
20、35	0.6	1000	9.50
63（66）、110	1.50	±50 及以下	1.50
220	3.00	±500	6.80
330	4.00	±600	9.00
500	5.00	±800	10.10

注　表中未列电压按高一档电压等级的安全距离。
　　750kV 数据是按海拔 2000m 校正的，其他等级数据按海拔 100m 校正。

（3）在 35kV 及以下的设备处工作，安全距离虽大于表 4 - 2 规定，但小于表 3 - 6 规定，同时又无绝缘隔板、安全遮栏措施的设备。

（4）带电部分在工作人员后面、两侧、上下，且无可靠安全措施的设备。

（5）其他需要停电的设备。

2. 停电要求

（1）检修设备停电，应把各方面的电源完全断开（任何运行中的星形接线设备的中性点，应视为带电设备）。禁止在只经断路器断开电源或只经换流器闭锁隔离电源的设备上工作。应拉开隔离开关，手车开关应拉至试验或检修位置，应使各方面有一个明显的断开点，若无法观察到停电设备的断开点，应有能够反映设备运行状态的电气和机械等指示。与停电设备有关的变压器和电压互感器，应将设备各侧断开，防止向停电检修设备反送电。

（2）检修设备和可能来电侧的断路器、隔离开关把手应锁住，确保不会误送电。

（3）对难以做到与电源完全断开的检修设备，可以拆除设备与电源之间的电气连接。

二、验电

验电要求：

（1）验电时，应使用相应电压等级、合格的接触式验电器，在装设接地线或合接地开关（装置）处对各相分别验电。验电前，应先在有电设备上进行试验，确证验电器良好；无法在有电设备上进行试验时可用工频高压发生器等确证验电器良好。

（2）高压验电应戴绝缘手套。验电器的伸缩式绝缘棒长度应拉足，验电时手应握在手柄处不得超过护环，人体应与验电设备保持表 3 - 6 中规定的距离。雨雪天气时不得进行室外直接验电。

（3）对无法进行直接验电的设备、高压直流输电设备和雨雪天气时的户外设备，可以进行间接验电，即通过设备的机械指示位置、电气指示、带电显示装置、仪表及各种遥测、遥信等信号的变化来判断。判断时，应有两个及以上的指示，且所有指示均已同时发生对应变化，才能确认该设备已无电；若进行遥控操作，则应同时检查隔离开关的状态指示、遥测、遥信信号及带电显示装置的指示进行间接验电。

330kV 及以上的电气设备，可采用间接验电方法进行验电。

（4）表示设备断开和允许进入间隔的信号、经常接入的电压表等，如果指示有电，则禁止在设备上工作。

三、装设接地线

装设接地线应由两人进行（经批准可以单人装设接地线的项目及运行人员除外）。

当验明设备确已无电压后，应立即将检修设备接地并三相短路。电缆及电容器接地前应逐相充分放电，星形接线电容器的中性点应接地、串联电容器及与整组电容器脱离的电容器应逐个多次放电，装在绝缘支架上的电容器外壳也应放电。

对于可能送电至停电设备的各方面都应装设接地线或合上接地开关（装置），所装接地线与带电部分应考虑接地线摆动时仍符合安全距离的规定。

对于因平行或邻近带电设备导致检修设备可能产生感应电压时，应加装工作接地线或使用个人保安线，加装的接地线应记录在工作票上，个人保安线由工作人员自装自拆。

在门型构架的线路侧进行停电检修，如工作地点与所装接地线的距离小于10m，工作地点虽在接地线外侧，也可不另装接地线。

检修部分若分为几个在电气上不相连接的部分（如分段母线以隔离开关或断路器隔开分成几段），则各段应分别验电接地短路。降压变电站全部停电时，应将各个可能来电侧的部分接地短路，其余部分不必每段都装设接地线或合上接地开关（装置）。

接地线、接地开关与检修设备之间不得连有断路器或熔断器。若由于设备原因，接地开关与检修设备之间连有断路器，在接地开关和断路器闭合后，应有保证断路器不会分闸的措施。

在配电装置上，接地线应装在该装置导电部分的规定地点，这些地点的油漆应刮去，并画有黑色标记。所有配电装置的适当地点，均应设有与接地网相连的接地端，接地电阻应合格。接地线应采用三相短路式接地线，若使用分相式接地线时，应设置三相合一的接地端。

装设接地线应先接接地端，后接导体端，接地线应接触良好，连接应可靠。拆接地线的顺序与此相反。装、拆接地线均应使用绝缘棒和绝缘手套。人体不得碰触接地线或未接地的导线，以防止触电。带接地线拆设备接头时，应采取防止接地线脱落的措施。

成套接地线应用有透明护套的多股软铜线组成，其截面不得小于 $25mm^2$，同时应满足装设地点短路电流的要求。

禁止使用其他导线作接地线或短路线。

接地线应使用专用的线夹固定在导体上，禁止用缠绕的方法进行接地或短路。

禁止工作人员擅自移动或拆除接地线。高压回路上的工作，必须要拆除全部或一部分接地线后始能进行工作者（如测量母线和电缆的绝缘电阻，测量线路参数，检查断路器触头是否同时接触），如：

1）拆除一相接地线。

2）拆除接地线，保留短路线。

3）将接地线全部拆除或拉开接地开关（装置）。

上述工作应征得运行人员的许可（根据调度员指令装设的接地线，应征得调度员的许可），方可进行。工作完毕后立即恢复。

每组接地线均应编号，并存放在固定地点。存放位置也应编号，接地线号码与存放位置号码应一致。

装、拆接地线，应做好记录，交接班时应交代清楚。

四、悬挂标示牌和装设遮栏（围栏）

（1）在一经合闸即可送电到工作地点的断路器和隔离开关的操作把手上，均应悬挂"禁止合闸，有人工作！"的标示牌。

如果线路上有人工作，应在线路断路器和隔离开关操作把手上悬挂"禁止合闸，线路有人工作！"的标示牌。

对由于设备原因，接地开关与检修设备之间连有断路器，在接地开关和断路器合上后，在断路器操作把手上，应悬挂"禁止分闸！"的标示牌。

在显示屏上进行操作的断路器和隔离开关的操作处均应相应设置"禁止合闸，有人工作！"或"禁止合闸，线路有人工作！"以及"禁止分闸！"的标记。

（2）部分停电的工作，安全距离小于表4-2规定距离以内的未停电设备，应装设临时遮栏，临时遮栏与带电部分的距离不得小于表4-3的规定数值，临时遮栏可用干燥木材、橡胶或其他坚韧绝缘材料制成，装设应牢固，并悬挂"止步，高压危险！"的标示牌。

35kV及以下设备的临时遮栏，如因工作特殊需要，可用绝缘隔板与带电部分直接接触。

（3）在室内高压设备上工作，应在工作地点两旁及对面运行设备间隔的遮栏（围栏）上和禁止通行的过道遮栏（围栏）上悬挂"止步，高压危险！"的标示牌。

（4）高压开关柜内手车开关拉出后，隔离带电部位的挡板封闭后禁止开启，并设置"止步，高压危险！"的标示牌。

（5）在室外高压设备上工作，应在工作地点四周装设围栏，其出入口要围至邻近道路旁边，并设有"从此进出！"的标示牌。工作地点四周围栏上悬挂适当数量的"止步，高压危险！"标示牌，标示牌应朝向围栏里面。若室外配电装置的大部分设备停电，只有个别地点保留有带电设备而其他设备无触及带电导体的可能时，可以在带电设备四周装设全封闭围栏，围栏上悬挂适当数量的"止步，高压危险！"标示牌，标示牌应朝向围栏外面。禁止越过围栏。

（6）在工作地点设置"在此工作！"的标示牌。

（7）在室外构架上工作，则应在工作地点邻近带电部分的横梁上，悬挂"止步，高压危险！"的标示牌。在工作人员上下铁架或梯子上，应悬挂"从此上下！"的标示牌。在邻近其他可能误登的带电构架上，应悬挂"禁止攀登，高压危险！"的标示牌。

（8）禁止工作人员擅自移动或拆除遮栏（围栏）、标示牌。因工作原因必须短时移动或拆除遮栏（围栏）、标示牌，应征得工作许可人同意，并在工作负责人的监护下进行。完毕后应立即恢复。

（9）直流换流站单极停电工作，应在双极公共区域设备与停电区域之间设置围栏，在围栏面向停电设备及运行阀厅门口悬挂"止步，高压危险！"标示牌。在检修阀厅和直流场设备处设置"在此工作"的标示牌。

安全警告牌式样见附录十一。

任务三　倒闸操作的安全措施

📢 【教学目标】

（1）能掌握倒闸操作所采用的安全措施。

（2）能掌握简单倒闸操作票的填写。

🤲 【任务描述】

本任务介绍了倒闸操作的定义、分类，倒闸操作票的填写；倒闸操作的基本条件和基本要求，以及防止误操作的安全措施，要求学生掌握简单倒闸操作票的填写，以及倒闸操作时的安全措施的实施与注意事项。

〰️ 【任务实施】

就根据下达的某线路送电命令，按照《电力安全工作规程》的规定，填写操作票，执行线路送电倒闸操作，履行防止误操作的组织措施，即核对命令制、操作票制、图版演习制、监护——唱票——复诵制和检查汇报制，合称操作"五制"。

一、核对任务

倒闸操作应根据值班调度员或运行值班负责人的指令，受令人复诵无误后执行。发布指令应准确、清晰，使用规范的调度术语和设备双重名称，即设备名称和编号。发令人和受令人应先互报单位和姓名，发布指令的全过程（包括对方复诵指令）和听取指令的报告时双方都要录音并做好记录。操作人员（包括监护人）应了解操作目的和操作顺序。对指令有疑问时应向发令人询问清楚无误后执行。

二、填写操作票

倒闸操作由操作人员填用操作票。操作票应用黑色或蓝色的钢（水）笔或圆珠笔逐项填写。用计算机开出的操作票应与手写票面统一；操作票票面应清楚整洁，不得任意涂改。操作票应填写设备的双重名称。操作人和监护人应根据模拟图或接线图核对所填写的操作项目，并分别手工或电子签名，然后经运行值班负责人（检修人员操作时由工作负责人）审核签名。

每张操作票只能填写一个操作任务，变电站倒闸操作票见附录九。

下列项目应填入操作票内：

（1）应拉合的设备［断路器、隔离开关、接地开关（装置）等］，验电，装拆接地线，合上（安装）或断开（拆除）控制回路或电压互感器回路的空气开关、熔断器，切换保护回路和自动化装置及检验是否确无电压等。

（2）拉合设备［断路器、隔离开关、接地开关（装置）等］后检查设备的位置。

（3）进行停、送电操作时，在拉合隔离开关、手车开关拉出、推入前，检查断路器确在分闸位置。

（4）在进行倒负荷或解、并列操作前后，检查相关电源运行及负荷分配情况。

（5）设备检修后合闸送电前，检查送电范围内接地开关（装置）已拉开，接地线已拆除。

（6）高压直流输电系统启停、功率变化及状态转换、控制方式改变、主控站转换，控制、保护系统投退，换流变压器冷却器切换及分接头手动调节。

（7）阀冷却、阀厅消防和空调系统的投退、方式变化等操作。

（8）直流输电控制系统对断路器进行的锁定操作。

三、审核批准

操作人填好操作票后，由监护人、班长及值长逐级审核，运行领导人经审核确无错误后签名批准，将操作票交还给操作人。对上一班预填的操作票，即使不在本班执行，也需要根据上条的规定进行审核。经审核发现错误应由操作人重新填写。

四、发布操作命令

正式操作时，由调度员发布操作任务或命令，监护人和操作人同时接受，并由监护人按照填写好的操作票向发令人复诵。经双方核对无误后，在操作票上填写发令时间，并由操作人和监护人签名。

五、核对模拟系统图板

在发布操作命令后及正式操作前，由监护人按照操作票的操作顺序唱票，由操作人在模拟图板上模拟操作，以核对操作票的正确性。

模拟操作时要按照正式操作要求执行。由监护人按照操作票上顺序念出一项，操作人复诵无误后，操作人才可执行。

六、核对实物

模拟操作无误后，操作人和监护人携带操作工具进入操作现场。首先要核对操作设备的名称和编号是否与操作票相符，监护人核对操作人站立的位置是否正确，必要的安全措施是否已做好，然后才开始唱票。

七、唱票操作

监护人按照操作顺序及内容高声唱票，由操作人复诵一遍，监护人认为无误后应答"对，执行"，然后操作人才可进行操作。监护人在操作开始时，应记录开始时间，并将已执行的操作项目立即在操作票上做出"√"记号，然后再读下一个操作项目。这是为了防止前后顺序颠倒造成误操作及漏操作的有效措施。

八、检查设备

操作人在监护人的监护下检查操作结果，包括表计的指示、连锁装置及各项信号指示是否正常。操作完成后，已操作的设备的实际位置和模拟图板的位置应保持一致。

九、汇报记录

操作票上全部项目操作完成后，监护人向发令人汇报操作开始及结束时间，发令人认可后，由操作人在操作票上盖"已执行"的图章。

由监护人将操作任务及起始及结束时间记入记录簿中。

【相关知识】

一、倒闸操作

在变电站中，所有的电气设备都是通过断路器、隔离开关接到配电装置的汇流母线上。当电气设备需要从一种运行状态转变到另外一种运行状态；或者，为了满足检修、试验和安装等工作的要求，需要对变电站的运行状态进行变动，这些变动都需要运行值班人员进行倒闸操作。

倒闸操作是值班运行工作中一项重要的工作内容。它关系着变电站以及电力系统的安全运行，关系着操作人员本身或电气设备上工作人员的生命安全。严重的误操作有时会造成电力系统瓦解或设备受到重大破坏。

倒闸操作可以通过就地操作、遥控操作、程序操作完成。遥控操作、程序操作的设备应满足有关技术条件。

倒闸操作的分类有：

（1）监护操作：由两人进行同一项的操作。

监护操作时，其中一人对设备较为熟悉者作监护。特别重要和复杂的倒闸操作，由熟练的运行人员操作，运行值班负责人监护。

（2）单人操作：由一人完成的操作。

单人值班的变电站或发电厂升压站操作时，运行人员根据发令人用电话传达的操作指令填用操作票，复诵无误。

实行单人操作的设备、项目及运行人员需经设备运行管理单位批准，人员应通过专项考核。

（3）检修人员操作：由检修人员完成的操作。

经设备运行单位考试合格、批准的本单位的检修人员，可进行 220kV 及以下的电气设备由热备用至检修或由检修至热备用的监护操作，监护人应是同一单位的检修人员或设备运行人员。

检修人员进行操作的接、发令程序及安全要求应由设备运行单位总工程师审定，并报相关部门和调度机构备案。

二、倒闸操作的基本条件

（1）有与现场一次设备和实际运行方式相符的一次系统模拟图（包括各种电子接线图）。

（2）操作设备应具有明显的标志，包括命名、编号、分合指示，旋转方向、切换位置的指示及设备相色等。

（3）高压电气设备都应安装完善的防误操作闭锁装置。防误操作闭锁装置不得随意退出运行，停用防误操作闭锁装置应经本单位分管生产的行政副职或总工程师批准；短时间退出防误操作闭锁装置时，应经变电站站长或发电厂当班值长批准，并应按程序尽快投入。

（4）有值班调度员、运行值班负责人正式发布的指令，并使用经事先审核合格的操作票。

（5）下列三种情况应加挂机械锁：

1）未装防误操作闭锁装置或闭锁装置失灵的隔离开关手柄、阀厅大门和网门。

2）当电气设备处于冷备用时，网门闭锁失去作用时的有电间隔网门。

3）设备检修时，回路中的各来电侧隔离开关操作手柄和电动操作隔离开关机构箱的箱门。

机械锁要一把钥匙开一把锁，钥匙要编号并妥善保管。

三、倒闸操作的基本要求

（1）停电拉闸操作应按照断路器—负荷侧隔离开关—电源侧隔离开关的顺序依次进行，送电合闸操作应按与上述相反的顺序进行。禁止带负荷拉合隔离开关。

（2）开始操作前，应先在模拟图（或微机防误装置、微机监控装置）上进行核对性模拟预演，无误后，再进行操作。操作前应先核对系统方式、设备名称、编号和位置，操作中应认真执行监护复诵制度（单人操作时也应高声唱票），宜全过程录音。操作过程中应按操作票填写的顺序逐项操作。每操作完一步，应检查无误后做一个"√"记号，全部操作完毕后进行复查。

（3）监护操作时，操作人在操作过程中不准有任何未经监护人同意的操作行为。

（4）操作中产生疑问时，应立即停止操作并向发令人报告。待发令人再行许可后，方可进行操作。不准擅自更改操作票，不准随意解除防误操作闭锁装置。解锁工具（钥匙）应封存保管，所有操作人员和检修人员禁止擅自使用解锁工具（钥匙）。若遇特殊情况需解锁操作，应经运行管理部门防误操作装置专责人到现场核实无误并签字后，由运行人员报告当值调度员，方能使用解锁工具（钥匙）。单人操作、检修人员在倒闸操作过程中禁止解锁。如需解锁，应待增派运行人员到现场，履行上述手续后处理。解锁工具（钥匙）使用后应及时封存。

（5）电气设备操作后的位置检查应以设备实际位置为准，无法看到实际位置时，可通过设备机械位置指示、电气指示、带电显示装置、仪表及各种遥测、遥信等信号的变化来判断。判断时，应有两个及以上的指示，且所有指示均已同时发生对应变化，才能确认该设备已操作到位。以上检查项目应填写在操作票中作为检查项。

（6）换流站直流系统应采用程序操作，程序操作不成功，在查明原因并经调度值班员许可后可进行遥控步进操作。

（7）用绝缘棒拉合隔离开关、高压熔断器或经传动机构拉合断路器和隔离开关，均应戴绝缘手套。雨天操作室外高压设备时，绝缘棒应有防雨罩，还应穿绝缘靴。接地网电阻不符合要求的，晴天也应穿绝缘靴。雷电时，一般不进行倒闸操作，禁止在就地进行倒闸操作。

（8）装卸高压熔断器，应戴护目眼镜和绝缘手套，必要时使用绝缘夹钳，并站在绝缘垫或绝缘台上。

（9）断路器遮断容量应满足电网要求。如遮断容量不够，应将操动机构（操作机构）用墙或金属板与该断路器隔开，应进行远方操作，重合闸装置应停用。

（10）电气设备停电后（包括事故停电），在未拉开有关隔离开关和做好安全措施前，不得触及设备或进入遮栏，以防突然来电。

（11）单人操作时不得进行登高或登杆操作。

（12）在发生人身触电事故时，可以不经许可，即行断开有关设备的电源，但事后应立即报告调度（或设备运行管理单位）和上级部门。

（13）同一直流系统两端换流站间发生系统通信故障时，两站间的操作应根据值班调度员的指令配合执行。

（14）双极直流输电系统单极停运检修时，禁止操作双极公共区域设备，禁止合上停运极中性线大地/金属回线隔离开关。

（15）直流系统升降功率前应确认功率设定值不小于当前系统允许的最小功率，且不能超过当前系统允许的最大功率限制。

（16）手动切除交流滤波器（并联电容器）前，应检查系统有足够的备用数量，保证满足当前输送功率无功需求。

（17）交流滤波器退出运行后再次投入运行前，应满足电容器放电时间要求。

四、变电所常见的倒闸操作

1. 输电线路的倒闸操作

（1）送电操作。输电线路的送电操作的正确顺序应从母线侧开始。送电前必须检查接地开关在断开位置或临时接地线已拆除，再检查断路器确实在断开位置后，先合上母线侧隔离开关，后合上负荷侧隔离开关，再合上断路器。如接线图 4-2 所示的线路，典型操作票内容和格式如表 4-4 所示：

表 4-4　　　　　　　　　　　　　　输电线路送电操作倒闸操作票内容

变电站（发电厂）倒闸操作票				
单位_____　编号_____				

发令人		受令人		发令时间	年　月　日　时
操作开始时间			年　月　日　时	操作结束时间	年　月　日　时

（√）监护下操作　　　　　（　）单人操作　　　　　（　）检修人员操作

操作任务：　　X—1 线路送电

顺序	操作项目	√
1	收回线路 X—1 的检修工作票	
2	拆除线路 X—1 出线侧隔离开关 QS 外侧的 2 号接地线	
3	拆除线路 X—1 母线侧隔离开关 QS 与断路器间的 1 号接地线	
4	检查停电线路 X—1 的断路器确是在断开位置	
5	合上停电线路 X—1 的母线侧隔离开关 QS	
6	检查停电线路 X—1 的母线侧隔离开关 QS 应在合闸位置	
7	合上停电线路 X—1 的出线侧隔离开关 QS	
8	检查停电线路 X—1 的出线侧隔离开关 QS 应在合闸位置	
9	合上停电线路 X—1 的电压互感器一次侧的隔离开关	
10	检查停电线路 X—1 的电压互感器一次侧的隔离开关应在合闸位置	
11	放上停电线路 X—1 的断路器 QF 之合闸熔断器	
12	放上停电线路 X—1 的电压互感器二次侧的熔断器	
13	放上停电线路 X—1 的断路器 QF 之操作熔断器	
14	合上停电线路 X—1 的断路器 QF	
15	检查停电线路 X—1 的断路器 QF 确在合闸位置	
16	投入停电线路 X—1 的自动重合闸	
17	投入停电线路 X—1 的有关连锁跳闸连接片	

备注：

操作人：　　　　　　　　　　监护人：　　　　　　　　　　值班负责人（值长）：

（2）停电操作。停电操作的顺序和送电操作的顺序相反，应先从负荷侧开始：即先断开断路器，并检查断路器确实在断开位置，再拉开负荷侧隔离开关，最后拉开电源侧隔离开关。

在线路停电前应停用线路重合闸装置，并断开与其断路器跳闸有连锁作用的连接片。线路停电后应挂上临时接地线或接地开关，并设置警告牌等安全措施。

2. 变压器的倒闸操作

（1）如图 4-3 所示，双绕组主变压器投入运行时，应先合上电源侧隔离开关 1QS（或 3QS）和电源侧断路器 1QF（或 3QF），使变压器充电，然后再合上负荷侧的线路隔离开关 2QS（或 4QS）和断路器 2QF（或 4QF）。

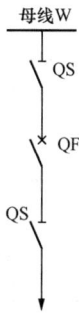

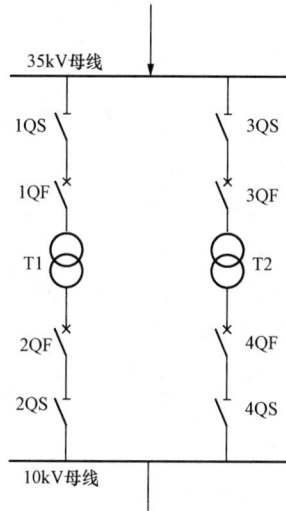

图 4-2 线路接线图　　　图 4-3 两台变压器并列运行接线图

下面以投入 T1 主变压器为例，典型操作票内容如下表 4-5 所示。

停用变压器时，先切断负荷侧断路器，后切断电源侧断路器，顺序和投入时相反。因为从电源侧逐级送电，如发生故障便于按送电范围检查、判断和处理。在多电源的情况下，按上述顺序停电，可以防止变压器反充电。若停电时先停电源侧，遇有故障可能造成保护误动作或拒动作，延长故障切断时间，扩大故障停电范围。

（2）对于三绕组变压器的启用和停用，其操作原则与双绕组变压器相同。例如投入时，通常也应先合电源侧断路器，后合负荷侧断路器。如三绕组升压变压器在送电时，应先合低、中、高各侧隔离开关，再合低、中、高各侧断路器；停用时相反。又如三绕组降压变压器在送电时，应先合上高、中、低压侧隔离开关，再合上高、中、低压侧断路器，停电时相反。

（3）根据过电压规程的要求，220kV 双绕组变压器从高压侧充电时，其中性点的接地隔离开关必须合上，或经间隙接地；220/110/35kV 三绕组变压器从 220kV 侧充电时，220kV 侧中性点和 110kV 侧中性点的隔离开关都必须合上；若从 110kV 侧充电时，220kV 侧隔离开关也必须合上，或经间隙接地，以避免形成中性点不接地的电网。这是因为当断路器非全相合闸时，在变压器中性点上出现的过电压将威胁变压器中性点的绝缘，所以中性点应接地。

3. 母线的倒闸操作

为了对母线进行定期检修和清扫，或在运行中发生母线隔离开关故障而需要检修时，须将故障母线停电，使备用母线投入工作，因此需要进行母线的倒闸操作。母线倒闸的操作应按热备用运行的操作步骤进行。

表 4 - 5　　　　　　　　　　变压器倒闸操作票内容

变电站（发电厂）倒闸操作票

单位＿＿＿＿　　编号＿＿＿＿

发令人		受令人		发令时间	年　月　日　时
操作开始时间				操作结束时间	
			年　月　日　时		年　月　日　时

（√）监护下操作　　　　　（　）单人操作　　　　　（　）检修人员操作

操作任务：　　双线圈变压器投入运行

顺序	操作项目	√
1	收回检修工作票，拆除安全措施	
2	对变压器 T1 系统作全面检查	
3	检查变压器 T1 两侧的断路器 1QF 和 2QF 确在断开位置	
4	合上电源侧隔离开关 1QS	
5	检查电源侧隔离开关 1QS 确在合闸位置	
6	合上负荷侧隔离开关 2QS	
7	检查负荷侧隔离开关 2QS 确在合闸位置	
8	放上变压器 T1 两侧断路器的合闸熔断器	
9	投入继电保护装置	
10	放上变压器高压侧断路器的操作熔断器	
11	放上变压器低压侧断路器的操作熔断器	
12	合上电源侧断路器 1QF，向变压器充电 3min	
13	检查电源侧断路器 1QF 确在合闸位置	
14	合上负荷侧断路器 2QF	
15	检查合上负荷侧断路器 2QF 确在合闸位置	
16	投入变压器 T1 的冷却装置	

备注：

操作人：　　　　　　　　　　监护人：　　　　　　　　　　值班负责人（值长）：

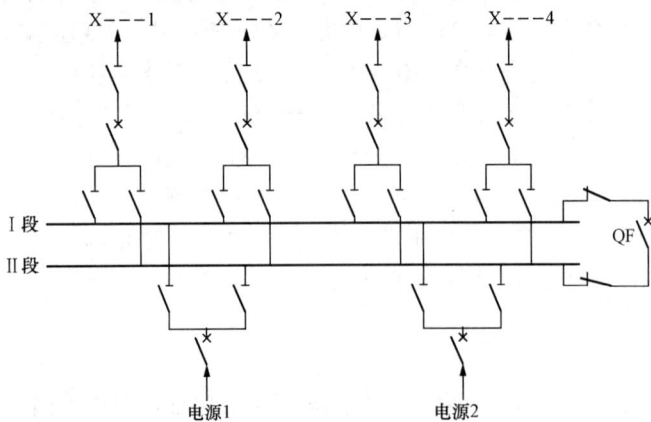

图 4 - 4　母线倒闸操作接线图

如图 4 - 4 所示，接线采用双母线制，Ⅰ段母线运行，Ⅱ段母线热备用。在检修工作母线Ⅰ时，必须将所有电源和线路切换到热备用母线Ⅱ上，因此，首先要检查热备用母线是否完好。其方法是先合上母联断路器向热备用母线充电 3～5min，并对热备用母线进行外部检查，若热备用母线绝缘不良或有接地短路，则继电保护动作，自动跳开母联断路器

QF，而原运行状态并不因此被破坏。进行上述操作前值班人员应调整继电保护装置的动作电流和时限，其整定值应尽可能小，以便当热备用母线故障时，母联断路器 QF 能尽快跳闸。如果备用母线完好，母联断路器就不会跳闸，然后将继电保护整定值调整至原值并切断母联断路器的操作电源，即取下直流操作熔断器，以免在转换母线的过程中，因断路器过负荷或误跳闸等原因，引起带负荷拉合隔离开关。

在母联断路器接通状态下，合上热备用母线Ⅱ上的全部隔离开关（先合上热备用母线侧电源隔离开关，后合上热备用母线侧负荷隔离开关，以防止母联断路器误跳闸后，造成线路停电），再拉开工作母线Ⅰ上全部隔离开关（先拉开工作母线侧线路隔离开关，后拉开工作母线侧电源隔离开关）。这是因为备用母线和工作母线侧两组隔离开关的切换操作是在两组母线等电位的情况下进行的，若不切断负荷电流，就不会产生电弧，因而也就不会对工作人员和设备产生危险。

母线倒闸操作的典型操作票如表 4-6 所示。

表 4-6　　　　　　　　　　　　　　母线倒闸操作票内容

<table>
<tr><td colspan="5" align="center">变电站（发电厂）倒闸操作票
单位_____　编号_____</td></tr>
<tr><td>发令人</td><td></td><td>受令人</td><td>发令时间</td><td>年　月　日　时</td></tr>
<tr><td colspan="2">操作开始时间</td><td colspan="2">操作结束时间</td><td></td></tr>
<tr><td colspan="3" align="right">年　月　日　时</td><td colspan="2" align="right">年　月　日　时</td></tr>
<tr><td colspan="5">（√）监护下操作　　　　（　）单人操作　　　　（　）检修人员操作</td></tr>
<tr><td colspan="5">操作任务：　停工作母线Ⅰ，把电源和负荷倒至热备用母线Ⅱ上</td></tr>
<tr><td>顺序</td><td colspan="3" align="center">操 作 项 目</td><td>√</td></tr>
<tr><td>1</td><td colspan="3">调整母联断路器的继电保护整定值</td><td></td></tr>
<tr><td>2</td><td colspan="3">合上母联断路器向热备用母线Ⅱ充电 5min</td><td></td></tr>
<tr><td>3</td><td colspan="3">对热备用母线Ⅱ进行外部检查，恢复母联断路器继电保护整定值</td><td></td></tr>
<tr><td>4</td><td colspan="3">检查母联断路器确在合闸位置</td><td></td></tr>
<tr><td>5</td><td colspan="3">取下母联断路器的直流操作熔断器</td><td></td></tr>
<tr><td>6</td><td colspan="3">依次全部合上热备用母线Ⅱ侧隔离开关</td><td></td></tr>
<tr><td>7</td><td colspan="3">依次全部拉开工作母线Ⅰ侧隔离开关</td><td></td></tr>
<tr><td>8</td><td colspan="3">放上母联断路器的直流操作熔断器</td><td></td></tr>
<tr><td>9</td><td colspan="3">拉开母联断路器</td><td></td></tr>
<tr><td>10</td><td colspan="3">检查母联断路器确在断开位置</td><td></td></tr>
<tr><td>11</td><td colspan="3">取下母联断路器的直流操作熔断器和合闸熔断器</td><td></td></tr>
<tr><td>12</td><td colspan="3">拉开母联断路器两侧的隔离开关</td><td></td></tr>
<tr><td>13</td><td colspan="3">检查母联断路器两侧的隔离开关确在断开位置</td><td></td></tr>
<tr><td>14</td><td colspan="3">取下电压互感器二次侧的熔断器</td><td></td></tr>
<tr><td>15</td><td colspan="3">拉开停电母线电压互感器的隔离开关</td><td></td></tr>
<tr><td colspan="5">备注：</td></tr>
<tr><td colspan="5">操作人：　　　　　　　　监护人：　　　　　　　　值班负责人（值长）：</td></tr>
</table>

　　母线倒闸操作工作完成后，将母联断路器及两侧隔离开关断开，使工作母线不带电。经验电确认无电压后，在两侧挂上临时接地线或合上短路接地隔离开关，并设置警告牌等安全措施，便可在退出的母线上或其隔离开关上进行检修作业。

五、防止误操作的组织措施

　　防止误操作的组织措施包括：核对命令制、操作票制、图版演习制、监护—唱票—复诵制和检查汇报制，合称操作"五制"。

　　核对命令制。调度员发出操作命令，应首先和受令人互报姓名。发令应准确清晰，受令人应复诵操作命令内容，得到发令人的认可。发令、复诵及执行情况汇报，各环节发、受令双方都必须录音，并做好记录。

　　操作票制度是操作"五制"的核心内容，前面已有详细论述，这里不再赘述。

　　图版演习制是指将已拟好的操作票，监护人会同操作人在模拟图板上进行模拟操作，对照接线图和当时的运行方式，依操作票顺序逐项核对设备名称、编号、操作顺序等应无错漏。

　　监护—唱票—复诵制规定，倒闸操作必须由两人执行，其中对设备较熟悉者作为监护人。操作中监护人按照操作票填写的顺序，逐项发布操作命令，即唱票，并核对操作对象名称、编号实际状态和操作人复诵操作项目无误后执行一个操作动作。每操作完一项，应检查无误后操作该项作一个"√"记号。

　　操作任务全部完成后进行复查，向调度汇报，并做好记录，已完成的操作票注明"已执行"字样，并保存三个月。

六、防止误操作的技术装置

　　装置的动作取决于另一装置的动作，称为另一装置对该装置的连锁，该装置与另一装置一起称为连锁装置。

　　有的安全连锁装置安装在各设备之间，保证各有关设备按一定操作程序操作。例如油断路器和隔离开关操作机构之间的连锁装置，能保证在送电时只有先合上隔离开关才能合上油断路器；停电时只有先拉开油断路器才能拉开隔离开关。这样就防止了带负荷拉隔离开关造成弧光断路。这种执行安全程序的安全连锁装置称为防误操作闭锁装置。

　　针对常见的五种误操作，要求配电装置应具有"五防"功能，即通过技术手段实现防止误分、合断路器；防止带负荷拉合隔离开关；防止带电挂接地线；防止带地线送电和防止带电误入带电间隔。在电气设备上加装防误操作闭锁装置，就是防止误操作的主要技术措施。

　　目前使用的防误闭锁装置主要有三大类，一类是机械闭锁，一类是电磁闭锁，还有就是微机防误闭锁。目前通用的是电磁防误闭锁，最先进的是微机防误闭锁。

1. 机械闭锁

　　机械闭锁又分为直接机械闭锁和间接机械闭锁两种形式。

　　直接机械闭锁简称为机械闭锁，是用各种机械零件的相互配合达到执行安全操作的目的。例如在6～10kV开关柜上，通过传动杆可以将油断路器的开、合位置反映到上、下隔离开关的闭锁上，只有断开断路器后，才能解除对隔离开关的闭锁，继续操作断开隔离开关。只有在两侧隔离开关打开后，锁着前网门的机构才会打开，保证工作人员不至于误入未停电的柜内。开关柜内配有专用的接地桩头，打开网门后才能接地，接地后又顶住网门不能关闭，网门关不上则隔离开关不能合上，隔离开关合不上时断路器又被顶死，保证了不至于带地线合刀闸和带负荷合刀闸。这一系列的闭锁功能全是由机械传动杆和一些特殊零件互相配合实现的。

机械闭锁的优点是闭锁可靠，操作简便，在室内开关设备上应用广泛。缺点是远距离闭锁难以实现。

机械间接闭锁有红绿翻牌、钥匙盒、机械程序锁等几种。红绿翻牌装于模拟图版和开关的控制把手上，用于防止误分误合断路器。钥匙盒用于某一种远距离操作的程序控制，如断路器断开后，机构位置变化，才能取出小盒中的钥匙去开隔离开关的挂锁，钥匙盒因功能不完善，现已基本不再采用。

机械程序锁的优点是解决了远距离闭锁的问题，同时造价低，安装方便，适用于老设备的改造。程序锁有一组锁群，锁群中各锁的开启是按一定程序进行的。如国内生产的 JSN 型程序锁的操作特点是锁体上仅有一个钥匙孔，操作某一程序时旋转钥匙，锁栓开启，同时锁体将钥匙上转盘移动某一角度。操作完成后拔出钥匙，此时钥匙只能插入下一编号的锁体，而不能插入其他锁中，整个操作过程中只有一把钥匙，减少了换钥匙的麻烦，又保证了操作顺序严格按照预定的程序执行。

2. 电磁闭锁

电磁锁是目前使用比较广泛的闭锁装置，是利用电磁铁来控制锁栓的电磁机械锁。由磁铁的线圈回路串接需要进行闭锁的设备触点，闭锁状态时，线圈不带电，衔铁卡住锁栓；当符合操作条件时，电磁铁通电动作，衔铁移动，释放锁栓，才能进行操作。例如隔离开关上安装的电磁锁，其电磁铁线圈中串入了断路器的辅助触点，断路器在断开位置时，辅助触点接通，电磁锁中电磁线圈带电，衔铁吸动，闭锁解除，隔离开关才能拉开。

电磁闭锁装置的缺点是需要直流电源，增加维护困难；大量敷设电缆，所需费用较高。

3. 微机防误闭锁

微机防误闭锁装置具有技术先进、功能强、使用维护方便等优点，是防误闭锁的发展方向。

微机防误闭锁有多种型号，其共同的特点是以微机模拟盘为核心，在微机模拟盘中预存了厂站所有设备的操作规则。模拟盘上所有模拟元件都有一对接点与主机相连，当运行人员在模拟盘上预演操作时，若操作正确，发出表示正确的信号；若操作错误，将发出报警信号并通过显示器显示错误操作的设备编号。预演结束后，打印机可打印出操作票。打印结束后，运行人员即可操作设备。微机防误闭锁可以远方控制，也可现场操作，功能完善。

任务四　带电作业的安全措施

◁)) 【教学目标】

（1）能掌握带电作业基本工作原理。

（2）能掌握常见带电作业所采用的安全措施。

👐 【任务描述】

本任务介绍了等电位作业、地电位作业和中间电位作业的工作原理；常见带电作业项目的安全措施和注意事项，要求学生掌握带电作业的基本工作原理，以及简单带电作业的安全技术措施。

❧ 【任务实施】

掌握带电作业的分类和工作原理，了解带电作业的基本要求和常见的带电作业以及安全技术措施。

▤ 【相关知识】

一、带电作业

带电作业是指在高压电工设备上不停电进行检修、测试的一种作业方法。电气设备在长期运行中需要经常测试、检查和维修。带电作业是避免检修停电，保证正常供电的有效措施。

带电作业可分为带电测试、带电检查和带电维修等几方面。带电作业的对象包括发电厂和变电站电气设备、架空输电线路、配电线路和配电设备。

带电作业的主要项目有带电更换线路杆塔绝缘子；清扫和更换绝缘子；水冲洗绝缘子，压接修补导线和架空地线；检测不良绝缘子；测试更换隔离开关和避雷器；测试变压器温升及介质损耗值；检修断路器，滤油及加油，清刷导线及避雷线并涂防腐油脂等。

带电作业根据人体与带电体之间的关系可分为三类：等电位作业、地电位作业和中间电位作业。

等电位作业是作业人员借助各种绝缘工具对地绝缘后，直接接触带电体进行的作业。等电位作业时，人体直接接触高压带电部分。从理论上说，等电位作业中通过人体的电流等于零，对人体是安全的。但是不容忽视的是，作业人员在由地电位进入强电场的过程中，对导线和对地都存在着电容，等电位后人体对大地和其他相导体间也存在着电容。所以等电位作业人员无论是刚接触高压导线瞬间，或者接触之后，都有电容电流通过人体。因此等电位作业必须采取分流人体电容电流的有效措施。特别是在转移电位过程中，分流电容电流更为重要。如果措施不完备，作业人员会有麻电感觉。同时，等电位作业中，人员还受到高压强电场的作用，人体处于强场中，在没有屏蔽的部位会感到汗毛的蠕动，好像有风吹一样的吹风感，使人产生不舒服的感觉。所以在等电位作业中还必须采取屏蔽电场的有效措施。所有进入高电场的工作人员，都应穿全套合格的屏蔽服，包括衣裤、鞋袜、帽子和手套等。全套屏蔽服的各部件之间，须保证电气连接良好，最远端之间的电阻不能大于 20Ω，使人体外表形成等电位体。

地电位作业即在作业过程中人员与带电体保持一定的安全距离，而使用各种绝缘工具进行作业。作业过程中作业人员始终处于地电位。在地电位作业方式中，通过人体的电流是自高压导体沿绝缘工具经人体至大地的泄漏电流。地电位作业时，人体处于接地的杆塔或构架上，通过绝缘工具带电作业，因而又称绝缘工具法。在不同电压等级电气设备上带电作业时，必须保持空气间隙的最小距离及绝缘工具的最小长度。在确定安全距离及绝缘长度时，应考虑系统操作过电压及远方落雷时的雷电过电压。

中间电位作业是通过绝缘棒等工具进入高压电场中某一区域，但还未直接接触高压带电体，是前两种作业的中间状况。人员处于带电体和地之间，人体对带电体和地分别存在一电容，由于电容的耦合作业，人体具有一定的电位，这种作业方式称为中间电位作业方式。该作业方式下，如果绝缘工具—人体—绝缘梯（台）串联阻抗足够大，保证通过人体泄漏电流不大于 $1mA$，可使作业人员无感电知觉。不过应提醒注意的是中间电位作业方式人体处于悬浮电位，如人体突然接触地电位，人体上静电感应电荷经接地点漏入大地，会有麻电感觉。根据模拟试验和实际线路杆塔上测量结果表明，作业人员在不穿均压服而对杆塔绝缘的情况下，110kV 线路上感应电压最高可达 1000V，在 220kV 线路上最高可达 2000V 左右，这样高的感应电压，放电时作业人员会感到刺痛。因此中间电位作业方式，应有防止静电感应的措施。

二、带电作业的一般要求

1. 环境要求

（1）带电作业应在良好天气下进行。如遇雷电（听见雷声、看见闪电）、雪、雹、雨、雾等，不准进行带电作业。风力大于 5 级，或湿度大于 80％时，一般不宜进行带电作业。

（2）在特殊情况下，必须在恶劣天气进行带电抢修时，应组织有关人员充分讨论并编制必要的安全措施，经本单位分管生产领导（总工程师）批准后方可进行。

（3）对于比较复杂、难度较大的带电作业新项目和研制的新工具，应进行科学试验，确认安全可靠，编制操作工艺方案和安全措施，并经本单位分管生产领导（总工程师）批准后，方可进行和使用。

2. 人员要求

（1）参加带电作业的人员，应经专门培训，并经考试合格取得资格，单位书面批准后，方能参加相应的作业。带电作业工作票签发人和工作负责人、专责监护人应由具有带电作业资格、带电作业实践经验的人员担任。

（2）带电作业应设专责监护人。监护人不得直接操作。监护的范围不准超过一个作业点。复杂或高杆塔作业必要时应增设（塔上）监护人。

（3）带电作业工作票签发人或工作负责人认为有必要时，应组织有经验的人员到现场勘察，根据勘察结果作出能否进行带电作业的判断，并确定作业方法和所需工具以及应采取的措施。

3. 其他要求

（1）带电作业工作负责人在带电作业工作开始前，应与值班调度员联系。需要停用重合闸或直流线路再启动保护的作业和带电断、接引线应由值班调度员履行许可手续。带电作业结束后应及时向值班调度员汇报。

（2）在带电作业过程中如设备突然停电，作业人员应视设备仍然带电。工作负责人应尽快与调度联系，值班调度员未与工作负责人取得联系前不得强送电。

三、带电作业的一般安全技术措施

（1）进行地电位带电作业时，人身与带电体间的安全距离不得小于表 3-6 的规定。35kV 及以下的带电设备，不能满足表 4-7 规定的最小安全距离时，应采取可靠的绝缘隔离措施。

（2）绝缘操作杆、绝缘承力工具和绝缘绳索的有效绝缘长度不得小于表 4-8 的规定。

（3）带电作业不得使用非绝缘绳索（如棉纱绳、白棕绳、钢丝绳）。

（4）带电更换绝缘子或在绝缘子串上作业，应保证作业中良好绝缘子片数不得少于表 4-9的规定。

（5）更换直线绝缘子串或移动导线的作业，当采用单吊线装置时，应采取防止导线脱落时的后备保护措施。

（6）在绝缘子串未脱离导线前，拆、装靠近横担的第一片绝缘子时，应采用专用短接线或穿屏蔽服方可直接进行操作。

表 4 - 7　　　　　　　　　带电作业时人身与带电体间的安全距离

电压等级 (kV)	10	35	63 (66)	110	220	330	500	750	1000	±500	±600	±800
距离 (m)	0.4	0.6	0.7	1.0	1.8 (1.6)①	2.2	3.4 (3.2)②	5.2 (5.6)③	6.8 (6.0)④	3.4	—	6.8

注　表中数据是根据线路带电作业安全要求提出的。

①220kV 带电作业安全距离因受设备限制达不到 1.8m 时，经单位分管生产领导（总工程师）批准，并采取必要的措施后，可采用括号内 1.6m 的数值。

②海拔 500m 以下，500kV 取 3.2m 值，但不适用于 500kV 紧凑型线路。海拔在 500～1000m 时，500kV 取 3.4m 值。

③5.2m 为海拔 1000m 以下时所取值，5.6m 为海拔 2000m 以下的距离。

④此为单回输电线路数据，括号中数据 6.0m 为边相，6.8m 为中相。

表 4 - 8　　　　　　　　　　绝缘工具最小有效绝缘长度

电压等级 (kV)	有效绝缘长度（m）		电压等级 (kV)	有效绝缘长度（m）	
	绝缘操作杆	绝缘承力工具、绝缘绳索		绝缘操作杆	绝缘承力工具、绝缘绳索
10	0.7	0.4	500	4.0	3.7
35	0.9	0.6	750	—	5.3
63（66）	1.0	0.7	1000	—	6.8
110	1.3	1.0	±500	3.5	3.2
220	2.1	1.8	±660	—	—
330	3.1	2.8	±800	—	6.6

表 4 - 9　　　　　　　　　带电作业中良好绝缘子最少片数

电压等级 (kV)	35	63 (66)	110	220	330	500	750	1000	±500	±600	±800
片数	2	3	5	9	16	23	25	37	22	—	32

（7）在市区或人口稠密的地区进行带电作业时，工作现场应设置围栏，派专人监护，禁止非工作人员入内。

（8）非特殊需要，不应在跨越处下方或邻近有电力线路或其他弱电线路的档内进行带电架、拆线的工作。如需进行，则应制订可靠的安全技术措施，经本单位分管生产的领导（总工程师）批准后，方可进行。

四、等电位作业的安全措施

等电位作业一般在 63（66）kV、±125kV 及以上电压等级的电力线路和电气设备上进行。若需在 35kV 电压等级进行等电位作业时，应采取可靠的绝缘隔离措施。20kV 以下电压等级的电力线路和电气设备上不得进行等电位作业。

等电位作业人员应在衣服外面穿合格的全套屏蔽服（包括帽、衣裤、手套、袜和鞋，750kV、1000kV 等电位作业人员还应戴面罩），且各部分应连接良好。屏蔽服内还应穿着阻燃内衣。

禁止通过屏蔽服断、接接地电流、空载线路和耦合电容器的电容电流。

等电位作业人员对接地体的距离应不小于表 4 - 7 的规定，对相邻导线的距离应不小于

表 4 - 10 的规定。

表 4 - 10   **等电位作业人员对邻相导线的最小距离**

电压等级（kV）	63（66）	110	220	330	500	750
距离（m）	0.9	1.4	2.5	3.5	5.0	6.9（7.2）[①]

①6.9m 为边相值，7.2m 为中相值。

等电位作业人员在绝缘梯上作业或者沿绝缘梯进入强电场时，其与接地体和带电体两部分间隙所组成的组合间隙不得小于表 4 - 11 的规定。

表 4 - 11   **等电位作业中的最小组合间隙**

电压等级（kV）	63（66）	110	220	330	500	750	1000	±500	±600	±800
距离（m）	0.8	1.2	2.1	3.1	4.0	4.9	6.9	3.8	—	6.8

等电位作业人员沿绝缘子串进入强电场的作业，一般在 220kV 及以上电压等级的绝缘子串上进行。其组合间隙不得小于表 4 - 11 的规定。若不满足表 4 - 11 的规定，应加装保护间隙。扣除人体短接的和零值的绝缘子片数后，良好绝缘子片数不得小于表 4-9 的规定。

等电位作业人员在电位转移前，应得到工作负责人的许可。转移电位时，人体裸露部分与带电体的距离不应小于表 4 - 12 的规定。750kV、1000kV 应使用电位转移棒进行电位转移。

表 4 - 12   **等电位作业转移电位时人体裸露部分与带电体的最小距离**

电压等级（kV）	35、63（66）	110、220	330、500	±500
距离（m）	0.2	0.3	0.4	0.4

等电位作业人员与地电位作业人员传递工具和材料时，应使用绝缘工具或绝缘绳索进行，其有效长度不得小于表 4 - 7 的规定。

沿导、地线上悬挂的软、硬梯或飞车进入强电场的作业应遵守下列规定：

（1）在连续档距的导、地线上挂梯或飞车时，其导、地线的截面不得小于钢芯铝绞线和铝合金绞线 120mm²；钢绞线 50mm²（等同 OPGW 光缆和配套的 LGJ—70/40 导线）。

（2）有下列情况之一者，应经验算合格，并经本单位分管生产领导（总工程师）批准后才能进行：

1）在孤立档的导、地线上的作业。

2）在有断股的导、地线和锈蚀的地线上的作业。

3）在钢芯铝绞线和铝合金绞线 120mm²；钢绞线 50mm² 以外的其他型号导、地线上的作业。

4）两人以上在同档同一根导、地线上的作业。

（3）在导、地线上悬挂梯子、飞车进行等电位作业前，应检查本档两端杆塔处导、地线的紧固情况。挂梯载荷后，应保持地线及人体对下方带电导线的安全间距比表 4 - 7 中的数值增大 0.5m；带电导线及人体对被跨越的电力线路、通信线路和其他建筑物的安全距离应比表 4-7 中的数值增大 1m。

（4）在瓷横担线路上禁止挂梯作业，在转动横担的线路上挂梯前应将横担固定。

　　等电位作业人员在作业中禁止用酒精、汽油等易燃品擦拭带电体及绝缘部分，防止起火。

五、带电断、接引线的安全措施

（1）带电断、接空载线路，应遵守下列规定：

1）带电断、接空载线路时，应确认线路的另一端断路器和隔离开关确已断开，接入线路侧的变压器、电压互感器确已退出运行后，方可进行。禁止带负荷断、接引线。

2）带电断、接空载线路时，作业人员应戴护目镜，并应采取消弧措施。消弧工具的断流能力应与被断、接的空载线路电压等级及电容电流相适应。如使用消弧绳，则其断、接的空载线路的长度不应大于表 4-13 规定，且作业人员与断开点应保持4m以上的距离。

表 4-13　　　　　　　　　　使用消弧绳断、接空载线路的最大长度

电压等级（kV）	10	35	63（66）	110	220
长度（km）	50	30	20	10	3

　　注　线路长度包括分支在内，但不包括电缆线路。

3）在查明线路确无接地、绝缘良好、线路上无人工作且相位确定无误后，才可进行带电断、接引线。

4）带电接引线时未接通相的导线及带电断引线时已断开相的导线将因感应而带电。为防止电击，应采取措施后人员才能触及。

5）禁止同时接触未接通的或已断开的导线两个断头，以防人体串入电路。

（2）禁止用断、接空载线路的方法使两电源解列或并列。

（3）带电断、接耦合电容器时，应将其信号、接地开关合上并应停用高频保护。被断开的电容器应立即对地放电。

（4）带电断、接空载线路、耦合电容器、避雷器、阻波器等设备引线时，应采取防止引流线摆动的措施。

六、带电短接设备的安全措施

（1）用分流线短接断路器、隔离开关、跌落式熔断器等载流设备，应遵守下列规定：

1）短接前一定要核对相位。

2）组装分流线的导线处应清除氧化层，且线夹接触应牢固可靠。

3）35kV 及以下设备使用的绝缘分流线的绝缘水平应符合绝缘工具电气预防性试验项目及标准的规定。

4）断路器应处于合闸位置，并取下跳闸回路熔断器，锁死跳闸机构后，方可短接。

5）分流线应支撑好，以防摆动造成接地或短路。

（2）阻波器被短接前，严防等电位作业人员人体短接阻波器。

（3）短接开关设备或阻波器的分流线截面和两端线夹的载流容量，应满足最大负荷电流的要求。

七、带电水冲洗的安全措施

（1）带电水冲洗一般应在良好天气时进行。风力大于 4 级，气温低于 −3℃，或雨、雪、雾、雷电及沙尘暴天气时不宜进行。冲洗时，操作人员应戴绝缘手套、穿绝缘靴。

（2）带电水冲洗作业前应掌握绝缘子的脏污情况，当盐密值大于表 4-14 最大临界盐密

值的规定，一般不宜进行水冲洗，否则，应增大水电阻率来补救。避雷器及密封不良的设备不宜进行带电水冲洗。

表 4 - 14　　　　带电水冲洗临界盐密值[①]（仅适用于 220kV 及以下）

爬电比距[②] （mm/kV）	发电厂及变电站支柱绝缘子或密闭瓷套管							
	14.8～16（普通型）				20～31（防污型）			
临界盐密值 （mg/cm²）	0.02	0.04	0.08	0.12	0.08	0.12	0.16	0.2
水电阻率 （Ω·cm）	1500	3000	10 000	50 000 及以上	1500	3000	10 000	50 000 及以上
爬电比距[②] （mm/kV）	线路悬式绝缘子							
	14.8～16（普通型）				20～31（防污型）			
临界盐密值 （mg/cm²）	0.05	0.07	0.12	0.15	0.12	0.15	0.2	0.22
水电阻率 （Ω·cm）	1500	3000	10 000	50 000 及以上	1500	3000	10 000	50 000 及以上

①330kV 及以上等级的临界盐密值尚不成熟，暂不列入。

②爬电比距指电力设备外绝缘的爬电距离与设备最高工作电压之比。

（3）带电水冲洗用水电阻率一般不低于 1500Ω·cm，冲洗 220kV 变电设备水电阻率不低于 3000Ω·cm，并应符合表 4 - 14 的要求。每次冲洗前，都应用合格的水阻表测量水电阻率，应从水枪出口处取水样进行测量。如用水车等容器盛水，每车水都应测量水电阻率。

（4）以水柱为主绝缘的大、中型水冲（喷嘴直径为 4～8mm 者称中水冲，直径为 9mm 及以上者称大水冲），其水枪喷嘴与带电体之间的水柱长度不得小于表 4 - 15 的规定。大、中型水枪喷嘴均应可靠接地。

表 4 - 15　　　　　　喷嘴与带电体之间的水柱长度　　　　　　　　（m）

喷嘴直径（mm）		4～8	9～12	13～18
电压等级 （kV）	63（66）及以下	2	4	6
	110	3	5	7
	220	4	6	8

（5）带电冲洗前应注意调整好水泵压强，使水柱射程远且水流密集。当水压不足时，不得将水枪对准被冲洗的带电设备。冲洗用水泵应良好接地。

（6）带电水冲洗应注意选择合适的冲洗方法。直径较大的绝缘子宜采用双枪跟踪法或其他方法，并应防止被冲洗设备表面出现污水线。当被冲绝缘子未冲洗干净时，禁止中断冲洗，以免造成闪络。

（7）带电水冲洗前要确知设备绝缘是否良好。有零值及低值的绝缘子及瓷质有裂纹时，一般不可冲洗。

（8）冲洗悬垂、耐张绝缘子串、瓷横担时，应从导线侧向横担侧依次冲洗。冲洗支柱绝缘子及绝缘瓷套时，应从下向上冲洗。

（9）冲洗绝缘子时，应注意风向，应先冲下风侧，后冲上风侧；对于上、下层布置的绝缘子应先冲下层，后冲上层。还要注意冲洗角度，严防临近绝缘子在溅射的水雾中发生闪络。

八、感应电压防护

（1）在330kV、±400kV及以上电压等级的线路杆塔上及变电站构架上作业，应采取防静电感应措施，例如穿静电感应防护服、导电鞋等（220kV线路杆塔上作业时宜穿导电鞋）。

（2）绝缘架空地线应视为带电体。在绝缘架空地线附近作业时，作业人员与绝缘架空地线之间的距离不应小于0.4m。如需在绝缘架空地线上作业应用接地线将其可靠接地或采用等电位方式进行。

（3）用绝缘绳索传递大件金属物品（包括工具、材料等）时，杆塔或地面上作业人员应将金属物品接地后再接触，以防电击。

九、保护间隙

（1）保护间隙的接地线应用多股软铜线。其截面应满足接地短路容量的要求，但不得小于25mm²。

（2）保护间隙的距离应按表4-16的规定进行整定。

表4-16　　　　　　　　　　　　　　　保 护 间 隙 整 定 值

电压等级（kV）	220	330	500	750	1000
间隙距离（m）	0.7～0.8	1.0～1.1	1.3	2.3	3.6

注　330kV及以下保护间隙提供的数据是圆弧形，500kV及以上保护间隙提供的数据是球形。

（3）使用保护间隙时，应遵守下列规定：

1）悬挂保护间隙前，应与调度联系停用重合闸或直流再启动保护。

2）悬挂保护间隙应先将其与接地网可靠接地，再将保护间隙挂在导线上，并使其接触良好。拆除的程序与其相反。

3）保护间隙应挂在相邻杆塔的导线上，悬挂后，应派专人看守，在有人、畜通过的地区，还应增设围栏。

4）装、拆保护间隙的人员应穿全套屏蔽服。

十、配电带电作业的安全措施

（1）进行直接接触20kV及以下电压等级带电设备的作业时，应穿着合格的绝缘防护用具（绝缘服或绝缘披肩、绝缘手套、绝缘鞋）；使用的安全带、安全帽应有良好的绝缘性能，必要时戴护目镜。使用前应对绝缘防护用具进行外观检查。作业过程中禁止摘下绝缘防护用具。

（2）作业时，作业区域带电导线、绝缘子等应采取相间、相对地的绝缘隔离措施。绝缘隔离措施的范围应比作业人员活动范围增加0.4m以上。实施绝缘隔离措施时，应按先近后远、先下后上的顺序进行，拆除时顺序相反。装、拆绝缘隔离措施时应逐相进行。

禁止同时拆除带电导线和地电位的绝缘隔离措施；禁止同时接触两个非连通的带电导体或带电导体与接地导体。

（3）作业人员进行换相工作转移前，应得到工作监护人的同意。

十一、低压带电作业的安全措施

（1）低压带电作业应设专人监护。

（2）使用有绝缘柄的工具，其外裸的导电部位应采取绝缘措施，防止操作时相间或相对地短路。工作时，应穿绝缘鞋和全棉长袖工作服，并戴手套、安全帽和护目镜，站在干燥的绝缘物上进行。禁止使用锉刀、金属尺和带有金属物的毛刷、毛掸等工具。

（3）高低压同杆架设，在低压带电线路上工作时，应先检查与高压线的距离，采取防止误碰带电高压设备的措施。在低压带电导线未采取绝缘措施时，工作人员不得穿越。在带电的低压配电装置上工作时，应采取防止相间短路和单相接地的绝缘隔离措施。

（4）上杆前，应先分清相、零线，选好工作位置。断开导线时，应先断开相线，后断开零线。搭接导线时，顺序应相反。

人体不得同时接触两根线头。

十二、带电作业工具的使用

（1）带电作业工具应绝缘良好、连接牢固、转动灵活，并按厂家使用说明书、现场操作规程正确使用。

（2）带电作业工具使用前应根据工作负荷校核机械强度，并满足规定的安全系数。

（3）带电作业工具在运输过程中，带电绝缘工具应装在专用工具袋、工具箱或专用工具车内，以防受潮和损伤。发现绝缘工具受潮或表面损伤、脏污时，应及时处理并经试验或检测合格后方可使用。

（4）进入作业现场应将使用的带电作业工具放置在防潮的帆布或绝缘垫上，防止绝缘工具在使用中脏污和受潮。

（5）带电作业工具使用前，仔细检查确认没有损坏、受潮、变形、失灵，否则禁止使用。并使用2500V及以上绝缘电阻表或绝缘检测仪进行分段绝缘检测（电极宽2cm，极间宽2cm），阻值应不低于700MΩ。操作绝缘工具时应戴清洁、干燥的手套。

任务五　电力生产作业中的危险点及预控措施

📢【教学目标】

（1）能掌握电力生产中的危险点及其分析方法。

（2）能掌握常见危险点预控措施。

🙌【任务描述】

本任务介绍了电力生产中的危险点的定义、分类和特征及其分析方法，并介绍了危险点的预控原则及方法，要求学生能对基本电力生产进行危险点分析并提出预控措施。

〰️【任务实施】

就根据下达的某线路送电命令，按照《电力安全工作规程》的规定，填写操作票，执行线路送电倒闸操作，在执行刀闸操作过程中，分析危险点并填写危险点分析及控制措施卡见附录十。

一、危险点的定义、分类和特征

安全来自预防，危险在于控制，事故发生在失控之中。在过去的预控作业过程中对于人为失误事故的发生，主要是采取《电业安全工作规程》规定的安全组织措施和安全技术措施，但在实践中发现,作业人员在编制安全组织、技术措施的过程中,往往受限于编制人的经验和知识面,对整个作业过程的危险性缺乏全面的了解,从而导致安全措施缺乏针对性。同时,在现场执行时随意性较大,作业人员和安全人员无法依照清晰明了的预防性措施,及时采取相应的对策检查落实。危险点查找和预控方法是一种反向思维,从可能发生的后果,来提醒人们注意危险。讲"危险"比讲"安全"更直观具体,更具有针对性、实效性,更易为工作人员理解和接受,有利于提高工作人员的安全意识,纠正习惯性违章,增强自我防护能力。

危险点预控法就是引导职工对电力生产中的每项工作,根据作业内容、工作方法、作业环境、人员状况、设备实际等去分析,查找可能导致人为失误事故的危险因素,再依据规程制度,制订防范措施,并在生产现场实现程序化、规范化作业,以达到防止人为失误事故发生的目的。

1. 危险点的定义和分类

危险点就是指引发人为失误事故的潜伏点。电气作业中的危险点包括以下三方面:

(1) 有可能造成人身伤害的作业环境中的危险点,如施工中特殊的地理环境、道路、交通、天气等。

(2) 有可能造成人身伤害的设备(线路)等物体,包括作业中使用的生产工器具。

(3) 作业人员在作业中因违反安全规程或习惯性违章等原因构成的危险点。

从危险点性质可将上面 (1)、(2) 方面的危险点称为设备的固有危险点或静态危险点,(3) 方面的危险点称为行为危险点或动态危险点。

危险点从危险程度讲有大有小,有重有轻,控制危险点也应有所侧重。根据危险程度可将危险点分为两类:

1) 直接类危险点:指直接可能导致误操作、误调度、误碰、误动设备事故及人身事故的危险点。

2) 间接类危险点:指通过第一类危险点起作用而可能构成事故的危险点。对第一类危险点应重点实施预控。

2. 危险点的特征

电力企业作业中存在的危险点具有以下特征:

(1) 客观实在性。危险点存在于人们的意识之外,不以人的主观意识为转移。不论你是否愿意承认它,它都实实在在存在。而一旦主观条件具备,如习惯性违章,它就会由潜在的危险转变为现实,从而引发事故。因此,在查找、分析危险点时,一定要从客观实际出发,确认危险点,进而研究和采取行之有效的安全措施加以防范。

(2) 潜在性。危险点的潜在性主要表现在三个方面:

1) 危险点存在于既将开展的作业过程中,不容易被人们意识到或及时发觉,如感应电。

2) 存在于作业过程中的危险点虽然明确地暴露出来,但没有转变为现实的危害,如高空落物。

3) 作业过程中违反安全规程制度的人的行为习惯隐蔽性强,可控性差。

(3) 复杂多变性。危险点的复杂多变性是由于作业实际情况的复杂性决定的。如参加作业人员、作业的场合地点、使用的工具以至所采取的作业方式各异,可能存在的危险点也不同,即使是相同的作业,所存在的危险点也不是固定不变,旧的可能会消除,新的又会重新出现,因此消除、控制危险点工作不是一劳永逸的。

（4）可预知性。既然危险点是一种客观存在的事物，人们就有能力认识它，防范它。电力系统有一整套严密的安全生产规程、规定、制度，这是制订危险点预控措施的基础。同时，危险点预控法在国内一些电力企业中，已经摸索和积累了一定的经验。只要人们重视，措施得力，危险点是完全可以控制的。

3. 电力生产作业中危险点的查找

要预知在即将开展的作业中存在哪些危险点，就必须进行查找、分析、预测。危险点查找的方法主要有以下五种。

（1）现场检查。此方法主要是用于设备固有危险点的查找，要求发动职工实地查看每条线路、每一设备的危险点，进行记录和汇总。

（2）归纳分析预测，即是从已知的具体的事实中，分析推断出将开始的作业中也会存在同类危险点的一种方法。这些已知的具体事实既可以是本单位、本班组过去作业过程中的经验总结，也可以是外单位在同类作业中曾经发生的事故教训。

通过分析发现：导致事故的原因均属作业人员作业时，自觉或不自觉地诱发了已经潜在的危险点，使作业人员受到伤害。

（3）习惯性违章排摸。习惯性违章是指职工作业中固守旧有的不良作业传统和工作习惯，违反安全工作规程的行为。据资料统计，电力系统 82% 以上的事故是由于习惯性违章造成的，因此，要想有效地控制危险点，就必须预控习惯性违章。消除习惯性违章首先要摸清职工中存在的习惯性违章行为。

（4）事故致因分析。电力生产事故分析其发生的原因，总是由人、机（设备）、料、环（环境）、法（方法）诸要素组成。事故原因分析法是通过分析各要素对事故发生的影响，从中找出起决定作用的要素，进行重点预防的方法。这里所说的事故致因，在一定程度上就是诱发事故的危险点。因此，运用事故致因分析法，能够帮助我们分析预测，找准危险点，特别是能找准起决定作用的危险点，有针对性地加以防范。

事故致因分析的步骤为：

1）在作业前，根据每次作业情况，列出可能导致事故发生的所有危险点。

2）分析危险点与事故的联系，分析安全在导致事故时起的作用，画出因果关系图。

3）进一步分析，找出可能导致事故发生的危险点中哪些是起决定作用的主要危险点，哪些是起一般作用的危险点。

4）根据分析结果，研究制订安全技术措施，抓好主要危险点的消除和控制工作。

（5）电气工作中的危险点查找程序。危险点分析和查找工作是危险点预控法的基础工作。通过查找可以熟悉工作中的危险因素，增强职工的安全意识，丰富和完善危险点数据库，并可以对危险点进行动态管理。

全面系统地开展危险点查找工作，要做到有计划、有步骤、有措施地逐步推行。首先编制统一的危险点登记表格，遵循自下而上，上下结合，工区（车间）把关的原则，层层发动，层层查找。以班组为单位，结合本专业、本岗位的各种作业，各种设备，查找分析危险点及其分布，一一登记。在此基础上，针对每个危险点，对照规程及有关制度，提出危险点的控制措施，逐级上报确认，分级管理和控制。

危险点查找一般采用普查、作业过程中和日常运行、巡视补充三种办法。

1）危险点普查程序。普查是危险点数据库形成的重要方法，可根据实际情况结合年度安全大检查工作进行。

作业过程中危险点动态管理的有效方法，要求作业人员在作业前和班后会中分析、总结，根据实际情况，进行补充。

2）日常运行、巡视过程设备固有危险点管理。日常运行、巡视是设备固有危险点动态管理的有效方法，可以及时补充和消除危险点。

二、电力生产作业中危险点的预控原则及方法

危险点预控的最终目的是实现安全生产。危险点预控就是要运用现有技术和管理手段，达到最优的安全水平。危险点预控技术有宏观控制技术和微观控制技术两大类。宏观控制技术以整个研究系统为控制对象，对危险点进行控制，采用的技术手段主要有法制手段（政策、法令、规章），经济和行政手段（奖、罚、惩、补）以及教育手段（安全教育培训）。微观控制技术以具体的危险点为控制对象，对危险点进行控制，所采用的主要手段是整改措施、组织措施、安全技术措施、预警提醒和监护，作业过程中人为失误危险点的预控关键是规范人的行为，实施标准化管理。宏观控制和微观控制互相结合、互相补充、互相制约，可以建立人为失误事故的多层次、立体的预控系统。

1. 危险点预控的原则

（1）闭环控制原则。危险点的预控必须从源头抓起，行为危险点要从安全教育培训抓起，实行过程控制，设备固有危险点应反馈给设计或制造单位，在制造、设计、基建阶段不断改进消除，防止危险点重复产生，形成闭环管理。

（2）动态控制原则。由于危险点具有复杂多变性，旧的危险点会消除，新的危险点会不断出现，并且随着条件的变化，危险点的危害程度也在变化，因此危险点的控制应是动态的。要充分认识危险点的运行变化规律，适时调整预控思路和方法，才能收到预期的效果。

（3）多层次分级控制原则。多层次分级控制可以增加预控系统的可靠度。危险点预控工作应根据危险点分类规律，采取分级控制的原则，对单位、部门、班组、个人应分别明确预控重点和责任，落实作业现场各类人员的安全生产责任制，达到各有侧重，层层把关，形成立体安全防护网络。

2. 固有危险点的控制

从微观上讲，固有危险点的控制有以下四种方法：

（1）消除危险点。设备固有危险点要通过设备检修、改造及时消除，无法整改的要反馈给制造、设计、基建及安装单位，在设计、造型、安装中采用各种技术手段，达到人、机、环境本质安全，从本质上根除潜在危险。

（2）防护危险点。从设备防护和人体防护两方面考虑，如增设防误闭锁装置、加强"五防"管理等；为保护人身安全，可采用必须的安全用具防护，如安全带、安全帽、绝缘器具等。

（3）隔离防护。一些危险点无法消除的场合，可采用设置警告牌标志，固定隔离措施或设安全防护围栏，设定安全距离等具体办法，从空间上与危险点隔离开来。

（4）保留危险点。对一些危险点从技术上及经济上都不利于防护时，可保留其存在，但要制订其预控措施或应急措施，如在作业时采用停电等。

3. 行为危险点的控制

对人的失误形成的行为危险点除宏观控制手段外，重要的是要开展标准化、规范化、程序化作业，这是实现人为失误事故预控的关键所在，其预控措施为：

（1）制订作业标准、安全操作规定及危险点预控措施，规范人的行为，让人员安全而高效地进行作业。

为了推广标准化作业，科学合理地制定作业标准、安全操作规定和有针对性的危险点预控措施卡非常重要，其内容应由专业技术人员、班组职工共同研究，反复讨论后确定。制定时，应满足以下要求：

1）要充分运用现行的安全规章制度，如工作许可制度、工作监护制度、操作票、工作票及安全施工作业票执行制度等；各种安全技术措施（停电、验电、接地技术）、各种警告、预警提醒等，应用于标准作业的每一环节，达到危险点的预控。

2）危险点预控措施应做到有针对性和可操作性。例如，在杆塔横担上作业，不是简单地规定"杆上作业时必须系好安全带，防止高空坠落"，而是要具体地规定上横担时应检查什么、怎样系安全带、系什么地方。又如为防止继电保护"三误"事故，应针对具体保护制订二次作业安全措施卡来控制，一套保护工作及与其相关联的保护需做哪些安全措施，拆哪几个头，均要做到明确。

3）作业标准应符合现场实际情况。由于生产实际情况千变万化，通用的作业标准往往很难达到预控的目的，所以应该针对具体情况制订切合实际的作业标准，可先由部门制订通用作业标准，班组针对具体作业进行补充，工区（车间）审核后执行。

4）应编制检修文件包，将确定的标准经作业、安全操作规定与危险点预控制措施纳入检修文件包，形成系统的、完善的作业方法和标准，即把危险点预控技术与设备检修、施工标准、工艺、质量等要求相结合，形成规范化、程序化检修作业模式。通过采用危险点预控措施卡，在设备检修的每一环节、每一工作步骤中进行危险点确认、控制，从而达到作业中全过程预控。

（2）为使人员自觉遵守作业标准、安全操作规定及危险点预控措施，必须经常不断地对人员进行教育和训练，并应加强现场安全监督的力度。

三、电力生产作业中危险点预控措施卡的编制及执行

1. 危险点预控措施卡的编制和审批

（1）一般性检修作业项目，由工作负责人或班组长组织全体作业人员，作业前分析查找作业全过程中可能出现的威胁人身安全的危险因素，然后再对照规程和该作业项目的危险点数据库中的危险点及其控制措施，由工作负责人编制"危险点预控措施卡"，经工作票签发人审核批准并签名后执行。

（2）复杂的检修、施工作业项目，大（小）修，技术改造工程及多班组作业等，应事先编制检修文件包，其文件包中的危险点预控措施，由工区（车间）专业组长针对本项工程全过程各个环节按专业制订。各作业班组根据制订的安全、组织、技术措施方案，对本作业班组承担的作业项目进行具体的危险因素分析，然后再对照规程和该作业项目的危险点数据库中的危险点及其控制措施，编制"危险点预控措施卡"，交专业组长审核，经工区领导批准并分别签名后执行。如果作业现场有跨部门的多专业班组同时交叉作业，还应经企业生技部门批准。

（3）复杂的电气倒闸操作、重大特殊的操作，在操作前应分别由班长和工区技术员组织进行危险点分析和制订危险点预控措施，由运行值长编制"危险点措施预控卡"，经工区运行技术负责人批准后执行。

2. 危险点预控措施卡的执行

(1) 一般性检修作业项目,"危险点预控措施卡"作业工作票附页,与工作票一并执行。

(2) 复杂的检修、施工作业项目,大(小)修,技术改造工程及班组作业等,"危险点预控措施卡"纳入检修文件包,与检修文件包一并执行。

(3) 复杂的电气倒闸操作、重大特殊的操作,在操作中严格执行"危险点预控措施卡"。

(4) 班长在安全工作召开班前会时,应结合当天作业点、工作内容、人员精神状态等告之作业中危险点及其预控措施和安全注意事项。作业开工前,工作负责人在向全体作业人员交代工作票安全措施和安全注意事项的同时,应宣讲危险点预控措施卡的措施要求。全体工作人员确认无误后,方可宣布开工。例如某供电公司的危险点分析票:

某供电公司危险点分析票

检修编号:　　　　　　　　　　　　　　　　　　　　调度编号:

工作单位		班组		工作负责人	
工作任务	更换柱上开关				

危险点分析	危险点控制措施
(1) 工作负责人选派不当,工作人员精神状态不良,作业中发生事故。不能保证工作质量 (2) 不认真或不填写现场施工"三措",导致作业中发生事故 (3) 到工作现场发现吊车不能顺利安全作业 (4) 双电源用户侧反送电伤人 (5) 双电源用户侧不设接地线,反送电伤人 (6) 落物伤行人 (7) 工作人员从杆上滑下跌伤 (8) 工作人员坠落 (9) 工作人员不戴安全帽易被落物砸伤 (10) 吊车打腿碰伤行人 (11) 吊臂误碰带电设备 (12) 钢丝绳挤伤手指 (13) 开关起吊摆动挤伤工作人员 (14) 开关台架突然歪斜,造成人员受伤和设备损坏 (15) 钢丝绳突然断裂,造成人员伤害和设备损坏 (16) 开关因钢丝绳突然断裂坠落砸伤人 (17) 台架、开关上遗留工具或材料 补充:	□ (1) 所派工作负责人及工作班成员精神状态要好。工作前要认真学习《项目作业指导书》 □ (2) 认真制订"三措",无"三措"不准开工 □ (3) 工作负责人首先要熟悉现场情况,必要时带领工作人员到现场查看清楚 □ (4) 工作票注明拉开用户侧隔离开关 □ (5) 不能忽视用户侧可能反送电,必须作接地线 □ (6) 工作现场必须设围栏 □ (7) 脚扣、腰带必须有试验合格标签,登杆前认真检查脚扣、腰带的完好情况,同时还应对脚扣进行冲击试验 □ (8) 工作属高空作业,必须系安全带并避开利物 □ (9) 不戴安全帽不准进入工作现场 □ (10) 吊车打腿或动臂等应由工作负责人指挥 □ (11) 吊车司机应清楚带电部位和不带电部位。工作负责人要加强监护,要随时注意吊臂与带电体的安全距离 □ (12) 在调整钢丝绳时要用工具,勿用手直接接触钢丝绳挂线点处 □ (13) 起吊时台架上工作人员应选择合适位置,工作负责人确认安全后再下令起吊 □ (14) 在吊起或放落开关前,必须检查开关台架的结构是否牢固 □ (15) 起吊前认真检查钢丝绳套是否合适,是否有断股、毛刺等缺陷 □ (16) 起吊过程中,开关下严禁有人逗留和通过 □ (17) 工作结束工作人员应认真检查,工作负责人复查有无遗留物 补充:

工作票签发人签名:　　　　　　　　　　　　　年　月　日

运行值班员签名:　　　　　　　　　　　　　年　月　日

（5）作业过程中，全体工作人员应严格遵守《电业安全工作规程》的规定，认真执行危险点预控措施卡各项措施要求，并逐项打钩。工作负责人在工作监护中，随时监督检查每个工作人员执行安全措施的情况，及时纠正不安全行为，执行完后，工作负责人签名。

（6）各级安监人员应经常深入现场监督检查危险点预控措施卡是否正确执行，及时纠正违章现象。

（7）每次作业结束后，要及时总结危险点分析、措施制定及执行中存在的问题，不断完善，为下一次进行同类作业提供经验。

3. 危险点预控措施执行中有关人员的安全责任

（1）工作负责人的责任。

1）负责组织或配合班长组织召开作业项目危险点分析会，做好危险点分析工作。

2）负责制订危险点预控措施，做到正确完备。

3）开工前宣讲危险点预控措施，并且检查危险预控措施卡中各项措施的执行情况，监督工作人员遵守《电业安全工作规程》以及正确执行各项措施。

（2）班长（工作票签发人）的责任。

1）组织作业班全体人员召开危险点分析会，做好危险点分析工作。

2）负责审查危险点预控措施是否符合实际，是否正确完善，可操作性强。

3）召开班前会，宣讲危险点和安全注意事项；召开班后会，总结危险点控制执行中存在的问题及改进要求。

4）深入现场检查各作业危险点预控措施是否正确执行和落实。

（3）工作班成员（措施执行人）的责任。

1）积极参加危险点分析会，对防范措施提出意见。

2）严格遵守《电业安全工作规程》，认真执行危险点预控措施卡的各项措施，做到"三不伤害"。

3）工作中在保证自身安全的同时，要纠正作业班其他人员的违章行为。

（4）工区（车间）局级控制措施审批人员的责任。

1）负责组织制订复杂的检修、施工作业项目，大小修，技术改造工程及多班组作业等工程危险点预控措施，做到正确完备。

2）开工前召开专门会议布置控制危险点的措施，并在开工中检查危险预控措施的执行情况。

3）对所制订、审批的检修作业文件包中内容是否正确、完备负责。

4）深入作业现场监督检查安全、组织、技术措施和危险点预控措施是否正确执行，及时纠正违章现象，对违章责任者提出处罚意见。

项 目 小 结

本项目主要讲述了保证安全的组织措施、保证安全的技术措施、倒闸操作的安全措施、带电作业的安全措施以及危险点分析与预控等内容。

通过对保证安全的组织措施：工作票制度、工作许可制度、工作间断、转移和终结制度；保证安全的技术措施：停电、验电、装设接地线、悬挂标示牌和装设遮栏、线路工作中使用个人保安线；倒闸操作的要求、操作票的填写、带电作业的原理；危险点的分析等内容的学习，使学生了解掌握在高压电气设备上工作时要遵循的安全管理制度，以及必要的组织措施和技术措施，正确掌握工作票、操作票制度的要求，进一步提高学生的安全意识和安全防护能力。

思 考 题

4-1　保证电气工作安全的组织措施有哪些？

4-2　工作票的主要内容是什么？

4-3　工作监护制度的主要内容是什么？

4-4　停电检修作业中保证安全的技术措施有哪些？

4-5　在倒闸操作工作过程中，常见的误操作有哪些？

4-6　防止误操作的组织措施和技术装置是什么？

4-7　什么是等电位作业、地电位作业和中间电位作业？

4-8　什么是危险点？危险点有哪些主要特征？

项目五

电气火灾的预防与扑救

【项目描述】

电气火灾的预防与扑救是电气作业人员在生产作业过程中必须掌握的重要技能。熟练掌握电气火灾预防与扑救的基本知识与技能，是电气作业人员遭遇火灾等突发事故时作出正确及时反映，保障人身及电气安全的重要保障。本项目通过对燃烧与灭火方法、常用灭火器的使用方法、电气火灾和爆炸的原因、电气火灾的扑救方法、静电安全等方面的详细介绍，要求学生能够掌握灭火的基本原理与基本方法，学会如何正确选用灭火器并掌握其使用方法，掌握电气火灾的扑救方法，懂得电气静电安全的重要性并掌握静电控制措施。

【教学目标】

（1）掌握灭火的基本原理与基本方法。

（2）学会如何正确选用灭火器并掌握其使用方法。

（3）掌握电气火灾的扑救方法。

（4）懂得电气静电安全的重要性并掌握静电控制措施。

【教学环境】

要求具备室内及室外教学实训场地，用于模拟火灾的发生及扑救。场地要配备教学所需的各类电气安全用具（电气设备、灭火设备、个人防护设备等），存放电气安全用具的场所的温度、湿度、绝缘等环境要符合电气安全用具的保管要求；安装发电机、电动机、变压器、断路器、变配电设备及电气线路；适宜采用室内课堂教学和室外实践教学相结合的方法，有针对性地开展相应教学内容，结合常见电气设备实物及常用灭火器，教学相长，综合教学。

任务一　燃烧与灭火方法

【教学目标】

（1）了解燃烧的基本知识。

（2）学习火灾种类的分类。

（3）懂得灭火的基本原理并掌握基本的灭火方法。

【教学环境】

适宜采用室内课堂教学和室外实践教学相结合的方法，有针对性地开展相应教学内容，结合常见电气设备实物及常用灭火器，教学相长，综合教学。

【任务描述】

认真学习燃烧的理论知识，探索燃烧的形成所具备的必备条件及燃烧发生的一般规律。掌握并能够分辨不同的火灾类型，掌握基本的灭火方法。

【任务准备】

什么是燃烧？燃烧的形成需要具备哪些基本的条件？燃烧的一般规律是怎样的？火灾发生的种类有哪些？根据灭火原理，应采用哪些基本的灭火方法？通过小组讲授、探讨及实例模拟展示的方法学习燃烧与灭火方法的基本内容。

【任务实施】

首先学习、观察燃烧发生时的主要现象，发现其燃烧的本质，探讨燃烧的形成所必备的条件，探究燃烧的规律及发展过程，根据燃烧的形成条件，制定出对应的灭火方法。

一、制定火灾的预防原则

（1）加强消防安全管理。

（2）严格控制火源。

（3）采用耐火建筑。

（4）阻止火焰的蔓延。

（5）限制火灾可能发展的规模。

（6）组织训练消防队伍。

（7）配备相应的消防器材。

二、总结灭火的基本原理

（1）冷却灭火（破坏着火源、降低温度）。

（2）窒息灭火（降低助燃物浓度）。

（3）隔离灭火（隔离可燃物）。

（4）化学抑制灭火（如干粉灭火剂）。

三、练习灭火的基本方法

（1）冷却法。将灭火剂（水、二氧化碳等）直接喷射到燃烧物上把燃烧物的温度降低到可燃点以下，使燃烧停止；或者将灭火剂喷洒在火源附近的可燃物上，使其不受火焰辐射热的威胁，避免形成新的着火点。此法为灭火的主要方法。

水是最常用、最廉价的灭火剂，有迅速降温的作用，但水能导电，因此对电气设备火灾，需要切断电源后方可用水灭火。

（2）窒息法。阻止空气流入燃烧区域，或用不燃烧的惰性气体冲淡空气，使燃烧物得不到足够的氧气而熄灭。如用二氧化碳、氮气、水蒸气等惰性气体灌注容器设备，用石棉毯、湿麻袋、湿棉被、黄沙等不燃物或难燃物覆盖在燃烧物上，封闭起火的建筑或设备的门窗、孔洞等等。

（3）隔离法。将正在发生燃烧的物质与其周围可燃物隔离开来或将燃烧物附近的可燃、易燃物品移往安全地带，燃烧就会因为缺少可燃物而停止。如将靠近火源处的可燃物品搬走，拆除接近火源的易燃建筑，关闭可燃气体、液体管道阀门，减少和阻止可燃物质进入燃烧区域等。

（4）抑制法（化学法）。将有抑制作用的灭火剂喷射到燃烧区，并参加到燃烧反应过程中去，使燃烧反应过程中产生的游离基消失，形成稳定分子或低活性的游离基，使燃烧的链式反应终止。目前使用的干粉灭火剂、1211灭火剂等均属此类灭火剂。

目【相关知识】

一、燃烧

1. 燃烧的定义与本质

燃烧俗称着火，是指可燃物与氧或氧化剂作用发生的释放热量的化学反应，通常伴有火焰和发烟的现象。

燃烧的本质是一种伴有放热和发光效应的激烈的化学反应。放热、发光、生成新物质（如木料燃烧后生成二氧化碳和水并剩下碳和灰）是燃烧现象的三个特征。燃烧是一种氧化反应，其中氧气是最常见的氧化剂，但氧化剂并不仅限于氧气。

近代燃烧学理论认为燃烧是一种游离基的链式反应。链式反应机理大致可分为三段：

（1）链引发。即生成游离基，使链式反应开始。

（2）链传递。游离基作用于其他参与反应的物质分子，产生新的游离基。

（3）链终止。即游离基的消失，使链式反应终止。

燃烧速度指在单位面积上和单位时间内烧掉的可燃物质的数量。

物质在燃烧过程中一般会产生下列现象：

（1）燃烧气体。物质在燃烧开始阶段，首先释放出来的是燃烧气体。其中有单分子的CO和CO_2等气体、较大的分子团、灰烬和未燃烧的物质颗粒悬浮在空气里。

（2）烟雾。一般把人肉眼可见的燃烧生成物，其粒子直径为$0.01\sim10\mu m$的液体或固体微粒称之为烟雾。不管是燃烧气体还是烟雾，它们都有很大的流动性，能潜入建筑物的任何空间。这些气体和烟雾有毒性，因而对人的生命有特别大的威胁。据统计，在火灾中约有70％的死亡是由于燃烧气体或烟雾造成的。

（3）热（温）度。凡是物质燃烧必然有热量释放，使环境温度升高。但在燃烧速度非常缓慢的情况下，这种热（温）度不容易鉴别出来。

（4）火焰。火焰是物质燃烧产生的灼热发光的气体部分。物质燃烧到发光阶段是物质的全燃过程。此时，火焰热辐射含有大量的红外线和紫外线。

2. 燃烧的条件

（1）燃烧的必要条件

燃烧的必要条件又称燃烧三要素，即可燃物、助燃物（氧化剂）和着火源。燃烧三要素如图5-1所示。

1）可燃物：凡是能与空气中的氧气或其他氧化剂起化学反应的物质称可燃物。按物理状态分为气体可燃物（如氢气、一氧化碳）、液体可燃物（如汽油、酒精等）和固体可燃物（如木材、纸张、布匹、塑料等）。

2）助燃物：凡是能帮助和支持可燃物燃烧的物质，即能与可燃物发生氧化反应的物质称为助燃物（如空气、氧气、氯气以及高锰酸钾、氯酸钾等氧化物和过氧化物等）。

图5-1　燃烧三要素

3）着火源：凡能引起可燃物与助燃物发生燃烧反应的能量来源（常见的是热能源）称作着火源。根据能量来源不同，可分为明火、高热物体、化学热能、电热能、机械热能、生物能、光能和核能等。

（2）燃烧的充分条件

1）一定浓度（量）的可燃物（能与氧化剂发生反应的物质）。

2）一定比例的助燃物（氧化剂）。

3）一定能量的着火源（温度）。

4）可燃物、助燃物和着火源三者相互作用（不受抑制的链式反应）。

3．燃烧的类型

（1）闪燃：在一定温度下，易燃和可燃液体表面所产生的气与空气混合后，达到一定的浓度时，遇到火源发生一闪即灭的现象。根据闪点可以划分可燃液体的火灾危险性。

（2）着火：可燃物质在空气中受到着火源的作用，发生持续燃烧的现象。

（3）自燃：可燃物质受热升温而不需要明火作用就能自行燃烧的现象。自燃包括受热自燃和本身自燃。

（4）爆炸：物质发生剧烈的物理或化学变化，由一种状态迅速转为另一种状态，在瞬间以机械功的形式或是气体、蒸气在瞬间发生剧烈膨胀等，产生高温高压气体，使周围的空气发生猛烈震荡而造成巨大声响的现象。爆炸包括物理性爆炸、化学性爆炸和核爆炸。

4．燃烧的一般规律

对于普通可燃物质燃烧的表现形式，首先是产生燃烧气体，然后是烟雾，在氧气供应充分的条件下，才能达到全部燃烧，产生火焰，并散发出大量的热量，使环境温度升高。普通可燃物质典型起火过程曲线如图 5-2 所示。

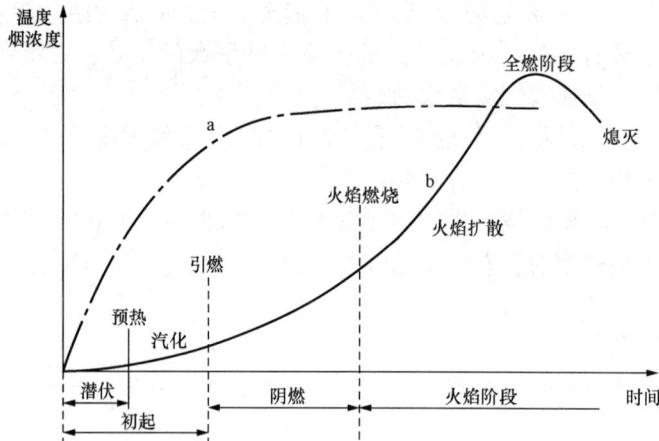

图 5-2　普通可燃物质典型起火过程

曲线 a—烟雾气胶浓度与时间的关系；曲线 b—热气流温度与时间的关系

从图中可知，可燃物质燃烧发展在多数情况下，总是头两个阶段（初起和阴燃）所占时间较长，这是燃烧的开始阶段。燃烧从开始阶段到全部燃烧，要经过一段时间。如果可燃物质的燃烧在发展过程中得不到有效的控制，则很可能形成火灾，造成严重后果。

二、火灾

1. 火灾的定义

火灾是指在时间上、空间上失去控制的燃烧所造成的灾害。

电气火灾与爆炸：由于电气方面原因形成的火源所引起的火灾和爆炸。

2. 火灾的产生与规律

产生火灾的原因很多，大约有以下几种原因：

（1）明火。人员用火不慎或人为破坏，如乱丢烟头、火柴，电焊、气焊火花跌落等引起可燃气体、油料、木材和化纤等物体燃烧而引发火灾。

（2）电气起火。如用户随意接插用电，线路超载，配电线路受潮、老化、漏电甚至短路，变配电设备和用电设备安放位置不当，电气事故后迅速引燃周围物质等引发火灾。

（3）雷击。

（4）化学能。

3. 火灾的发展过程

（1）火灾初起阶段。产物：水汽、二氧化碳、少量一氧化碳。

温度：火焰温度≥500℃，室温略有上升。

（2）火灾发展阶段。

产物：烟、毒性气体。

温度：环境温度可达到500℃以上，上层气温达到400～600℃导致轰燃。

（3）火灾下降阶段。

产物：氢气、甲烷。

温度：室内温度下降到500℃左右，突然引入较多新鲜空气导致爆燃。

（4）熄灭阶段。

火灾发展过程中各发展阶段中的环境温度变化如图5-3所示。

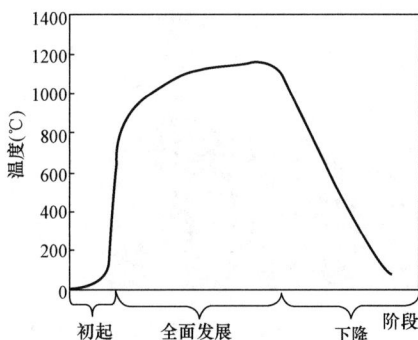

图5-3　火灾发展阶段温度变化示意图

4. 火灾的种类

A类火灾指固体物质火灾，如木材、棉、毛、麻、纸张等燃烧的火灾。固体物质是火灾中最常见的燃烧对象。

B类火灾指液体火灾和可溶性的固体物质火灾，如汽油、煤油、原油、甲醇、乙醇、沥青等。

C类火灾指气体火灾，如煤气、天然气、甲烷、丙烷、乙炔、氢气、甲醇、乙醚、丙酮等可燃气体燃烧的火灾。可燃气体燃烧分为预混燃烧和扩散燃烧。

D类火灾指金属火灾，如钾、钠、镁、钛、锆、锂、铝镁合金等可燃金属燃烧的火灾。

可燃金属燃烧引起的火灾之所以单独作为D类火灾，是因为这些金属燃烧时燃烧热很大，为普通燃料的5～20倍，火焰温度很高，有的甚至达到3000℃以上；并且在高温下金属性质特别活泼，使常用灭火剂失去作用，必须采用特殊的灭火剂灭火。

E类火灾指带电的电气设备及其他物体燃烧的火灾。

任务二 常用灭火器的使用方法

【教学目标】

熟悉灭火器的分类与识别方法，懂得灭火器灭火原理，针对不同类型的火灾能够正确选用适当的灭火器，并正确操作灭火器，准确有效灭火。

【任务描述】

通过对各种类型灭火器产品资料的收集整理，学习不同类型灭火器的灭火原理。通过对不同类型灭火器实物的操作技能训练，掌握灭火器具体的使用方法及使用的灭火范围。

【任务准备】

准备干粉灭火器、二氧化碳灭火器、泡沫灭火器等灭火器实物，配备手提式灭火器和推车式灭火器。

【任务实施】

首先对已有灭火器进行准确分类，识别灭火器的标示、构造，学习并掌握各种灭火器的灭火原理。通过灭火器集中展示、操作体验等方式锻炼灭火器具体的使用方法与步骤，拓展学习使用消火栓系统灭火的相关知识与技能，在工作、生活场合及时检查配备必要的灭火器材与设施。

1. 手提式干粉灭火器

手提式干粉灭火器如图 5-4 所示，使用方法如图 5-5 所示：

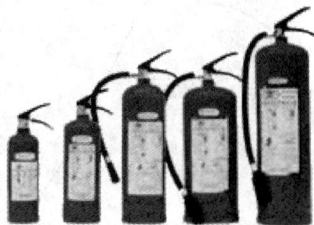

图 5-4 手提式干粉灭火器

（1）右手握着压把，左手托着灭火器底部，轻轻取下灭火器，如图 5-5（a）所示。

（2）右手提着灭火器到现场，如图 5-5（b）所示。

（3）除掉铅封，如图 5-5（c）所示。

（4）拔出保险销，如图 5-5（d）所示。

（5）左手握着喷管，右手提着压把，如图 5-5（e）所示。

（6）在距火焰 2m 的地方，右手用力压下压把，左手拿着喷管左右摆动，喷射干粉覆盖整个燃烧区，如图 5-5（f）所示。

手提式干粉灭火器结构简单，操作灵活，使用方便，具有灭火速度快，效率高，面积大，用量省，毒性低，可持续或间接喷射等特点。适用于扑救各种易燃、可燃液体和易燃、可燃气体火灾，以及电器设备火灾。

手提式干粉灭火器使用注意事项为在距离火焰 2m 左右处使用。先拔下保险销，一只手握住喷嘴，另一只手紧握压把和提把，用力下压，干粉即喷出。将喷嘴对准火焰的根部左右摆动。干粉灭火器在喷粉过程中要始终保持直立状态，不能横卧或颠倒使用。

2. 推车式干粉灭火器

推车式干粉灭火器如图 5-6 所示，使用方法如图 5-7 所示：

（1）把干粉车拉或推到现场，如图 5-7（a）所示。

（2）右手抓着喷粉枪，左手顺势展开喷粉胶管，直至平直，不能弯折或打圈，如图 5-7（b）所示。

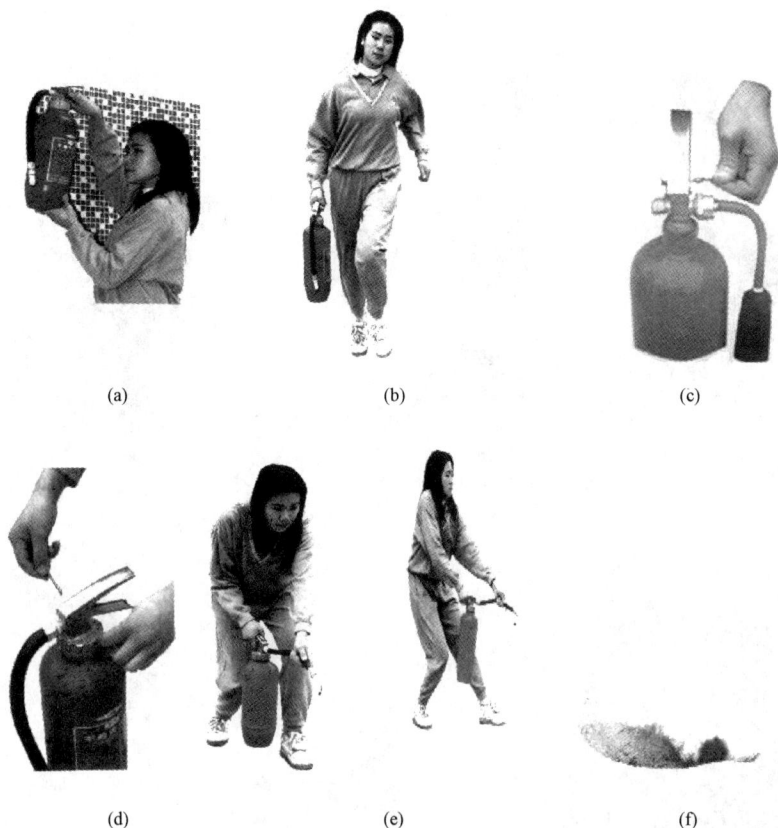

(a)　　　　　　　(b)　　　　　　　(c)

(d)　　　　　　　(e)　　　　　　　(f)

图 5-5　手提式干粉灭火器使用方法

（3）除掉铅封，拔出保险销，如图 5-7（c）所示。

（4）用手掌使劲按下供气阀门，如图 5-7（d）所示。

（5）左手持喷粉枪管托，右手把持枪把，用手指扣动喷粉开关，对准火焰喷射，不断靠前左右摆动喷粉枪，把干粉笼罩在燃烧区，直至把火扑灭为止，如图 5-7（e）所示。

推车式干粉灭火器移动方便，操作简单，价格低廉，剂量大，灭火能力强，面积大，灭火效果好。用以扑灭石油制品，易燃液体、气体、电气设备，发动机等的火灾。该灭火器是加油站、油泵房、油槽、化工油房和易着火的贵重设备的理想灭火器材。

图 5-6　手提式干粉灭火器

推车式干粉灭火器使用注意事项：

（1）推车式干粉灭火器由两人操作。先将其推至距燃烧物 10m 左右，一人负责放下胶管卷盘，手持喷枪对准燃烧区，另一人则撕掉小铅块后，用力提起提环，当干粉喷出时，将射流对准火焰根部喷射即可灭火。

（2）使用推车式干粉灭火器应在上风口喷射干粉，并且在扑救液体火灾时，注意射流和液面夹角不能太大，否则会使液体溅起，引起更大火灾。

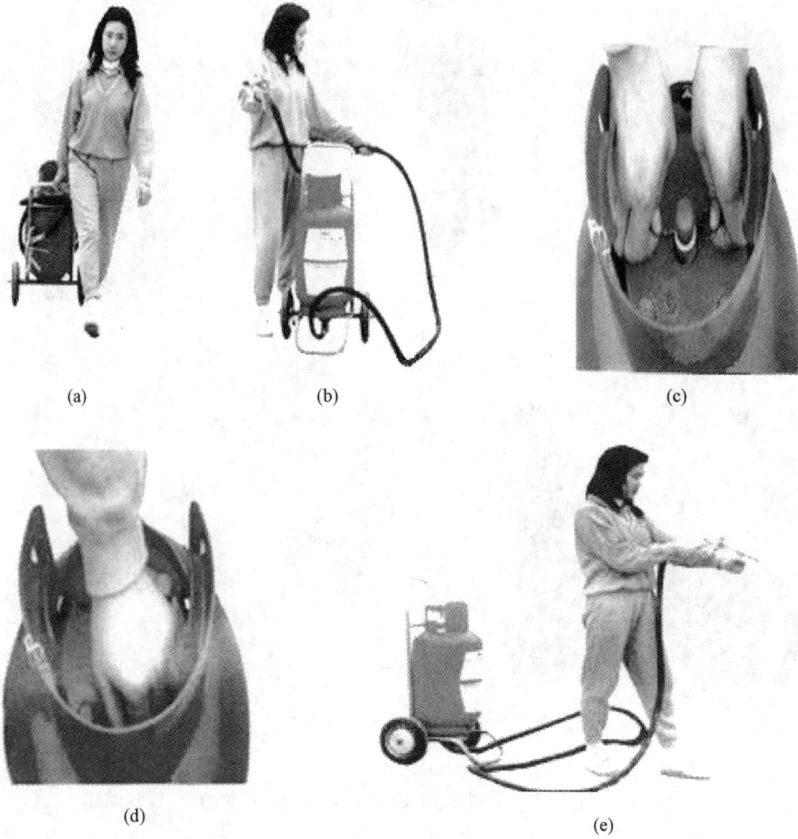

图 5-7 推车式干粉灭火器使用方法

3. 手提式二氧化碳灭火器

手提式二氧化碳灭火器如图 5-8 所示，使用方法如图 5-9 所示：

(1) 用右手握着压把，如图 5-9（a）所示。

(2) 用右手提着灭火器到现场，如图 5-9（b）所示。

(3) 除掉铅封，如图 5-9（c）所示。

(4) 拔掉保险销，如图 5-9（d）所示。

(5) 站在距火源 2m 的地方，左手拿着喇叭筒，右手用力压下压把，如图 5-9（e）所示。

(6) 对着火源根部喷射，并不断推前，直至把火焰扑灭，如图 5-9（f）所示。

图 5-8 手提式二氧化碳灭火器

手提式二氧化碳灭火器适用于易燃液体（B 类火灾），易燃气体（C 类火灾）及仪器仪表、图书档案、工艺器和低压电器设备等的初起火灾，灭火速度快，灭火后不留痕迹。

4. MTT24 推车式二氧化碳灭火器

MTT24 推车式二氧化碳灭火器如图 5-10 所示，使用方法为把灭火器拉到火场，将盘

图 5 - 9　手提式二氧化碳灭火器使用方法

绕的喷管顺势展开，直至平直，不能弯曲或打圈。逆时针议程旋转手轮，打开阀门。双手紧握喷筒，对准火焰上部喷射，使灭火剂覆盖在燃烧物体上。

MTT24 推车式二氧化碳灭火器适用于扑灭液体和可融化固体及气体的火。如汽油、石油气、塑料等。

5. 手提式泡沫灭火器

使用方法如图 5 - 11 所示：

（1）右手拖着压把，左手拖着灭火器底部，轻轻取下灭火器，如图 5 - 11（a）所示。

（2）右手提着灭火器到现场，如图 5 - 11（b）所示。

（3）右手捂住喷嘴，左手执筒底边缘，如图 5 - 11（c）所示。

（4）把灭火器颠倒过来呈垂直状态，用力上下晃动几下，然后放开喷嘴，如图 5 - 11（d）所示。

图 5 - 10　MTT24 推车式
二氧化碳灭火器

（5）右手抓筒耳，左手抓筒底边缘，把喷嘴朝向燃烧区，站在离火源 8m 的地方喷射，并不断前进，兜围着火焰喷射，直至把火扑灭，如图 5 - 11（e）所示。

（6）灭火后，把灭火器卧放在地上，喷嘴朝下，如图 5 - 11（f）所示。

手提式泡沫灭火器主要适用于扑救各种油类火灾、木材、纤维、橡胶等固体可燃物火灾。

图 5-11 手提式泡沫灭火器使用方法

6. MJPZ 机械泡沫灭火器

MJPZ 机械泡沫灭火器如图 5-12 所示，使用方法：

（1）拔出保险。

（2）封准火焰根部。

（3）压下压把灭火。

MJPZ 机械泡沫灭火器适用于普通的固体材料火灾，可燃液体、气体。

7. 推车式泡沫灭火器

推车式泡沫灭火器如图 5-13 所示，使用方法：

（1）把灭火器拉到火场，将盘绕的喷管顺势展开，直至平直，不能弯曲或打圈，拔出保险。

（2）封准火焰根部。

（3）压下压把灭火。

推车式泡沫灭火器：适用于普通的固体材料

火灾，可燃液体、气体。

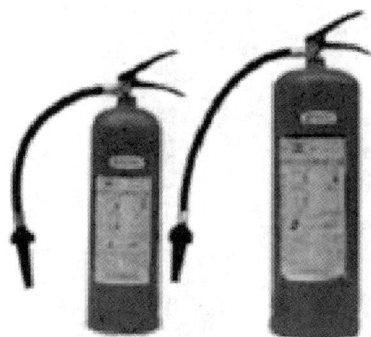

图 5-12 MJPZ 机械泡沫灭火器

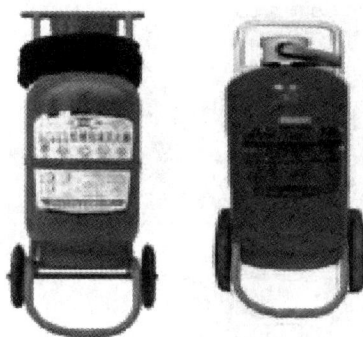

图 5-13 推车式泡沫灭火器

8. 消火栓系统

消火栓系统一般分室内消火栓和室外消火栓两种，部分地方还设置有水泵接合器，如图 5-14 所示。消火栓是消防灭火中主要的水源。对于灭火来讲，用水救火是最经济的，但应注意扑救带电火灾前，必须先断电再用水灭火；还应注意防止用水灭火会给珍藏典籍、精密仪器等造成水渍侵害；有的金属类火灾禁止用水扑救。

（1）室内消火栓。一般设在楼层或房间内的墙壁上，用玻璃门或铁门封挡，内配有水枪、水龙带。使用水龙带时应防止扭转和折弯，否则会阻止水流通过。使用消火栓救火应先将水龙带一头接在消火栓上，同时将水带打开，另一头接水枪，一个人紧握水枪对准着火部位，另一个人打开消火栓阀门。室内消火栓内部示意图如图 5-15 所示。

(a) (b) (c)

图 5-14 消火栓系统组成
（a）室内消火栓；（b）室外消火栓；（c）水泵接合器

图 5-15 室内消火栓内部示意图

使用方法如图 5-16 所示。首先，打开消火栓箱，取出水带，将水带向火方向甩开，保持平直，一头接消火栓，另一头接水枪。接下来逆时针旋转消火栓手轮，出水灭火。

（2）室外消火栓。专门用于消防车取水扑救火灾（图 5-17）及直接连接水带、水枪放水扑救现场火灾（图 5-18）。

室外消火栓使用方法为首先将水带向着火方向铺开，保持平直，然后用消防栓专用扳手打开消火栓端盖，将消防水带一端接到消火栓接口上，另一端接水枪，准备好后，再用消防栓专用扳手将消火栓开关打开放水灭火。室外消火栓开启方法如图 5-19 所示。

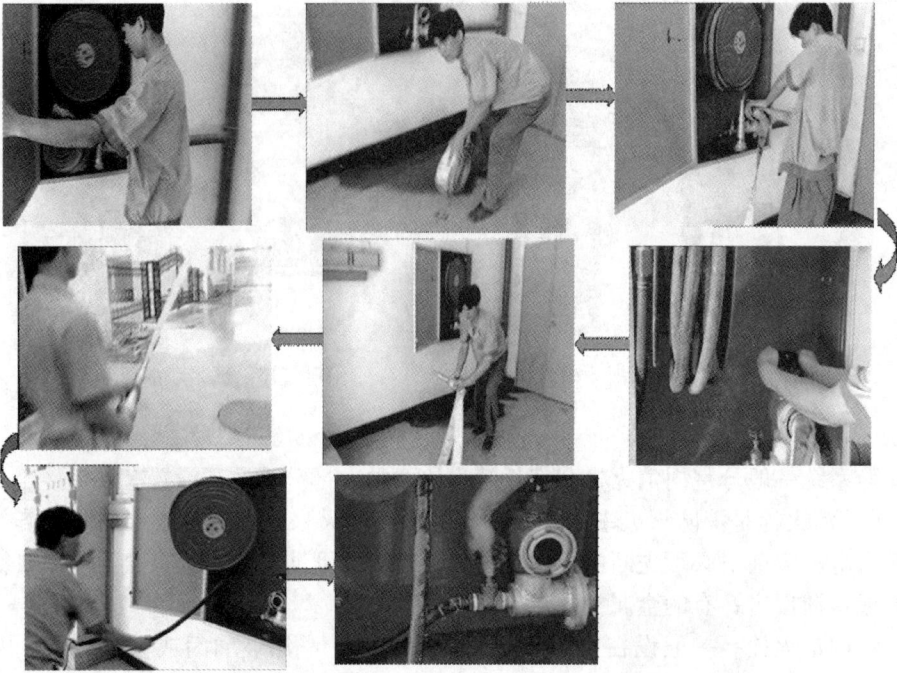

图 5 - 16　室内消火栓使用方法

图 5 - 17　室外消火栓用于消防车
取水扑救火灾

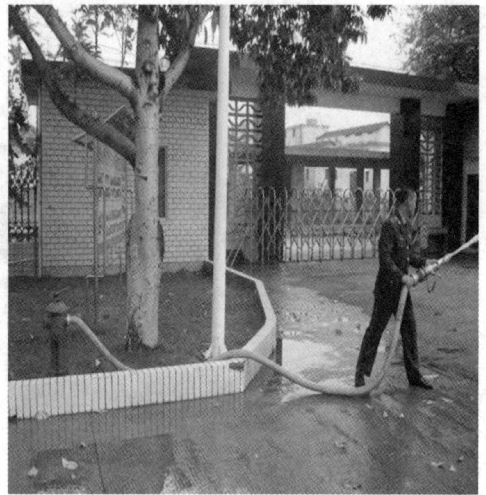

图 5 - 18　室外消火栓直接连接水带、
水枪放水扑救现场火灾

9. 简易灭火器材

(1) 定义：在初起火灾发生时凡是能够用于扑灭火灾的所有工具都可称为简易灭火器材。

(2) 特点：简易灭火器材种类繁多、用途广泛，而且能因地制宜、取用方便，在火灾初起阶段值得推广使用。其中轻便型灭火器充装量少，压力小，一次性使用，适用于家庭、汽车等场所使用，如图 5 - 20 所示。

图 5-19　室外消火栓开启方法

(a) 消防栓专用扳手；(b) 打开出水口；(c) 打开阀门

图 5-20　轻便型灭火器

📖【相关知识】

灭火器是一种可由人力移动的轻便灭火器具，它能在其内部压力作用下，将所充装的灭火剂喷出，用来扑救初起火灾，控制蔓延。灭火器种类繁多，其适用范围也有所不同，只有正确选择灭火器的类型，掌握使用方法，才能有效地扑救不同种类的火灾，达到预期的效果。我国现行的国家标准将灭火器分为手提式灭火器（总重量不大于 20kg）和车推式灭火器（总重量不大于 40kg 以上）。

一、灭火器的分类与识别

1. 灭火器分类

（1）灭火器按充装的灭火剂类型可分为五类。

1）干粉类灭火器。此类灭火器充装的灭火剂主要有两种，即碳酸氢钠和磷酸铵盐。干粉灭火器是比较常用的灭火器。

2）二氧化碳灭火器。

3）泡沫型灭火器。

4）水型灭火器。

5）卤代烷型灭火器（俗称 1211 灭火器和 1301 灭火器）。

（2）灭火器按驱动灭火器的压力型式可分为三类：

1）化学反应式灭火器：灭火剂由灭火器内化学反应产生的气体压力驱动的灭火器。

2）贮气式灭火器：灭火剂由灭火器上的贮气瓶释放的压缩气体的或液化气体的压力驱动的灭火器。

3）贮压式灭火器：灭火剂由灭火器同一容器内的压缩气体或灭火蒸气的压力驱动的灭火器。

目前主要采用贮压式灭火器，其他两种方式已经淘汰。

2. 常见灭火器标志的识别

灭火器铭牌常贴在筒身上或印刷在筒身上，并应有下列内容，在使用前应详细阅读。

（1）灭火器的名称、型号和灭火剂类型。如：MT 灭火器即二氧化碳灭火器，其中第一个字母 M 代表灭火器，第二个字母代表灭火剂类型，T 是指二氧化碳灭火剂。

（2）灭火器的灭火种类和灭火级别。要特别注意的是，对不适应的灭火种类，其用途代码符号是被红线划过去的。

（3）灭火器的使用温度范围。

（4）灭火器驱动器气体名称和数量。

（5）灭火器生产许可证编号或认可标记。

（6）生产日期、制造厂家名称。

二、灭火器灭火原理

1. 干粉灭火器

干粉灭火器内充装的是干粉灭火剂。干粉灭火剂是干燥且易于流动的微细粉末，由具有灭火效能的无机盐和少量的添加剂经干燥、粉碎、混合而成微细固体粉末组成。它是一种在消防中得到广泛应用的灭火剂，且主要用于灭火器中。

除扑救金属火灾的专用干粉化学灭火剂外，干粉灭火剂一般分为 BC 类干粉灭火剂和 ABC 干粉灭火剂两大类。如 BC 类干粉（碳酸氢钠干粉）、改性钠盐干粉、钾盐干粉、磷酸二氢铵干粉、磷酸氢二铵干粉、磷酸干粉、氨基干粉和 ABC 干粉（磷酸铵盐干粉）灭火剂等。

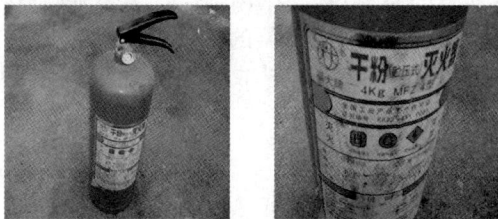

图 5-21　BC 干粉灭火器

（1）BC 干粉灭火器，如图 5-21 所示，这类灭火器充有 BC 类干粉，可以扑灭 B、C 类火灾。适用于易燃、可燃液体，气体及带电设备的初起火灾，不适合固体类物质火灾。因此，在配电房、厨房、机房等类易发生可燃液体气体火灾和带电火灾的场所，可配备 BC 类干粉灭火器。当然，此类场所也可配备 ABC 干粉灭火器。

（2）ABC 干粉灭火器，如图 5-22 所示。ABC 干粉（磷酸铵盐干粉）灭火器是一种新型干粉灭火器，采用最新全硅化防潮工艺。它具有流动性好、存储期长、不易受潮结块、绝缘性好等特点；能扑救各种固体、易燃液体、可燃气体和电气设备的初起火灾，还能有效地扑救木材、纸张、纤维等 A 类固体物质火灾；是飞机、船舶、车辆、仓库、工厂、油库、学校、商店、饭店及家庭等场所必备的消防器材，但不得用于扑救轻金属材料火灾。

干粉灭火剂主要通过在加压气体作用下喷出的粉雾与火焰接触、混合时发生的物理、化学作用灭火：一是靠干粉中的无机盐的挥发性分解物，与燃烧过程中燃料所产生的自由基或活性基团发生化学抑制和副催化作用，使燃烧的链式反应中断而灭火；二是靠干粉的粉末落在可燃物表面外，发生化学反应，并在高温作用下形成一层玻璃状覆盖层，从而隔绝氧，进

(a)　　　　　　　　　　(b)

图 5 - 22　ABC 干粉灭火器

(a) 手提式（ABC）干粉灭火器；(b) 手提贮压式（ABC）干粉灭火器

而窒息灭火。另外，还有部分稀释氧和冷却作用。

外挂式储压式干粉灭火器的开启方法为压把法，将灭火器提到距火源燃烧点适当距离（2—3m）处（如在室外，应选择站在上风方向），放下灭火器。先上下颠倒几次，使筒内的干粉松动，除掉铅封，将开启把上的保险销拔下，然后握住喷射软管前端喷嘴部对准燃烧最猛烈处，另一只手将开启压把压下，灭火剂便会喷出灭火。在使用灭火器时，一只手应始终压下压把，不能放开，否则会中断喷射。

如果储气瓶的开启是手轮式的，则可用旋转法开启：开启干粉灭火棒时，左手握住其中部，将喷嘴对准火焰根部，右手拔掉保险卡，逆时针方向旋转开启旋钮，并旋到最高位置，打开贮气瓶，滞时 1—4s，干粉便会喷出灭火。

干粉灭火器扑救可燃易燃液体火灾时，应对准火焰根部扫射，如果被扑救的液体火灾呈流淌燃烧时，应对准火焰根部由近而远，并左右扫射，直至把火焰全部扑灭。如果可燃液体在容器内燃烧，使用者应对准火焰根部左右晃动扫射，使喷射出的干粉流覆盖整个容器开口表面；当火焰被赶出容器时，使用者仍应继续喷射，直至将火焰全部扑灭。在扑救容器内可燃液体火灾时，应注意不能将喷嘴直接对准液面喷射，防止喷流的冲击力使可燃液体溅出而扩大火势，造成灭火困难。如条件许可，使用者可提着灭火器沿着燃烧物四周边走边喷，使干粉灭火剂均匀地喷在燃烧物的表面，直至将火焰全部扑灭。

如果当可燃液体在金属容器中燃烧时间过长，容器的壁温已高于扑救可燃液体的自燃点，此时极易造成灭火后再复燃的现象，若与泡沫类灭火器联用，则灭火效果更佳。

2. 二氧化碳灭火器

二氧化碳灭火剂是一种具有一百多年历史的灭火剂，价格低廉，获取、制备容易，其主要依靠窒息作用和部分冷却作用灭火。二氧化碳具有较高的密度，约为空气的 1.5 倍。在常压下，液态的二氧化碳会立即汽化，一般 1kg 的液态二氧化碳可产生约 $0.5m^3$ 的气体。

因而，灭火时二氧化碳气体可以排除空气而包围在燃烧物体的表面或分布于较密闭的空间中，降低可燃物周围或防护空间内的氧浓度，产生窒息作用而灭火。另外，二氧化碳从储存容器中喷出时，会由液体迅速汽化成气体，而从周围吸引部分热量，起到冷却的作用。

二氧化碳灭火器都是以高压气瓶内储存的二氧化碳气体作为灭火剂进行灭火，二氧化碳灭火后不留痕迹，主要用于扑救贵重设备、档案资料、仪器仪表、600V 以下电气设备及油类的初期火灾，但不可用它扑救钾、钠、镁、铝等物质火灾。

在使用时，应首先将灭火器提到起火地点附近（相距4—5m），放下灭火器，拔出保险销，一只手握住喇叭筒根部的手柄，另一只手紧握启闭阀的压把。对没有喷射软管的二氧化碳灭火器，应把喇叭筒往上扳70～90℃。使用时，不能直接用手抓住喇叭筒外壁或金属连接管，防止手被冻伤。在使用二氧化碳灭火器时，在室外使用的，应选择上风方向喷射；在室内窄小空间使用的，灭火后操作者应迅速离开，以防窒息。

3. 1211灭火器

（1）"1211"灭火器是一种高效灭火剂，如图5-23所示。灭火时不污染物品，不留痕迹，特别适用于扑救精密仪器、电子设备、文物档案资料火灾。它的灭火原理也是抑制连烧的链式反应，也适宜于扑救油类火灾。

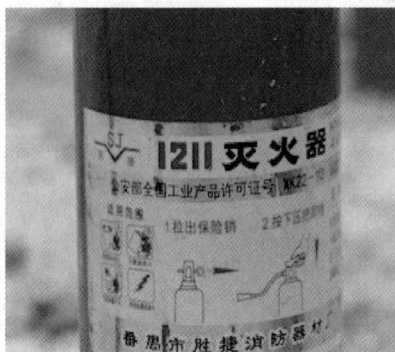

图5-23　"1211"灭火器

使用时要首先拔掉保险销，然后握紧压把开关，即有药剂喷出。使用时灭火筒身要垂直，不可平放和颠倒使用。它的射程较近，喷射时要站在上风，接近着火点，对着火源根部扫射，向前推进，要注意防止回头复燃。

1211灭火器每三个月要检查一次氮气压力，每半年要检查一次药剂重量、压力，药剂重量若减少10%时，应重新充气、灌药。

1211推车灭火器使用方法同干粉灭火器。

（2）1211灭火器有效射程：1kg射程2.5m，2～3kg射程3.5m，4kg射程4.5m，时间为8s。1211推车灭火器有效射程：25kg射程8m，时间20s，40kg射程8m，时间25s。

4. 泡沫灭火器

泡沫灭火器目前主要是化学泡沫，将来要发展空气泡沫，泡沫能覆盖在燃烧物的表面，防止空气进入。它最适宜扑救液体火灾，不能扑救水溶性可燃、易燃液体的火灾（如：醇、酯、醚、酮等物质）和电器火灾。

使用时先用手指堵住喷嘴将筒体上下颠倒两次，就有泡沫喷出。对于油类火灾，不能对着油面中心喷射，以防着火的油品溅出，顺着火源根部的周围，向上侧喷射，逐渐覆盖油面，将火扑灭。使用时不可将筒底筒盖对着人体，以防万一发生危险。

筒内药剂一般每半年，最迟一年换一次，冬夏季节要做好防冻、防晒保养。

泡沫推车使用：先将推车推到火源近处展直喷射胶管，将推车筒体稍向上活动，转开手轮，扳直阀门手柄，手把和筒体立即触地，将喷枪头直对火源根部周围覆盖重点火源。

泡沫灭火器（10升）喷射距离5m，时间35s；65升的射程9m，时间150s左右。

5. 清水灭火器

清水灭火器喷出的灭火剂主要是水，与酸碱灭火器作用相同，使用时不用颠倒筒身，先取下安全帽，然后用力打击凸头，就有水从喷嘴喷出。它主要是冷却作用，只能扑救一般固体火灾（如：竹木、纺织品等），不能扑救液体及电器火灾。

三、不同类型的火灾灭火器的选择

（1）干粉类灭火器，又分碳酸氢钠和磷酸铵盐灭火剂。碳酸氢钠灭火剂用于扑救B、C类火灾；磷酸铵盐灭火剂用于扑救A、B、C、E类火灾。

（2）二氧化碳灭火器。用于扑救 B、C、E 类火灾。

（3）泡沫型灭火器。用于扑救 A、B 类火灾。

（4）水型灭火器。用于扑救 A 类火灾。

（5）卤代烷型灭火器。扑救 A、B、C、E 类火灾。

建筑灭火器配置设计规范（1997）指出：

（1）扑救 A 类火灾应选用水型、泡沫、磷酸铵盐干粉、卤代烷型灭火器。

（2）扑救 B 类火灾应选用干粉、泡沫、卤代烷、二氧化碳型灭火器。

（3）扑救极性溶剂 B 类火灾不得选用化学泡沫灭火器。

（4）扑救 C 类火灾应用干粉、卤代烷、二氧化碳型灭火器。

（5）扑救带电火灾应选用卤代烷、二氧化碳、干粉型灭火器。

（6）扑救 A、B、C 类火灾和带电火灾应选用磷酸铵盐干粉、卤代烷型灭火器。

（7）扑救 D 类火灾的灭火器材应由设计单位和当地公安消防监督部门协商解决。

任务三　电气火灾和爆炸原因

🔊【教学目标】

认识电气火灾及其特殊危害，熟悉电气火灾的特点，并在工作、生活中能够做到合理预防，有效扑灭电气火灾。

🤲【任务描述】

学习电气火灾及爆炸事故发生的原因及火灾发生的特点，针对电气火灾的特点，掌握电气场所电气设备的安全防护工作的内容。

🎤【任务准备】

准备电气火灾发生的实例、实物及图文资料，共同探讨整理学习电气火灾发生的原因及特点，在工作、生活场所开展有效的电气火灾预防实践演练。

〰️【任务实施】

学习过热、电火花及电弧形成电气火灾的理论知识，掌握电气火灾的特点，根据电气火灾和爆炸形成的主要原因，学习掌握并有效开展电气火灾的预防工作。

根据电气火灾和爆炸形成的主要原因，电气火灾应主要从以下几个方面进行预防：

1. 排除可燃易爆物质

（1）防止可燃易爆物质的泄漏。

（2）充分通风。

2. 排除各种电气着火源

（1）排除电气线路产生着火源，要合理选用电气设备和导线，不要使其超负载运行。

（2）合理选用电气设备防护型式。

（3）按规范安装危险场所的电气设备。

（4）在安装开关、熔断器或架线时应避开易燃物，并与易燃物保持必要的防火间距。

（5）保持电气设备与危险场所的安全距离。

（6）确保电气设备正常运行，保持电气设备的通风良好，散热效果好。特别注意线路或设备连接处的接触保持正常运行状态，以避免因连接不牢或接触不良，使设备过热。

（7）电气设备可靠接地或接零。

（8）合理应用保护装置。

（9）要定期清扫电气设备，保持设备清洁。

（10）加强对设备的运行管理。要定期检修、试验，防止绝缘损坏等造成短路。

3. 变配电所建设注意防火要求

（1）电气用建筑采用耐火材料。

（2）隔离充油设备。

（3）充油设备装设储油和排油设施。

（4）变配电室设置安全防护门。

（5）生产现场设置消防设备。

4. 防止和消除静电火花

📖【相关知识】

一、电气火灾和爆炸的原因

电气火灾和爆炸在火灾、爆炸事故中占有很大的比例。如线路、电动机、开关等电气设备都可能引起火灾。变压器等带油电气设备除了可能发生火灾，还有爆炸的危险。造成电气火灾与爆炸的原因很多。除设备缺陷、安装不当等设计和施工方面的原因外，电流产生的热量和火花或电弧是引发火灾和爆炸事故的直接原因。

1. 过热

电气设备过热主要是由电流产生的热量造成的。

导体的电阻虽然很小，但其电阻总是客观存在的。因此，电流通过导体时要消耗一定的电能，这部分电能转化为热能，使导体温度升高，并使其周围的其他材料受热。对于电动机和变压器等带有铁磁材料的电气设备，除电流通过导体产生的热量外，还有在铁磁材料中产生的热量。因此，这类电气设备的铁芯也是一个热源。

当电气设备的绝缘性能降低时，绝缘材料的泄漏电流增加，也可能导致绝缘材料温度升高。

由上面的分析可知，电气设备运行时总是要发热的，但是，设计、施工正确及运行正常的电气设备，其最高温度和其与周围环境温差（即最高温升）都不会超过某一允许范围。例如：裸导线和塑料绝缘线的最高温度一般不超过70℃。也就是说，电气设备正常的发热是允许的。但当电气设备的正常运行遭到破坏时，发热量要增加，温度升高，达到一定条件，可能引起火灾。

引起电气设备过热的不正常运行大体包括以下五种情况：

（1）短路。发生短路时，线路中的电流增加为正常时的几倍甚至几十倍，使设备温度急剧上升，大大超过允许范围。如果温度达到可燃物的自燃点，即引起燃烧，从而导致火灾。

下面是引起短路的几种常见情况：电气设备的绝缘老化变质，或受到高温、潮湿或腐蚀的作用失去绝缘能力；绝缘导线直接缠绕、勾挂在铁钉或铁丝上时，由于磨损和铁锈蚀，使绝缘破坏；设备安装不当或工作疏忽，使电气设备的绝缘受到机械损伤；雷击等过电压的作用，电气设备的绝缘可能遭到击穿；在安装和检修工作中，由于接线和操作的错误等。

（2）过载。过载会引起电气设备发热，造成过载的原因大体上有以下两种情况：一是设计时选用线路或设备不合理，以致在额定负载下产生过热；二是使用不合理，即线路或设备的负载超过额定值，或连续使用时间过长，超过线路或设备的设计能力，由此造成过热。

（3）接触不良。接触部分是发生过热的一个重点部位，易造成局部发热、烧毁。有下列几种情况易引起接触不良：不可拆卸的接头连接不牢、焊接不良或接头处混有杂质，都会增加接触电阻而导致接头过热；可拆卸的接头连接不紧密或由于震动变松，也会导致接头发热；活动触头，如隔离开关的触头、插头的触头、灯泡与灯座的接触处等活动触头，如果没有足够的接触压力或接触表面粗糙不平，会导致触头过热；对于铜铝接头，由于铜和铝电性不同，接头处易因电解作用而腐蚀，从而导致接头过热。

（4）铁芯发热。变压器、电动机等设备的铁芯，如果铁芯绝缘损坏或承受长时间过电压，涡流损耗和磁滞损耗将增加，使设备过热。

（5）散热不良。各种电气设备在设计和安装时都要考虑有一定的散热或通风措施，如果这些部分受到破坏，就会造成设备过热。此外，电炉等直接利用电流的热量进行工作的电气设备，工作温度都比较高，如安置或使用不当，均可能引起火灾。

2. 电火花和电弧

一般电火花的温度都很高，特别是电弧，温度可高达 $3000 \sim 6000℃$，因此，电火花和电弧不仅能引起可燃物燃烧，还能使金属熔化、飞溅，构成危险的火源。在有爆炸危险的场所，电火花和电弧更是引起火灾和爆炸的一个十分危险的因素。

电火花大体包括工作火花和事故火花两类。

（1）工作火花是指电气设备正常工作时或正常操作过程中产生的。如开关或接触器开合时产生的火花、插销拔出或插入时的火花等。

（2）事故火花是线路或设备发生故障时出现的。如发生短路或接地时出现的火花、绝缘损坏时出现的闪光、导线连接松脱时的火花、保险丝熔断时的火花、过电压放电火花、静电火花以及修理工作中错误操作引起的火花等。

此外，还有因碰撞引起的机械性质的火花；灯泡破碎时，炽热的灯丝有类似火花的危险作用。

二、电气火灾的特点

电气火灾与一般性火灾相比，有两个突出的特点：

（1）着火后电气装置可能仍然带电，且因电气绝缘损坏或带电导线断落等发生接地短路事故，在一定范围内存在着危险的接触电压和跨步电压。灭火时如不注意或未采取适当的安全措施，会引起触电伤亡事故。

（2）有些充油电气设备本身充有大量的油，例如变压器、油开关、电容器等，受热后有可能喷油，甚至爆炸，造成火灾蔓延并危及救火人员的安全。

所以，扑灭电气火灾，应根据起火的场所和电气装置的具体情况，采取适当的方法，以保证灭火人员的安全及灭火工作的有效、顺利进行。

任务四　电气火灾的扑救方法

🔊 【教学目标】

通过对电气火灾扑救安全措施及火灾扑救方法的学习，掌握电气火灾扑救的措施方法，尤其是对电力变压器火灾的扑救要重点学习掌握并付诸于实际运用当中。

❀【任务描述】

遇到电气火灾发生时，要首先做好安全防护措施及特殊安全措施，及时切断电源，掌握正确的电气火灾扑救方法，实施正确有效的断电灭火或带电灭火措施，对于电力变压器火灾的扑救要尤为注意安全。

⚕【任务准备】

准备常见容易引发电气火灾的电气设备样品，收集整理已经发生过的电气火灾实例资料，对于发电机、电动机、电力变压器等电气设施做现场的实体结构分析，学习对应的火灾扑救方法与措施。

❦【任务实施】

学习扑灭电气火灾时应采取的安全措施，扑灭电气火灾时，消防人员的自身安全是第一位的。在实验室实例展示下，学习电气火灾扑救时电源的切断方法，重点学习变压器火灾扑救的方法与注意事项。

1. 发电机和电动机的火灾扑救方法

发电机和电动机等电气设备都属于旋转电机类，和其他电气设备比较而言的，这类设备的特点是绝缘材料比较少，而且有比较坚固的外壳，如果附近没有其他可燃易燃物质，且扑救及时，就可防止火灾扩大蔓延。由于可燃物质数量比较少，就可用二氧化碳、1211 等灭火器扑救。大型旋转电机燃烧猛烈时，可用水蒸气和喷雾水扑救。实践证明，用喷雾水扑救的效果更好。对于旋转电机有一个共同的特点，就是不要用砂土扑救，以防硬性杂质落入电机内，使电机的绝缘和轴承等受到损坏而造成严重后果。

2. 变压器和油断路器火灾扑救方法

变压器和油断路器等充油电气设备发生燃烧时，切断电源后的扑救方法与扑救可燃液体火灾相同。如果油箱没有破损，可以用干粉、1211、二氧化碳灭火器等进行扑救。如果油箱已经破裂，大量变压器的油燃烧，火势凶猛时，切断电源后可用喷雾水或泡沫扑救。流散的油火，可用喷雾水或泡沫扑救。流散的油量不多时，也可用砂土压埋。变压器作为供配电电气设备中的重要一环，其火灾扑救方法将在下面的内容中作重点单独描述。

3. 变、配电设备火灾扑救方法

变配电设备，有许多瓷质绝缘套管，这些套管在高温状态遇急冷或不均匀冷却时，容易爆裂而损坏设备，可能使火势进一步扩大蔓延。所以遇这种情况最好用喷雾水灭火，并注意均匀冷却设备。

4. 封闭式电烘干箱内被烘干物质燃烧时的扑救方法

封闭式电烘干箱内的被烘干物质燃烧时，切断电源后，由于烘干箱内的空气不足，燃烧不能继续，温度下降，燃烧会逐渐被窒息。因此，发现电烘干箱冒烟时，应立即切断电烘干箱的电源，并且不要打开电烘干箱。不然，由于进入空气，反而会使火势扩大，如果错误地往电烘干箱内泼水，会使电炉丝、隔热板等遭受损坏而造成不应有的损失。

如果是车间内的大型电烘干室内发生燃烧，应尽快切断电源。当可燃物质的数量比较多，且有蔓延扩大的危险时，应根据烘干物质的情况，采用喷雾水枪或直流水枪扑救，但在没有做好灭火准备工作时，不应把电烘干室的门打开，以防火势扩大。

5. 充油电气设备的灭火措施

充油设备着火时，应立即切断电源，然后扑救灭火。

（1）如设备外部局部着火时，可用二氧化碳、1211、干粉等灭火器材灭火。

（2）如设备内部着火，且火势较大，切断电源后可用水灭火。

（3）备有事故贮油池时，则应设法将油放入池内，池内的油火可用干粉扑灭。池内或地面上的油火不得用水喷射，以防油火飘浮水面而蔓延。

6. 变压器火灾的扑救措施及注意事项

（1）断电灭火。

1）断电技术措施。为防止火场上发生触电事故，因此在断电时首先要有单位电工技术人员的合作，其次应有专门的断电装备。切断电源时应采取以下技术措施：①变电站断开主开关；②使用跃落式熔断器切断电源；③请求供电局对变压器所在的地域进行停电。

2）断电后的扑救措施。变压器发生火灾时，切断电源后的扑救方法与扑救可燃液体火灾相同。扑救时需注意以下方面：①如果油箱没有破损，可用干粉、1211、二氧化碳等灭火剂进行扑救；②如果油箱破裂，大量油流出燃烧，火势凶猛时，切断电源后可用喷雾水或泡沫扑救，流散的油火，也可用砂土压埋，最大时，可挖沟将油集中，用泡沫扑救；③大型的变电设备，都有许多瓷质绝缘套管，这些套管在高温状态遇急冷或冷却不均匀时，容易爆裂而损坏设备，可能造成不必要的损失。如果有绝缘油的套管爆裂后还会造成绝缘油流散，使火势进一步扩大蔓延，所以，遇到这种情况最好采用喷雾水灭火，并注意均匀冷却设备。

（2）带电灭火。

带电灭火关键是解决触电危险，当采取各种安全措施后，对带电的变压器火灾的扑救方法就和断电后的扑救方法基本相同。

1）用灭火器带电灭火。①常用灭火剂和最小安全距离：常用的灭火剂有二氧化碳、1211、干粉等，这些灭火剂都不导电，有足够的绝缘能力。为了安全起见，我们应使人体距带电体之间的最小安全距离不应小于 3m。②注意事项：一是注意操作要领和使用要求；二是尽量在上风喷射。③保持最小安全距离。

2）启动灭火装置带电灭火。装设有固定或半固定灭火装置，对及时扑灭初起火灾，保护设备和防止火势蔓延扩大有重要作用。目前发电厂和供电系统使用的固定灭火装置有水蒸气，1211 和雾状水等，但就我国目前的现状来讲，装置在室外变压器的固定灭火装置几乎没有。①1211 装置。在变电站内的变压器，常用的是 1211 灭火装置，它的喷头安装在变压器的上部和下部贮油的四周，使灭火剂能有重点地喷射到燃烧区域内。②水喷雾灭火装置。现实中只针对室内的大型、重要的变电设备，机房和供电系统。它采用自控系统，发生火灾时，能自动机警，自动灭火。

3）用水带电灭火，此处略述。

【相关知识】

电气火灾对国家和人民生命财产有很大威胁，因此，应贯彻预防为主的方针，防患于未然，同时，还要做好扑救电气火灾的充分准备。用电单位发生电气火灾时，应立即组织人员使用正确方法进行扑救，同时向消防部门报警。

一、扑灭电气火灾的安全措施

发生电气火灾时，应尽可能先切断电源，而后再灭火，以防人身触电，切断电源应注意以下四点：

（1）停电时，应按规程所规定的程序进行操作，防止带负荷拉闸。

（2）切断带电线路电源时，切断点应选择在电源侧的支持物附近，以防导线断落后触及人体或短路。

（3）夜间发生电气火灾，切断电源时，应考虑临时照明问题，以利于扑救。如需要供电部门切断电源时，应及时联系。

（4）如果火势已威胁邻近电气设备时，应迅速拉开相应的开关。

二、扑救电气火灾的特殊安全措施

发生电气火灾，如果由于情况危急，为争取灭火时机，或因其他原因不允许和无法及时切断电源时，就要带电灭火。为防止人身触电，应注意以下几点：

（1）发生电线断落时，应设立相应的警戒区域，禁止无关人员进入。扑救人员与带电部分应保持足够的安全距离，同时做好接地保护和个人安全防护。无防护触电装备的其他救援人员，要防止与地面水流接触，发生触电事故。

（2）高压电气设备或线路发生接地，在室内，扑救人员不得进入故障点 4m 以内的范围；在室外，扑救人员不得进入故障点 8m 以内的范围；进入上述范围的扑救人员必须穿绝缘靴。

（3）应使用不导电的灭火剂，例如二氧化碳和化学干粉灭火剂，因泡沫灭火剂导电，在带电灭火时严禁使用。

（4）当救援人员身体处于漏电区域时，防止产生跨步电压。

三、电气火灾扑救时电源的切断

电气设备发生火灾时，为了防止触电事故，一般都在切断电源后才进行扑救。当断电灭火电气设备发生火灾或引燃附近可燃物时，首先要切断电源。电源切断后，扑救方法与一般火灾扑救基本相同。

（1）电气设备发生火灾后，要立即切断电源，如果要切断整个车间或整个建筑物的电源时，可在变电站、配电室断开主开关。在自动空气开关或油断路器等主开关没有断开前，不能随便拉隔离开关，以免产生电弧发生危险。

（2）发生火灾后，用隔离开关切断电源时，如果隔离开关在发生火灾时受潮或烟熏，其绝缘强度会降低，切断电源时，最好用绝缘的工具操作。

（3）切断用磁力起动器控制的电动机时，应先用接钮开关停电，然后再断开隔离开关，防止带负荷操作产生电弧伤人。

（4）在动力配电盘上，只用作隔离电源而不用作切断负荷电流的隔离开关或瓷插式熔断器，叫总开关或电源开关。切断电源时，应先用电动机的控制开关切断电动机回路的负荷电流，停止各个电动机的运转，然后再用总开关切断配电盘的总电源。

（5）当进入建筑物内，用各种电气开关切断电源已经比较困难，或者已经不可能时，可以在上一级变配电站切断电源。这样要影响较大范围供电时，或处于生活居住区的杆上变电台供电时，有时需要采取剪断电气线路的方法来切断电源。如需剪断对地电压在 250V 以下的线路时，可穿戴绝缘靴和绝缘手套，用断电剪将电线剪断。

切断电源的地点要选择适当，剪断的位置应在电源方面即来电方向的电线支持点附近，防止导线剪断后跌落在地上，造成电击或接地短路而触电伤人。

对三相线路的非同相电线应在不同部位错位剪断，防止线路发生短路。在剪断扭缠在一起的合股线时，要防止两股以上合剪，否则造成短路事故。

（6）城市生活居住区的杆上变电台上的变压器和农村小型变压器的高压侧，多用跌开式熔断器保护。如果需要切断变压器的电源时，可以用电工专用的绝缘杆捅跌开式熔断器的鸭嘴，熔丝管就会跌落下来，达到断电的目的。

（7）电容器和电缆在切断电源后，仍可能有残余电压，因此，即使可以确定电容器或电缆已经切断电源，但是为了安全起见，仍不能直接接触或搬动电缆和电容器，以防发生触电事故。

四、带电灭火

有时在危急的情况下来不及断电，或由于生产其他原因不允许断电（如等待切断电源后再进行扑救，就会有火势蔓延扩大的危险），这时为了取得扑救的主动权，扑救就需要在带电的情况下进行。带电灭火时应注意以下几点：

（1）必须在确保安全的前提下进行，应用不导电的灭火剂如干粉、二氧化碳、1211、1301 等进行灭火。不宜直接用导电的灭火剂如直射水流、泡沫等进行喷射，否则会造成触电事故。

（2）使用小型二氧化碳、1211、1301、干粉灭火器灭火时由于其射程较近，要注意保持一定的安全距离。

（3）要保持人及所使用的导电消防器材与带电体之间的足够的安全距离，扑救人员应戴绝缘手套。用水灭火时，水枪喷嘴至带电体的距离为：110kV 及以下不小于 3m；220kV 及以下不小于 5m。用不导电灭火剂灭火时，喷嘴带电体的最小距离为：10kV 不小于 0.4m；35kV 不小于 0.6m。

（4）对架空线路等空中设备进行灭火时，人与带电体之间的仰角不应超过 45°，而且应站在线路外侧，防止电线断落后触及人体。

（5）在灭火人员使用绝缘手套和绝缘靴、水枪喷嘴安装接地线情况下，可以采用喷雾水枪灭火。用喷雾水枪带电灭火时，通过水柱的泄漏电流较小，比较安全。若用直流水枪灭火，通过水柱的泄漏电会威胁人身安全。为此，直流水枪的喷嘴应接地，灭火人员应戴绝缘手套、穿绝缘靴和均压服。均压服又叫屏蔽服，是根据法拉第笼的屏蔽原理，用金属丝和蚕丝混合（或用导电纤维）织成导电布做成的。穿上这种服装处于电场中，人体各部电位均等，故称"均压服"；由于能起屏蔽作用，保护人体不受电场的影响，所以也叫"屏蔽服"。

（6）如遇带电导线断落于地面，应划出一定警戒区，防止跨步电压触电，扑救人员需要进入灭火时，必须穿上绝缘鞋。

此外，有油的电气设备如变压器。油开关着火时，也可用干燥的黄砂盖住火焰，使火熄灭。

五、电力变压器火灾的扑救及注意事项

电力变压器是电力供电系统的一个重要环节，可以讲哪里有人烟，哪里就有电；哪里有电，哪里就有变压器。

变压器常见火灾原因

（1）由于变压器制造质量差或检修失误，或长期过负荷运行时，使内部线圈绝缘损坏，发生短路。

（2）接头连接不良，造成接触电阻过大，导致局部高温起火。

（3）铁芯绝缘损坏，满流增大，温度升高，引起内部可燃物燃烧。

（4）用电设备发生短路或过负荷时，若遇变压器的保护装置失灵或设置不当等，都会引起变压器过热。

（5）变压器的油质劣化或油箱漏油、缺油等，影响油的热循环，使油的散热能力下降，导致变压器过热起火。

（6）变压器遭受雷击，产生电弧或电火花引燃可燃物。

（7）动物跨接在变压器的低压套管上，引起短路起火。

任务五　静　电　安　全

🔊【教学目标】

了解静电产生的原因、条件及静电的危害，掌握静电的控制措施。在工作、生活中能够依照防静电安全管理办法，有效预防以及消除静电的产生与存在。

🤲【任务描述】

在工作及生活场所因设备本身的特性及一定的外界条件，设备会产生一定的静电，不良静电的积累具有一定的安全隐患。为此，要学习探究静电产生的原因、原理，提出有针对性的静电控制措施，减弱、消除静电，并制定一定的防静电安全管理办法，并付诸实施。

🎤【任务准备】

在实验室或安全模式环境下，模拟静电产生的条件及过程，探测静电数据，同时准备防范、消除静电的安全设施。

〰️【任务实施】

首先收集资料，学习静电产生的理论知识，发现其危害，提出静电控制措施，并通过工艺控制法、泄漏导走法、中和电荷法等验证防静电控制措施，制定所处工作环境的防静电安全管理方法。

一、静电控制

防止静电引起的火灾和爆炸事故是电力静电安全的主要内容。静电导致火灾爆炸事故的条件有五个方面，包括：

（1）生产工艺或物体运动过程有产生静电及物品积聚静电的条件。

（2）有足够的电压产生火花放电。即物品积聚静电的电场强度必须超过介质的击穿强度，发生放电，产生静电火花。

（3）有能引起火花放电的合适间隙。

（4）产生的电火花要有足够的能量，必须超过可燃性气体、蒸汽、粉尘和纤维等爆炸性混合物的最小引爆电流。

（5）在放电间隙及周围环境中有易燃易爆混合物，且浓度在爆炸极限范围之内。

上述条件缺一不可，因此，只要消除其中之一，就可以达到防止静电引起燃烧爆炸危害的目的。

防止静电危害只要有控制并减少静电的产生，设法导走、消散静电，封闭静电、防止静电发生放电，改变生产环境等措施。具体的方法有工艺控制法，泄漏导走法，中和电荷法，封闭削尖法和防止人体带电等。

1. 工艺控制法

工艺控制法即从工艺上，从材料选择上、设备结构和操作管理等方面采取措施，控制静电的产生，使其不能达到危险程度。

通常，利用静电序列表优选原料配方和使用材质，使相互摩擦或接触的两种物质在序列表中位置相近，减少静电产生。在有爆炸、火灾危险场所，传动部分为金属体时，尽量不采用皮带传动；设备、管道要无棱角，光滑平整，管径不要有突变部分，物料在输送中要控制输送速度，并且要控制物料中杂质、水分等含量，以防止静电的产生。

如输送固体物料所使用的皮带、托辊、料斗，倒运车辆和容器等应采用导电材料制造并接地，使用中要定期清扫，但不要使用刷子清扫。输送速度要合适平稳，不要使物料震动蹿位等。

对于液体物料的输送，主要通过控制流速来限制静电的产生。如对于乙醚、二硫化碳等特别易燃易爆物质，前者使用 $\phi12mm$ 管径，后者采用 $\phi24mm$ 管径时，其最大流速不得超过 $1\sim1.5m/s$。对于脂类、酮类和乙醇，最大安全流速可达 $9\sim10m/s$。此外，输送管路应尽量减小弯曲和边ण。液体物料中不应混入空气、水、灰尘和氧化物等杂质，也不可混入可溶性物品。用油轮、罐车、汽车、槽车等进行输送，其输送速度不应急剧变化，同时应在罐内装设分室隔板将液体隔开等。

对气体物料输送应注意，先用过滤器将其中的水雾、尘粒除去再输送和喷出。在喷出过程中，要求喷出量小，压力低，管路应清扫，如二硫化碳喷出时尽量防止带出干冰。液化气瓶口及易喷出的法兰处，应定期清扫干净。

2. 泄漏导走法

泄漏导走法即在工艺过程中，采用空气增湿、加抗静电添加剂、静电接地和规定静止时间的方法，将带电体上的电荷向大地泄漏消散，以期得到安全生产的保证。

（1）空气增湿。空气增湿可以降低静电非导体的绝缘性，湿空气在物体表面覆盖一层导电的液膜，提高电荷经物体表面泄放的能力，即降低物体泄漏电阻，使所产生的静电被导入大地。在工艺条件允许的情况下，空气增湿取相对湿度 70% 为合适。增湿以表面可被水湿润的材料效果为好，如醋酸纤维素，硝酸纤维素，纸张和橡胶等，对表面很难被水所湿润的材料，如纯涤纶、聚四氟乙烯、聚氯乙烯等效果就差，移动带电体，在需消电处，增湿水膜只需保持 $1\sim2s$ 即可，增湿的具体方法可采用通风系统进行调湿、地面洒水，以及喷放水蒸气等方法。

（2）加抗静电添加剂。抗静电添加剂的作用是使绝缘材料增加吸湿性或离子性，使其电阻率降低到 $10^6\sim10^8\Omega\cdot cm$ 以下，如在航空煤油中加入 1% 的抗静电添加剂后，可使油料中的静电迅速消散。

抗静电剂种类繁多，如无机盐表面活性剂、无机半导体、有机半导体、高聚物以及电解质高分子成膜物等。抗静电添加剂的使用应根据使用对象、目的物料的工艺状态以及成本、毒性、腐蚀性和使用场合的有效性等具体情况进行选择。如橡胶行业除炭黑外，不能选择其他化学防静电添加剂，否则会使橡胶贴合不平和起泡。再如对于纤维纺织，只要加入 0.2% 季铵盐型阳离子抗静电油剂，就可使静电电压降到 20V 以下。对于悬浮的粉状或雾状物质，则任何防静电添加剂都无效。

（3）静电接地连接。静电接地是消除静电的最简单最基本的方法，如无其他工艺条件配合，它只能消除导体上的带静电部件，不能消除绝缘体上的静电。

带静电物体的接地线必须连接牢靠，并有足够的机械强度，否则在松断处可能发生火花。对于活动性或临时性的带静电部件，不能靠自然接触接地，应另用接地连接线接地。加工、储存、运输能够产生静电的管道、设备，如储罐混合器、物料输送设备、过滤器反应器、粉碎机械等金属设备与管线，应当将其连成一个连续的导体整体加以接地。不允许设备内部有与地绝缘的金属体。输送物料能产生静电危险的绝缘管道和金属屏蔽层也应接地。在火灾爆炸危险场所或静电对产品质量、人身安全有影响的地方，所使用的金属用具、门把手、窗插销、移动式金属车辆、家具、金属梯子以及编有金属链的地毯等均应接地。金属构架、构架物与管道、金属设备间距小于10cm者也应接地。此外人体静电也应接地。

（4）静止时间。经输油管注入容器、储罐的液体物料带入一定量的静电荷，根据电导和同性相斥的原理，液体内的电荷将向容器壁、液面集中泄漏消散。而液面电荷经液面导向容器壁进而泄入大地，此过程需一定时间。如向燃料灌装液体，当装到90%停泵，液面峰值常常会出现在停泵的5～10s以内，然后电荷逐步衰减，该过程需要70～80s。因此，绝对不能在停泵后马上检尺、取样。小容积槽车装完1～2min后即可取样；对于大储罐则需要含水完全沉降后才能进行检尺工作。

3. 中和电荷法

绝缘体上的静电不能用接地方法消除，但可利用极性相反的电荷中和以减少带电体上的静电量，即中和电荷法，属于该方法的有静电消除器消电、物质匹配消电和湿度消电法等。

（1）静电消除器。静电消除器有自感应式、外接电源式、放射线式和离子流式等。

自感应式静电消除器是最简单的静电消除器，具有结构简单，易制成，价格低廉，便于维修等特点，适用于静电消除要求不严格的场合。该静电消除器用一根或多极接地的金属尖针（钨）作为离子极，将针尖对准带电体并距其表面1～2cm或将针尖置于带电液体内部。由于带电体静电感应，针尖出现相反的电荷，在附近形成很强的电场，并将气体或其他介质电离。所产生的正负离子在电场作用下分别向带电体和针尖移动，与带电体电性相反的离子抵达表面时，即将静电中和，而移动针尖的离子通过接地线将电荷导入大地。

外接电源式静电消除器是利用外接电源的高电压，在消除器针尖（离子端）与接地极之间形成强电场，使空气电离。直接外接电源消除器，产生与带电体电荷极性相反的离子，直接中和带电体上的电荷；交流外接电源消除器，在带电体周围形成等量的正负离子导电层，使带电体表面电荷传导出去。比较而言，直流型较交流型消电能力高，工频次之。外接电源式静电消除器彻底消电，其消电效果好于自感应式静电消除器。但是，这种静电消除器可能会使带电载体上相反的电荷。

放射线静式电消除器是利用放射线同位素使空气电离，从而中和带电体上的静电荷。常用的放射线有 α、β、γ 三种。用此法要注意防范射线对人体的伤害。

离子流式静电消除器与外接电源式静电消除器具有相同的工作原理。所不同的是，利用干净的压缩空气通过离子极喷向带电体。压缩空气将离子极产生的离子不断带到带电体表面，从而达到消电的效果（即离子风消电）。

静电消除器的选用应从适用出发。自感应式、放射线式静电消除器原则上适用任何级别的场合。但是放射线式静电消除器产生危害时，不得使用。外接电源式静电消除器应按场合级别合理选择。如防爆场所应选用防爆型。相对湿度经常在80%以上的环境，尽量不用外接电源式静电消除器。离子流型静电消除器则适用于远距离消电，在防火、防爆环境内适用等。

（2）物质匹配消电。利用静电摩擦序列表中的带电规律，匹配相互接触的物质，使生产过程中产生的不同极性电荷相互中和，这就是匹配消电的方法。例如，橡胶制品生产中，辊轴用塑料、钢铁两种材料制成，交叉安装，胶片先用钢辊接触分离得负电，然后胶片又与塑料辊相摩擦带正电，这样正、负电相抵消保证了安全。应当指出，这种消电方式是宏观的，因两次双电层不可能在同一位置，但就工业安全生产来说，这种方法已可满足。

（3）湿度消电。增加空气湿度能降低某些绝缘材料的表面电阻，从而使静电容易导入大地。在带静电的绝缘材料表面的不同局部，其带电极性不同。增湿前，电荷不能相互串通中和；增湿后，绝缘材料的表面电阻下降，有利于这些电荷的转移中和。

4. 封闭削尖法

封闭削尖法是利用静电的屏蔽、尖端放电和电位随电容变化的特性，使带电体不致造成危害的方法。

用接地的金属板、网、导电线圈把带电体的电荷对外的影响局限在屏蔽层内，屏蔽层内物质不会受到外电场的影响，从而消除了远方放电等问题。这种封闭作用保证了系统的安全。

尖端放电可以引起事故，除利用静电电晕放电来消除静电的场合外，其他所有部件（包括邻近接地体）均要求表面光滑、无棱角和突起。设备、管道毛刺均要除掉。

带电体附近有接地金属，所谓"有金属背景"者可使带电体电位大幅度下降，从而减少静电放电的可能。在不便消电，而又必须降低带电体电位的场合，在确保带电体不与金属体相碰的前提下，可以利用该法防范静电危害，这也是屏蔽的一种形式。

5. 人体防静电

人体在行走、穿脱衣服或从座椅上起立时都会产生静电。试验表面，其能量足以引燃石油类蒸汽。因此，要引起足够的重视，要加强规章制度和安全技术教育。同时，接地、穿防静电鞋、防静电工作服等具体措施，也可减少静电在人体的积累。

保证静电安全操作的具体措施有以下三种：

（1）人体接地措施。操作者在进行工作时，应穿防静电鞋，防静电鞋的电阻必须小于$1×10^8\Omega$；必要穿羊毛或化纤的厚袜子时，应穿防静电工作服、戴手套和帽子，注意里面不要穿厚毛衣。在危险场所和静电产生严重的地点，不要穿一般化纤工作服，穿着以棉制品为好。在人体必须接地的场所应设金属接地棒，赤手接触即可导出人体静电。坐着工作的场所，可在手腕上佩戴接地腕带。

（2）工作地面导电化。产生静电的工作地面应是导电性的，其泄漏电阻既要小到防止人体静电积累，又要防止误触动动力电而导致人体伤害。地面材料应采用电阻率$10^6\Omega\cdot cm$以下的材料制成的地面。

此外，用洒水的方法使混凝土地面、嵌木胶合板湿润，使橡皮、树脂和石板的黏合面以及涂刷地面能够形成水膜，增加其导电性。每日最少洒水一次，当相对湿度为30%以下时，应每隔几小时洒一次。

（3）确保安全操作。在工作中尽量不做与人体带电有关的事情。如接近或解除带电体，以及与地相绝缘的工作环境，在工作场所不要穿、脱工作服等。在有静电危险场所操作、巡视、检查，不得携带与工作无关的金属物品，如钥匙、硬币、手表、戒指等。

二、制定防静电安全管理方法

（1）凡有静电危害的工序、设备场所，必须采取相应的安全措施。

（2）在可能出现爆炸性气体的区域，必须加强通风措施使其浓度控制在爆炸下限以下。

（3）危险场所作业人员，应根据需要，穿防静电的鞋和工作服，或设置易于导除人体静电的设施，如安装接地栏杆等；严禁在上述区域穿、脱衣服和穿易产生静电的服装进入该区域；严禁在上述区域，用易燃溶剂（二甲苯等）擦搓衣服，操作区地面应铺设导电地面，并保证其导电性能。

（4）在有静电产生的场所操作、检查，不得携带与工作无关的金属物品，如钥匙、手表、戒指等。

（5）严禁将易产生静电的易燃易爆液体用塑料容器装贮。

（6）禁止在装易燃易爆液体的过程中取样、检尺或将金属物品置入罐（槽车）内，检尺取样应在装料完毕，经静置后进行。

（7）禁止使用喷射蒸汽加热易燃液体。

（8）禁止使用绝缘软管插入易燃液体罐内进行移液作业。

（9）在机器发生故障、液体渗漏、改变工艺条件或物料用量改变的情况下，必须注意采取防范措施避免静电危害。

（10）禁止用泵直接向罐内喷射溶剂，必须采取自流方式。

（11）输送易燃液体，应根据管道内径及介质的电阻率选择适当的安全流速，一般不应超过 1m/s。

（12）在绝缘管道上配置的金属附件，应专门接地装置。

（13）生产、贮存和装卸可燃气体的易燃液体的设备、管道、贮罐、机组等应有导除静电的接地装置。

（14）所有防静电接地线必须坚固可靠，接地线的截面积应不小于 $10mm^2$，单独的防静电接地电阻不应大于 100Ω，与其他目的的接地极共用时应满足其他接地极的技术要求。

（15）设备、贮罐、机组、管道等的防静电接地线，应单独与接地体或接地干线相连，不得互联接地。

（16）防静电接地体的安装，应在设备、机组、贮罐等底角边缘上钻孔攻丝，焊接端子（或螺栓）用不小于 M10 的螺栓连接，并应有防松装置，均应涂上工业凡士林油；接地线与金属管道缠绕连接时，应蜡焊，当采用焊接端子连接时，不得降低和损伤管道强度。

（17）非金属的管道（非导体的）设备等，其外壁上缠绕的金属丝带、网等，应紧贴其表面均匀的缠绕，并应可靠地接地。

（18）输送易燃液体的管道采用橡胶或塑料管时必须采用导电橡胶，导电塑料软管或有金属编织层的导电胶管，并必须可靠接地。

（19）生产设备及贮罐上的排空口应设有阻火器，进料管从设备上部进入时，应将其进料管延伸到接近设备底部以免产生静电。

（20）防静电生产工序及场所中，机械传动尽量采用齿轮传动。当采用三角带传动，必须选用防静电三角带；当使用普通三角带传动时，必须采取提高其表面导电性能的措施。

（21）Q—1 级、G—1 级场所的管道之间与设备、机组、阀门之间的连接法兰，其接触电阻大于 0.03Ω 时，应用金属线跨接。

（22）Q—1 级、Q—2 级、G—1 级、G—2 级场所，在非金属构架上平行安装的金属管道相互之间的净距离小于 10mm 时，就每隔 20m 左右用金属绕跨接；金属管衔相互交叉的净距离小于 100mm 时，也应用金属线跨越。

📖【相关知识】

静电安全非小事，人在行走、穿、脱衣服或蹲下、起立时，都会产生静电。实验证明，虽然静电的电量通常不大，但是电压常常很高，可达几百伏、几千伏甚至几万伏。当带电体与不带电或静电电位很低的物体接近时，其电势差达到 300V 以上就会发生放电现象。而一旦静电这种放电能量达到或超过周围可燃物最小着火能量时就会引起燃烧或爆炸。静电会聚集在金属设备、管道、容器上形成高电位，静电本身电量虽然不大，但因其电压很高而容易放电。

一、静电的产生

物质是由分子组成的，分子是由原子组成的，原子则是由带正电的原子核和带负电的电子构成。原子核所带正电荷与电子所带负电荷之和为零，因此物质呈中性。如果原子由于某种原因获得或者失去部分电子，那么原来的电中性被打破，而使得物质呈现电性。假如，所获得的电子没有丢失的机会或者丢失的电子得不到补充，就会使该物质长期保持电性，称该物质带上了静电。因此，静电是指附着在物体上很难移动的集团电荷。

静电的产生是一个十分复杂的过程，有内因和外因两个方面原因。它既有物质本身的特性决定，又与很多外界因素有关。

1. 物质本身的特性

静电产生的内因主要是由于物质的溢出功不同，当两物体接触时，溢出功较小的一方失去电子带正电，另一方则获得电子带负电。若带电体电阻率高，导电性差，就使得带电层中的电子移动困难，为静电积聚创造了条件。

（1）溢出功。当两种不同固体接触，其间距达到或者小于 20×10^{-8} cm 时，在接触界面上产生电子转移，失去电子的带正电，得到电子的带负电。上述电子转移的过程是靠溢出功实现的。

溢出功是从物质上拉出一个电子所需外界做的功。溢出功大，在接触过程中将带负电，溢出功小将带正电。即两物体接触，甲的溢出功大于乙，甲对电子的吸引力大于乙，电子就会从乙转移到甲，于是溢出功小的一方失去电子，溢出功较大的一方获得电子。人们称溢出功大者为亲电子物质，而溢出功小者成为疏电子物质。电子转移的结果，使接触面的一侧带正电，另一侧带负电，从而形成了双电层。

双电层起电概念不仅适用于解释固体与固体界面的静电荷转移，而且还能够说明固体与液体、固体与气体、液体与另一不相混溶的液体等情况下的接触静电起电问题。

由于物质溢出功不同，引出双电层起电概念，进而揭示了不同物质摩擦产生静电的极性规律。通过大量的实验，按不同物质相互摩擦的带电顺序排出了带电序列：（＋）玻璃　头发　耐纶　羊毛　人造纤维　丝绸　醋酸人造丝　黑橡胶　维尼纶　莎伦　聚酯纤维　电石　聚乙烯　可耐可龙　赛璐珞　玻璃纸　氯乙烯　聚四氟乙烯（一）。

在上述序列中，前面的物质与后面的物质相互摩擦时，前面带正电，后面带负电。两物体相距越远，静电起电量越多。上述序列中的物质带电规律，是由实验做出的，在实际中由于受到杂质的作用，以及表面氧化程度、吸附作用、接触压力、温度以及湿度的影响，其带电极性规律会有所不同。

（2）电阻率。电阻率（resistivity）是用来表示各种物质电阻特性的物理量。

在常温下（20℃时），某种材料制成的长 1m、横截面积是 1mm² 的导线的电阻，叫做这种材料的电阻率。

电阻率的计算公式为

$$\rho = RS/L$$

式中 　ρ——电阻率；

　　　　S——横截面积；

　　　　R——电阻值；

　　　　L——导线的长度。

国际单位制中，电阻率的单位是 $\Omega \cdot m$，常用单位有 $\Omega \cdot mm$、$\Omega \cdot cm$ 和 $\Omega \cdot m$。

物质产生了静电，但能否积聚，关键在于物质的电阻率。电阻率高的物质其导电性差，使多电子的区域难以流失，同时，本身也难以获得电子。电阻率低的物质，其导电性较好，使多电子的区域较易流失，本身易获得电子。

就防静电而言，物体的电阻率在 $10^6 \sim 10^8 \Omega \cdot cm$ 数量级以下者，即使产生静电荷也在瞬间消散，不会引起危害，这样称为静电导体；电阻率在 $10^8 \sim 10^{10} \Omega \cdot cm$，通常所产生的静电量不大；电阻率在 $10^{11} \sim 10^{15} \Omega \cdot cm$ 者容易带静电，且危害较大，是防静电的重点；电阻率大于 $10^{15} \Omega \cdot cm$，不易形成静电，但一旦产生静电就难以消除。电阻率大于 $10^8 \Omega \cdot cm$ 的物质可称为静电的非导体。

汽油、煤油、苯、乙醚等电阻率在 $10^{11} \sim 10^{15} \Omega \cdot cm$ 之间，容易积聚静电；原油、重油的电阻率低于 $10^{10} \Omega \cdot cm$，一般不存在带电问题。水是静电良导体，但是少量水混于油中，水滴与油品间的相互流动会产生静电，并使油品静电积累增多。对地绝缘的静电体（甚至金属），与绝缘体一样带静电。

（3）介电常数。介电常数又称电容率，是静电产生的结果与状态的又一决定因素。它对液体影响更大。介电常数大的物质，电阻率低。若流体的相对介电常数大于 20，并以连续相存在，且有接地装置，一般情况下，不论是储存还是管道运输，都不会产生静电。

2. 外界条件

（1）接触起电。当两种物质表面紧密接触，其间距达到或者小于 25×10^{-8} cm 时，就会产生电子转移，形成双电层。若两个接触的表面迅速分离，即使是导体也会产生静电。摩擦能增加物质的接触机会和分离速度，因此能促进静电的产生。比如，物质的撕裂、剥离、拉伸、碾压、撞击，以及生产过程中物料的粉碎筛分滚压搅拌喷涂和过滤等工序中，均存在着摩擦的因素，因此，在上述过程中要注意静电的产生与消除。

（2）附着带电。某种极性离子或自由电子附着到对地绝缘的物体上，能使该物体带电或改变物质的带电状况。

对液体而言，某种极性离子或自由电子附着在分界面上，并吸引极性相反的离子，因而在临近表面形成一个电荷扩散层。当液体相对分界面流动时，将电荷扩散层带走，导致正负电荷分离，即产生静电。这种过程在液—固、液—液界面都会发生。

（3）破断带电。在材料破断前，无论其内电荷是否分布均匀，破断后均有可能在宏观范围内导致正负电荷分离。如固体粉碎、液体分裂过程的起电。

（4）感应起电。任何带电体周围都有电场。在电场作用下，电场内的导体将分离出极性相反的电荷。若导体与周围绝缘，导体将带电位，并发生静电放电。

（5）电荷迁移。当一个带电体与一个非带电体接触时，电荷将在它们之间重新分配，即电荷迁移。如带电雾滴或粉尘撞击固体、气体离子流射于初始不带电的物体上。

（6）电解带电。固定的金属与流动的液体之间出现电解带电。

（7）压电效应起电。固体材料在机械力的作用下产生压电效应。

（8）热电效应起电。

（9）摩擦带电。如流体、粉末喷出时，与喷口剧烈摩擦而产生带电等。

需要指出的是，静电产生方式不是单一的，如摩擦起电的过程，就包括了接触起电、压电效应起电、热电效应起电等几种形式。

二、静电的危害

1. 静电的特性

（1）电量小、电压高。静电的电位一般是很高的，例如人体在脱衣服的时候可产生大于10kV 的电压，但其总的能量是较小的，在生产和生活中产生的静电虽可使人受到电击，但不致危及人的生命。

（2）持续时间长。在绝缘体上静电泄漏很慢，这样就使带电体保留危险状态的持续时间长，危险程度相应增加。

（3）一次性放电。绝缘的静电导体所带的电荷一有放电机会，全部的自由电荷将一次性放电放掉，因此带有相同数量静电电荷的绝缘导体要比非导体危险性大。

（4）远端放电。某处产生了静电，其周围与地绝缘的金属导体就会在感应下将静电扩散到远处，并可能在预想不到的地方放电，危险性很大。

（5）尖端放电。导体尖端部分电荷密度最大，电场最强，最容易放电。尖端放电所产生的火花非常危险。可导致火灾、爆炸事故的发生。

（6）静电屏蔽。静电场可以用导电的金属元件加以屏蔽，避免放电对外界产生的危害。相反，被屏蔽的物体也不受外电场感应起电。静电屏蔽在安全生产中被广为利用。

2. 静电的危害

静电的危害大体上有使人体受电击、影响产品质量和引起着火爆炸三个方面，其中以引起着火爆炸最为严重，可以导致人员伤亡和财产损失，如汽油车装油时爆炸，用汽油擦地时着火等。因此，在有汽油、苯、氢气等易燃物质的场所，要特别注意防止静电危害。

（1）静电使人体受电击。在化工生产中，经常与移动的带电材料接触者，会在体表产生静电积累。当其与接地设备接触时，会产生静电放电。不同等级的放电能量会对人体产生不同程度的刺激。

静电虽不能直接导致人死亡，但是会造成工作人员的精神紧张，并可能因此产生坠落摔伤等二次事故，其产生的连带后果不可预测。

（2）静电影响产品质量。静电妨碍了生产工艺过程的正常运行，促使废品产生，降低操作速度，降低设备的生产效率，干扰自控设备和无线电设备的电子仪器的正常工作。如在人造纤维工业中，使纤维缠结；在印刷行业中，使纸张不易整齐等。

（3）静电引起火灾和爆炸。在化工生产中，高压气体的喷泄带电、液体摩擦搅拌带电、液体物料输送带电、粉体物料输送带电等，均有可能因产生静电而导致火灾爆炸事故的发生。另外，人体带电同样也可以引起火灾爆炸事故。

（4）对设备或部件造成损害。

（5）其他干扰。

项 目 小 结

火灾主要分为 A、B、C、D、E 五类，在生产作业过程中要以预防为主，一旦发生电气火灾，要根据实际情况，采用正确的灭火方法，如冷却法、窒息法、隔离法、抑制法等。

常见灭火器根据灭火器内部充装的灭火剂类型不同，主要分为干粉类灭火器、二氧化碳灭火器、泡沫型灭火器、水型灭火器、卤代烷型灭火器。我们要学习并掌握常见手提式干粉灭火器、推车式干粉灭火器、手提式二氧化碳灭火器、MTT24 推车式二氧化碳灭火器、手提式泡沫灭火器及消火栓系统的使用方法。

电气火灾常常有由电气设备过热、电火花和电弧引起，具有不同于一般性火灾的显著特点，应根据其特点做到更加充分的预防措施。

在进行电气火灾扑救时，要以安全为主，做好安全防护措施，必要时还要进行特殊防护，根据火灾现场采取断电灭火或者带电灭火措施，常见电气设备因设备自身特点的不同，要有针对性地实施不同的火灾扑救措施，尤其要做好带电灭火安全防护及变压器灭火防护的安全措施。

静电来源于电气作业过程中，与物质本身的溢出功、电阻率、介电常数等有很大关系，同时受到外界条件的很大影响。由于静电潜在的特殊危害，要在生产作业的各个环节，通过工艺控制法、泄漏导走法、中和电荷法、封闭削尖法等做到积极有效的静电控制及防护，同时注意工作人员的人体静电，制定一定的防静电安全管理方法，做到针对静电的全面细致防护。

思 考 题

5-1 什么是燃烧？它的形成需要哪些条件？

5-2 火灾一般分为哪些类型？

5-3 根据灭火器灭火原理的不同，可以将灭火器分为几类？

5-4 常用灭火器或灭火设施有哪些？

5-5 形成电气火灾的原因及种类有哪些？

5-6 电气火灾的特点是什么？

5-7 扑灭电气火灾应做好哪些安全措施？

5-8 常见电气火灾的扑灭可分为几类？

5-9 静电的产生主要与哪些因素相关？

5-10 静电的控制措施主要有哪些？

项目六

电力系统雷电过电压及其防护

【项目描述】

——————————○

雷电是大自然的气候现象，不以人的意志为转移，目前人们还无法消除或改变雷电，但是雷电又严重威胁电力系统安全生产，因此分析探讨雷电对电力系统产生的影响，采取有效手段来预防和限制雷电对电力系统产生的危害，确保电力系统安全运行就显得极为重要。本项目包括认识雷电、防雷设备及其工作原理、避雷针（线）保护范围的计算、避雷器的保护作用、输电线路的雷电过电压、输电线路的防雷措施、变电站的防雷措施、变压器的防雷问题、旋转电机的防雷保护、气体绝缘变电站的防雷保护等十个学习任务，从认识威胁电力系统的原因入手，进而弄清电力系统防雷设备的结构、原理和防雷措施。通过学习，使学生具备从事防雷计算与设计、防雷设备检修与运行维护及试验、分析探讨电力系统防雷措施的知识和技能，并能运用所学知识和技能解决电力系统中的防雷问题。

【教学目标】

——————————○

知道雷电的危害，掌握雷电参数的含义，了解防雷设备的结构，清楚防雷设备的工作原理及性能特点，能够分析电力系统雷电过电压产生的原因及其造成的后果，能够进行简单的防雷计算，掌握电力系统防雷的基本原则和要求，熟悉输电线路、变电站电气设备、旋转电机等使用的防雷技术及其特点，遇到相关防雷问题能够使用所学知识和技能进行分析解决。

【教学环境】

——————————○

多媒体教室或理实一体化教室，各种避雷器实物或模型、结构图，发电厂和变电站防雷设计图纸、接线图等。

任务一　认　识　雷　电

【教学目标】

了解和认识雷电的放电过程及其特点，掌握雷电流的定义及其波形，清楚反映雷电活动强弱物理量的含义，能够简单分析雷电的危害。

🤲 【任务描述】

学习雷电放电的过程、特点及其数学表述。

〰️ 【任务实施】

(1) 观察自然界雷电的现象,观看雷电放电的视频或图片。

(2) 讨论分析雷电放电的过程及特点。

(3) 学习雷电流的定义和参数,了解雷电的危害。

📖 【相关知识】

一、雷电现象

雷电放电是由带电荷的雷云引起的空气放电现象。

在有利的大气和大地条件下,地面的水分在太阳的照射下受热变成水蒸气,形成强大的潮湿的热气流,热气流不断上升进入稀薄的大气层冷凝变成水滴或冰晶,水滴和冰晶中复杂的电荷分离过程及强烈气流的作用便会形成带电荷的雷云。

大量科学研究证明,在雷云中存在着正、负两种电荷。实测表明,在 5～10km 的高度主要是正电荷的云层,在 1～5km 的高度主要是负电荷的云层,但在云层的底部也有一块小区域的正电荷聚集,如图 6-1 所示。

雷云中的电荷分布很不均匀,往往形成多个电荷密集中心。每个电荷中心的电荷约为 0.1C 至 10C,而一大块雷云同极性的总电荷则可达数百库仑。这样,在带有大量不同极性或不同数量电荷的雷云之间,或雷云和大地之间就形成了强大的电场。随着雷云的发展和运动,一旦空间电场强度超过大气游离放电的临界电场强度(大气中的电场强度约为30kV/cm,有水滴存在时约为 10kV/cm)时,就会发生云间或对地的火花放电,放出几十乃至几百千安的电流,产生强烈的光和热(放电通道温度高达 15 000℃ 至 20 000℃),使空气急剧膨胀震动,发生霹雳轰鸣,这就是雷电。

二、雷电的放电过程

雷电放电可能会在不同极性的雷云之间、雷云与大地之间以及同一雷云内部发生。对电力生产造成雷害事故的是雷云与大地之间的放电。

雷云对地的放电过程如图 6-2 所示。雷云对地的放电过程可分为先导放电、主放电和余辉放电三个阶段。

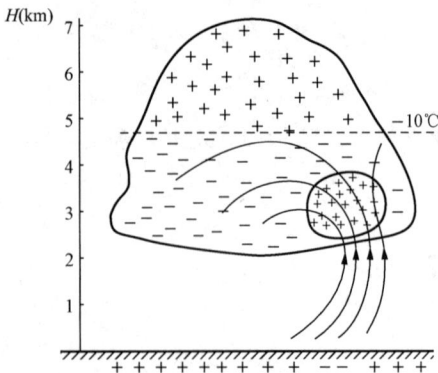

图 6-1　雷云中的电荷分布

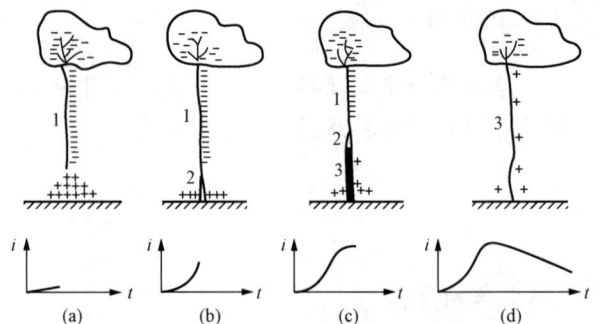

图 6-2　雷云对地放电的发展过程

1—先导放电通道;2—强游离区;3—主放电通道

在雷云与大地之间的超长空气间隙中，当雷云处的电场强度超过空气游离的临界电场强度（为 $25\sim30\text{kV/cm}$）时，空气发生剧烈游离形成导电通道，雷云中电荷聚集中心的负电荷就会沿导电通道填充，这就是先导放电通道，与此同时大地上会感应出大量正电荷。当先导放电通道发展到一定程度时，其头部电场将减弱使得先导放电发展停滞下来，随着沿先导通道填充的负电荷不断增多，先导通道头部的电场再次增强，空气再次发生剧烈游离，先导通道也不断向大地延伸，所以先导放电不是连续向下发展的，而是逐级向下推进的，被称为分级先导。先导放电发展速度较低（约为 $1.5\times10^{5}\text{m/s}$），电流也较小（数十至数百安）。

当下行的先导临近地面时，地面上较突出的部分会形成向上的填充有正电荷的先导放电通道，称为迎面先导。当迎面先导与下行先导相遇时，其通道中的正电荷会迅速与下行先导通道中的负电荷进行中和，电流极大（数十至数百千安），并伴随着电闪雷鸣，这就是主放电。主放电时间极短，为 $50\sim100\mu\text{s}$，速度很快（为 $2\times10^{7}\text{m/s}\sim1.5\times10^{8}\text{m/s}$），比先导放电的发展速度快得多。

主放电到达云端结束后，云中的残余电荷经过主放电通道继续流向大地，称为余辉放电。余辉放电的电流不大（约数百安），但持续时间较长（$0.03\sim0.15\text{s}$）。

三、雷电放电的特征

（1）雷电对地放电可自上而下发展，称为下行雷，也可自下而上发展，称为上行雷。

（2）雷电的极性是指自雷云下行到大地的电荷的极性。由于雷云的下部主要是负电荷的密集区，故约 90% 的雷击是负极性的。

（3）约 50% 的雷云对地放电包含若干次重复的放电过程，平均每次雷击含 $3\sim4$ 个冲击波，如图 6-3 所示为高速摄像机拍摄到的负雷云下行雷放电过程的光学照片。雷电放电的重复性可能是因为雷云中存在多个电荷积聚中心造成的，一个电荷积聚中心完成放电过程后，可能会引起其他的电荷积聚中心放电。第二次及以后的放电通常沿第一次放电的通道进行，因放电通道在下一次放电前还没有完全去游离，因此第二次及以后放电中的先导放电是连续的。第二次及以后的主放电电流小一些，但电流的上升速度要快一些。

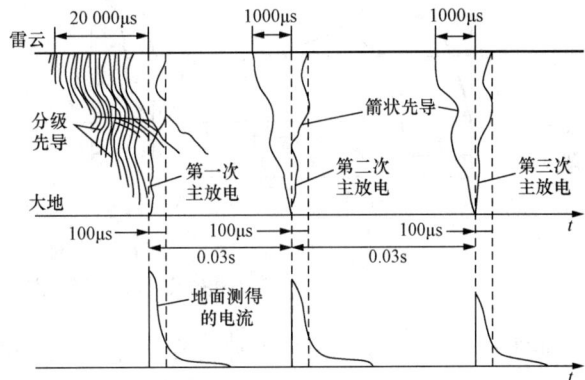

图 6-3　雷电放电的重复性

四、表征雷电的参数

1. 雷电流的定义

雷击地面物体时，主放电过程中形成的幅值很高的冲击电流 i_z 流过被击物体，i_z 除了与雷云电荷积聚中心的电荷多少有关外，还与被击物体的阻抗有关。被击物体的阻抗（雷击点与大地零电位参考点之间的阻抗）不同，则流过被击物体的电流也不同。

研究表明，雷电放电通道具有分布参数的特征，其波阻抗可用 Z_0 表示。设被击物体的阻抗为零时通过被击物体的电流为 i，则由图 6-4 所示的雷电流计算模型和等值电路可计算出雷击时通过雷击点阻抗为 Z 的被击物体的电流 i_z 为

$$i_Z = \frac{Z_0}{Z_0 + Z} i \tag{6-1}$$

于是，通常把雷击阻抗为零的物体时通过被击物体的电流称为雷电流，用 i 表示。

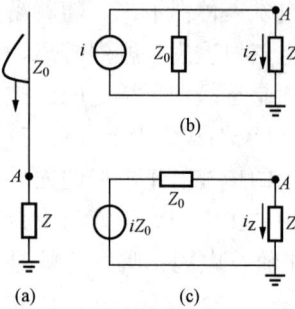

图 6-4　雷电流计算模型和等值电路
(a) 计算模型；(b)、(c) 等值电路

在实际测量中，雷击点的阻抗 Z 一般不超过 30Ω，而雷电通道的波阻抗 Z_0 为 $300\sim400\Omega$，即 $Z \ll Z_0$，可见 $i_Z \approx i$。所以我们常认为雷击低接地阻抗的物体时流过被击物体的电流就是雷电流。

2. 雷电流的波形、幅值、波头、波长和陡度

实测结果表明，雷电流都是单极性的脉冲电流波，但其幅值、波头和波长每次雷击都不同。幅值是指脉冲雷电流波的最大值，波头是指雷电流从零上升到最大值所需的时间，波长是指雷电流从开始上升到幅值后再衰减到幅值的一半时所需的时间，陡度是指雷电流随时间上升的变化率，由雷电流幅值和波头时间决定。雷电流幅值、波头和陡度是影响雷电过电压大小的重要参数。

(1) 雷电流的波形。在电力系统防雷保护计算时，要把雷电流波形等值成公式表示，以便于计算。常用的等值波形有三种，如图 6-5 所示。

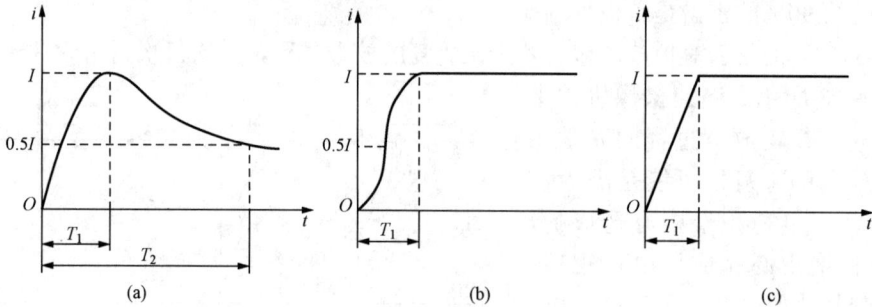

图 6-5　雷电流的等值计算波形
(a) 双指数波；(b) 半余弦波；(c) 斜角平顶波

如图 6-5 (a) 所示是标准冲击波，为双指数函数波形 $i = I_0(e^{-\alpha t} - e^{-\beta t})$。其中 I_0 为某一大于雷电流幅值 I 的电流值，α、β 是两个常数，t 为作用时间。

如图 6-5 (b) 所示是半余弦波，雷电流波形的波头部分可表示为 $i = \frac{I}{2}(1 - \cos\omega t)$，其中 I 为雷电流幅值，ω 为角频率，由波头 T_1 决定，$\omega = \pi / T_1$。

如图 6-5 (c) 所示是斜角平顶波，其陡度 a 可由给定的雷电流幅值 I 和波头 T_1 决定，在防雷保护计算中，雷电流波头 $T_1 = 2.6\mu s$，则陡度 $a = \frac{I}{2.6} kA/\mu s$。

上述等值波形可根据具体问题来选用。

(2) 雷电流的幅值的概率分布。每次发生雷击时，雷电流的幅值未知，只有在雷击时通过实测得到，所以说雷电流的幅值是一个随机变量，而在进行防雷保护计算时又需要预先知道雷电流的幅值，于是，人们通过大量实测得到了雷电流幅值的概率分布。

按照电力行业标准 DL/T 620—1997《交流电气装置的过电压保护和绝缘配合》的推荐，我国一般地区（年平均雷暴日为 40）的雷电流幅值超过 I 的概率 P 按如下经验公式计算

$$\log P = -\frac{I}{88} \tag{6-2}$$

式中　I——雷电流幅值，kA；

　　　P——雷电流幅值超过 I 的概率。

对我国一般地区，根据经验公式可得到雷电流幅值超过 88kA 的概率为 10%，超过 50kA 的概率为 27%，超过 20kA 的概率为 59%。

对于我国西北地区、内蒙古自治区等雷电活动较弱的少雷区（年平均雷暴日少于 20），雷电流幅值的概率分布可用下式计算

$$\log P = -\frac{I}{44} \tag{6-3}$$

雷电流的幅值随各国自然条件的不同而差别很大，但各国测得的雷电流波形却基本相同。据统计，雷电流的波头多数在 1~5μs 的范围内，平均为 2~2.6μs；雷电流波长在 20~100μs 范围内，平均约为 50μs，波长大于 50μs 的雷电流仅占 18%~30%。我国防雷保护计算中建议雷电流的波头取 2.6μs，波长取 50μs。

3. 雷暴日与雷暴小时

不同地区由于地理条件、气象条件等因素的不同，雷电活动的强烈程度也就不同。为了表示不同地区雷电活动的频繁程度，通常用年平均雷暴日或雷暴小时来衡量。

雷暴日是指该地区一年中有雷电放电的天数。一天中只要听到一次及以上的雷声就是一个雷暴日。平均年雷暴日数不超过 15 天的地区为少雷区；平均年雷暴日数超过 15 天但不超过 40 天的地区为中雷区；平均年雷暴日数超过 40 天但不超过 90 天的地区为多雷区；平均年雷暴日数超过 90 天的地区及根据运行经验雷害特殊严重的地区为雷电活动特殊强烈地区。

雷暴小时是指该地区一年中有雷电放电的小时数。在雷暴日中，一小时内听到一次及以上的雷声就是一个雷暴小时。

我国各个地区的雷暴日与雷暴小时有很大差别，长江流域与华北地区的雷暴日为 40 天左右，而西北地区仅为 15 天左右。

4. 地面落雷密度

雷云对地放电的频繁程度可用地面落雷密度 γ 来表示。地面落雷密度是指每个雷暴日每平方公里地面上的平均落雷次数。

我国电力行业标准 DL/T 620—1997 规定，对于雷暴日为 40 天的地区，$\gamma = 0.07$ 次/雷暴日·km^2。

五、雷电的危害

雷电灾害被联合国列为"最严重的十种自然灾害之一"。雷击时，雷电流流过被击物体将产生电效应、热效应、机械力等作用，还会产生静电效应、电磁效应影响周围物体。我国每年因雷击造成的人员伤亡达 3000~4000 人。森林火灾有 30%~70% 是雷击造成的，是森林火灾的重要原因之一。雷击对计算机网络和通信设施也造成很大破坏，还威胁着航天、航空、火箭发射等事业。当然，雷击事故一直都是电力系统的灾害之一。

（1）电效应。在雷电放电时，能产生高达数万伏甚至数十万伏的冲击电压，它可能毁坏发电机、电力变压器等电气设备的绝缘，烧断电线和劈裂电杆，造成大规模停电，绝缘损坏，还可能引起短路，导致可燃物、易燃物着火和爆炸等。

（2）热效应。当几十至上千安的强大雷电流通过导体时，在极短的时间内将转换成大量的热能，雷击点的发热量为 $500\sim1000J$，这一能量可熔化 $50\sim200mm^3$ 的钢棒，如果雷击在易燃物上更容易引起火灾和爆炸。由于雷电的热效应，还将使雷电通道中木材纤维缝隙和其他结构中间的缝隙里的空气剧烈膨胀，同时使水分及其他物质分解为气体，在被雷击物体内部出现强大的机械压力，使被击物遭受严重破坏或造成爆炸。

（3）静电感应。当金属物处于雷云和大地电场中时，金属物上会感生出大量的电荷，雷云放电后，云与大地间的电场虽消失，但金属上感应积聚的电荷却来不及立即逸散，因而，产生高达几万伏的对地电压，称为静电感应电压，可以击穿数十厘米的空气间隙，发生火花放电。

（4）电磁感应。雷电具有很高的电压和很大的电流，同时又是在极短的时间发生的，因此在它周围的空间里将产生强大的交变电磁场，使电磁场中的导体感应出较大的电动势，并且会在构成闭合回路的金属物中产生感应电流，损坏通信设施。

（5）雷电波侵入。雷击在架空线路、金属管道上会产生冲击电压，该冲击电压波沿线路和管道迅速传播，若侵入建筑内可造成用电设备和电气线路绝缘层击穿产生短路，使建筑物内的易燃可燃物品燃烧或爆炸。

任务二　防雷设备及其工作原理

📢【教学目标】

了解防雷设备的结构，掌握避雷针、避雷线的作用，掌握避雷器的工作原理、适用范围和性能特点，尤其对氧化锌避雷器的性能特点要十分了解。会选择使用符合要求的避雷器。

👐【任务描述】

弄清避雷针、避雷线、避雷器的结构、作用和性能特点。

🌱【任务实施】

（1）观看避雷针、避雷线、避雷器的外形与内部结构。

（2）讨论它们的作用，学习它们的工作原理。

（3）分析它们的适用范围，研讨比较它们的性能特点，学会如何选用合适的防雷设备。

（4）最后对防雷接地及其冲击接地电阻进行研究探讨。

📖【相关知识】

雷击时，雷电流很大，其幅值可达数十到数百千安。雷电放电的时间很短，通常只有 $50\sim100\mu s$；放电陡度甚高，达 $50kA/\mu s$。对电力系统来说，巨大的雷电流本身及其引起的电磁场的剧烈变化将产生数十万乃至数百万伏的冲击电压，有可能使发电机、电力变压器、断路器、架空线路等电气设备的绝缘闪络甚至损坏，烧断电线或劈裂电杆，造成大面积停电。绝缘闪络或损坏后可能引起短路、导致火灾或爆炸事故，还会造成高压窜入低压，引起严重触电事故。巨大的雷电流流入地下时，会在雷击点及其连接的金属部分产生很高的接触电压或跨步电压，造成触电危险。巨大的雷电流通过导体时，会在极短的时间内产生大量热能，造成易燃品燃烧或金属熔化、飞溅，引起火灾或爆炸。

为了避免雷电放电所造成的巨大伤害，人们主要是采取防雷保护措施以防止和限制雷电的破坏性。目前构成防雷保护措施的防雷设备主要是避雷针、避雷线、避雷器及其防雷接地装置。

一、避雷针和避雷线

1. 基本结构

避雷针是一根明显高出被保护物体且垂直于地面的接地金属棒（针），避雷线是一根悬挂于被保护物体上方的架空接地金属线，也称架空地线。避雷针和避雷线是由接闪器、接地引下线和接地体构成。

避雷针的接闪器是接地金属棒的顶端，可采用直径为 16mm、长为 $1\sim2m$ 的钢棒。接地引下线应保证雷电流通过时不致熔化。通常，直径为 8mm 的圆钢或截面积不小于 $48mm^2$、厚度不小于 4mm 的扁钢便可以满足接地引下线的要求，也可以利用非预应力钢筋混凝土杆的钢筋或钢构架本身作为接地引下线。接地引下线与接闪器和接地体之间以及接地引下线本身的接头都应可靠连接。连接处不允许用绞合的办法，而必须用焊接、线夹或螺钉。

避雷线的接闪器是一根架空金属线，一般使用镀锌钢绞线，常用的截面是 25、35、50、70mm^2。导线的截面越大，使用的避雷线截面也越大。避雷线也会因风吹而振动，常易发生振动的地方通常装有防振锤。近年来，国外超高压线路有采用良导线架空地线的趋势，主要采用铅包钢线，它具有强度较高、不生锈、又有适当的导电率的优点。

2. 工作原理

避雷针（线）的保护原理是当充满电荷的雷云先导放电通道临近地面时，在避雷针（线）的顶端将感应出大量与先导放电通道异号的电荷，在避雷针（线）顶端与先导通道头部之间形成局部电场强度集中的空间，影响了雷电先导放电的发展方向，引导雷电向避雷针（线）放电，也就是说雷电击中了避雷针（线），雷电流通过接地引下线和接地装置引入大地，从而使其周围被保护物免遭直接雷击。

虽然避雷针（线）要高出被保护物，但避雷针（线）对雷云—大地这个高几千米、方圆几十千米的巨大电场的影响却是很有限的。雷云在高空随机飘移，先导放电的开始阶段随机地向任意方向发展，不受地面物体的影响，只有当先导放电发展到距离地面某一高度 H 后，才会在一定范围内受到避雷针（线）的影响，从而向避雷针（线）放电。H 称为雷电的定向高度，与避雷针的高度 h 有关。据模拟实验当 $h\leqslant30m$ 时，$H\approx20h$；当 $h>30m$ 时，$H\approx600m$。

避雷针主要用于保护发电厂和变电站的电气设备或建筑物免遭直接雷击；避雷线主要用于保护输电线路免遭直接雷击，也可用来保护发电厂和变电站，近年来许多国家都采用避雷线保护 500kV 大型超高压变电站。

二、避雷器

在发电厂和变电站用避雷针保护后，其电气设备几乎可以免遭直接雷击，而输电线路虽然有避雷线保护，一旦遭受雷击，因雷电的绕击或反击，同时电气设备的绝缘水平比同电压等级的线路要低，在输电线路上产生的雷电过电压将沿线路侵入发电厂、变电站或建筑物而危及电气设备的绝缘，这些都是避雷针（线）所不能解决的问题。为了将这种侵入的雷电过电压限制在电气设备绝缘的耐受程度之内，可用避雷器来保护。

避雷器是专门用来限制由线路入侵的雷电过电压或操作过电压的一种电气设备。避雷器与避雷针（线）的保护原理不同，它实质上是一个放电器，与被保护的电气设备并联，当作用在避雷器上的过电压升高到一定值时，避雷器动作（放电），把过电压能量引入大地，从而限制了过电压的幅值，进而保护了与其相连的电气设备。

运行中的避雷器应满足以下基本要求：

（1）当雷电过电压达到或超过避雷器动作电压时，避雷器应尽快可靠动作，使雷电流流入大地，以降低作用于设备上的过电压幅值。

（2）在雷电过电压作用之后，避雷器应能在规定时间内迅速切断工频电压作用下的工频续流，使系统尽快恢复正常，避免供电中断。避雷器一旦在冲击电压下放电，就造成了系统对地的短路，此后虽然雷电过电压瞬间就消失，但持续作用的工频电压却在避雷器中形成工频短路电流，称为工频续流。工频续流一般以电弧放电的形式存在。一般要求避雷器在第一次电流过零时应切断工频续流，使电力系统在开关尚未跳闸时即能够继续正常工作。

除了满足上述基本要求外，避雷器还应具备下列性能：残压（雷电流在避雷器上所形成的压降）较低，伏秒特性应比较平坦，便于绝缘配合；具有较强的通流能力；不应产生高幅值的截波，以免造成对绕组型设备（如变压器）匝间绝缘的损害。

目前使用的避雷器主要有四种类型，即保护间隙、管式避雷器、阀式避雷器和氧化锌避雷器。保护间隙和管式避雷器主要用于配电系统、线路和变电站的进线段保护，以限制入侵的雷电过电压；阀式避雷器和氧化锌避雷器用于发电厂、变电站的保护，在 220kV 及以下系统主要限制雷电过电压，在 330kV 及以上系统还用来限制操作过电压或作为操作过电压的后备保护。必须指出的是，其中以氧化锌避雷器的保护性能最为优越，在实际应用中已经取代了其他三种传统型避雷器。

1. 保护间隙

（1）基本结构。保护间隙是一种最原始、最简单的避雷器。如图 6-6 所示为在 $3\sim10$kV 电网中常用的角形保护间隙的结构图。主间隙主要用于隔离电压、主放电，角形电极可以使工频续流电弧在自身电动力和热气流作用下易于上升拉长而自动熄灭；辅助间隙是为了防止主间隙被外物（如小鸟、老鼠等）短路而引起误动作。

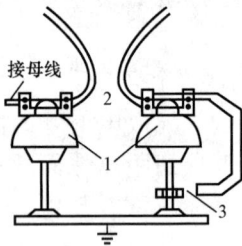

图 6-6 角形保护间隙
1—支柱绝缘；2—主间隙；
3—辅助间隙

（2）工作原理。当入侵的雷电过电压幅值超过保护间隙的击穿电压 U_b 时，间隙发生放电，把一部分过电压能量泄入大地，从而限制了与其并联的被保护设备上过电压的幅值；在雷电过电压波作用过后，电网工作电压作用产生的工频续流电弧依靠角形间隙的自然灭弧能力在续流过零时熄灭，电网恢复正常，如图 6-7 所示。由于角形保护间隙的灭弧能力差，有时候不能自动灭弧，会引起线路跳闸而降低了供电可靠性。为此，可将保护间隙配合自动重合闸使用。

（3）性能特点。保护间隙的优点是结构简单，造价低廉。缺点是放电分散性大，伏秒特性陡峭，不易与被保护设备绝缘配合；动作后产生截波；灭弧能力低，只能熄灭中性点不接地系统中不大的单相接地电流，因此在我国只用于 10kV 以下的配电网中。

2. 管式避雷器

(1) 基本结构。管式避雷器也叫排气式避雷器，实际上是一个具有一定灭弧能力的保护间隙。其结构如图 6-8 所示。一个间隙 S_1 在大气中称为外间隙，其作用是隔离工作电压以避免产气管被泄漏电流烧坏，另一个间隙 S_2 在产气管内为内间隙，其电极一端为棒形，另一端为环形，产气管由纤维、塑料或橡胶等产气材料制成。

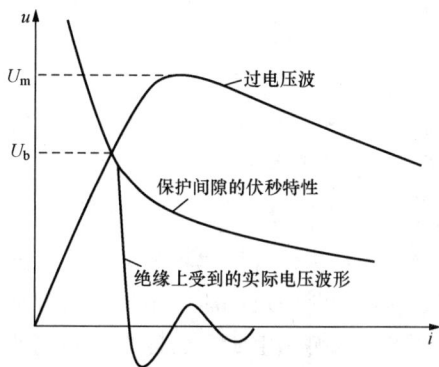

图 6-7　保护间隙工作原理示意图

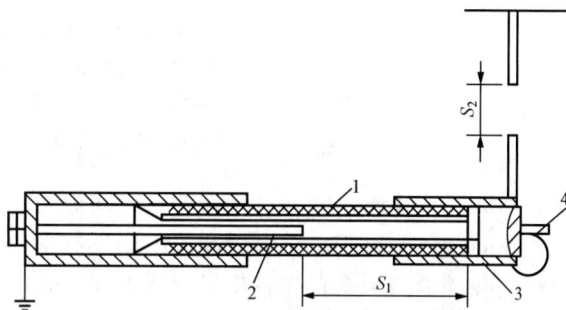

图 6-8　管型避雷器原理结构图
1—产气管；2—棒形电极；3—环形电极；4—喷气口

(2) 工作原理。当入侵的雷电过电压袭来时，间隙 S_1 和 S_2 均被击穿，使雷电流入地。冲击电流消失后间隙流过工频续流，在工频续流电弧的高温作用下，会使产气材料分解出大量的气体，使管内的气体压力增加，高压气体通过环形电极的开口孔喷出，形成强烈的纵吹作用，促使电弧在工频续流第一次经过零值时熄灭，系统恢复正常。

管式避雷器的灭弧能力与工频续流的大小密切相关。工频续流太大时产气过多会使管子爆炸；工频续流太小时产气不足又不能可靠灭弧。因此，管式避雷器在产品规格中都规定了它的灭弧电流的上、下限，在使用时要根据管式避雷器安装地点的运行条件，使其工频续流（安装点的单相接地电流）满足灭弧电流的要求。

(3) 性能特点。管式避雷器的主要缺点是放电分散性较大，伏秒特性较陡峭，不易和被保护电气设备绝缘的配合；放电后形成幅值很高的截波，危及变压器绕组的匝间绝缘；此外运行维护也比较麻烦。因此管式避雷器目前只用于输电线路个别地段的保护，例如大跨距和交叉档距处或变电站的进线段保护。

3. 阀式避雷器

阀式避雷器由火花间隙和阀片电阻两个基本部件串联组成。它具有较平的伏秒特性和较强的灭弧能力，同时动作后不会产生截波。与管式避雷器相比，在保护性能上有重大改进。它分为普通阀式避雷器和磁吹阀式避雷器两大类。普通型有 FS 型和 FZ 型，磁吹型有 FCZ 型和 FCD 型。

(1) 阀式避雷器的基本结构。

1) 普通火花间隙。普通阀式避雷器的放电间隙是由许多个火花间隙串联而成。单个火花间隙及其标准火花间隙组件的结构分别如图 6-9 (a)、图 6-9 (b) 所示，把几个标准组合件串联在一起就构成了普通阀式避雷器的总间隙。火花间隙的电极是由黄铜材料冲压成小圆盘状，电极中间用云母垫圈隔开，其间隙距离一般为 0.5 ～1mm。

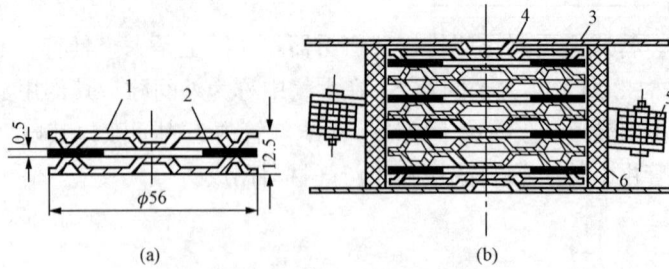

图 6-9　普通阀式避雷器的火花间隙
（a）单个火花间隙；（b）标准火花间隙组合件
1—黄铜电极；2—云母垫片；3—单个火花间隙；4—黄铜盖板；
5—半环形分路电阻；6—瓷套筒

　　普通阀式避雷器使用这种结构的火花间隙的优点，其一是伏秒特性比较平坦。这是因为单个火花间隙的距离很小，电极间的电场近似于均匀电场，同时在过电压作用下，云母垫圈与电极之间的缝隙中会首先发生局部放电，为间隙放电提供预游离电子，这样火花间隙放电的分散性小，伏秒特性平缓，易于实现绝缘配合。单个火花间隙的工频放电电压约为 2.7～3.0kV。其二是这种结构还有利于切断工频续流。由于火花间隙被分为许多个短间隙，避雷器动作后，工频续流电弧被分割成许多短弧，更易于利用短间隙的自然灭弧能力使电弧熄灭。同时，短弧还具有工频续流过零值后不易重燃的特性，提高了间隙绝缘强度的恢复能力。试验表明，普通阀式避雷器间隙的工频续流需限制在 80A 以下，以避免电极产生热电子发射，此时单个火花间隙的绝缘恢复强度可达 250V。

　　普通阀式避雷器使用这种结构的火花间隙的缺点是每个火花间隙上的电压分布是不均匀的，这样就使得每个火花间隙的作用不能充分发挥，削弱了避雷器的灭弧能力。这是因为许多单个火花间隙串联形成一个等值的电容链，而每个火花间隙各电极对地、对工作母线又存在杂散电容。解决这个问题的方法是在每组间隙上并联一个非线性分路电阻，如图 6-10 所示。在工频电压作用下火花间隙等值电容阻抗很大，而分路电阻阻值较小，可以忽略杂散电容的影响，间隙上的电压分布主要由分路电阻阻值决定，因分路电阻阻值相等，故间隙上的电压分布均匀，从而提高了灭弧电压和工频放电电压；在冲击电压作用下间隙等值电容阻抗小于分路电阻阻值（冲击电压的等值频率很高），间隙上的电压分布就要计及杂散电容的影响，变得很不均匀，因此冲击放电电压较低。这样就改善了避雷器的保护性能。

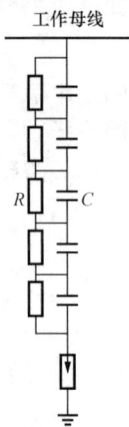

图 6-10　分路电阻的作用

　　2）磁吹火花间隙。磁吹阀式避雷器的间隙是由许多个磁吹式火花间隙串联而成的。单个磁吹式火花间隙如图 6-11 所示。磁吹式火花间隙是一对铜质角形电极，与磁吹线圈串联，结构原理如图 6-12 所示。当避雷器的间隙在入侵的雷电过电压作用下发生放电过后，工频续流电弧在磁吹线圈磁场的电动力作用下被拉长，逐渐进入到由陶瓷和云母玻璃制成的灭弧栅中，可被拉长到起始长度的数十倍，这样电弧受到强烈的去游离作用而熄灭，间隙的绝缘强度迅速恢复。

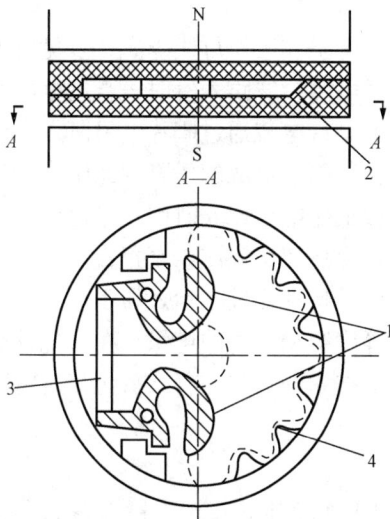

图 6-11　磁吹式火花间隙

1—角形电极；2—灭弧盒；3—并联电阻；4—灭弧栅

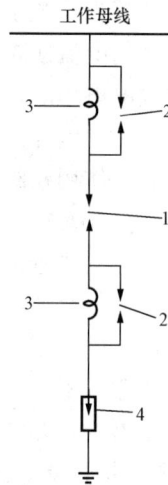

图 6-12　磁吹避雷器的结构原理

1—主间隙；2—辅助间隙；3—磁吹线圈；4—阀片

间隙回路中串联磁吹线圈以后，间隙的灭弧能力增强了，工频续流限制在 100A 以下即可，这样就可以适当减少阀片的数目，降低了避雷器的残压，提高了避雷器的保护性能。但是，间隙在流过等值频率很高的冲击电流时，磁吹线圈上会出现很大的感应电压，从而又增大了避雷器的残压。为了避免这种情况，在磁吹线圈上并联一个辅助间隙，当冲击电流流过时，磁吹线圈上感应的电压会使辅助间隙击穿，磁吹线圈被短路，避雷器的残压就不会增大。而当工频续流流过时，磁吹线圈上的电压较低，不能使辅助间隙击穿，工频续流仍然流过磁吹线圈产生磁场发挥磁吹灭弧作用。

3）阀片。阀式避雷器的阀片是一非线性电阻，工作电压作用时具有较大的阻值，有效地限制了工频续流的大小；过电压作用时具有较小的电阻，便于冲击电流泄入大地。表征阀片性能的重要指标有两个：非线性系数 α 和通流容量。阀片的伏安特性如图 6-13 所示，用公式可以表示为

$$u = Ci^{\alpha} \tag{6-4}$$

式中　C——常数，与阀片的材料和尺寸有关；

α——非线性系数，与阀片是高温焙烧还是低温焙烧有关。

普通阀式避雷器的阀片是用碳化硅（SiC，亦称金刚砂）加结合剂（水玻璃等）在 $300\sim350℃$ 的温度下焙烧而成的圆饼形电阻片，$\alpha=0.2$。

磁吹阀式避雷器的阀片是用碳化硅加结合剂在 $1350\sim1390℃$ 的高温下焙烧而成，其通流容量大，能通过 $20/40\mu s$、10kA 的冲击电流和 $2000\mu s$、$800\sim1000A$ 的方波各 20 次；不易受潮，但非线性系数较高，$\alpha\approx0.24$。

因为阀式避雷器的阀片是由碳化硅制成的，所以

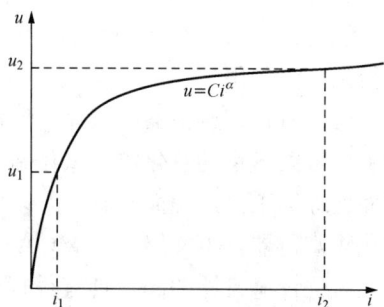

图 6-13　阀片电阻的伏安特性

阀式避雷器也叫碳化硅避雷器。

（2）工作原理。当系统正常时，火花间隙将阀片电阻和工作母线隔离，以免由工作电压在阀片电阻中产生的电流使阀片电阻烧坏。当雷电过电压沿线路入侵时，若过电压值超过避雷器间隙的冲击放电电压时，火花间隙将被击穿并引导雷电流通过阀片电阻泄入大地，此时阀片电阻很小，便于雷电冲击电流流入大地，降低在其两端形成的压降（此压降称为残压）。雷电冲击电流过后，作用在阀片电阻上的电压是工频工作电压，此时阀片电阻变大，把工频续流限制在 80A 或 100A 以下，工频续流电弧快速可靠熄灭，系统恢复正常。

（3）性能特点。阀式避雷器放电分散性较小，伏秒特性比较平坦，易于与被保护电气设备绝缘配合；动作后不会产生截波，能保护变压器等绕组型设备的绝缘。在氧化锌避雷器技术成熟前得到了广泛的应用，随着氧化锌避雷器制造技术的日趋完善，氧化锌避雷器目前已经完全取代了阀式避雷器。

（4）阀式避雷器的主要电气参数。

1）额定电压：指正常工作时加在避雷器上工频工作电压。与避雷器安装点系统的额定电压等级相同。

2）灭弧电压：指避雷器动作时允许加在避雷器上的最大工频电压。灭弧电压应大于避雷器工作母线上可能出现的最大工频电压，以确保在这个电压作用下避雷器能可靠熄灭工频续流电弧，否则避雷器可能因不能灭弧而爆炸。计算表明，发生单相接地故障时非故障相的电压在中性点直接接地系统中可达线电压的 80%，在中性点非直接接地系统中可达线电压的 100%～110%。因此选用避雷器时，对 35kV 及以下的系统，灭弧电压取为系统最大工作线电压的 100%～110%，对 110kV 及以上的系统，灭弧电压取为系统最大工作线电压的 80%。

3）工频放电电压：指在工频电压作用下避雷器发生放电的电压值。由于间隙放电的分散性，工频放电电压都有一个上、下限。工频放电电压的下限在 35kV 及以下的系统和 110kV 及以上的系统分别取 3.5 和 3.0 倍的相电压。

4）冲击放电电压：指在冲击电压作用下避雷器放电的电压值（幅值）。一般给出是上限值，与避雷器 5kA（330kV 及以上的电网为 10kA）下的残压基本相同。

5）残压：指避雷器动作时冲击电流在阀片上的压降，其大小取决于流过阀片的冲击电流幅值。我国标准规定阀片流过 $8/20\mu s$，5kA（330kV 及以上电网为 10kA）的冲击电流时的压降。

4. 氧化锌避雷器

氧化锌避雷器是 20 世纪 70 年代开始发展的，其制造技术日趋成熟，目前在电力系统中已得到广泛使用。

（1）氧化锌避雷器的阀片。氧化锌（ZnO）避雷器的阀片是在以氧化锌为主要材料的基础上，掺以微量的氧化铋、氧化钴、氧化锰、氧化锑、氧化铬等添加物，经过成型、烧结、表面处理等工艺过程而制成。所以也称为金属氧化物电阻片，以此制成的避雷器也称为金属氧化物避雷器（英文缩写为 MOA）。

氧化锌避雷器的阀片具有很理想的非线性特性，在工作电压作用下电阻率可达 $10^{12}\sim 10^{13}\Omega\cdot cm$，在过电压作用下，当电场强度达到 $10^6\sim 10^7 V/m$ 时，其电阻率由氧化锌粒子决定，仅为 $1\Omega\cdot cm$，呈低电阻状态。其伏安特性曲线 $u=Ci^\alpha$ 如图 6-14 所示。可分为小电流区、非线性区和饱和区。在 1mA 以下的区域为小电流区,非线性系数 α 较高,为 0.2 左右;电流在 1mA 到 3kA 范围内,通常为非线性区,其 α 值为 0.02～0.05 左右;电流大于 3kA,一般进入饱和区,随电压的增加电流增长不快。

如图 6-15 所示是碳化硅阀片与氧化锌阀片及理想避雷器的伏安特性比较。图中假定氧化锌阀片,碳化硅阀片是在 10kA 电流下的残压相同,但在额定工作电压下碳化硅阀片所对应的工频续流却是 100A 左右,因而必须要用火花间隙进行隔离;而氧化锌阀片所对应的电流在 10^{-5}A 以下,可近似认为工频续流为零,也就是说,在工作电压下氧化锌阀片实际上相当于一个绝缘体,用这种阀片制成的氧化锌避雷器可以没有串联火花间隙,即是无间隙避雷器。

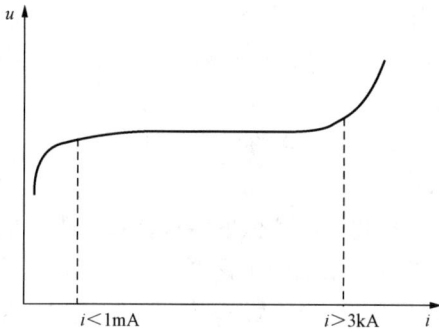

图 6-14 氧化锌避雷器的伏安特性

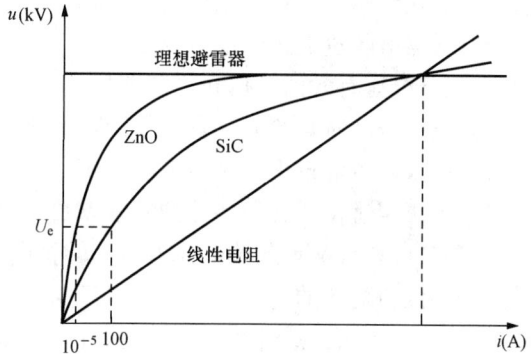

图 6-15 碳化硅阀片与氧化锌阀片及理想避雷器的伏安特性曲线

（2）氧化锌避雷器的主要特点。

1）无间隙。氧化锌避雷器由于没有串联火花间隙,所以其结构简单,体积小,重量轻（同类产品比阀式避雷器轻 50%）,可作为其他电器的支柱,并易于做成同时限制相间过电压的形式,可使变电站的面积减小;不存在传统的碳化硅避雷器因串联间隙而带来的一系列的问题,如污秽、内部气压变化对间隙电位分布和放电电压的影响等,具有极强的抗污性能;大大改善了避雷器在陡波下的响应特性,不存在间隙放电电压随雷电波陡度增加而增大的问题,提高了对设备保护的可靠性。

2）无续流。在工作电压作用下,氧化锌阀片相当于一个绝缘体,工频续流几乎为零。而碳化硅避雷器却不同,它不仅要吸收过电压的能量,而且还要吸收工作电压作用下的工频续流所产生的能量,氧化锌避雷器因无续流,故只要吸收过电压能量即可,这样通过避雷器的能量减小,从而热容量要求比碳化硅低,动作荷载也较轻,从而能承受多重雷击,延长了工作寿命。

3）可以降低作用在电气设备上的过电压。虽然 10kA 雷电流下的残压值氧化锌避雷器和碳化硅相同,但后者只在串联间隙放电后才可将电流泄放,而前者在整个过电压过程中都有电流流过,因此降低了作用在变电站电气设备上的过电压。例如某 500kV 变电站的计算结果为:当雷电流是 150kA（2/70μs）时,过电压下降 6%～13%;当雷电流是 100kA 时,过电压下降 6%～11%。

4）通流容量大。由于氧化锌阀片的通流能力大（必要时采用三柱或两柱并联）,提高了避雷器的动作负载能力，因此可以用来限制内部过电压。

5）氧化锌避雷器特别适用于直流保护和 SF_6 电气保护。因为直流不像工频续流那样有自然零点，所以串联间隙型直流避雷器难以灭弧，氧化锌避雷器则就没有灭弧问题。另外在 SF_6 电器中，碳化硅在 SF_6 气体中放电电压会随气压变化，间隙放电在 SF_6 气体中的分散性大，而氧化锌避雷器无此问题。因无续流灭弧问题，氧化锌避雷器也运用于多雷区、多重雷击区。

6）存在老化问题。氧化锌阀片长期流过工频电压作用下的电流（$10\mu A$），因此应定期监测该电流。

（3）氧化锌避雷器的主要参数。

1）持续运行电压有效值：指在运行中允许长期施加于避雷器两端的工频电压有效值。它表征了氧化锌避雷器对长期作用的工频电压耐受能力，一般应等于系统最大工作相电压。氧化锌避雷器吸收过电压能量后温度升高，在此电压作用下能正常冷却，不发生热击穿。

2）额定电压有效值：指允许短期加在避雷器上的最大工频电压有效值。在系统中出现短时工频电压升高时，此电压直接作用在氧化锌阀片上，只要其值不超过额定电压，避雷器就能可靠地限制雷电过电压或操作过电压。它相当于阀式避雷器的灭弧电压，但其含义不同，只作为决定避雷器各种特性的基准参数。

3）参考电压（又称起始动作电压、转折电压）：指氧化锌阀片伏安特性曲线上由小电流区转入击穿区所对应的电压值。从这点开始电流值将随电压增加而迅速增加，亦使 α 迅速进入 $0.02\sim0.05$ 区域，这时氧化锌避雷器进入了限制过电压的工作状态。通常以流过 $1mA$ 工频电流阻性分量峰值或直流电流时，避雷器两端电压峰值 U_{1mA} 定义为起始动作电压（或参考电压）。

4）残压：指放电电流通过避雷器时其端子间的最大电压幅值。

5）标称放电电流：常用的避雷器标称放电电流分为 20、10、5、2.5、1.5、1kA 六个等级（$3\sim66kV$ 系统取 5kA），其波形参数为 $8/20\mu s$。对于一些特殊用途的氧化锌避雷器的标称放电电流，不限于此范围。

6）压比：指氧化锌避雷器通过 $8/20\mu s$ 额定冲击放电电流下的残压（简称额定残压）与参考电压之比。压比越小，表明通过冲击大电流时的残压越低，则氧化锌避雷器的保护性能越好，目前此值约为 $1.6\sim2.0$。

7）荷电率：指容许最大持续运行电压幅值与参考电压之比。它表征单位电阻片上的电压负荷。目前一般采用 $45\%\sim75\%$ 的荷电率。在中性点不接地或经消弧线圈接地的系统中，不对称短路时正常相上的电压升高较大，故一般采用低荷电率；则在中性点直接接地系统中，工频电压升高不那么突出，故可选用高荷电率。荷电率的高低也将是决定避雷器老化快慢的直接因素。

在设计中，如果荷电率向"高"选取，其直接结果是避雷器的保护比下降，电气特性变好，而产品寿命、可靠性降低；如果荷电率向"低"选取，虽然产品寿命延长，但保护性能下降，因而也是不合理的。

8）保护比：氧化锌避雷器的保护比 K 定义为

$$K = \frac{额定残压}{最大持续运行电压幅值} = \frac{压比}{荷电率} \tag{6-5}$$

所以，保护比越小，表明通过冲击大电流时的残压越低，避雷器的保护性能越好。

　　目前，世界各国生产的氧化锌避雷器在电压等级比较低时大部分是采用无间隙的。对于超高压避雷器或需要大幅度降低压比时，则采用并联间隙的方法。为了降低大电流时的残压，而又不加大电阻片在正常运行中的电压负担，往往也采用并联或串联间隙的方法。

　　如图 6-16 所示为氧化锌并联间隙的原理图。在正常情况下，间隙 g 是不导通的，系统电压由电阻 R_1 和 R_2 两部分分担，单位电阻片上的电压负荷较低，当雷击或操作过电压作用时，流过 R_1、R_2 的电流将迅速增加，R_1 和 R_2 上的电压（残压）也随之迅速增加。当 R_2 上的残压达到某一值时，并联间隙 g 击穿，R_2 被短接，避雷器上的残压仅由 R_1 决定，从而降低了残压，也即降低了压比。

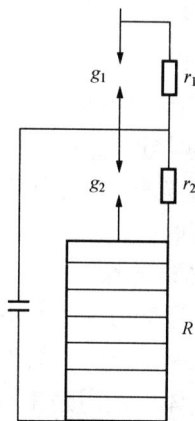

　　如图 6-17 所示为氧化锌串联间隙的原理图。图中 g_1 和 g_2 为两个串联放电间隙，r_1，r_2 一方面作为 g_1 和 g_2 的均压电阻，另一方面又与氧化锌电阻片一起组成一个分压器，分担着整个避雷器的电压负荷。若 r_1 和 r_2 负担 50％电压负荷，R 负担其余 50％电压负荷，就可以大大减轻氧化锌电阻片上的电压负荷，这是碳化硅电阻片所不能做到的，因为碳化硅电阻片在小电流时电阻太小。氧化锌电阻片则不同，它在小电流时的电阻完全可以与分路电阻相比较，在雷击或操作过电压发生时，r_1 和 r_2 的电压提高，使 g_1 和 g_2 两个间隙击穿，避雷器的残压就完全由氧化锌电阻 R 决定。在灭弧过程中，间隙仅仅负担 50％恢复电压，其余的 50％恢复电压由氧化锌电阻片分担，大大减轻了间隙的灭弧负担，这也是碳化硅避雷器所不能做到的，碳化硅避雷器在灭弧时间隙要负担几乎 100％的恢复电压。具有串联间隙的氧化锌避雷器，其保护比可达 1.2 左右。

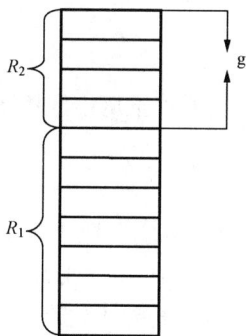

图 6-16　氧化锌并联间隙原理图　　　　图 6-17　氧化锌串联间隙原理图

　　氧化锌避雷器在长期运行中阀片直接承受工作电压的作用，会逐渐老化，如密封不良会使阀片受潮，加剧阀片的劣化。泄漏电流中的阻性分量会使阀片温度升高，产生有功损耗，导致热崩溃，严重时可能造成避雷器损坏或爆炸。必须定期监测泄漏电流等参数以保证安全。

三、防雷接地装置

　　避雷针（线）、避雷器要想把雷电流引入大地，就必须通过接地装置与大地相连，这种接地称为防雷接地。防雷接地装置由接地引下线和接地体构成。作用是减小接地电阻，从而降低雷电流流过避雷针（线）、避雷器时接地体上的电压降。

1. 防雷接地的特点

与电力系统的其他接地相比，防雷接地有两个显著特点：

(1) 通过接地装置的雷电流的幅值大——火花效应。通过防雷接地装置的雷电流幅值很大，就会使由接地体向周围土壤流散的电流密度 δ 增大，增大了土壤中的电场强度，在接地体附近尤为显著。若此电场强度超过土壤的击穿场强时，在接地体周围的土壤中便会发生局部火花放电，使土壤导电性增大，接地电阻减小，这就是火花效应。因此，同一接地装置在幅值甚高的冲击电流作用下，火花效应使接地电阻减小。

(2) 通过接地装置的雷电流的等值频率较高——电感效应。通过接地装置的雷电流陡度很大，其等值频率较高，接地体自身电感的影响增加，接地体本身的电抗增大，阻碍电流向接地体远端流通，这就是电感效应。对于较长的接地体这种影响更加明显，结果会使接地体得不到充分利用，增大接地装置的电阻值。

2. 防雷接地电阻

防雷接地装置流过冲击电流时所呈现的电阻值称为冲击接地电阻。接地电阻值视防雷种类、建筑物和构筑物类别而定。防直击雷的接地电阻，对于第一类工业、第二类工业和第一类民用建筑物和构筑物，不得大于 10Ω；对于第三类工业建筑物和构筑物，不得大于 $20\sim30\Omega$；对于第二类民用建筑物和构筑物，不得大于 $10\sim30\Omega$。防雷电感应的接地电阻不得大于 $5\sim10\Omega$。防雷电侵入波的接地电阻一般不得大于 $5\sim30\Omega$。

由于存在电感效应和火花效应，同一接地装置具有不同的冲击接地电阻，它与工频接地电阻的比值称为接地电阻冲击系数，用 α 表示，即

$$\alpha = \frac{R_{ch}}{R_g} \tag{6-6}$$

式中　R_{ch}——冲击接地电阻；

　　　R_g——工频接地电阻。

冲击系数 α 与接地体的几何尺寸、雷电流的幅值和波形、土壤电阻率等因素有关，一般在 $0.2\sim1.25$ 范围内。

3. 工程上的接地装置

工程实际的接地装置主要由扁钢、圆钢、角钢或钢管组成，埋于地表下 $0.5\sim1m$ 处。水平接地体多用扁钢，宽度一般为 $20\sim40mm$，厚度不小于 $4mm$，或者用直径不小于 $6mm$ 的圆钢。垂直接地体一般用角钢或钢管，长度约取 $2.5m$。根据接地装置的敷设地点不同，又分为输电线路防雷接地和发电厂、变电站防雷接地。

(1) 输电线路的防雷接地。高压输电线路在每一基杆塔下一般都设有接地装置，并通过引线与避雷线相连，其目的是使雷击避雷线或塔顶时的雷电流通过较低的接地电阻而流入大地。高压线路杆塔都有钢筋混凝土基础，它也起着接地体的作用，称为自然接地电阻。大多数情况下仅仅依靠自然接地电阻是不能满足要求的，需要装设人工接地装置。

(2) 发电厂和变电站的防雷接地。发电厂和变电站内要有良好的接地装置以满足工作接地、保护接地、防雷接地的要求。一般的做法是根据保护接地和工作接地要求敷设一个统一的接地网，然后再在避雷针和避雷器与地网的连接点处增加接地体以满足防雷接地的要求。

接地网常用 $4\times40mm$ 的扁钢或 $\phi20mm$ 的圆钢水平敷设，排列成长孔形或方孔形，埋入地下 $0.6\sim0.8m$ 处，其面积大体与发电厂和变电站的面积相同，接地网示意图如图 6-18

所示，这种接地网的总接地电阻可按照下式估算

$$R = \frac{0.44\rho}{\sqrt{S}} + \frac{\rho}{L} \approx \frac{0.5\rho}{\sqrt{S}} \qquad (6-7)$$

式中　L——接地体（包括水平与垂直）总长度，m；

　　　　S——接地网的总面积，m^2；

　　　　ρ——土壤电阻率，$\Omega \cdot \mathrm{m}$。

接地网构成网孔形的目的主要在于均压，接地网中两水平接地带之间的距离，一般可取为 $3\sim10\mathrm{m}$，然后校核接触电压和跨步电压后再予以调整。

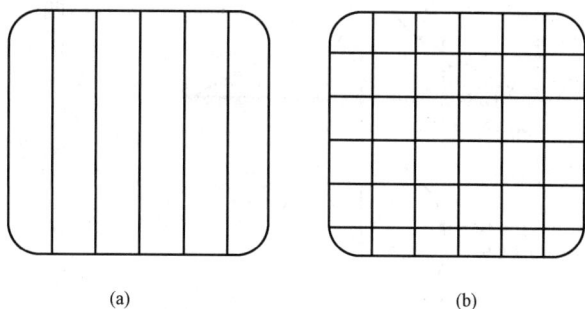

图 6-18　接地网示意图

(a) 长孔　(b) 方孔

发电厂和变电站接地网的工频接地电阻一般在 $0.5\sim5\Omega$ 的范围内。

任务三　计算避雷针（线）的保护范围

【教学目标】

掌握单根避雷针、线保护范围的确定方法，了解两根等高避雷针（线）和多根避雷针保护范围的确定方法，能够根据实际情况计算避雷针（线）的保护范围，清楚变电站直击雷保护区域的计算方法，能看懂变电站直击雷防雷保护图。

【任务描述】

计算避雷针、线的保护范围。

【任务实施】

有一边长 50m 的正方形区域，其四角分别装设一根高 30m 的避雷针，要求画出其离地面高 10m 水平面上的保护区域。

（1）由一个变电站的避雷针保护区域图入手，引入避雷针保护范围的概念。

（2）学习单根避雷针线保护范围的确定方法。

（3）两根等高避雷针（线）、多根避雷针保护范围的确定方法。

（4）画出距地面高 10m 水平面上的避雷针保护区域图。

【相关知识】

避雷针（线）是有一定保护范围的，它的保护范围是指被保护物在此空间范围内不会遭受直接雷击。我国标准规定的避雷针（线）保护范围是根据雷电冲击电流下的模拟实验确定的，并以多年运行经验做了校验。所谓保护范围是指在此空间范围内的被保护物遭受直接雷击的概率仅为 0.1% 左右，实践证明这种概率是可以接受的。

一、避雷针保护范围的确定

避雷针的保护范围与避雷针的高度、根数及避雷针与避雷针之间的距离等有关。

1. 单根避雷针的保护范围

如图 6-19 所示为单根避雷针的保护范围。若避雷针高 h，则其保护范围的下半部分为一高 $0.5h$、顶圆半径 $0.5h$、底圆半径 $1.5h$ 的圆台，上半部分为一底圆半径 $0.5h$、高 $0.5h$ 的圆锥体。一般用距离地面高 h_{x} 的水平面上的保护半径 r_{x} 来表征避雷针的保护范围，即

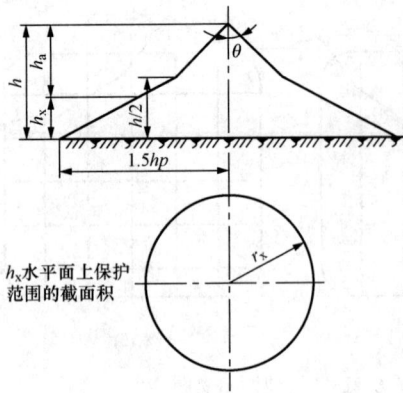

图 6-19 单根避雷针保护范围

(1) $h_x = 0$ 时的地面上的保护半径 r 为

$$r = 1.5hp \qquad (6-8)$$

(2) 在高度为 h_x 水平面上的保护半径 r_x 可按下式计算

当 $h_x \geqslant \dfrac{h}{2}$ 时，$r_x = (h - h_x)p \qquad (6-9)$

当 $h_x < \dfrac{h}{2}$ 时，$r_x = (1.5h - 2h_x)p \qquad (6-10)$

式中　p——高度影响系数，当 $h \leqslant 30\text{m}$ 时，$p = 1$；当 $30 < h \leqslant 120\text{m}$ 时，$p = \dfrac{5.5}{\sqrt{h}}$；

当 $h > 120\text{m}$ 时按 120m 计算。

2. 两根等高避雷针的保护范围

工程上多采用两根以及多根避雷针，以扩大保护范围。两根等高避雷针的保护范围如图 6-20 所示。两针外侧的保护范围按单根避雷针的计算方法确定，两针之间的保护范围像一个马鞍形，由通过两针顶点和保护范围上部边缘最低点 O 的圆弧确定。O 的高度 h_0 为

$$h_O = h - \frac{D}{7p} \qquad (6-11)$$

式中　h_O——两针间保护范围上部边缘最低点的高度，m；

　　　D——两针间的距离，m。

两针间在高 h_x 的水平面上保护范围一侧的最小宽度 b_x 为

$$b_x = 1.5(h_0 - h_x) \qquad (6-12)$$

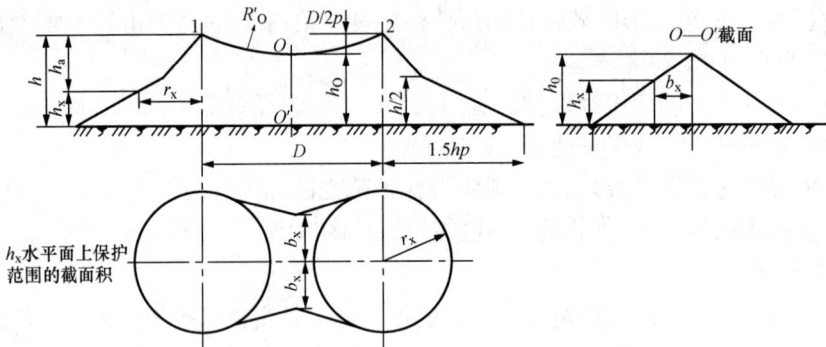

图 6-20 两根等高避雷针的保护范围

3. 两根不等高避雷针的保护范围

两根不等高避雷针外侧的保护范围按单根避雷针的计算方法确定，它们之间的保护范围按这样的方法确定：先按单根避雷针的方法确定较高避雷针 1 上部的保护范围，接着由较低避雷针 2 的顶点作水平线与较高避雷针的上部保护范围交于点 3，把点 3 作为一根假想的与避雷针 2 等高的避雷针的顶点，再按两根等高避雷针的计算方法确定避雷针 2 和 3 的保护范围，如图 6-21 所示。

4. 三根及以上避雷针的保护范围

三根避雷针所形成的三角形外侧的保护范围分别按两根避雷针保护范围的计算方法确定，三角形内部的保护范围这样确定：在距地面高 h_x 的水平面上，各相邻两根避雷针间保护范围的一侧最小宽度 $b_x \geq 0$ 时，则三角形内部全部面积受到保护，如图 6-22 所示。

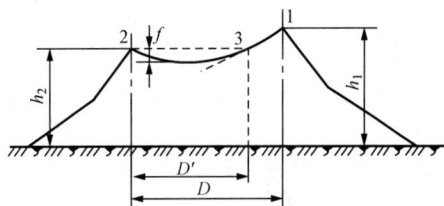

图 6-21　两根不等高避雷针的保护范围

三根以上避雷针的保护范围可以这样确定：把避雷针所形成的多边形分成若干个三角形，然后分别按三根避雷针保护范围的计算方法确定。若所有相邻的两根避雷针间保护范围一侧的最小宽度 $b_x \geq 0$ 时，则全部面积受到保护。如图 6-23 所示。

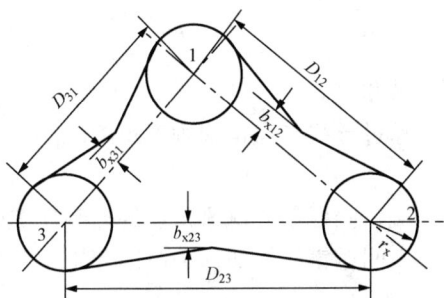

图 6-22　三根避雷针的保护范围

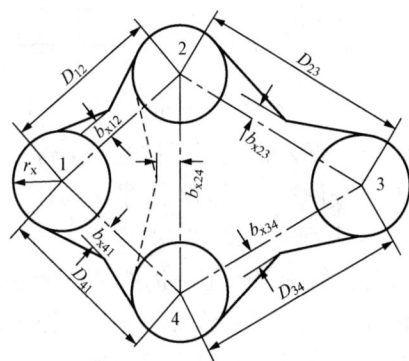

图 6-23　四根避雷针的保护范围

发电厂和变电站的电气设备有很多种，高度也各不相同，计算保护范围时应注意是针对哪一个高度的。实际工程中大多数是已知被保护电气设备的高度、位置、占地面积等，要求确定避雷针的根数、高度和位置。这就要根据实际情况提出多种设计方案，然后经过多次技术经济比较得出最优方案。

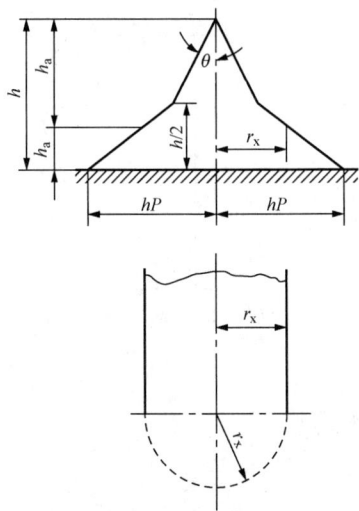

图 6-24　单根避雷线保护范围

二、避雷线的保护范围

避雷线的保护作用与避雷针相同，但由于接闪器形状的不同，其对雷云与大地间电场的畸变作用比避雷针小，即其引雷的效果比避雷针弱。避雷线的保护范围与避雷线悬挂高度、避雷线根数、避雷线间的距离等有关，下面就讨论一下避雷线的保护范围的确定方法。

1. 单根避雷线的保护范围

单根避雷线的保护范围是一个沿着避雷线延伸而延伸的带状空间区域，其横截面的上半部分是一顶角为 50° 的三角形，下半部分是一下底宽度为两倍避雷线悬挂高度的梯形，如图 6-24 所示。

设避雷线的悬挂高度为 h，以通过避雷线且垂直地面的面为对称面，在距地面高 h_x 的水平面上，保护范围一侧的宽度 r_x 为

$$\text{当 } h_x \geqslant \frac{h}{2} \text{ 时，} r_x = 0.47(h - h_x)p \qquad (6\text{-}13)$$

$$\text{当 } h_x < \frac{h}{2} \text{ 时，} r_x = (h - 1.53h_x)p \qquad (6\text{-}14)$$

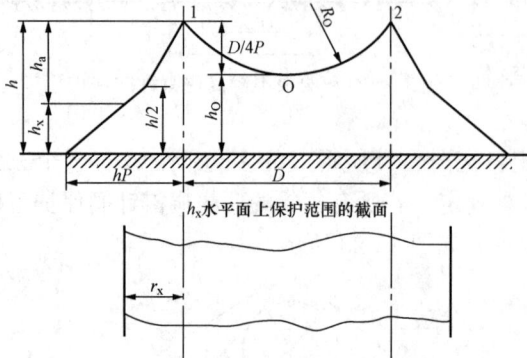

图 6-25　两根平行避雷线的保护范围

2. 两根平行避雷线的保护范围

两根避雷线的保护范围是一个上部凹陷的带状空间区域，如图 6-25 所示。

两根避雷线外侧的保护范围按单根避雷线的计算方法确定；两避雷线间各横截面保护范围由通过两避雷线 1、2 点及保护范围上部边缘最低点 O 的圆弧确定，O 点的高度由下式计算

$$h_O = h - \frac{D}{4p} \qquad (6\text{-}15)$$

式中　h_O——两避雷线间保护范围上部边缘最低点高度，m；

D——两避雷线间的水平距离，m。一般不超过导线与避雷线垂直距离的五倍。

3. 三根平行避雷线的保护范围

三根避雷线的保护范围仍然是一个带状空间区域，两根最外侧避雷线的外侧保护范围按单根避雷线的计算方法确定，两根最外侧避雷线与中间避雷线间的保护范围分别按两根避雷线的计算方法确定，如图 6-26 所示。

用避雷线保护输电线路时，通常用保护角来表示避雷线的保护效果。避雷线的保护角是指通过避雷线和外侧导线的平面与通过避雷线且垂直于地面的平面之间的夹角，用 α 来表示，如图 6-27 所示。保护角一般取为 20°～30°。对 220～330kV 的线路，一般取 $\alpha = 20°$；对于 500kV 线路，一般取 $\alpha \leqslant 15°$；对于山区宜采用较小的保护角。

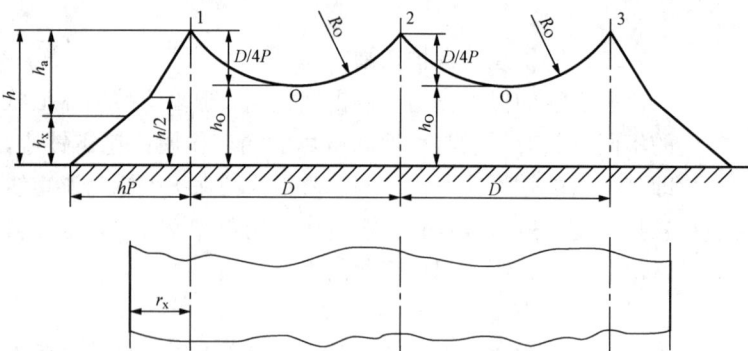

图 6-26　三根平行避雷线的保护范围

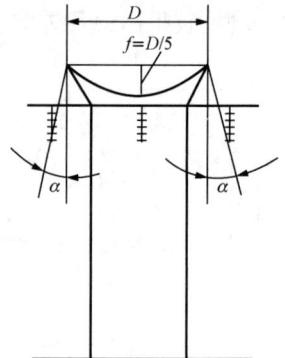

图 6-27　避雷线的保护角

任务四　避雷器的保护距离

📢【教学目标】

知道利用图解法计算避雷器动作时流过其阀片的最大冲击电流的方法，掌握避雷器残压与

被保护电气设备绝缘电气强度的大小关系，学会计算避雷器与被保护变压器之间最大电气距离，能够分析变压器承受的最大雷电冲击电压与哪些因素有关，能够评价避雷器保护作用的效果。

🙌【任务描述】

计算避雷器与被保护电气设备（变压器）之间最大电气距离。

🙌【任务实施】

计算一 220kV 配电装置主变压器距氧化锌避雷器的最大电气距离。

（1）思考避雷器动作时流过其阀片的电流大小、电气设备（变压器）承受的雷电冲击电压与避雷器的残压是否一样以及受哪些因素的影响等问题，并试着作出推测。

（2）由思考的问题入手，利用图解法分析避雷器动作时流过避雷器阀片的电流，确定避雷器防雷保护时使用的残压。

（3）分析避雷器与变压器接在一起时作用在变压器上的最大雷电冲击电压，然后分析避雷器与变压器有一定电气距离时作用在变压器上的最大雷电冲击电压。

（4）查阅有关资料，收集 220kV 变压器和氧化锌避雷器的相关技术参数。

（5）计算变压器和氧化锌避雷器之间的最大电气距离。

📖【相关知识】

当沿线路侵入到发电厂、变电站的雷电过电压波传到避雷器时，若超过避雷器的起始动作电压（或冲击放电电压），避雷器动作把雷电过电压的能量泄入大地起到限制过电压的作用。此时流过避雷器阀片的雷电流的幅值与入侵雷电过电压的幅值有关。雷电流的幅值决定了避雷器的残压，而残压又决定了被保护电气设备绝缘上承受的过电压水平。被保护电气设备绝缘上承受的过电压与避雷器残压间又有什么关系，有必要进行讨论分析。

一、避雷器动作时流过的最大雷电流幅值

当雷击输电线路产生的雷电过电压波（直击雷过电压或感应雷过电压）沿导线侵入变电站到达避雷器时，避雷器动作，如图 6-28 所示。此时有

$$\begin{cases} 2u = iZ + u_A \\ u_A = f(i) \end{cases} \tag{6-16}$$

式中　Z——线路的波阻抗，Ω；

　　　u_A——避雷器阀片伏安特性，$u_A = f(i) = Ci^\alpha$。

式（6-16）是一个非线性方程组，可用图解法求出通过避雷器的雷电流幅值，如图 6-29 所示。侵入波幅值的最大值为线路绝缘的 50% 冲击放电电压 $U_{50\%}$，可以得到避雷器动作时流过单进线变电站避雷器的最大雷电流幅值如表 6-1 所示。

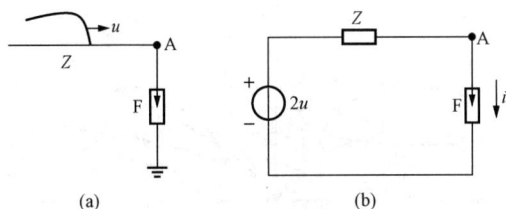

图 6-28　流过避雷器的雷电流计算等值电路

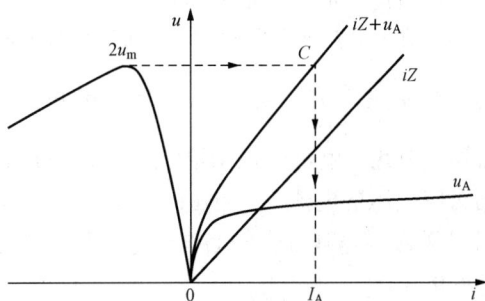

图 6-29　图解法求流过避雷器阀片的雷电流

表 6-1 流经单进线变电站避雷器的最大雷电流幅值

额定电压（kV）	避雷器型号	线路绝缘的 $U_{50\%}$（kV）	流过阀片最大雷电流幅值（kA）
35	FZ—35	350	1.41
110	FZ—110J	700	2.67
220	FZ—220J	1200～1400	4.35～5.38
330	FCZ—330J	1645	7.06
500	FCZ—500J	2060～2310	8.63～10

二、避雷器的保护距离

下面以变压器为例来分析避雷器的保护特性。

1. 变压器与避雷器间距离为零时变压器上的电压

设变压器和避雷器都接在 A 点，当雷电过电压波沿线侵入变电站，通过 A 点后向远方

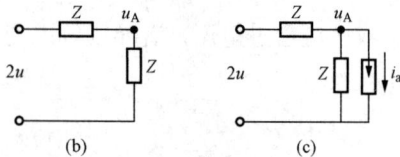

图 6-30 避雷器的保护作用
(a) 接线图；(b) 动作前等值电路；
(c) 动作后等值电路

传播，线路波阻抗为 Z，如图 6-30（a）所示。为了简化分析，忽略变压器的入口电容，并且假定避雷器的伏秒特性 $u_s = f(t)$ 和伏安特性 $u_A = f(i)$ 是已知的。

避雷器动作前，A 点电压 u_A 与侵入波 u 电压相同，此时等值电路如图 6-30（b）所示。

当 u 上升到与避雷器的伏秒特性相交时，避雷器动作，此时的等值电路如图 6-30（c）所示。则有

$$\begin{cases} 2u = \left(i_a + \dfrac{u_A}{Z}\right)Z + u_A \\ u_A = f(i_a) \end{cases}$$

即

$$\begin{cases} u = u_A + \dfrac{Z}{2}i_a \\ u_A = f(i_a) \end{cases} \qquad (6\text{-}17)$$

用图解法求解如下：如图 6-31 所示，纵坐标取电压 u，横坐标分别取时间 t 和电流 i。在 $u-t$ 坐标平面内，当侵入波 u 与伏秒特性 $u_s = f(t)$ 相交于 u_d 时，避雷器动作，放电时间为 t_d。在 $u-i$ 坐标平面内，根据给定的避雷器伏安特性 $u_A = f(i)$ 和线路波阻抗 Z，可以

画出曲线 $u_A + \dfrac{Z}{2}i_a$，由式（6-17）可知，它与 u 相等。因此，就可以根据给定的 u 的波形，先求出对应电压的电流 i_a，再由 i_a 求出 u_A，也就可以得到 A 点电压 $u_A = f(t)$，这也是变压器绝缘上的电压。

由图可知，避雷器上的电压 u_A 有两个峰值：一个是避雷器冲击放电电压 U_d，它取决于

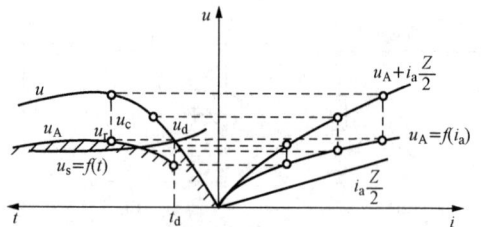

图 6-31 图解法求避雷器上的电压

避雷器的伏秒特性；另一个是避雷器残压的最大值 u_r，残压取决于流过的雷电流大小，但因阀片特性的非线性，当流过的雷电流在很大范围内变动时，故其残压变化较小，近乎不变。由于在具有正常防雷接线的 $110\sim220kV$ 变电站中，流经避雷器的雷电流一般不超过 5kA，故残压最大值取为 5kA 下的数值，通常避雷器的冲击放电电压与 5kA 下的残压基本相同，因此在简化分析时可以将避雷器上的电压近似地看成是斜角平顶波，如图 6-32 所示，其幅值等于避雷器的残压最大值，即 u_{r5}，而波头时间等于避雷器的放电时间 t_d，t_d 取决于侵入波陡度。

由于避雷器直接接在变压器旁，故变压器上的电压波形与避雷器上的相同。若变压器绝缘的冲击耐压大于避雷器的冲击放电电压和 5kA 下的残压，则变压器绝缘将得到保护。

2. 变压器和避雷器有定距离时变压器上的电压

变电站中有许多电气设备，不可能每个设备旁边装设一组避雷器，也就是说一组避雷器不可能只保护一个电气设备，而是要保护更多的设备，这样避雷器与各个被保护的电气设备之间就不可避免地沿连接线有一段距离，该距离称为电气距离。那么当雷电波侵入变电站时，避雷器动作，这些电气设备上的电压与避雷器上的电压有什么关系？避雷器能否起到保护作用？为了解答上述问题，下面以如图 6-33 所示的接线来分析当雷电波侵入时，避雷器和变压器上的电压。

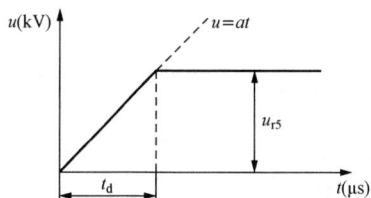

图 6-32 避雷器上的电压波形

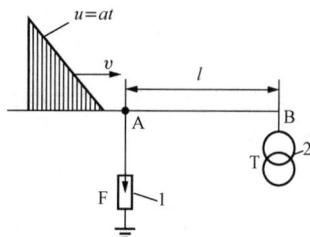

图 6-33 避雷器保护变压器的接线示意图
1—避雷器；2—变压器

如果避雷器与变压器间的电气距离为 l，设雷电侵入波为一斜角波 $u=at$，其陡度为 a，传播速度为 v。为了简化分析，忽略变压器的入口电容不计，变压器相当于开路。

当侵入波到达避雷器（即 A 点）时，避雷器上的电压开始升高，同时侵入波向变压器传播，经过时间 $\tau=\dfrac{l}{v}$ 侵入波到达 B 点，即变压器处，侵入波开始全反射，B 点电压开始升高。再经过时间 τ，反射波到达 A 点并越过 A 点向来波方向传播。随着时间的推移，A 点的电压越来越高，当达到避雷器的冲击放电电压时，避雷器动作，将 A 点电压固定为避雷器的残压值，而此时 B 点电压还在升高。只有再经过一个时间 τ，避雷器动作的效果才会传播到 B 点，在这段时间里 B 点电压又升高了 $2a\tau$（因为全反射的原因，B 点电压是以 $2a$ 的速率升高的），即 B 点电压比避雷器残压高 $2a\tau$。避雷器动作的效

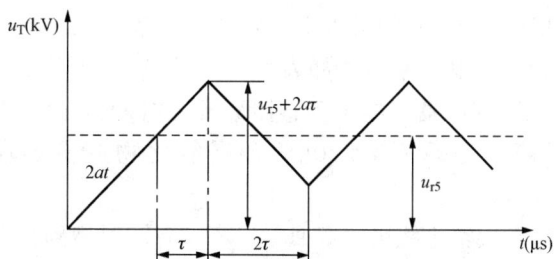

图 6-34 变压器上的电压波形

果传播到 B 点后，B 点电压开始下降，此后 A、B 间经过多次反射，B 点电压就围绕着避雷器残压上下波动，如图 6-34 所示。那么变压器上（即 B 点）最大电压为

$$u_T = u_{r5} + 2a\tau = u_{r5} + 2a\frac{l}{v} \tag{6-18}$$

由式（6-18）可以看出，当变压器与避雷器间有电气距离 l 时，变压器上的过电压比避雷器的残压高 $2a\tau$。如果避雷器的残压和侵入波的陡度一定，那么变压器上的过电压就会随着与避雷器间的电气距离 l 的增大而增大，要想使变压器上的过电压不超出其绝缘冲击耐压值，就要限制变压器与避雷器间的电气距离，换句话说，就是避雷器有一定的保护距离。

3. 避雷器的保护距离

由前已知，避雷器和变压器之间的电气距离 l 是有一定范围的，超出这个范围，避雷器便不能可靠保护变压器。若变压器绝缘的冲击耐压值为 u_j，那么要想变压器受到保护，变压器上的过电压要满足

$$u_T \leqslant u_j$$

即

$$u_{r5} + 2a\frac{l}{v} \leqslant u_j$$

$$l \leqslant \frac{u_j - u_{r5}}{\dfrac{2a}{v}} \tag{6-19}$$

则避雷器到变压器的最大允许距离 l_{max} 为

$$l_{max} = \frac{u_j - u_{r5}}{\dfrac{2a}{v}} \tag{6-20}$$

从式（6-20）可以看出，避雷器至变压器间的最大电气距离 l_{max} 与变压器绝缘的冲击耐压值 u_j、避雷器的残压 u_{r5}、侵入波的陡度 a 和传播速度 v 有关，实际中要采取措施限制避雷器动作时流过避雷器的雷电流不超过规定值，也就是避雷器动作时其残压不超过额定残压；还要限制侵入波的陡度不超过设计值，使避雷器至变压器间的电气距离满足设计要求。

对变电站的其他电气设备来说，由于它们绝缘的冲击耐压值都比变压器高，因此它们与避雷器的最大距离 l'_{max} 可在变压器距避雷器的最大距离 l_{max} 基础上增大 35%，即

$$l'_{max} = 1.35l_{max} \tag{6-21}$$

我国有关标准中根据某些典型接线进行模拟试验和计算，给出了阀式避雷器至 3~10kV 主变压器的最大电气距离，如表 6-2 所示；给出了 35~330kV 变电站避雷器至变压器的最大电气距离，如表 6-3、表 6-4 所示，表中数据采用的 35kV、66kV、110kV 及 220kV 变压器，电压互感器标准雷电冲击全波耐受电压分别为 200kV、325kV、480kV 及 950kV，110kV 及 220kV 金属氧化物避雷器在标称放电电流下的残压分别为 260kV 及 520kV。

若架空进线采用双回路杆塔，有同时遭到雷击的可能，确定阀式避雷器与变压器最大电气距离时，应按一路考虑，且在雷季中宜避免将其中一路断开。

对电气接线比较特殊的情况，可用计算方法或通过模拟试验确定最大电气距离。

表 6-2　　　　　　　　　　**阀式避雷器至 3～10kV 主变压器的最大电气距离**

雷季经常运行的进线路数	1	2	3	≥4
最大电气距离（m）	15	20	25	30

表 6-3　　　　　　　　　**普通阀式避雷器至主变压器间的最大电气距离**　　　　　（m）

系统额定电压（kV）	进线段长度（km）	进线路数			
		1	2	3	≥4
35	1	25	40	50	55
	1.5	40	55	65	75
	2	50	75	90	105
66	1	45	65	80	90
	1.5	60	85	105	115
	2	80	105	130	145
110	1	45	70	80	90
	1.5	70	95	115	130
	2	100	135	160	180
220	2	105	165	195	220

注　全线有避雷线进线长度取 2km，进线长度在 1～2km 间时的距离按补插法确定。
　　35kV 也适用于有串联间隙金属氧化物避雷器的情况。

表 6-4　　　　　　　　　**氧化锌避雷器至主变压器间的最大电气距离**　　　　　　m

系统额定电压（kV）	进线段长度（km）	进线路数			
		1	2	3	≥4
110	1	55	85	105	115
	1.5	90	120	145	165
	2	125	170	205	230
220	2	125（90）	195（140）	235（170）	265（190）
330	2	90	140	170	190

注　本表也适用于电站型磁吹阀式避雷器。
　　表中括号内的距离对应的是主变压器雷电冲击全波耐受电压为 850kV。

任务五　输电线路的雷电过电压

◁》【教学目标】

　　掌握雷电过电压的定义，了解输电线路感应雷过电压产生的原因，掌握感应雷过电压的特点和其对输电线路的影响。掌握雷击杆塔顶部和雷击导线时线路绝缘子串上的过电压大小及其影响因素，能够分析雷击输电线路时对输电线路安全运行的影响。

【任务描述】

探讨雷击输电线路时不同情况下产生的过电压。

【任务实施】

(1) 学习过电压的定义，弄清雷电过电压的定义。

(2) 讨论雷击输电线路时的各种情况。

(3) 根据雷击输电线路的不同情况逐一学习探讨产生过电压的原因、大小及其特点。

(4) 分析总结雷击对输电线路安全运行的影响。

【相关知识】

电力系统中的各种绝缘在运行中除了受长期工作电压的作用外，由于各种原因，还会受到各种比工作电压高得多的电压作用。我们把这种比工作电压高很多的电压称为过电压，它是指电力系统中出现的对绝缘有危险的电压升高和电位升高。

由于雷电的原因在电力系统中产生的过电压称为雷电过电压，也叫大气过电压或外部过电压。下面我们就讨论雷电在输电线路中产生的雷电过电压。

输电线路长度大，地处旷野，通常是地面上较为高突的物体，因此极易遭受雷击。雷电击中导线时伴随着很大的电流流过，在导线上产生的冲击电压会达到很高的数值，使线路绝缘闪络引起系统故障。据统计，每年每 100km 线路要经受几十次雷击，因雷击线路造成的跳闸事故占电网总事故的 60% 以上。同时，雷击线路形成的雷电过电压波沿线路传播侵入变电站，也是威胁变电站电气设备绝缘的主要因素。

一、雷击输电线路的情形

雷击输电线路的情形如图 6-35 所示。

(1) 雷击在输电线路附近的地面上。由于雷云放电通道的静电、电磁感应作用，将会在线路导线上感应出过电压，这种过电压称为感应雷过电压。

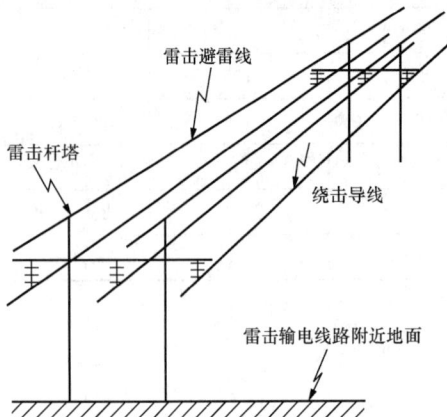

图 6-35 雷击输电线路的情形

(2) 雷击在输电线路上。它包括三种情况：雷击杆塔顶部、雷击避雷线和雷绕击导线（若没有避雷线就是雷直击导线）。这种情况引起的过电压称为直击雷过电压。绕击是指雷电绕过避雷线而直接击中导线，这是可能的。

运行经验表明，直击雷过电压对电力系统的危害最大，感应雷过电压只对 35kV 及以下的线路有威胁。

雷击线路可能导致两种破坏性后果。一是使线路发生单相接地短路故障。雷电过电压的作用时间虽然很短，但使导线绝缘发生冲击闪络以后，工频工作电压将沿此闪络通道继续放电，进而发展成为稳定的工频续流电弧。此时继电保护装置将会动作，使断路器跳闸，影响线路正常供电。二是形成雷电过电压波沿输电线路侵入变电站，在变电站内产生复杂的折反射过程，使电力设备绝缘承受很高的过电压，导致设备绝缘闪络，造成停电事故。

二、输电线路的感应雷过电压

1. 感应雷过电压的产生

雷击线路附近大地时，由于雷电通道周围急剧变化的电、磁场的静电和电磁感应作用，将会在线路导线上产生感应雷过电压，它包括静电分量和电磁分量。

当雷击输电线路附近大地时，在雷电放电的先导放电阶段，先导放电通道中充满了雷云电荷。由于静电感应作用，在靠近雷电先导放电通道的一段导线上会感应出与雷云电荷异号的正电荷，这些正电荷成为了束缚电荷，如图 6-36（a）所示。导线上与雷云电荷同号的负电荷由于电场的排斥作用而向两侧运动，经线路泄漏电导和系统中性点流入大地。因先导放电发展的平均速度较低，导线上束缚电荷的聚集过程也比较缓慢，由此导线中产生的电流很小，相应形成的电压波可忽略不计。

在主放电阶段，先导通道中的电荷被迅速中和，原来导线上的束缚电荷就立即成为自由电荷。由于它们本身排斥作用，就向线路两端高速流动，从而形成很高的感应雷过电压波，如图 6-36（b）所示。因为主放电速度很快，导线上束缚电荷的释放过程也很快，所以形成的过电压波幅值很高。这种由于雷云先导通道中电荷所产生的静电场突然消失而引起的感应电压称为感应雷过电压的静电分量。

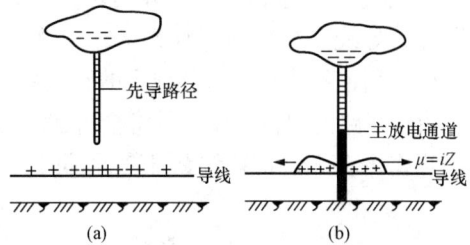

图 6-36　线路上感应雷过电压的形成
(a) 先导放电阶段；(b) 主放电阶段

同时，在主放电阶段，雷电通道中的雷电流在通道周围空间建立了强大的磁场，此磁场的变化也将使导线上感应出很高的电压，这种由于雷电流所产生的磁场变化而引起的感应电压称为感应雷过电压的电磁分量。

感应雷过电压的静电分量和电磁分量都是在主放电阶段产生的，因为主放电的速度比光速小得多，且主放电通道和导线几乎垂直，互感不大，电磁感应较弱，所以其电磁分量比静电分量小得多，那么导线上的感应雷过电压一般以静电感应分量为主。

2. 感应雷过电压的计算

（1）雷击无避雷线线路附近大地时导线上的感应雷过电压。当雷击点距线路的水平距离 S 大于 65m 时，则导线上的感应雷过电压幅值可近似地按下式计算

$$U_{\mathrm{g}} \approx \frac{25Ih_{\mathrm{d}}}{S} \tag{6-22}$$

式中　U_{g}——导线上的感应雷过电压幅值，kV；

$\quad I$——雷电流幅值，kA；

$\quad h_{\mathrm{d}}$——导线悬挂的平均高度，m；

$\quad S$——雷击点距线路的水平距离，m。

（2）雷击有避雷线线路附近大地时导线上的感应雷过电压。对有避雷线的线路，由于接地避雷线的电磁屏蔽作用，会使导线上的感应雷过电压降低。解释如下：避雷线与大地保持地电位，可以把避雷线看成大地的延伸，增大了导线对地电容，从而使导线对地电位降低。

若导线和避雷线悬挂的平均高度分别是 h_{d} 和 h_{b}，假设避雷线没有接地，则根据式（6-22）可知导线和避雷线上的感应雷过电压幅值 U_{g} 和 U_{b} 分别为

$$U_g = \frac{25Ih_d}{S}$$

$$U_b = \frac{25Ih_b}{S} = U_g\frac{h_b}{h_d}$$

实际上避雷线是接地的，其电位为零，可以在避雷线上叠加一个 $-U_b$ 的感应电压，而它又将在导线上静电感应出一个电压 $-k_0U_b$。于是雷击有避雷线线路附近大地时导线上的感应雷过电压为

$$U'_g = U_g - k_0U_b = U_g\left(1 - k_0\frac{h_b}{h_d}\right) \tag{6-23}$$
$$\approx U_g(1 - k_0)$$

k_0 为导线和避雷线间的几何耦合系数，与导线和避雷线的几何尺寸、导线和避雷线间的距离、导线悬挂高度等有关。k_0 越大，导线上的感应雷过电压越低。

（3）雷击杆塔顶部时导线上的感应雷过电压。当雷电通道距线路的水平距离不大于 65 m 时，由于线路的引雷作用，雷将会击在线路上。

当雷击在无避雷线线路杆塔顶部时，导线上的感应雷过电压幅值按下式计算

$$U_g = ah_d \tag{6-24}$$

式中　a——感应雷过电压系数，kV/m，其值等于以 kA/μs 为单位的雷电流陡度。

当雷击在有避雷线线路杆塔顶部或避雷线上时，由于有避雷线的屏蔽耦合作用，此时导线上的感应雷过电压幅值为

$$U'_g = U_g(1 - k_0) = ah_d(1 - k_0) \tag{6-25}$$

3. 感应雷过电压的特点

（1）感应雷过电压与雷电流极性相反。由于感应雷过电压是因静电和电磁感应而产生的，其极性与雷云电荷即雷电流的极性相反，因而绝大部分感应雷过电压是正极性的。

（2）感应雷过电压一般不超过 500kV。由于雷击地面时雷击点的自然接地电阻较大，雷电流幅值一般不会超过 100kA。实测表明，感应雷过电压一般不超过 500kV。对 35kV 及以下水泥杆线路会引起一定的闪络事故，对 110kV 及以上的线路，由于绝缘的水平较高，一般不会引起闪络事故。

（3）感应雷过电压只能引起对地闪络。由于感应雷过电压同时存在于三相导线，相间不存在电位差，故只能引起对地闪络。如果两相或三相同时对地闪络也将导致相间闪络事故。

三、输电线路的直击雷过电压

前述已知，雷击输电线路有雷击杆塔顶部、雷击避雷线档距中央、雷绕过避雷线击于导线（雷直击导线）三种情形。

1. 雷击杆塔顶部时线路绝缘子承受的过电压

当雷击杆塔顶部时，考虑到雷击点的阻抗较低，因此可以认为流入雷击点（杆塔顶部）的电流即为雷电流 i。该电流的一小部分经避雷线向两侧相邻杆塔分流，大部分电流通过被击杆塔入地，如图 6-37（a）所示。那么流经被击杆塔入地的冲击电流 i_t 为

$$i_t = \beta i \tag{6-26}$$

式中　β——分流系数。对于一般长度档距的杆塔，分流系数值参见表 6-5。

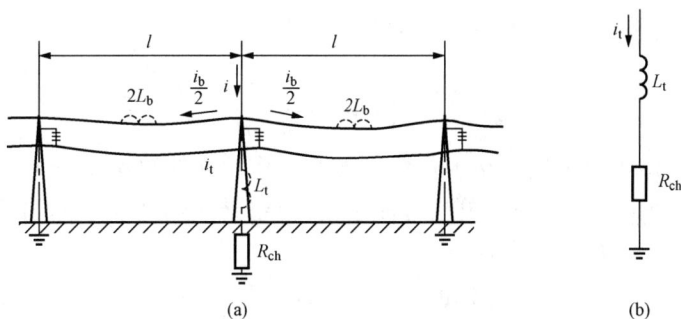

图 6 - 37　雷击杆塔顶部

(a) 雷击杆塔顶部的示意图；(b) 计算塔顶电位的等值电路

表 6 - 5　　　　　　　　　　　　一般长度档距杆塔分流系数

线路额定电压（kV）	避雷线根数	β 值	线路额定电压（kV）	避雷线根数	β 值
110	1	0.90	220	1	0.92
	2	0.86		2	0.88
330	2	0.88	500	2	0.88

　　下面就具体讨论雷击杆塔顶部时杆塔顶部的电位、导线的电位，从而计算出线路绝缘子两端的电压。

　　(1) 塔顶电位。当冲击电流 i_t 流过杆塔入地时，将在杆塔冲击接地电阻上产生电压降，同时由于该电流的等值频率很高，因此还会在杆塔的等值电感上感应出电压，其等值电路如图 6 - 37 (b) 所示。R_{ch} 为杆塔的冲击接地电阻，L_t 为杆塔本身的等值电感。那么塔顶电位 u_{td} 为

$$u_{td} = R_{ch} i_t + L_t \frac{di_t}{dt} = \beta \left(R_{ch} i + L_t \frac{di}{dt} \right) \tag{6 - 27}$$

　　塔顶电位是由雷电流直接产生的，因此塔顶电位与雷电流具有相同极性。

　　(2) 导线电位。当塔顶电位为 u_{td} 时，与塔顶相连的避雷线也有相同的电位 u_{td}。由于避雷线与导线之间有静电耦合作用，在导线上将产生一个耦合电压 $k u_{td}$（k 为计及冲击电晕时避雷线与导线间的耦合系数），它与雷电流同极性。

　　同时，当雷击塔顶时，雷电放电将使导线上产生感应雷过电压。由前已知，此时导线上的感应雷过电压为 $U'_g = a h_d (1 - k_0)$，它与雷电流的极性相反。所以，导线的电位 u_d 是耦合电压与感应雷电压之和（导线上的工频工作相电压忽略不计），即

$$u_d = k u_{td} - a h_d (1 - k_0) \tag{6 - 28}$$

　　(3) 线路绝缘子两端的电压。知道了塔顶电位 u_{td} 和导线电位 u_d 之后，就很容易计算出作用在线路绝缘子上的电压 u_j 假设 $k \approx k$，即

$$u_j = u_{td} - u_d = (1 - k_0) u_{td} + a h_d (1 - k_0) = (1 - k_0)(u_{td} + a h_d)$$

所以　　　　　$$u_j = (1 - k_0) \left[\beta \left(R_{ch} i + L_t \frac{di}{dt} \right) + a h_d \right] \tag{6 - 29}$$

　　若雷电流 i 的幅值取为 I，陡度取 $\dfrac{di}{dt} = \dfrac{I}{2.6} (kA/\mu s)$，感应雷过电压系数取 $a =$

$\dfrac{I}{2.6}$(kV/m)，则线路绝缘子上承受电压的幅值 U_{j} 为

$$U_{\mathrm{j}} = (1-k_0)\left[\beta\left(R_{\mathrm{ch}} + \dfrac{L_{\mathrm{t}}}{2.6}\right) + \dfrac{h_{\mathrm{d}}}{2.6}\right] I \tag{6-30}$$

从式（6-30）中可以看出，雷击杆塔顶部时，作用在线路绝缘子上的电压幅值与杆塔冲击接地电阻、杆塔的等值电感、杆塔分流系数、导线与避雷线间的耦合系数、导线悬挂高度以及雷电流幅值等有关。

当作用在线路绝缘子上的电压幅值超过了线路绝缘子的 50% 冲击放电电压 $U_{50\%}$ 时，线路绝缘子将发生冲击闪络，进而导致线路接地故障。由于此时塔顶电位比导线电位高（指数值），冲击闪络是接地的杆塔对导线发生的，因此这种冲击闪络叫做反击。

2. 雷击避雷线档距中央

当雷落在距离线路杆塔较近时，雷击会出现在线路杆塔顶部，当雷落在线路档距中央区

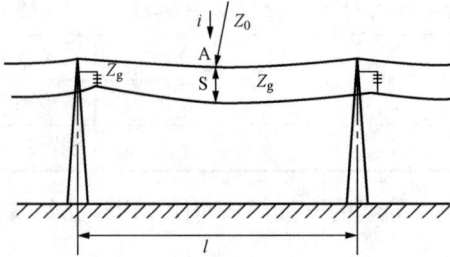

图 6-38　雷击避雷线的档距中央

域时，雷击就可能出现在避雷线的档距中央，如图 6-38 所示。实践证明，雷击避雷线档距中央有 10% 的概率。

雷击避雷线档距中央时，会在雷击点产生很高的过电压。但由于避雷线的截面积较小，雷击点距离杆塔接地点较远，雷击点产生的过电压波经避雷线向杆塔传播的过程中在避雷线上引起强烈的冲击电晕，电晕的衰减作用使过电压波传到杆塔时已不足以使线路绝缘子闪络。所以，通常只考虑过电压使雷击点与导线间空气间隙击穿的问题。

避雷线雷击点与导线间空气间隙 S 上的过电压与耦合系数 k、雷电流陡度以及档距长度 l 有关，当此电压超过空气间隙 S 的击穿电压时，该间隙将被击穿导致线路接地故障。经过多年的运行经验的修正，我国国标 DL/T62—1997 规定按式（6-31）确定了避雷线与导线间空气间隙 S 的最小值，当雷击避雷线档距中央时，一般不会出现击穿事故。

$$S \geqslant 0.012l + 1 \quad (\mathrm{m}) \tag{6-31}$$

3. 雷绕过避雷线击在导线上（雷直击导线）的直击雷过电压

装设避雷线的线路，即使三相导线都处于它的保护范围内，但仍然存在雷绕过避雷线而直接击于导线的可能性，如图 6-39 所示。虽然雷绕击导线的概率很小，但一旦发生，往往就会导致线路绝缘子闪络。当然，对于无避雷线的线路，导线受到雷直击的概率大大增加了，产生的后果也是相同的。

（1）绕击率。雷电绕过避雷线直接击中导线的概率称为绕击率 P_α。绕击率 P_α 与避雷线对外侧导线的保护角 α，杆塔高度 h_{t} 及线路经过地区的地形地貌和地质条件有关，可按下式近似计算

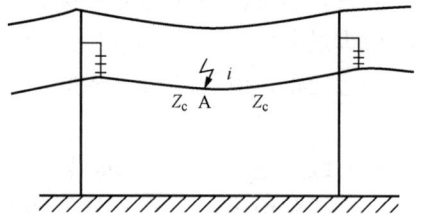

图 6-39　雷绕击导线

对平原地区线路　　　　$\lg P_\alpha = \dfrac{\alpha\sqrt{h_{\mathrm{t}}}}{86} - 3.9$

对山区线路 $$\lg P_a = \frac{\alpha \sqrt{h_t}}{86} - 3.35$$

（2）导线上雷电过电压。当雷绕击导线时，雷击点电流在导线上形成雷电过电压波向两侧传播。在我国现行标准中，可按式（6-32）近似计算雷绕击导线时导线上的雷电过电压幅值 U_A。

$$U_A = 100I \qquad (6-32)$$

从上式可以看出，雷绕击导线时导线上的雷电过电压是雷电流幅值的 100 倍，这是一个很高的过电压，很容易导致线路绝缘子闪络，因此要尽量避免雷绕击（雷直击）导线。

任务六　输电线路的防雷措施

【教学目标】

理解衡量输电线路防雷性能指标及其含义，掌握影响输电线路耐雷水平和雷击跳闸率的因素，掌握输电线路防雷的基本原则和防雷措施，能够分析评价输电线路防雷性能，解决输电线路的防雷问题。

【任务描述】

分析、归纳、总结输电线路的防雷措施。

【任务准备】

复习上一任务的有关结论，仔细观察架空线路。

【任务实施】

（1）引入线路耐雷水平和雷击跳闸率的概念。
（2）推出雷击杆塔顶部和雷绕击（直击）导线的耐雷水平，分析其影响因素。
（3）计算线路的雷击跳闸率。
（4）归纳出输电线路防雷的基本原则，对照基本原则，分析总结输电线路的防雷措施。

【相关知识】

一、表征输电线路防雷性能的物理量

输电线路防雷性能的优劣主要用耐雷水平及雷击跳闸率来衡量。雷击线路时线路绝缘不发生冲击闪络的最大雷电流幅值称为耐雷水平，单位 kA。线路的耐雷水平越高，线路绝缘发生冲击闪络的机会越小，防雷性能越好。每 100km 线路每年因雷击而引起的跳闸次数称为雷击跳闸率，它是衡量线路防雷性能的综合指标。

二、输电线路的耐雷水平

1. 雷击杆塔顶部时线路的耐雷水平

前述已知雷击杆塔顶部时线路绝缘子上的电压幅值 U_j，那么根据耐雷水平的定义，雷击杆塔顶部时线路的耐雷水平 I_1，即线路绝缘子不发生反击的最大雷电流幅值为

$$I_1 = \frac{U_{50\%}}{(1-k_0)\left[\beta\left(R_{ch} + \frac{L_t}{2.6}\right) + \frac{h_d}{2.6}\right]} \qquad (6-33)$$

从式中可以看出，雷击杆塔顶部时线路的耐雷水平 I_1 与杆塔冲击接地电阻 R_{ch}、杆塔分流系数 β、杆塔自身等值电感 L_t、导线与避雷线的耦合系数 k_0、导线悬挂高度和线路绝缘

子 50%冲击放电电压 $U_{50\%}$ 等有关。增大导线与避雷线的耦合系数 k_0、降低杆塔冲击接地电阻 R_{ch} 和分流系数 β、降低导线悬挂高度（杆塔高度也低，也降低了 L_t）、增加线路绝缘水平可以提高线路的耐雷水平，但导线悬挂高度和线路绝缘水平还要受其他因素的制约，因此，在工程上通常采用降低杆塔接地电阻和增加避雷线的根数来提高雷击杆塔顶部时线路的耐雷水平。增加避雷线的根数一方面可以增大避雷线的分流作用，降低杆塔分流系数；一方面可以增大其与导线间的耦合系数，从而提高线路的耐雷水平。

提高雷击杆塔顶部时线路的耐雷水平可以减少反击的概率，我国国标 DL/T62—1997 规定，雷击杆塔时各电压等级线路的耐雷水平 I_1 应不低于表 6-6 中的数值。

表 6-6   有避雷线输电线路的耐雷水平

额定电压（kV）	35	110	220	330	500
一般线路的耐雷水平（kA）	20~30	40~75	75~110	100~150	125~175
雷电流超过耐雷水平的概率（%）	59~46	35~14	14~6	7.3~2	3.8~1

2. 雷绕击导线（雷直击导线）时线路的耐雷水平

前述已知雷绕击导线时，雷击点导线上雷电过电压的幅值，因此也可根据下式近似计算雷绕击导线时线路的耐雷水平 I_2 为

$$I_2 = \frac{U_{50\%}}{100} \tag{6-34}$$

实际上，110kV、220kV、500kV 线路绝缘子的 $U_{50\%}$ 约为 700kV、1200kV、2740kV，由式（6-34）可以计算出，110kV、220kV、500kV 线路绕击时的耐雷水平分别只有 7kA、12kA、27.4kA，雷电流超过其耐雷水平的概率分别是 83%、73%、49%。所以对于 110kV 及以上中性点直接接地系统的输电线路，通常都要求沿全线架设避雷线，以防止线路频繁遭受雷直击引起闪络跳闸事故。

三、输电线路的雷击跳闸率

雷击输电线路引起闪络导致线路跳闸需要具备的条件：一是雷击时雷电流超过相应情况下线路的耐雷水平，引起线路绝缘子串冲击闪络。但雷电过电压的持续时间极短，只有几十微秒，高压断路器还来不及跳闸，因此还要满足第二个条件，即只有当冲击闪络电弧发展成稳定的工频续流电弧时才会导致线路跳闸。这些过程都有随机性，所以工程中除了耐雷水平外，还采用雷击跳闸率作为一个综合指标，来衡量线路防雷性能的优劣。

1. 建弧率

建弧率是指线路绝缘由冲击闪络转为稳定工频电弧的概率，用 η 表示。它与工频续流电弧中的平均电场强度 E、闪络瞬间工频电压瞬时值、游离条件等有关。根据实验和运行经验，建弧率 η 可按下式计算

$$\eta = (4.5E^{0.75} - 14) \times 10^{-2} \tag{6-35}$$

对中性点直接接地系统 $E = \dfrac{U_e}{\sqrt{3}\, l_j}$

对中性点非直接接地系统 $E = \dfrac{U_e}{2l_j + l_m}$

式中 U_e——系统额定电压有效值，kV；

l_j——线路绝缘子串闪络距离，m；

l_m——导线相间木横担沿面闪络长度，m；对铁横担和水泥横担线路，$l_m=0$。

2. 有避雷线线路的雷击跳闸率

对于 110kV 及以上有避雷线的输电线路来说，雷击线路附近地面时的感应雷过电压一般不会引起闪络，只要设计线路时选择合适的避雷线与导线间的距离，雷击避雷线档距中央时也不太可能引起闪络。因此，对于 110kV 及以上有避雷线线路的雷击跳闸率可以只考虑雷击杆塔顶部和雷绕击导线这两种情况下的跳闸率。

（1）雷击杆塔顶部时的跳闸率 n_1。如果线路经过地区的雷暴日为 T（一般 $T=40$），那么每 100km 线路每年遭受的雷击次数 N 可由下式计算

$$N = \gamma \frac{b + 4h_b}{1000} \times 100T \tag{6-36}$$

式中 γ——地面落雷密度，$1/km^2 \cdot$ 每雷暴日，$T=40$ 的地区取 $\gamma=0.07$；

    b——两根避雷线间的水平距离，m，单根避雷线时 $b=0$；

    h_b——避雷线平均高度，m，无避雷线时为最上层导线的高度。

知道了每 100km 线路每年遭受雷击的次数，还要知道在这些次数中有多少次是击中了线路杆塔顶部。我们把雷击杆塔顶部占遭受雷击次数的比例称为击杆率，用 g 表示。击杆率 g 与避雷线根数和地形有关。根据模拟实验和实际统计结果，标准建议 g 一般可取表 6-7 所示的数值。

如果用 P_1 来表示雷电流幅值超过雷击杆塔顶部时线路耐雷水平 I_1 的概率，则雷击杆塔顶部时的跳闸率 n_1 为

$$n_1 = NgP_1\eta \tag{6-37}$$

（2）雷绕击导线时的跳闸率 n_2。如果用 P_2 来表示雷电流幅值超过雷绕击导线时线路耐雷水平 I_2 的概率，绕击率为 P_α，则雷绕击导线时的跳闸率 n_2 为

$$n_2 = NP_\alpha P_2\eta \tag{6-38}$$

表 6-7   击 杆 率

地形 \ 避雷线根数	1	2
平原	1/4	1/6
山丘	1/3	1/4

（3）输电线路的雷击跳闸率 n。线路总的跳闸率 n 为雷击杆塔顶部时跳闸率 n_1 与雷绕击导线时跳闸率 n_2 之和，即

$$n = n_1 + n_2 = N\eta(gP_1 + P_\alpha P_2) \tag{6-39}$$

我国国标 DL/T62—1997 给出了一般土壤电阻率地区有避雷线线路的雷击跳闸率数值如表 6-8 所示。

表 6-8   架空输电线路典型杆塔的雷击跳闸率

电压等级（kV）	110	220	330	500
平原跳闸率（次/百公里·年）	0.83	0.25	0.12	0.081
山区跳闸率（次/百公里·年）	1.18~2.01	0.43~0.95	0.27~0.60	0.17~0.42

四、输电线路防雷的基本原则

输电线路雷害事故的形成通常要经历这样四个阶段：输电线路受到雷电过电压的作用；输电线路发生冲击闪络；输电线路绝缘从冲击闪络转变为稳定的工频续流电弧；线路跳闸，

供电中断。针对雷害事故形成的四个阶段，输电线路在采取防雷保护措施时，要做到"四道防线"，即输电线路防雷的基本原则：

(1) 防止雷直击导线。

(2) 防止雷击线路后引起线路绝缘子冲击闪络。

(3) 防止冲击闪络转为稳定的工频续流电弧。

(4) 防止供电中断。

五、输电线路的防雷措施

1. 架设避雷线

架设避雷线是高压和超高压输电线路最基本的防雷措施。避雷线的主要作用是防止雷直击导线，此外，避雷线对雷电流还有分流作用，可以减小流入杆塔的雷电流，降低塔顶电位；通过对导线的耦合作用可以减小线路绝缘子上的电压；对导线的屏蔽作用还可以降低导线上的感应过电压。

线路电压越高，采用避雷线的效果越好，而且避雷线在线路造价中所占比重也越低。因此规程规定 220kV 及以上电压等级输电线路应全线架设避雷线，110kV 线路一般也应全线架设避雷线。为提高避雷线对导线的屏蔽效果，减小绕击率，保护角 α 一般采用 20°～30°。220kV 及 330kV 双避雷线线路的避雷线保护角 α 取 20°左右；500kV 超高压线路都架设双避雷线取保护角 $\alpha \leqslant 15°$，山区宜采用较小的保护角；1000kV 特高压线路采用三根避雷线保护。35kV 及以下的线路一般不全线装设避雷线，这是因为这些线路绝缘水平太低，即使装设避雷线来防止雷直击导线，也往往难以避免发生反击闪络，且降低感应雷过电压的效果也不明显；另一方面，这些线路均属于中性点非直接接地系统，单相接地故障的后果不像中性点直接接地系统那样严重，因而主要依靠装设消弧线圈和自动重合闸来进行防雷保护。

2. 降低杆塔接地电阻

对于一般高度的杆塔，降低杆塔接地电阻是提高线路耐雷水平，防止反击闪络的有效措施。在土壤电阻率低的地区，应充分利用杆塔的自然接地电阻。在高土壤电阻率地区降低接地电阻比较困难时，可采用多根放射形接地体，或连续伸长接地体，或配合使用降阻剂降低接地电阻。每基杆塔不连避雷线的工频接地电阻在雷季干燥时不宜超过表 6-9 所示的数值。

表 6-9　　　　　　　　　有避雷线的线路杆塔的工频接地电阻

土壤电阻率（Ω·m）	≤100	100～500	500～1000	1000～2000	＞2000
接地电阻（Ω）	10	15	20	25	30

3. 架设耦合地线

在降低杆塔接地电阻有困难时，可以采用在导线下方架设地线的措施，其作用是增加避雷线与导线间的耦合作用以降低绝缘子串上的电压。此外，耦合地线还可以增加对雷电流的分流作用。

4. 采用中性点非直接接地方式

采用消弧线圈接地方式可以消除绝大多数的单相雷击闪络接地故障，提高自灭弧的概率。在两相或三相着雷时，雷击引起第一相导线闪络不会造成跳闸，闪络后的导线相当于地线，增加了耦合作用，使未闪络相绝缘子串上的电压下降，从而提高了耐雷水平。

5. 装设自动重合闸

由于雷击造成冲击闪络后的工频续流电弧在线路跳闸后熄灭，线路绝缘能迅速恢复，此现象是瞬时性故障，自动重合闸的成功率很高。据统计，我国 110kV 及以上高压线路重合成功率为 75%～95%，35kV 及以下线路约为 50%～80%。因此，各电压等级的线路应尽量装设自动重合闸。

6. 采用不平衡绝缘方式

现代超高压线路中越来越多的采用同杆架设双回路的线路。对此类线路还采用不平衡绝缘方式来降低双回路线雷击同时跳闸率，以保证不中断供电。所谓不平衡绝缘方式是使双回线路的绝缘子串片数有差异，这样雷击时绝缘子片数少的线路先闪络，闪络后的导线相当于地线，增加了对另一回导线的耦合作用，提高了另一回导线的耐雷水平，使之不发生闪络，以保证另一回线路继续供电。

7. 加强绝缘

对于个别大跨越高杆塔档距，落雷机会增多，杆塔等值电感变大，塔顶电位升高，感应过电压也高，并且绕击率高，这些都使线路的雷击跳闸率增大。为了降低雷击跳闸率，可在高杆塔上增加线路绝缘子的片数。标准规定全高超过 40m 有避雷线的杆塔，每增高 10m 应增加一片绝缘子。

8. 装设管式避雷器

管式避雷器能避免线路绝缘的冲击闪络，使线路建弧率降低为零。一般只用在线路雷电过电压特别大或线路绝缘薄弱的地点，如高压电力线路与通信线路之间的交叉跨越档、过江大跨越高杆塔、带避雷线的终端杆塔、换位杆塔以及变电站的进线保护段等处。

任务七　变电站的防雷保护

🔊【教学目标】

了解变电站雷害的来源，掌握变电站直击雷防护的基本要求与防护措施，掌握变电站对侵入波的防护措施，知道变电站进线段保护措施，能够看懂变电站直击雷保护图和避雷器接线图，具备初步分析和解决变电站防雷问题的能力。

👐【任务描述】

分析总结变电站的防雷措施。

👐【任务实施】

（1）观看变电站直击雷保护图和变电站主接线图，注意避雷针的布置和避雷器的接入位置。

（2）讨论变电站雷害的来源，由此引入变电站直击雷防护和侵入波防护的概念。

（3）探讨直击雷防护中安装避雷针的原则和方法，掌握侵入波保护中不同主接线时避雷器接入的位置和要求。

（4）分析进线段保护的作用。

📖【相关知识】

发电厂和变电站是电力系统中重要的环节，一旦发生雷害事故，发电机和变压器等主要电气设备绝缘损坏后不能自恢复，修复的时间也较长，势必延长停电时间，严重影响国民经济和人民生活。因此，发电厂和变电站的防雷保护比线路要求更高，必须十分可靠。

一、发电厂和变电站的雷害

发电厂和变电站可能遭受的雷害来自两个方面：一是雷电直击于发电厂和变电站的设备，二是雷击输电线路后产生的雷电过电压波沿线路侵入发电厂和变电站，即侵入波。

发电厂和变电站的设备相对集中，采用避雷针、避雷线后，可以非常有效的防护直击雷过电压。运行经验表明，凡按规程要求正确装设了避雷针、避雷线和接地装置的发电厂和变电站，发生绕击、反击的事故率是很低的，而由于线路落雷比较频繁，因此雷电侵入波是造成发电厂和变电站雷害事故的主要原因。对侵入波过电压防护的主要措施是合理确定厂、站内装设避雷器的类型、参数、数量和位置；同时在进线段上采取辅助措施，以限制所内避雷器动作时的雷电流幅值和降低侵入波的陡度，使所内电气设备上过电压幅值限制在电气设备的雷电冲击耐受电压以下。

二、发电厂和变电站的直击雷防护

1. 直击雷防护的基本要求

为了防止发电厂和变电站的电气设备及其他建筑物遭受直接雷击，需要装设避雷针或避雷线进行保护，并且还必须满足下面两个基本要求：

（1）所有被保护物处于避雷针或避雷线的保护范围之内。

（2）雷击避雷针或避雷线时，避雷针或避雷线不应对被保护物发生反击。

2. 雷击避雷针时避雷针上的电位

如图 6-40 所示，雷击避雷针时，雷电流经避雷针及其接地装置泄入大地，巨大的雷电流在避雷针本体及其接地装置上产生很高的电位。我们选择避雷针离配电构架最近一 A 点

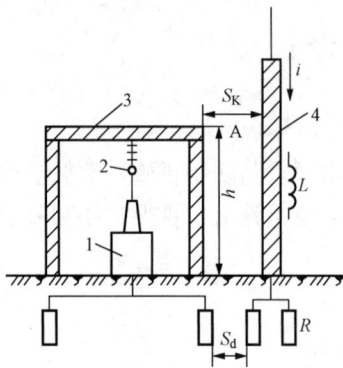

图 6-40 独立避雷针离配电构架的距离
1—变压器；2—母线；3—配电构架；4—避雷针

作计算，那么 A 点对地电位的幅值 U_A 和避雷针接地体上电位的幅值 U_d 分别为

$$U_A = IR_{ch} + L\frac{\mathrm{d}i}{\mathrm{d}t} = IR_{ch} + L_0 h\frac{\mathrm{d}i}{\mathrm{d}t} \quad (6-40)$$

$$U_d = IR_{ch} \quad (6-41)$$

式中 I——流过避雷针的雷电流幅值，kA；

R_{ch}——避雷针接地装置的冲击接地电阻，Ω；

L_0——避雷针单位长度的等值电感，$\mu H/m$；

h——避雷针上 A 点到地面的距离，m。

在冲击电压作用下，空气的平均击穿场强约为 750kV/m，一旦外加电压超过空气间隙的耐受程度，空气绝缘便会击穿。为了防止避雷针与被保护设备或构架之间的空气间隙 S_k 被击穿而造成反击事故，要求 S_k 必须大于一定距离。为严格起见，取雷电流幅值 $I=150kA$，雷电流的陡度取为 $50kA/\mu s$，$L=1.5\mu H/m$，则可得

$$S_K \geqslant 0.2R_{ch} + 0.1h \quad (6-42)$$

同样，雷击避雷针时在避雷针的接地体上也会产生一个较高的电位 U_d，该电位也会作用在被保护设备接地体与避雷针接地体间的土壤间隙 S_d 上。若该电位差超过了土壤的耐电强度，则土壤也会出现击穿。因此，地中距离 S_d 也要求必须大于一定值，以防在地中出现反击。所谓反击是指由于雷电流通过避雷针时，在避雷针上和其接地体上出现的瞬时高电位

而造成避雷针对被保护设备在空气和地中逆击穿的现象。若取土壤的平均击穿场强为 500kV/m，则地中距离 S_d 为

$$S_d \geqslant 0.3R_{ch} \tag{6-43}$$

避雷针（线）的接地装置的工频接地电阻一般不应大于 10Ω，因此，一般 S_k 不应小于 5 m，S_d 不应小于 3m。

3. 避雷针具体装设原则

避雷针按照其装设方式分为独立避雷针和构架避雷针。独立避雷针的接地装置与主接地网是分开埋设的，它与被保护物及其接地装置间的距离在空中和地下应分别满足不应小于 5m 和 3m 的要求。构架避雷针是装在配电装置构架上的避雷针的简称，它具有造价低廉，便于布置等优点，它的接地装置直接接主接地网，但应在装设避雷针的构架附近埋设辅助集中接地装置。

（1）对于 35kV 及以下的户外配电装置，由于绝缘水平较低，为了避免反击应装设独立避雷针。

（2）对于 110kV 及以上的配电装置，可以把避雷针装设在构架上。110kV 配电装置在土壤电阻率 $\rho > 1000\Omega \cdot m$ 的地区，仍宜装设独立避雷针，以免发生反击。

（3）由于变压器的绝缘较弱又是变电站中最重要的电气设备，因此在变压器的门型构架上不能装设避雷针。

（4）构架避雷针的接地装置与变电站主接地网的连接点离主变压器接地装置与变电站主接地网的连接点之间的距离不应小于 15m，目的是使主变压器绝缘免遭反击。

（5）110kV 及以上的配电装置可以将线路避雷线引至出线门型构架上，但在土壤电阻率 $\rho > 1000\Omega \cdot m$ 的地区，应装设集中接地装置；对 35kV 配电装置，在土壤电阻率 $\rho \leqslant 500\Omega \cdot m$ 的地区，避雷线可以引至出线门型构架上，并应装设集中接地装置。在土壤电阻率 $\rho > 500\Omega \cdot m$ 的地区，避雷线应架设到线路终端杆塔为止，从线路终端杆塔到出线门型构架间的一档线路的保护可以采用独立避雷针。

（6）发电厂厂房一般不装设避雷针，以免发生反击事故和引起继电保护误动作。

三、发电厂和变电站的侵入波防护

1. 主要措施

装设避雷器是发电厂、变电站对雷电侵入波过电压进行防护的主要措施，它的保护作用主要是限制雷电侵入波过电压的幅值。

前述已知，当避雷器安装点与电气设备间有一定的电气距离时，电气设备绝缘上承受的过电压幅值要比避雷器的残压高，且此电气距离越大，电气设备绝缘上承受的过电压幅值比避雷器的残压高的越多。因此，要想使电气设备绝缘上承受的过电压幅值不超过其冲击放电电压，就应该确保电气设备与避雷器间的电气距离在一定范围内，也就是说被保护设备应处于避雷器保护的最大电气距离之内。

（1）具有架空进线的 35kV 及以上发电厂和变电站敞开式高压配电装置中，高压配电装置采用单母线、双母线或分段的电气主接线时，只要保证每组可能单独运行的母线上装设一组氧化锌避雷器，就可以使整个变电站得到保护，但氧化锌避雷器与主变压器及其他被保护设备的电气距离应小于表 6-4 中所示的参考值。如果母线或设备连接线很长的大型变电站、或靠近大跨越高杆塔的特殊变电站，经过计算或试验证明上述布置不能满足要求时，可在主

变压器附近或适当位置增设一组氧化锌避雷器。

(2) 敞开式发电厂和变电站采用一个半断路器主接线时,氧化锌避雷器宜装设在每回线路的入口和每一主变压器回路上;如果线路入口有并联电抗器且通过断路器进行操作,在电抗器高压端也要装设一组氧化锌避雷器;母线较长时是否需装设氧化锌避雷器可通过校验确定。一个半断路器主接线典型防雷保护接线如图 6-41 所示。

(3) 变电站的 3～10kV 配电装置,应在每组母线和架空进线上装设氧化锌避雷器并应采用如图 6-42 所示的保护接线。母线上避雷器与主变压器的电气距离不宜大于表 6-2 所列数值。架空进线全部在厂区内,且受到其地建筑物屏蔽时,可只在母线上装设避雷器。有电缆段的架空线路,避雷器应装设在电缆头附近,其接地端应和电缆金属外皮相连。如各架空进线均有电缆段,则避雷器与主变压器的最大电气距离不受限制。3～10kV 配电站,当无所用变压器时,可仅在每路架空进线上装设避雷器。

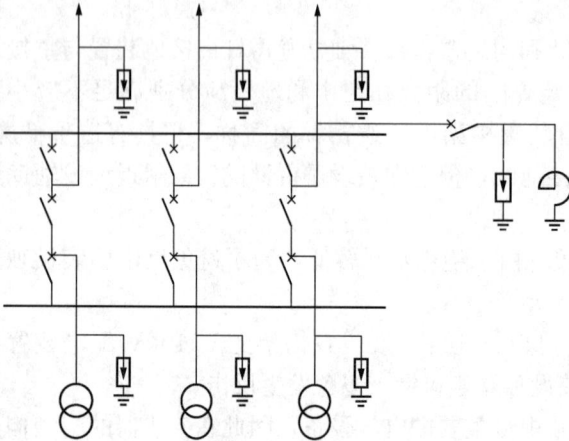
图 6-41　一个半断路器主接线典型防雷保护接线

(4) 变电站内所有氧化锌避雷器应以最短的接地线与配电装置的主接地网连接,同时应在其附近装设集中接地装置。

(5) 对于电压等级高、规模大、电气接线复杂的超高压或特高压变电站,雷电过电压波在传播过程中的折反射较复杂,设备绝缘上的过电压计算就没有那么简单了。这时可根据经验进行设计,然后通过计算机计算或模拟试验检验,确定合理的保护方案。

2. 辅助措施

采用进线保护是发电厂、变电站对雷电侵入波过电压进行防护的辅助措施。为了使避雷器能可靠地保护设备,首先流经避雷器的冲击电流不应超过标称放电电流(通常对氧化锌避雷器,500、330kV 系统中标称放电电流为 20kA;220、110kV 系统中标称放电电流为 10kA;110kV 以下系统中标称放电电流为 5kA)。若超过标称放电电流,则避雷器残压将高于标准值,从而有可能对设备绝缘构成威胁。在个别情况下,若电流过大并多次作用,避雷器本身也可能要停运,甚至损坏。在

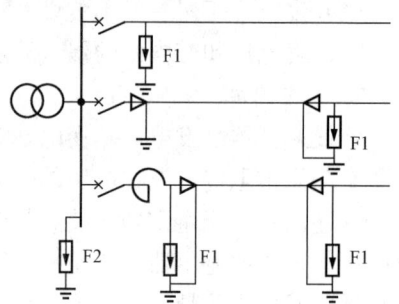
图 6-42　3～10kV 配电装置
雷电侵入波的保护接线

离变电站较近处雷击导线,则流经避雷器的电流过大,超过标称放电电流,这是不允许的。其次入侵雷电波的陡度 a 不应超过一定允许值,否则就会使避雷器到设备的最大允许电气距离减小。因此必须在靠近变电站的一段进线上采取可靠的防止直击雷的保护措施,同时降低绕击和反击的概率,这就是进线段保护。

(1) 进线段保护的作用。我们把靠近变电站 1～2km 的一段输电线路称为进线段,进线

段保护就是在进线段上采用加强防雷保护的措施，提高其耐雷水平，降低绕击和反击的概率。其作用有两点：

一是使侵入波从变电站进线段之外沿进线段线路传入变电站，利用进线段波阻抗的作用限制流过避雷器阀片的雷电流不超过标称放电电流。

二是利用侵入波在进线段导线上产生的冲击电晕的衰减作用来降低雷电侵入波的陡度，确保避雷器保护的最大电气距离不降低。

（2）进线段保护接线。

1）35～110kV 未沿全线架设避雷线时的进线段保护。未沿全线架设避雷线的 35～110kV 架空送电线路应在变电站 1～2km 的进线段架设避雷线。进线保护段上的避雷线保护角宜不超过 20°，线路耐雷水平应该符合表 6 - 10 中的要求。其变电站的进线段应采用图 6 - 43 所示的保护接线。

表 6 - 10　　　　　　　　　　35kV 及以上 1～2km 进线段范围内的耐雷水平

额定电压（kV）	35	110	220	330	500
进线段的耐雷水平（kA）	30	75	110	150	175
雷电流超过耐雷水平的概率（％）	46	14	6	2	1

在雷季，如果变电站进线的隔离开关或断路器可能经常断路运行，同时线路侧又带电，必须在靠近隔离开关或断路器处装设一组管式避雷器 FE。FE 外间隙距离的整定，应使其在断路运行时，能可靠地保护隔离开关或断路器，而在闭路运行时不动作。如 FE 整定有困难，或无适当参数的管式避雷器，则可用氧化锌雷器代替。

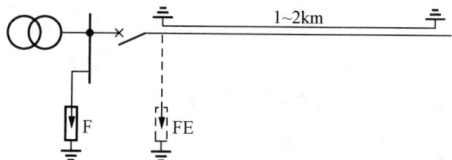

图 6 - 43　35～110kV 未沿全线架设
避雷线时的进线段保护接线

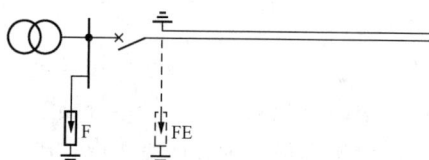

图 6 - 44　110kV 及以上沿全线架设
避雷线时的进线段保护接线

2）110kV 及以上沿全线架设避雷线时的进线段保护。如图 6 - 44 所示为 110kV 及以上有避雷线时的进线段保护接线，在 2km 进线段范围内，线路要有较高的耐雷水平和较低的绕击、反击概率，促使雷电侵入波要经过 2km 的导线才传入变电站，进而发挥进线段的作用。进线段保护范围内的线路耐雷水平应该符合表 6 - 10 中的要求。

全线架设避雷线的 35～220kV 变电站，其进线的隔离开关或断路器与上述情况相同时，宜在靠近隔离开关或断路器处装设一组保护间隙或氧化锌避雷器。

（3）35kV 及以上电缆进线段保护接线。发电厂、变电站的 35kV 及以上电缆进线段，在电缆与架空线的连接处由于侵入波的折反射形成很高的过电压，因此一般应装设一组氧化锌避雷器，其接地端应与电缆金属外皮连接。

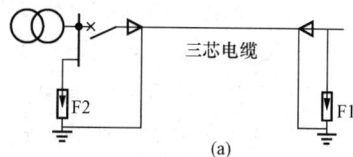

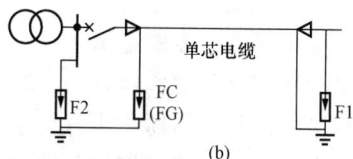

图 6 - 45　具有 35kV 及以上电缆
段的变电所进线保护接线
（a）三芯电缆段的变电所进线保护接线；
（b）单芯电缆段的变电所进线保护接线

对三芯电缆，末端的金属外皮应直接接地，如图 6 - 45（a）所示；对单芯电缆，因为不允许外皮流过工频感应电流而不能两端同时接地，又需要限制末端形成的过电压，所以应经金属氧化物电缆护层保护器（FC）或保护间隙（FG）接地，如图 6 - 45（b）所示。

如电缆长度不超过 50m 或虽超过 50m，但经校验，装一组氧化锌避雷器即能符合保护要求，可只装 F1 或 F2。如电缆长度超过 50m，且断路器在雷季可能经常断路运行，应在电缆末端装设管式避雷器或氧化锌避雷器。

连接电缆段的 1km 架空线路应架设避雷线。

全线电缆—变压器组接线的变电站内是否需装设氧化锌避雷器，应视电缆另一端有无雷电过电压波侵入的可能，经校验确定。

任务八　变压器的防雷问题

【教学目标】

掌握三绕组变压器低压绕组、变压器中性点、自耦变压器、配电变压器等限制雷电过电压的保护措施，具备初步分析和解决变压器相关防雷问题的能力。

【任务描述】

学习变压器的相应防雷措施。

【任务实施】

（1）观看变电站主接线图，注意变压器的防雷保护措施，首先提出问题：接在母线上的避雷器对变压器的中性点、三绕组变压器经常开路的低压绕组能起到保护作用吗？若是自耦变压器又有什么区别呢？

（2）学习讨论变压器中性点雷电过电压的特点、保护措施、避雷器选用等问题。

（3）学习三绕组变压器经常开路的低压绕组雷电过电压的特点及保护措施。

（4）分析探讨自耦变压器雷电过电压的特点、防雷保护的措施。

（5）学习配电变压器雷电过电压的特点及防雷措施。

【相关知识】

变压器是发电厂和变电站最重要的电气设备，但其绝缘水平与其他电气设备相比又较低，因此它的防雷措施就需要更加全面。下面就讨论一下变压器防雷中的几个具体问题。

一、变压器中性点的防雷保护

在中性点直接接地系统中，为了减少单相接地短路电流，110～220kV 系统中有部分变压器的中性点采用不接地的方式运行。因此，这就需要考虑其中性点绝缘的防雷保护问题。

1. 变压器中性点的绝缘水平

变压器中性点的绝缘水平有两种情况：一种是中性点的绝缘水平与变压器绕组首端绝缘水平相同，这种变压器称为全绝缘变压器；一种是中性点的绝缘水平低于变压器绕组首端绝缘水平，这种变压器称为分级绝缘变压器。

在中性点非直接接地系统中，由于系统发生单相接地时还可运行一段时间，此时变压器中性点电压将达到相电压的水平，因此系统中变压器采用的是全绝缘变压器。在中性点直接接地系统中，系统中的变压器可以采用全绝缘变压器，也可以采用分级绝缘变压器。在220kV 及更高电压等级的变压器中，采用分级绝缘变压器具有显著的经济性，所以在中性点直接接地系统中广泛使用的是分级绝缘变压器。

2. 中性点防雷措施

（1）全绝缘变压器的中性点一般不需要采取专门的防雷保护。

（2）在中性点直接接地系统中，110～220kV 中性点不接地的分级绝缘变压器应在其中性点装设雷电过电压保护装置，且宜选与其绝缘水平相对应的变压器中性点氧化锌避雷器。如中性点采用全绝缘，但变电站为单进线且为单台变压器运行时，也应在其中性点装设雷电过电压保护装置。

（3）不接地、经消弧线圈接地和高电阻接地系统中的变压器中性点，在多雷区单进线变电站且变压器中性点引出时，宜装设保护装置；中性点接有消弧线圈的变压器，如有单进线运行可能，也应在中性点装设保护装置。该保护装置可任选金属氧化物避雷器。

二、三绕组变压器经常开路的低压绕组的防雷保护

1. 雷电过电压在绕组间的传递

传递电压包括两个分量：一个是由绕组间的静电感应产生的，是静电分量；一个是由绕组间的电磁感应（按变比）产生的，是电磁分量。当变压器的某一绕组受到雷电过电压的作用时，在该变压器的其他绕组上也会由于绕组间的静电和电磁感应而出现过电压，这就是雷电过电压在绕组间的传递。

以双绕组变压器为例，如图 6-46 所示，C_{12} 为高压绕组与低压绕组间的电容，C_2 为低压绕组的对地电容（包括与低压绕组相连的设备和线路的对地电容），若作用在高压绕组首端的雷电过电压幅值为 U_0，则低压绕组上传递电压的静电分量幅值可按下式估算

$$U_2 = \frac{C_{12}}{C_{12} + C_2} U_0$$

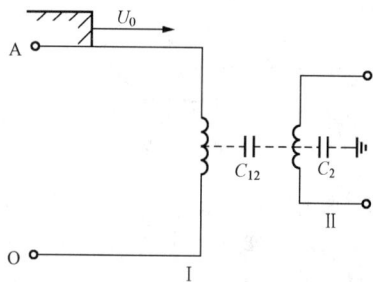

图 6-46 双绕组变压器绕组间的电压传递

从式中可知，传递到低压绕组的过电压的静电分量与电容 C_{12} 和 C_2 有关，而与绕组的变比无关。因此当变压器高压绕组上有雷电过电压波作用时，若其低压绕组开路，即 C_2 很小，远远小于 C_{12}，则传递到低压绕组上的过电压就接近 U_0，危及低压绕组绝缘，并且变压器的变比越大，威胁也越大。若低压绕组处于运行状态，且与许多线路尤其是电缆线路相连时，因 C_2 远大于 C_{12}，则传递到低压绕组上的过电压就较小，其绝缘一般没有危险。

如果雷电过电压波作用在低压绕组上，通过静电感应传递到高压绕组的过电压因高压绕组的绝缘水平高而不会对高压绕组绝缘造成危险。

由于变压器低压绕组的绝缘裕度比高压绕组大得多，因此通过电磁感应按变比从高压绕组感应到低压绕组的过电压，对低压绕组本身的绝缘是没有什么危害的，但如果雷电过电压直接作用在变压器的低压绕组上，按变比传递到高压绕组的电磁分量对高压绕组绝缘是不利的。

2. 保护措施

对双绕组变压器来说，当变压器高压侧有雷电侵入波时，通过绕组间的静电和电磁感应，其低压侧会出现过电压。但实际上双绕组变压器正常运行时，高压侧和低压侧断路器都是闭合的，两侧都有避雷器保护，那么通过绕组间的传递感应到另一侧的过电压不会对绕组绝缘形成威胁，因此不需要采取限制这种传递过电压的专门保护措施。

对三绕组变压器来说，正常运行时可能会出现只有高、中压绕组工作而低压绕组开路的情况，这时当高压侧或中压侧有雷电过电压波侵入时，因开路的低压绕组对地电容很小，传递到低压绕组上的静电分量很高以致危及低压绕组的绝缘。因此，与架空线路连接的三绕组变压器（包括一台变压器与两台发电机相连的三绕组变压器）的低压绕组如有开路运行的可能和发电厂双绕组变压器当发电机断开由高压侧倒送厂用电时，应在变压器低压绕组三相出线上装设氧化锌避雷器，以防来自高压绕组的雷电波感应电压危及低压绕组绝缘。但是，如果该绕组连有 25m 及以上的金属外皮电缆段，则可不必装设避雷器。

三、自耦变压器的防雷保护

自耦变压器两个自耦合的高、中压绕组间不但有磁感应，还有电的连接。无论雷电过电压波从哪一侧自耦合绕组侵入，都会在另一侧自耦合绕组上产生危及该侧绕组绝缘的危险过电压。所以，自耦变压器必须在其两个自耦合的高、中压绕组出线上装设氧化锌避雷器，该氧化锌避雷器应装在绕组首端和断路器之间，如图 6-47 所示。

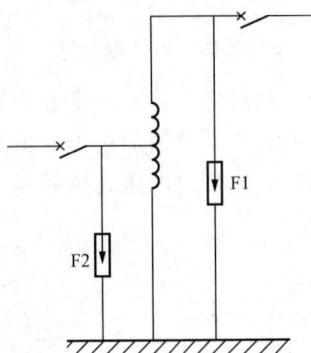

图 6-47　自耦变压器
的防雷保护接线

为了降低系统的零序阻抗和改善电压波形，自耦变压器除了高、中自耦合绕组外，还有一个三角形接线的低压绕组，同三绕组变压器的低压绕组一样，在这个低压绕组上也应装设限制静电感应过电压的避雷器。

四、配电变压器的防雷保护

$3\sim10kV$ 配电系统中的配电变压器应装设金属氧化物避雷器（MOA）保护。氧化锌避雷器应尽量靠近变压器安装，而且要求避雷器接地线、变压器低压侧中性点（中性点不接地时则为中性点的击穿保险器的接地端）、变压器金属外壳连在一起，形成共同接地，并尽量减小接地线的长度，以减小其上的电压降，如图 6-48 所示。这样一来，避雷器动作后变压器绝缘上所承受的电压仅为避雷器上的残压，接地装置上的电压降不会作用在变压器绝缘上，这样能减少高、低压绕组间或高压绕组与变压器外壳间发生击穿的危险。但这种接法会将避雷器动作时接地电阻上的压降，通过低压侧零线（中性线）传递到低压用户。因此，必须加强低压用户的防雷措施。

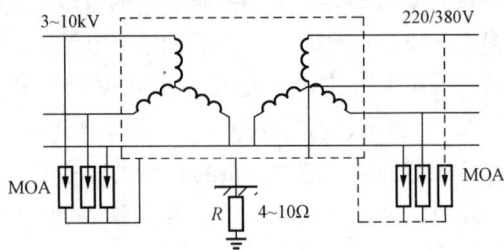

图 6-48　配电变压器的防雷接线

$3\sim10kV$ 的配电变压器，宜在低压侧装设一组氧化锌避雷器，以防止正、反变换过电压和低压侧雷电侵入波击穿高压侧绝缘。但厂区内的配电变压器可根据运行经验确定。这是因为：

（1）低压侧线路遭受雷电直击或感应雷时，若低压侧无避雷器，低压线上的雷电过电压危及低压侧绝缘。

（2）低压侧线路遭受雷电直击或感应雷时，低压侧的雷电过电压通过电磁感应，在高压侧绕组上会出现与变比成正比的过电压，这就是正变换过电压。由于高压侧绝缘裕度比低压侧低，因此形成的正变换过电压可能危及高压侧绝缘。

（3）高压侧线路遭受雷电直击或感应雷时，形成的雷电过电压使高压侧避雷器动作，接地电阻上流过很大的冲击电流而产生很高的压降，这个压降同时作用在低压绕组上，通过电磁感应按变比关系在高压绕组上感应出过电压，这就是反变换过电压。由于高压绕组出线端的电位受避雷器固定，在高压绕组上感应出的反变换过电压将沿高压绕组分布，在中性点上达到最大值，有可能危及中性点附近的绝缘和高压绕组的纵绝缘。

低压侧中性点不接地的配电变压器，应在中性点装设击穿保险器。

变压器容量为 100kVA 及以上时，接地电阻不宜超过 4Ω。变压器容量小于 100kVA 时因变压器内电阻较大，限制了短路电流，因此允许其接地电阻不超过 10Ω。

任务九　旋转电机的防雷保护

📢 【教学目标】

了解旋转电机绝缘的特点，掌握旋转电机雷电过电压的特点和不同情况下的防雷措施。具备初步分析和解决旋转电机防雷问题的能力。

🙌 【任务描述】

分析总结旋转电机的防雷措施。

💥 【任务实施】

（1）观察同步发电机绝缘结构，了解发电机绝缘的特点。

（2）讨论旋转电机绝缘的特点，引入旋转电机防雷的重要性，然后根据绝缘特点选择避雷器。

（3）探讨直配电机的雷电过电压的特点。

（4）分析旋转电机防雷措施。

📖 【相关知识】

一、旋转电机防雷保护的特点

旋转电机包括发电机、调相机、大型电动机等，其中又以发电机最为重要。旋转电机的防雷保护比变压器困难得多，其雷害事故率也往往大于变压器，这是由它的绝缘结构、运行条件等方面的特殊性所造成的。旋转电机的防雷保护有以下几个特点：

（1）与相同电压等级的其他电气设备相比，旋转电机的绝缘水平最低。这是因为旋转电机具有高速旋转的转子，不能像变压器等静止电气设备那样可以浸在绝缘油中，而只能靠固体介质绝缘和空气绝缘。在电机制造过程中可能会产生气隙或受到损伤，绝缘质量不均匀，容易发生局部放电使绝缘逐渐损坏。

（2）旋转电机绝缘在运行中容易受到潮湿、脏污、机械振动、发热、电气应力以及局部放电所产生的臭氧侵蚀等多种因素的作用，绝缘易于老化。

（3）旋转电机绝缘的冲击耐压值约为变压器绝缘的 1/3，与保护它的氧化锌避雷器的残压相差无几，也就是说绝缘配合的裕度很小，如表 6-11 所示。因此，仅仅依靠避雷器来保护旋转电机是不够可靠的，还必须与电容器、电抗器和电力电缆配合使用才能得到更安全可靠的防雷保护。

表 6 - 11　　　　　　　　　　　　　　电机、变压器的冲击耐压值

电机额定电压有效值（kV）	电机出厂工频耐压有效值（kV）	电机出厂冲击耐压幅值（kV）	同级变压器出厂冲击耐压幅值（kV）	FCD 避雷器 3kA 残压幅值（kV）	ZnO 避雷器 3kA 残压幅值（kV）
10.5	$2U_n+3$	34	80	31	26
13.8	$2U_n+3$	43.3	108	40	34.2
15.75	$2U_n+3$	48.8	108	45	39

（4）旋转电机绕组的匝间电容较小，不能起改善冲击电压分布的作用，也不能像变压器那样可以采用电容环等改善措施。此外，旋转电机绝缘的冲击系数低（接近于 1），旋转电机匝间出现的电压与侵入波的陡度直接相关。陡度愈大匝间绝缘承受的电压愈高。研究结果表明，若将侵入波陡度限制在 5kV/μs 以下，则不致损坏电机的匝间绝缘。

（5）对于中性点不接地的发电机，还要考虑中性点绝缘的保护。当旋转电机三相绕组同时遭受雷击时，中性点上会出现很高的电压（可达到侵入波电压幅值的两倍），可能损坏中性点的对地绝缘。试验证明，当侵入波陡度降至 2kV/μs 以下时，中性点可不需另加保护措施。

由上述特点可知，旋转电机的防雷保护包括对主绝缘、匝间绝缘和中性点绝缘的保护。由于发电机或其他电机大都安装在户内，所以一般可以不考虑直击雷保护，但应注意雷击时可能造成的地电位升高而引起的反击事故。

二、旋转电机防雷保护措施与接线

从防雷的观点来看，发电机可分为两大类：

（1）直接与架空线相连（包括经过电缆段、电抗器等元件与架空线相连）的电机，简称直配电机。

（2）经过变压器再接到架空线上去的电机，简称非直配电机。

1. 非直配电机的防雷保护

非直配电机所受到的过电压均须经过变压器绕组之间的静电和电磁传递。只要把变压器保护好，就不必对电机再采取专门的保护措施。对于在多雷区的经升压变压器送电的大型发电机，仍宜在发电机出线上装设一组氧化锌加以保护。

若电机与变压器间有长于 50m 的架空母线或软连线时，对此段母线除应对直击雷进行防护外，还应防止雷击附近物体产生的感应过电压，此时，应在电机每相出线上加装不小于 0.15uF 的电容器或加装 MOA 保护。

2. 直配电机的防雷保护原理

直配电机的防雷保护是电力系统防雷中的一大难题。因为雷击线路或附近大地时产生的直击雷过电压波和感应雷过电压波都是直接沿线路入侵，幅值大、陡度也大，从而危及电机绝缘。直配电机的防雷保护，应根据电机容量、雷电活动的强弱和对供电可靠性的要求确定。

如图 6 - 49 所示为直配电机的防雷保护原理接线，防雷保护元件主要是避雷器、电容器、电缆段和电感等。利用它们的作用可以限制流经避雷器的雷电流使其不超过 3kA；可以限制侵入雷电波的陡度和降低雷击线路的直击雷过电压、雷击邻近线路物体的感应过电压。下面讨论各元件的保护作用。

（1）氧化锌避雷器保护。装设在发电机母线上（或出口端）的氧化锌避雷器的主要作用

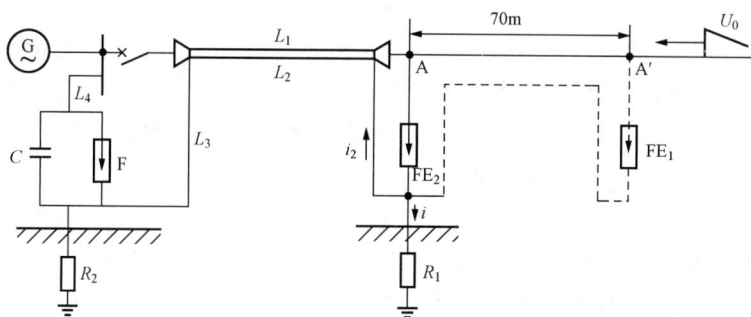

图 6-49　直配电机防雷保护原理接线

是降低侵入波幅值，保护电机的主绝缘。因为电机出厂时的冲击耐压幅值仅仅略高于氧化锌避雷器 3kA 下的残压值，所以还需要采用进线段保护，以限制避雷器动作时流经避雷器的雷电流不超过 3kA。

（2）电容器的作用。与发电机母线上的氧化锌避雷器并联安装的电容器的作用是限制侵入波的陡度，以保护电机的匝间绝缘和中性点绝缘，同时还可以降低母线上的感应雷过电压。它利用电容器充电特性把侵入波的波头时间拉长，从而降低了侵入波的陡度，并且电容量越大（充电的时间常数越大），侵入波陡度降低得越多。计算结果表明，每相电容为 $0.25\sim0.5\mu F$ 时，能将侵入波陡度降低到 $2kV/\mu s$ 以下。由于感应雷过电压是由线路导线上感应的束缚电荷转为自由电荷所引起的，因此在相同的感应电荷下增加导线对地电容，可以降低感应雷过电压。

（3）电缆段的作用（进线段保护）。利用电缆段和管式避雷器的联合作用构成进线段保护。当侵入波到达电缆段首端 A 点后，管式避雷器 FE_2 动作，电缆芯线与电缆外皮短接，此时接地电阻 R_1 上的电压降 iR_1 同时加在电缆芯线和外皮上。因为电缆芯线和外皮是同心圆柱体，它们之间的互感 M 就等于外皮的自感 L_2，即 $M=L_2$，而且雷电流的等值频率很高，所以当电压使电缆外皮流过电流 i_2 时，芯线中会产生一个互感电动势 $M\dfrac{di_2}{dt}\left(=L_2\dfrac{di_2}{dt}\right)$ 阻止电流 i_1

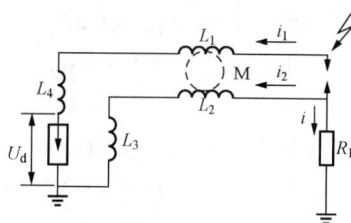

图 6-50　电缆段作用的等值电路

沿芯线流向电机，致使绝大部分电流从电缆外皮通过，就像高频电流的集肤效应。如图 6-50 所示。减小通过电缆芯线的电流 i_1 也就减小了流过氧化锌避雷器的电流，使之不超过 3kA。

分析计算表明，当电缆段长 100m，电缆末端外皮接地引下线长 12m，接地电阻 $R_1=5\Omega$ 时，在电缆首端雷电流为 50kA 时，流过氧化锌避雷器的雷电流不会超过 3kA。

（4）70m 长导线（电感）的作用。它的主要作用是在雷电过电压侵入时升高电缆首端电压，使管式避雷器 FE_2 可靠动作，从而使电缆进线段发挥作用。从上述分析可知，电缆段的限流作用是以管式避雷器 FE_2 动作为前提的，但由于电缆的波阻抗远低于架空线路的波阻抗，致使雷电过电压波侵入到电缆首端 A 点时产生负反射，A 点电压降低，管式避雷器 FE_2 可能不动作，电缆段也就失去了限流保护作用。因此，为了避免这种情况的发生，可在电缆首端与 FE_2 之间加装一个 $100\sim300\mu H$ 的电感，这样当雷电过电压波侵入时，由于电感的作用提高了 A 点电压，使 FE_2 容易动作。

另外也可以将 FE_2 沿架空线路前移约 70m 至 A' 点，与在电缆首端加装电感的效果相同，如图 6-22 中虚线 FE_1 所示。管式避雷器 FE_1 的接地端应与电缆首端外皮的接地装置相连，其连接线悬挂在导线下方 2～3m 处，目的是增加两线间的耦合作用，增大导线上的感应电动势以限制流经导线中的电流。但由于 FE_1 的接地端到电缆首端外皮的连接线上的压降不能全部耦合到导线上，因此沿导线向电缆芯线流动的电流会增大，遇到强雷时可能超过 3kA。为了防止这种情况，还应在电缆首端 A 点再加装一组管式避雷器（相当于 FE_2 不动，沿线路前移 70m 处再装一组管式避雷器 FE_1），若遇强雷时，FE_2 也动作，这样电缆段的限流作用就可以充分发挥了。

3. 直配电机的防雷保护接线

直配电机的防雷保护接线种类很多，不同容量的电机应采用不同的保护接线方式。对于单机容量为 25～60MW 的直配电机，宜采用图 6-51 所示的保护接线。

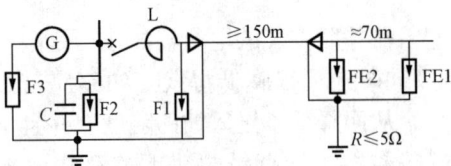

图 6-51　25～60MW 直配电机的保护接线

F1—配电型 MOA；F2—旋转电机型 MOA；C—电容器；
F3—旋转电机中性点型 MOA；FE1、FE2—管式避雷器；
G—发电机；L—限制短路电流电抗器

图中 F_2 为发电机母线上装设的一组电机型 MOA，以限制侵入波过电压幅值。发电机母线上装设一组并联电容器 C 以降低母线上侵入波陡度和感应雷过电压。其电容值一般采用每相 $0.25～0.5\mu F$。L 为限制工频短路电流用的电抗器，对电机防雷有利；L 前加设一组避雷器 F_1 以保护电抗器前的电缆终端。由于 L 的存在，当侵入波到达 L 时将发生全反射，电压增加一倍，F_1 动作一方面保护了电缆头，另外也进一步限制了流经 F_2 的雷电流。为了保护中性点绝缘，除了限制侵入波陡度外，尚需在中性点加装避雷器 F_3，考虑到电机在受雷击同时可能有单相接地存在，中性点将出现相电压，故中性点避雷器的灭弧电压应大于相电压。若电机中性点不能引出，则需将每相电容增大至 $1.5～2.0\mu F$，以进一步降低侵入波陡度确保中性点绝缘。在直配线进线处加装一定长度的电缆段和管式避雷器等，利用管式避雷器动作后电缆段的限流效应减少流入站内 MOA 的雷电流幅值。

上述各项过电压保护设备的接地都应连在一起，并接到总接地网上。

为了充分利用电缆外皮的分流作用，应将电缆段的全长或一段直接埋入土中。若受条件限制不能直埋时，可以将它的金属外皮多点接地，即除两端接地外，再在中间作 3～5 处接地。

其他容量的直配电机的典型保护接线，可参见 DL/T620—1997《交流电气装置的过电压保护和绝缘配合》等有关规程。

任务十　气体绝缘变电站的防雷保护

【教学目标】

了解 GIS 变电站防雷保护的特点，掌握 GIS 变电站不同情况下的防雷措施和接线方式。具备初步分析和解决 GIS 变电站防雷问题的能力。

【任务描述】

分析总结 GIS 变电站的防雷保护接线方式。

【任务实施】

（1）参观一个 GIS 变电站，了解相关防雷问题。

（2）讨论 GIS 变电站防雷保护的特点。

（3）分析 GIS 变电站的防雷保护接线方式。

【相关知识】

全封闭六氟化硫（SF_6）气体绝缘变电站（Gas Insulated Substation，简称 GIS）是全部或部分采用 SF_6 气体作为绝缘介质的金属封闭开关设备的变电站。它是将断路器、母线、隔离开关、电压互感器、电流互感器、避雷器、套管七种高压电器组合密封在接地金属筒中，用 3～4 个大气压的 SF_6 气体作为相间和相对地绝缘。还有一种相间是空气绝缘且不带母线的单相 GIS，简称为 H - GIS，也称为准 GIS 或简化 GIS。它是将一相断路器、隔离和接地开关，电流互感器等集成为一个单元（或称模块），整体封闭于充有绝缘气体的容器内，对发生事故概率极低的母线，则采用常规方式（敞开式）进行布置，避雷器和电压互感器也是敞开式布置，也就是说，H - GIS 是一种不带充气母线的相间空气绝缘的单相 GIS。

由于 GIS 采用的是绝缘性能和灭弧性能优异的 SF6 气体作为绝缘和灭弧介质，因此与传统敞开式配电装置相比，GIS 具有占地面积小、元件全部密封不受环境干扰、运行可靠性高、检修周期长、维护工作量小、安装迅速、运行费用低、无电磁干扰等优点。

经过多年的研制开发，GIS 技术发展很快并迅速被应用于全世界范围内的电力系统。目前，随着电力系统自身的发展以及对系统运行可靠性要求的日益提高，GIS 正在日益得到广泛的应用，并将成为本世纪高压电器的发展主流。

一、GIS 防雷保护的特点

GIS 与其他变电站相比拥有很多优点，并得到了广泛的使用和推广，它除了具有同常规变电站在防雷保护方面的共同原则以外，也拥有自身独特的特点：

（1）在 GIS 中，SF_6 气体绝缘结构为均匀电场或者是稍不均匀电场，其伏秒特性十分平坦，它的冲击系数约为 1.2，其负极性击穿电压要比正极性击穿电压低，因此 GIS 的绝缘水平主要取决于雷电冲击电压水平，对其所用的避雷器的放电稳定性、伏秒特性等方面的技术指标提出了非常高的要求。

（2）GIS 结构十分紧凑，设备之间的电气距离小，避雷器至被保护设备的电气距离较近，其防雷保护措施比敞开式变电站更容易实现。

（3）GIS 的波阻抗一般保持在 $60～100\Omega$ 之间，相当于架空线波阻抗的 1/5，远比架空线路的波阻抗低，从架空线路侵入 GIS 内的过电压波经过折射后，它的陡度和幅值都得到了明显的减小，这同样有利于 GIS 的侵入波防护。

至于 GIS 中波的传播速度，由于 SF_6 的相对介电常数 $\varepsilon_r \approx 1$，一般认为其波速等于光速。

（4）在 GIS 内部的绝缘大部分是稍不均匀的电场结构，一旦发生电晕，电子崩就非常容易发展成为击穿，而且无法恢复到原来的电气强度，甚至有可能导致整个 GIS 系统的损坏。由于 GIS 的价格比普通变电站昂贵得多，因此要求包括母线在内的整套 GIS 装置的防雷保护应有较高的可靠性，在设备绝缘配合上留有足够的裕度。

二、GIS 的防雷保护接线

根据以上分析和国内外大量的模拟试验或计算机计算表明，GIS 的雷电冲击过电压水平比敞开式变电站低，实现过电压保护比较容易。

GIS 可能有不同的主接线方式。就架空输电线路与 GIS 的连接来说，有经过电缆段和不经过电缆段的区别。至于变压器的连接，有直接相连的，也有经一段电缆段或架空线连接的。

1. 无电缆段进线的 GIS 防雷保护接线

无电缆段进线的 GIS，在 GIS 管道与架空线路的连接处，应装设一组氧化锌避雷器（FMO_1），其接地端应与管道金属外壳连接。其中 FMO_1 可以装设在 GIS 入口外侧，如图 6-52（a）所示，也可以装设在 GIS 入口内侧，如图 6-52（b）所示，这两种情形都能可靠保护，但装设在入口内侧效果较好。连接 GIS 管道的架空线路 2km 的进线保护段应架设避雷线，且应满足对进线段耐雷水平的要求。

如果变压器或 GIS 一次回路的任何电气部分至 FMO_1 间的最大电气距离不超过表 6-12 中的参考值，或者虽然超过参考值，但经校验，装一组避雷器即能满足防雷保护要求，则图 6-52 中的 FMO_2 可不装设，只装设 FMO_1 即可。

表 6-12　变压器或 GIS 一次回路的任何电气部分至 FMO_1 间的最大电气距离

电压等级（kV）	电气距离（m）
66	50
110	130
220	130

如果 GIS 和发电厂采用一个半断路器的主接线，应在每回进线的入口（包括变压器回路）都装设一组氧化锌避雷器，每组母线上是否安装需经校验确定。

2. 有电缆段进线的 GIS 防雷保护接线

对有电缆段进线的 GIS，在电缆段与架空线路的连接处应装设金属氧化物避雷器（FMO_1），其接地端应与电缆的金属外皮连接。对三芯电缆，电缆段末端的金属外皮应与 GIS 管道金属外壳连接接地，如图 6-53（a）所示；对单芯电缆，应经金属氧化物电缆护层保护器（FC）接地，如图 6-53（b）所示。

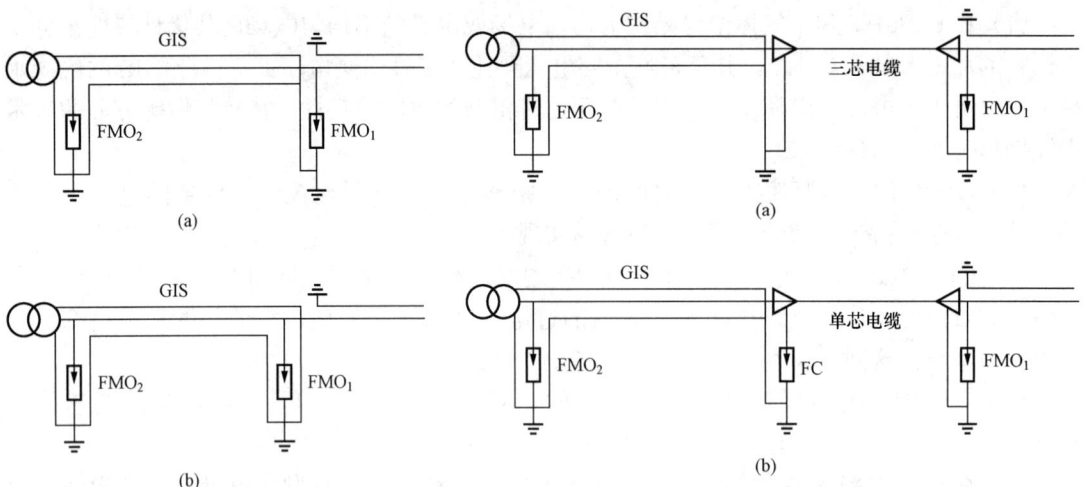

图 6-52　无电缆段进线的 GIS 变电站防雷保护接线
（a）避雷器装在入口外侧；
（b）避雷器装在入口内侧

图 6-53　有电缆段进线的 GIS 保护接线
（a）三芯电缆段进的 GIS 保护接线；
（b）单芯电缆段进的 GIS 保护接线

如果电缆段末端至变压器或 GIS 一次回路的任何电气部分间的最大电气距离不超过表

6-12 中的参考值或虽超过参考值，但经校验，装一组避雷器即能满足保护要求，则图 6-53 中的 FMO_2 可不装设，只装设 FMO_1 即可。对连接电缆段的 2km 架空线路应架设避雷线。

对于进线全长都是电缆的 GIS，是否需装设金属氧化物避雷器，应视电缆另一端有无雷电过电压波侵入的可能性，经校验确定。

项 目 小 结

本项目通过十个学习任务探讨了雷电的现象及其危害，了解了防雷设备的基本结构和工作原理，进行了简单的防雷设备保护范围的计算，分析了输电线路雷电过电压的产生与特点，简要计算了输电线路的耐雷水平和雷击跳闸率，归纳总结了输电线路防雷的基本原则和具体措施。探讨了发电厂、变电站及其主要电气设备的防雷问题，评价和总结了发电厂和变电站的防雷方案和措施。

雷电放电有三个阶段，其强度可以用雷电流来表示，并具有统计规律。

防雷设备有避雷针、避雷线、避雷器及其接地装置。避雷针和避雷线主要是由接闪器及其接地装置构成，能够防止雷电直击于被保护设备，避雷针通常应用于发电厂和变电站，避雷线通常应用于输电线路，并且它们都有一定的保护范围。避雷器可分为保护间隙、管式避雷器、阀式避雷器和氧化锌避雷器等，可以限制沿线侵入变电站的雷电过电压波的幅值以保护电气设备绝缘，其与被保护电气设备间的电气距离不能超过其允许最大距离。氧化锌避雷器有优于阀式避雷器的保护性能，已经基本取代了后者。

输电线路的雷电过电压有感应雷过电压和直击雷过电压。感应雷过电压一般对 110kV 及以上的线路绝缘没有威胁，直击雷过电压可能会危及线路绝缘导致线路故障，还可能产生侵入波侵入变电站危及电气设备绝缘。衡量输电线路的防雷性能优劣可以用耐雷水平和雷击跳闸率来表示，输电线路的防雷就是要采取措施提高其耐雷水平，降低雷击跳闸率。

发电厂和变电站的雷害来自雷电直击和侵入波两个方面，防止雷直击可以装设避雷针或避雷线，除了被保护设备应处于避雷针的保护范围之内外，还应防止雷击避雷针时发生反击。防止侵入波应当在变电站适当位置装设氧化锌避雷器，并确保避雷器与被保护设备间的电气距离满足要求，同时为了限制侵入波的幅值和陡度，还应采用适当的进线段保护。

对于发电厂和变电站中的最重要设备变压器的中性点、自耦变压器和旋转电机，应根据其雷电过电压和绝缘特点采取必要的防雷措施，对 GIS 也应采取必要的防雷措施。

思 考 题

6-1　雷云对地放电分哪几个阶段？各有什么特点？

6-2　什么是雷电流？雷电流幅值概率分布曲线的意义是什么？

6-3　什么是雷暴日、雷暴小时和落雷密度？

6-4　试述避雷针、避雷线的基本结构、工作原理及其作用。

6-5　避雷器有哪些种类？试说明它们的基本结构和工作原理。

6-6　与阀式避雷器相比，氧化锌避雷器有什么优缺点？

6-7　试说明各种避雷器主要电气参数的含义。

6-8　避雷针和避雷线的保护范围是如何确定的?

6-9　某电厂原油罐直径 10m,高出地面 10m,现采用单根避雷针保护,针距罐壁最少 5m,试求该避雷针的高度。

6-10　当避雷器与被保护设备间有一定的电气距离时,被保护设备上的最大电压与避雷器的残压有什么关系?并分析其与哪些因素有关。

6-11　某 220kV 变电站的主变压器的冲击耐压水平为 945kV,氧化锌避雷器在标称放电电流下的残压为 520kV,若侵入波的陡度为 450kV/μs,试求避雷器安装点到变压器的最大允许电气距离。

6-12　防雷接地装置的冲击接地电阻与哪些因素有关?

6-13　输电线路的感应雷过电压是怎样产生的?有什么特点?

6-14　试述输电线路直击雷过电压的影响因素?

6-15　试述输电线路防雷的基本原则和具体措施。

6-16　在输电线路上装设避雷线有什么作用?

6-17　试简述发电厂和变电站直击雷防护的基本要求和措施、应注意的问题。

6-18　试简述变电站侵入波保护的措施和要求。

6-19　变电站进线段保护的作用是什么?画出进线段保护接线并说明各元件的作用。

6-20　试简述变压器中性点、三绕组变压器低压绕组、自耦变压器、配电变压器的防雷保护措施。

6-21　试简述旋转电机防雷的特点,画出直配电机的防雷保护接线并说明各元件的作用。

6-22　试简述 GIS 防雷保护的特点。

项目七

电力系统内部过电压及其防护

【项目描述】

电力系统中的电气设备绝缘除了受到雷电过电压的作用外，还要受到内部过电压的作用。和雷电过电压幅值取决于雷电流幅值而与电网运行电压无关不同，内部过电压幅值与电网运行电压密切相关，所以，随着电力网电压等级的升高，超高压、特高压输电网的普及，内部过电压对电力系统绝缘的威胁也越来越大，是确定超高压、特高压电网绝缘水平的主要因素。本项目主要学习电力系统中几种常见的内部过电压产生的过程、影响因素和限制措施。通过本项目的学习，达到具有在实际工作中分析和处理内部过电压问题的职业能力和素养的目的。

【教学目标】

通过学习，掌握电力系统内部过电压的基本知识，能够分析电力系统中几种常见的内部过电压产生的原因和影响因素，熟悉其限制措施，初步具备分析和处理与电力系统内部过电压相关实际问题的能力。

【教学环境】

能够进行多媒体教学的教室或其他场所。

任务一　空载线路合闸过电压

【教学目标】

知道电力系统过电压的分类，掌握内部过电压的定义、分类、特点和大小表示方法，能够简单分析空载线路合闸过电压产生的原因，掌握影响空载线路合闸过电压的因素和空载线路合闸过电压的限制措施。

【任务描述】

归纳总结限制空载线路合闸过电压的措施。

【任务实施】

（1）学习电力系统过电压的分类，学习内部过电压的分类、特点和过电压倍数的定义。

（2）分组讨论一条线路合闸的各种情况，各种情况下合闸过电压产生的情况。

（3）分析合闸过电压产生的原因，根据原因找出影响合闸过电压的因素。

（4）归纳总结合闸过电压的限制措施。

目 【相关知识】

一、内部过电压概述

电力系统过电压通常分为外部过电压（雷电过电压或大气过电压）和内部过电压两大类。

外部过电压即雷电过电压前面已经讨论过，其特点是持续时间很短，冲击性强，与雷电活动强度有关，而与系统的电压等级无关。它对较低电压等级的设备绝缘威胁较大，因此220kV 及以下系统的设备绝缘水平主要取决于雷电过电压的限制水平。

1. 内部过电压的定义

内部过电压是指在电力系统内部，由于断路器操作、系统故障或其他原因，使系统参数发生变化，引起系统内部电磁能量的转化或传递，从而造成的电压升高。

2. 内部过电压的分类

与雷电过电压产生原因的单一性不同，内部过电压的产生由于电力系统参数的变化，而引起系统参数变化的原因是多种多样的，因此内部过电压的幅值、振荡频率以及持续时间不尽相同，通常按产生原因的不同可分为操作过电压和暂时过电压。

操作过电压是由于断路器的操作或系统故障使电网参数突变，引起系统电磁过渡过程而产生的过电压。它的幅值大，持续时间短，主要与电网的结构、断路器的性能、系统的接线方式及运行操作方式有关。常见的操作过电压有空载线路合闸过电压、切除空载线路过电压、切除空载变压器过电压、中性点不接地系统中的电弧接地过电压等。

暂时过电压又分为工频电压升高（工频过电压）和谐振过电压。

工频电压升高是在系统正常运行或故障时产生的。虽然其幅值不大，对正常绝缘的电气设备一般没有威胁。但工频电压升高常伴随操作过电压，其大小直接影响操作过电压的幅值；工频电压升高还是决定避雷器工作条件的重要因素；持续时间长，对设备的绝缘不利。因此工频电压升高是确定超高压、特高压输电系统绝缘水平的重要因素。电力系统中工频电压升高的原因有空载长线路的电容效应、单相接地故障、发电机突然甩负荷等。

谐振过电压是由于系统中存在着大量的电感电容元件，在系统进行操作或发生故障时，这些电容电感元件可能形成各种不同自振频率的振荡回路，在外电源的作用下发生谐振现象而产生的过电压。谐振过电压是一种稳态现象，持续时间较长，对电气设备绝缘的危害大。按电感的类型（线性的、非线性的和周期性变化的）不同，谐振可分为线性谐振、铁磁谐振和参数谐振。

3. 内部过电压倍数

由于内部过电压的能量来自电网本身，其过电压的幅值大小与电网的工作电压有一定的比例关系，因此用过电压倍数 K 来表示其幅值的大小。过电压倍数就是内部过电压幅值与系统最高运行相电压幅值的比值，即

$$K = \frac{\text{内部过电压幅值}}{\text{系统最高运行相电压幅值}}$$

过电压倍数与电网结构、系统容量及参数、中性点接地方式、断路器性能、母线上出线回路数以及电网运行方式与操作方式有关。

由于内部过电压幅值的大小与系统电压等级密切相关，对于 330kV 及以上系统，内部

过电压对设备绝缘威胁很大，因此在超高压系统中必须采取措施将内部过电压限制在一定水平，也是确定 330kV 及以上系统的设备绝缘水平的主要因素。

二、空载线路合闸过电压

空载线路合闸过电压是电力系统中常见的一种操作过电压。对于 330kV 及以上的超高压和特高压电网，空载线路的合闸过电压问题愈加突出，已经成为确定电网绝缘水平的主要依据。

空载线路合闸操作有两种情况，即计划性合闸和故障后的自动重合闸。因后者是非零初始条件，故合闸过电压更高。

1. 计划性合闸过电压

计划合闸前，线路上没有残余电荷，初始电压为零。设三相接线完全对称，且三相断路器同期合闸，则可按照单相线路进行分析。如图 7-1 所示为空载线路合闸时的集中参数等值电路，R、L 分别是电源和空载线路的等值电阻和电感，C 是空载线路的对地电容。在合闸瞬间发生的过渡过程中，因振荡频率很高 $\left(f_0 = \dfrac{1}{2\pi\sqrt{LC}}\right)$，可以认为电源电压为恒定值 E，它由合闸时电源的相位角决定。考虑到最严重的情况，即电源电压 $e(t)$ 为幅值 E_m 时合闸，可近似认为是合闸于直流电源 E_m 上，忽略电阻 R 不计，则有

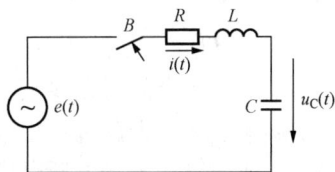

$$E_m = L\frac{di}{dt} + u_c, \quad i = C\frac{du_c}{dt}$$

整理后得

$$LC\frac{d^2 u_c}{dt^2} + u_c = E_m \tag{7-1}$$

解之得其通解为

$$u_c = E_m + A\sin\omega_0 t + B\cos\omega_0 t \tag{7-2}$$

式中 $\omega_0 = \dfrac{1}{\sqrt{LC}}$，$A$、$B$ 为积分常数。由初始条件 $t=0$ 时，$u_c = 0$，$i = C\dfrac{du_c}{dt} = 0$，可得 $A = 0$，$B = -E_m$，于是有

$$u_c = E_m(1 - \cos\omega_0 t) \tag{7-3}$$

当 $\omega_0 t = \pi$ 时，u_c 达到最大值，即 $U_{cm} = 2E_m$。

当空载线路合闸时，电源电压合闸时的相位角是一个随机变量，故合闸时电源电压一般都小于 E_m，合闸过电压一般也小于 $2E_m$。实际上，因线路电阻和电晕损耗，振荡分量逐渐衰减，更使电压幅值降低，另外考虑输电线路电容效应使交流电压升高，我国实测到的过电压只有 1.9~1.96 倍。

2. 自动重合闸过电压

自动重合闸是线路发生故障后，由继电保护装置控制的合闸操作，这也是系统中经常遇见到的一种操作。如图 7-2 为系统中常见的中性点接地系统单相短路故障示意图。

在中性点直接接地系统中，W 相发生对地短路，短路信号先后到达断路器 QF2、QF1。断路器 QF2 先跳闸，健全相 U、V 相从断路器 QF1 侧看过来变成空载线路，只有 U、V 相

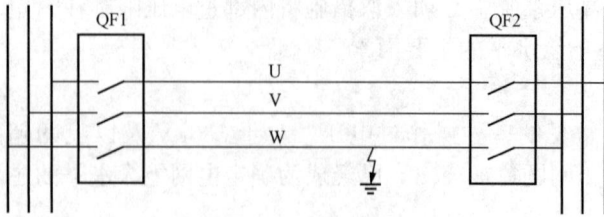

图 7 - 2　中性点接地系统单相短路故障示意图

导线对地电容，其上的电压电流相位差 90°。QF1 跳闸时，断路器 U、V 相触头处的电弧分别在电容电流过零时熄灭，这时在 U、V 相导线上的电压正好达到峰值，数值为 E_m。经过大约 0.5s 后，断路器 QF2 或 QF1 自动重合，如果线路上的残余电荷没有泄放掉，仍然保持着原有对地电压，在最不利的情况下，重合瞬间 U、V 相中有一相的电源电压正好是最大值 E_m，且极性与该相导线上的残余电压极性（$-E_m$）相反，断路器重合瞬间触头间电位差最大，重合后出现的振荡使该相导线上出现最大的过电压，其值为

$$U_{cm} = 稳态值 + (稳态值 - 初始值) = E_m + [E_m - (-E_m)] = 3E_m$$

所以自动重合闸时在线路上可能出现的最大过电压幅值为 $3E_m$。如果计入电阻及导线泄漏的影响，实际振荡过程中线路上的过电压要比 $3E_m$ 低。如果采用单相重合闸，只切除故障相，非故障相不与电源电压脱离，则当故障相重合时，因该相导线上不存在残余电荷和初始电压，也就不会出现上述高幅值重合闸过电压。

空载线路合闸过电压的波形如图 7 - 3 所示。

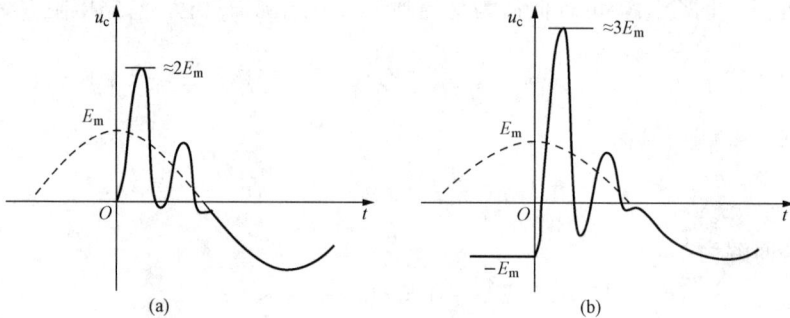

图 7 - 3　空载线路合闸过电压的波形
(a) 计划合闸时；(b) 重合闸时

3. 合闸过电压的影响因素

（1）合闸相位。合闸相位具有随机性。由于断路器在合闸时有预击穿现象，合闸速度愈低的断路器愈容易发生较大断口电压下的预击穿（如油断路器），幅值（反相）合闸概率较高，过电压高；合闸速度较高的断路器（如 SF_6 断路器），预击穿可在任何相位下发生，产生高幅值过电压的概率就小一些。

（2）线路残余电荷的变化。在自动重合闸约 0.5s 的过程中，残余电荷的释放可降低重合闸过电压。一是线路绝缘子存在一定的泄漏电阻，使线路残压电荷泄放入地，实测表明在 0.3~0.5s 内残余电压下降 10%~30%；二是如果线路侧装有电磁式电压互感器，那么它的励磁电感和等值电阻（3~15kΩ）与线路电容构成阻尼振荡回路，在几个工频周期内残余电荷几乎可全部释放；三是超高压线路上装有并联电抗器，残余电荷经电抗器的阻尼振荡放电，但其电阻阻值小，呈现的是弱阻尼，且补偿度高，振荡频率接近工频，重合闸时可能形

成反相合闸而出现严重的过电压。实际上其作用在于降低空载线路的工频电压升高，从而降低合闸过电压。

（3）线路损耗。线路损耗使振荡过程衰减，从而降低过电压。损耗来自两个方面：一是线路存在电阻，包括电源内阻及线路电阻；二是电晕损耗，过电压越高，冲击电晕现象越强烈，反过来限制过电压的作用也越显著。

（4）三相断路器不同期合闸。断路器合闸时，存在一定程度的三相不同期，因而形成三相电路瞬时的不对称，在中性点非直接接地系统更为严重。因三相之间存在互感及电容的耦合作用，在未合闸相上感应出与已合闸相极性相同的电压，待该相合闸时可能出现反极性合闸的情况，产生高幅值的过电压。实测表明，断路器的不同期合闸会使过电压幅值增高10%～30%。

4. 合闸过电压的限制措施

（1）采用带并联电阻的断路器。它是限制合闸过电压的最有效措施。如图 7-4 所示为断路器并联电阻的接法。带并联电阻的断路器合闸时，辅助触头 S2 先闭合，电阻 R 接入回路之中，高频振荡受阻尼作用影响，R 越大阻尼作用越强，这个阶段过电压降低。经过1.5～2.0 个工频周期时间，主触头 S1 再闭合，把合闸电阻 R 短接，完成了合闸过程。由于电阻 R 的作用，主触头合闸时触头之间电压也较低，主触头合闸产生的振荡过程较弱，合闸过电压也就较低。

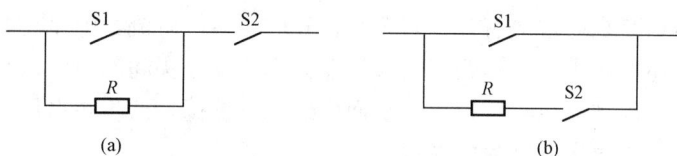

图 7-4 断路器并联电阻的接法

由上分析可知，在辅助触头 S2 合闸时，并联电阻 R 越大，过电压就越低。主触头 S1 合闸时，R 越小过电压越低。综合两种情况，兼顾两阶段的最佳电阻值通常为 400～600Ω，称低值并联电阻。

（2）采用单相自动重合闸。采用单相重合闸，只切除故障相，线路上不存在残余电荷，而且系统零序回路的阻尼作用大于正序回路，甚至会使单相重合闸过电压低于正常合闸过电压。

（3）采用同电位合闸。所谓同电位合闸是通过特殊装置使断路器触头两端的电位极性相同时、甚至是电位也相等的瞬间完成合闸操作，可大大降低，甚至消除合闸和重合闸过电压。

（4）利用氧化锌避雷器限制。安装在线路首端和末端的氧化锌避雷器能限制空载线路合闸过电压。但利用氧化锌避雷器限制操作过电压是有一定保护范围的，它的保护范围为 200～300km。一般情况下，末端避雷器不能限制首端过电压幅值，只是缩短其持续时间而已。同样，首端避雷器一般也不能限制末端过电压。

目前，超高压网络限制操作过电压的首要措施（也称第一道防线）是采用断路器并联电阻，后备保护（也称第二道防线）是采用氧化锌避雷器。氧化锌避雷器在断路器并联电阻失灵或其他意外情况出现较高幅值的过电压时应能可靠动作，将过电压限制在容许范围内。

任务二　切除空载线路过电压

🔊【教学目标】

能够简要分析切除空载线路过电压的发展过程，掌握影响切除空载线路过电压的因素和限制切除空载线路过电压的措施。

🎋【任务描述】

归纳总结限制切除空载线路过电压的措施。

〰️【任务实施】

(1) 分析切除空载线路过电压产生的原因，探讨其发展过程。

(2) 根据原因找出影响切除空载线路过电压的因素。

(3) 归纳总结切除空载线路过电压的限制措施。

📖【相关知识】

切除空载线路是电力系统中比较常见的操作。一条线路两端的断路器的分闸时间总存在一定的差异（约 $0.01\sim0.05s$），无论是正常操作或事故跳闸，都会出现切除空载线路的情况。

产生切除空载线路过电压的根本原因是断路器分闸过程中的电弧重燃现象。切除空载线路时，虽然断路器切断是通常只有几十安至几百安的小容性电流，但是在断路器分闸的开始阶段，触头间距离还比较小，若断路器的灭弧能力不强，触头间的电压恢复速度超过了绝缘恢复速度，就有可能出现电弧重燃现象，从而引起电磁振荡，产生过电压。

一、切除空载线路过电压产生的过程

如图 7-5 (a) 所示为切除空载线路时的集中参数等值电路，L_s 为电源等值电感，L_T、C_T 分别为线路电感、电容，线路电阻和母线对地等值电容忽略不计，简化后的等值电路如图 7-5 (b) 所示。设电源电压为 $e(t)=E_m\cos\omega t$，则电流

$$i(t)=\frac{E_m}{x_C-x_L}\cos(\omega t+90°) \tag{7-4}$$

式中　x_C、x_L——电容 C_T 和 L 的容抗和感抗。

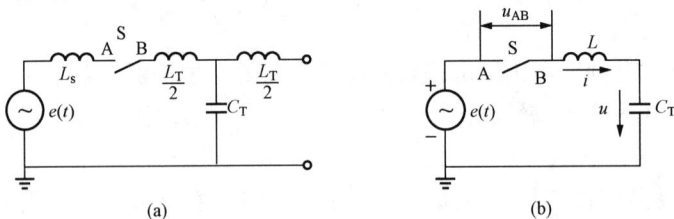

图 7-5　切除空载线路时的集中参数等值电路

(a) 等值电路；(b) 简化后的等值电路

对空载线路来说，$x_C \gg x_L$，线路中的电流为电容电流，其相位超前电源电压 $90°$。若不计线路电容效应的影响，在断路器分闸之前线路上的电压（即电容 C_T 的电压）与电源电压相同。

按最严重的情形考虑，切除空载线路过电压的发展过程如图 7-6 所示。设 t_1 时刻前断路器开始分闸，触头间产生电弧，空载线路仍然接在电源上。

t_1 时刻，电弧中电容电流过零值，电弧第一次熄灭。此时线路上的电压正好是 $-E_m$，若不计线路泄漏电流，线路上的残余电荷无法释放，线路对地电压将保持 $-E_m$，即断路器断口 B 侧对地电压保持 $-E_m$，而断路器断口 A 侧的对地电压仍与电源电压保持一致，因此电弧第一次熄灭后，断路器触头间的恢复电压 u_{AB} 为

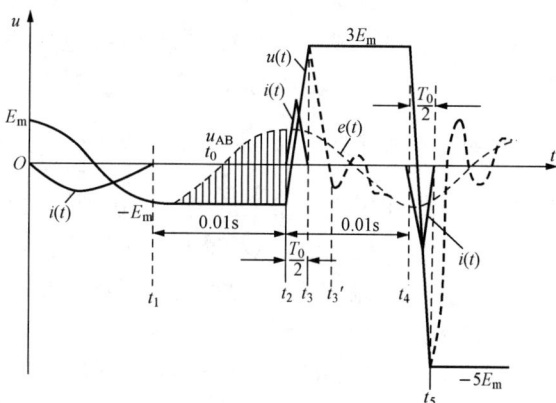

图 7-6 切除空载线路过电压的发展过程

$$u_{AB} = u_A - u_B = e(t) - (-E_m) = e(t) + E_m = E_m(1 + \cos\omega t)$$

u_{AB} 不断升高，经过半个工频周期 0.01s 后，也就是 t_2 时刻，u_{AB} 达到最大值 $2E_m$。在此过程中，若触头间绝缘耐电强度的恢复超过 u_{AB} 的升高，则电弧从此熄灭，空载线路被真正切除，这样在母线侧或线路侧都不会产生过电压。若触头间绝缘耐电强度的恢复赶不上 u_{AB} 的升高，则断路器触头间就可能发生电弧重燃。

按最严重的情况考虑，假设断路器触头间恢复电压达到最大值时电弧重燃。

t_2 时刻，电弧第一次重燃。此时电源电压为 E_m，即断路器断口 A 侧对地电压为 E_m，而线路电压即断口 B 侧对地电压仍保持为 $-E_m$，在电弧重燃的瞬间，电源电压 E_m 突然加在具有残余电压 $-E_m$ 的空载线路上，产生高频振荡，振荡频率为 $\omega_0 = \dfrac{1}{\sqrt{LC_T}}$，比工频高得多，周期 $T_0 = \dfrac{2\pi}{\omega_0}$ 很短，因此可以假设在高频振荡过程中，工频电源电压保持 E_m 不变，若不计线路损耗使振荡衰减，则经过 $\dfrac{T_0}{2}$ 时间，即 t_3 时刻，振荡电压达到最大值，也就是线路上的电压（即电容 C_T 上的电压）达到最大值 U_{max}，可按下式进行估算

$$U_{max} = 稳态值 + (稳态值 - 初始值) = E_m + [E_m - (-E_m)] = 3E_m$$

t_3 时刻，线路上的电压振荡达到最大值 $3E_m$ 的瞬间，断路器流过的高频振荡电流正好为零（高频振荡电流为电容性电流，超前高频振荡电压90°），若电弧再次熄灭（试验表明几乎是一定的。此时若电弧万一没有熄灭，经过半个高频振荡周期到 t'_3 时刻，高频电流再次为零时电弧熄灭，线路上的残余电压将低得多，电弧再重燃时产生的过电压就不高了），则线路对地电压保持为 $3E_m$，而断路器断口 A 侧的对地电压在熄弧后即与电源电压保持一致，因此断路器触头间的恢复电压为

$$u_{AB} = u_A - u_B = e(t) - 3E_m = E_m(\cos\omega t - 3)$$

u_{AB} 不断升高，经过半个工频周期 0.01s 后，也就是 t_4 时刻，u_{AB} 达到最大值 $-4E_m$。在此过程中，若触头间绝缘耐电强度的恢复超过 u_{AB} 的升高，则电弧从此熄灭，空载线路被切除，这样母线和线路上产生的过电压不超过 $3E_m$。若触头间绝缘耐电强度的恢复赶不上

u_{AB} 的升高，则断路器触头间就可能发生电弧重燃。

t_4 时刻，电弧第二次重燃。此时电源电压为 $-E_m$，即断路器断口 A 侧对地电压为 $-E_m$，而线路电压即断口 B 侧对地电压仍保持为 $3E_m$，在电弧再次重燃的瞬间，电源电压 $-E_m$ 突然加在具有残余电压 $3E_m$ 的空载线路上，产生高频振荡。经过 $\frac{T_0}{2}$ 时间，即 t_5 时刻，线路上的电压（即电容 C_T 上的电压）达到最大值 U_{max}，可按下式进行估算

$$U_{max} = 稳态值 + (稳态值 - 初始值) = -E_m + [-E_m - 3E_m] = -5E_m$$

t_5 时刻，高频振荡电流为零，电弧第三次熄灭，线路对地电压保持为 $-5E_m$。以此类推，假设继续每隔半个工频周期电弧重燃一次，则线路上的过电压将分别达到 $3E_m$、$-5E_m$、$7E_m$、…，直到断路器触头间有足够的绝缘强度，电弧不再重燃为止。实际上，由于受断路器灭弧性能等因素的影响，切除空载线路过电压没有上述按最严重情况考虑时这么高。

此外，断路器分闸过程中的电弧过程具有明显的随机性。分闸时，不一定每次都重燃，即使重燃也不一定在电源电压到达最大值并与线路残压极性相反时发生。如果重燃提前发生，振荡振幅和相应的过电压随之降低。当重燃在断弧后的 1/4 工频周期内产生，则不会引起过电压。熄弧也不一定在高频电流第一次过零时发生，在第二次过零或更久的时间才被切断，线路上残余电压会大大降低，断路器触头间的恢复电压和重燃过电压都大大减小。因此这种过电压具有强烈统计性。

二、影响切除空载线路过电压的因素

（1）断路器的灭弧性能。切除空载线路过电压与断路器的灭弧性能直接相关。灭弧能力不强的断路器在切断小电流时，灭弧室压力低，去游离效果差，熄弧后介质强度恢复慢，易发生多次重燃，极可能产生很高幅值的过电压。灭弧性能强的断路器切断小电流的能力强，重燃次数少甚至不重燃，大大降低了出现高幅值过电压的可能性。

（2）电网中性点接地方式。在中性点直接接地系统中，各相回路独立，分闸过程与上述讨论的情况相同。在中性点非直接接地系统中，由于三相断路器分闸的不同期（3ms），形成瞬时的不对称结构，中性点电位发生偏移，熄弧重燃过程变得复杂，可能使某相的过电压明显增高，在不利情况下，过电压比中性点直接接地系统高 20%。现场试验表明：在中性点直接接地系统中的切除空载线路过电压不超过 $3U_{phm}$（U_{phm} 为最高运行相电压幅值），中性点非直接接地系统不超过 $4U_{phm}$。

（3）母线上的出线数。当母线上有其他出线时，相当于增大了母线的对地电容。电弧重燃后的瞬间，线路上的残压电荷迅速在各出线对地电容间重新分配，降低了空载线路的初始电压，使得电弧重燃后振荡过程的稳态值与初始值的差别减小，降低了线路上的过电压。另外，出线的有功负荷增强了阻尼效应，也降低了过电压。

（4）线路的电晕损耗及线路侧电磁式电压互感器的影响。线路上产生的过电压较高时，将产生强烈的电晕，消耗过电压的能量是降低过电压的有利因素。此外，线路侧装有电磁式电压互感器时，断路器灭弧后，线路残余电荷经互感器阻尼振荡释放，其直流电阻约 3～15kΩ，几个工频周期内残余电荷就会释放掉，降低了重燃后的过电压，甚至可避免重燃。

三、限制切除空载线路过电压的措施

（1）提高断路器的灭弧能力。产生切除空载线路过电压的根本原因是断路器分闸过程中

电弧重燃，提高断路器的灭弧能力，提高触头间介质绝缘强度的恢复速度，减少重燃次数甚至避免重燃，可以从根本上消除这种过电压。断路器灭弧能力的提高主要通过采用新的灭弧介质、改进断路器结构、提高触头分离的速度等措施来实现。我国使用的 SF_6 断路器、压缩空气断路器以及带压油活塞的少油断路器在切除空载线时甚至能做到不重燃，大大降低了切除空载线路过电压。

（2）加装分闸并联电阻。与限制空载线路合闸过电压一样，在断路器触头间加装并联分闸电阻也是限制切除空载线路过电压的有效措施，如图 7-4 所示。断路器分闸时，先断主触头 S1，将 R 串入回路，一是泄放残余电荷，二是降低触头间恢复电压（电阻 R 上的压降），S1 不易重燃，此过程希望 R 值小些。经 1.5～2 周波，再断开辅助触头 S2，电容上分压小，恢复电压低，S2 不易重燃，即使 S2 发生重燃，由于电阻的阻尼作用，过电压也会降低，此过程希望 R 值大些。分闸电阻 R 值为 1000～3000Ω，为中值并联电阻。

在 110～220kV 中性点直接接地的电网中，切空线过电压最大值（$2.8U_{phm}$）是低于线路绝缘水平（$3.0U_{phm}$）的，所以我国生产的 110～220kV 各种断路器一般不加并联电阻。在超高压电网中的断路器一般才带有并联电阻。

（3）采用氧化锌避雷器作为后备保护。在线路的首端和末端加装氧化锌避雷器作为后备保护，要求在断路器并联电阻失灵或其他意外情况出现较高幅值的过电压时应能可靠动作，将过电压限制在允许范围内。

任务三　切除空载变压器过电压

【教学目标】

能够简要分析切除空载变压器过电压的发展过程，掌握影响切除空载变压器过电压的因素和限制切除空载变压器过电压的措施。

【任务描述】

归纳总结限制切除空载变压器过电压的措施。

【任务实施】

（1）分析切除空载变压器过电压产生的原因，探讨其发展过程。

（2）根据原因找出影响切除空载变压器过电压的因素。

（3）归纳总结切除空载变压器过电压的限制措施。

【相关知识】

在电力系统中，切除空载变压器也是常见的一种操作。空载变压器在正常运行时表现为一励磁电感，因此切除空载变压器就是断路器开断一个小容量电感负荷，属于切断小电感电流的情况，这时会在变压器上出现很高的过电压。

断路器灭弧性能的改进有效地限制了切除空载线路过电压，但灭弧能力过强会导致切除空载变压器时的过电压。因为空载变压器的励磁电流是很小的，一般为额定电流的 0.5%～5%，有效值约为几安至几十安，大小与铁芯材料有关。断路器在切断这么小的电流时，往往电流还没有到零值时电弧就被熄灭，电流被切断，即发生截流现象，从而引起变压器回路的电磁振荡过程，产生很高的过电压。因此产生切除空载变压器过电压的根本原因是断路器的截流。

一、过电压产生原因的简化分析

不计变压器的漏电感，切除空载变压器的等值电路如图 7-7 所示。L_s 为电源的等值电感，L_T 为变压器励磁电感，C_T 为变压器绕组及连线的等值对地电容，约几十至几千微微法

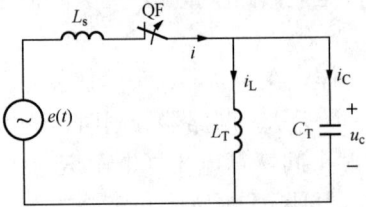

图 7-7　切除空载变压器的等值电路图

不等。由于 C_T 较小，工频电源作用时，$\dfrac{1}{\omega C_T} \gg \omega L_T$，$i_C \ll i_L$，因此有 $i = i_L + i_C \approx i_L$，可近似认为流过断路器的电流为 i_L，在相位上滞后电源电压 90°。

若断路器在切除空载变压器时是在电流为零时电弧熄灭（即没有截流），电容 C_T 和电感 L_T 上的电压正好等于电源电压 $e(t)$ 的幅值 E_m，而 $i_L = 0$，电感 L_T 中没有磁场能量。截流后，电容 C_T 通过电感 L_T 振荡放电，并逐渐衰减为零，这样切除空载变压器时不会产生过电压。

若断路器在切除空载变压器时出现截流现象，截流瞬间流过电感 L_T 中的电流为 I_0，电容 C_T 上的电压为 U_0，则电感 L_T 和电容 C_T 中储存的磁场能量、电场能量分别为

$$W_L = \frac{1}{2} L_T I_0^2$$

$$W_C = \frac{1}{2} C_T U_0^2$$

则截流瞬间空载变压器回路（L_T、C_T 回路）中总的电磁能量为

$$W = W_L + W_C = \frac{1}{2} L_T I_0^2 + \frac{1}{2} C_T U_0^2$$

截流后瞬间，L_T、C_T 回路将发生电磁振荡。由于电感 L_T 中的电流不能突变，将继续向电容 C_T 充电，当电感中的磁场能量全部转换为电容中的电场能量时（此时回路中的电流为零），电容和电感上的电压达到最大值 U_{cm}，即

$$\frac{1}{2} C_T U_{cm}^2 = \frac{1}{2} L_T I_0^2 + \frac{1}{2} C_T U_0^2$$

$$U_{cm} = \sqrt{\frac{L_T}{C_T} I_0^2 + U_0^2} \tag{7-5}$$

由于变压器的 C_T 很小，则变压器的特征阻抗 $Z_T = \sqrt{\dfrac{L_T}{C_T}}$ 很大，可达几万欧姆，于是 $\dfrac{L_T}{C_T} I_0^2 \gg U_0^2$，因此可以忽略 U_0 不计，近似认为

$$U_{cm} \approx \sqrt{\frac{L_T}{C_T} I_0^2} = Z_T I_0 \tag{7-6}$$

如果在电流达到峰值时发生截流，即 $I_0 = I_{phm}$，$U_0 = 0$，此时 U_{cm} 的最大，即切除空载变压器时的最大预期过电压为

$$U_{cm,\ max} = Z_T I_{phm} \tag{7-7}$$

式中　I_{phm}——空载变压器相电流幅值，其值等于 $E_m / \omega L_T$。

切除空载变压器时的过电压如图 7-8 所示。

假设 $I_0 = I_{phm} \sin\alpha$（α 为截流时的相角），则式（7-6）还可表示为

$$U_{cm} = Z_T I_{phm} \sin\alpha = \sqrt{\frac{L_T}{C_T}} \frac{E_m}{\omega L_T} \sin\alpha$$

$$= E_m \frac{\omega_0}{\omega} \sin\alpha = E_m \frac{f_0}{f} \sin\alpha$$

式中　ω_0——L_T、C_T 回路电磁振荡的角频率，表达式为 $\omega_0 = \dfrac{1}{\sqrt{L_T C_T}}$；

f_0——L_T、C_T 回路电磁振荡的频率，表达式为 $f_0 = \dfrac{1}{2\pi\sqrt{L_T C_T}}$；

ω——工频角频率；

f——频率。

那么切除空载变压器过电压倍数为

$$K = \frac{U_{cm}}{E_m} = \frac{f_0}{f} \sin\alpha \tag{7-8}$$

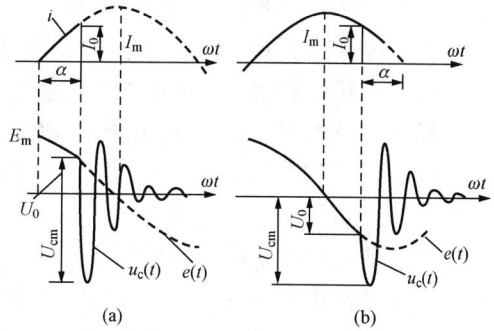

图 7-8　切除空载变压器时的过电压
(a) 截流在电流上升部分；
(b) 截流在电流下降部分

二、影响切除空载变压器过电压的因素

1. 断路器的性能

(1) 断路器切除空载变压器时的电弧重燃。断路器切除空载变压器时的截流不仅造成了过电压，同时也在断路器的触头间形成很大的恢复电压，而且恢复电压上升速度很快（振荡频率高），因此在分闸过程中，当触头之间分开的距离还不够大时，可能发生重燃。在大多数情况下，空载变压器的切除伴随着产生多次复杂的电弧重燃过程。不过与切除空载线路相反，这时电弧重燃使电感中的储能不断减少，降低了过电压幅值。

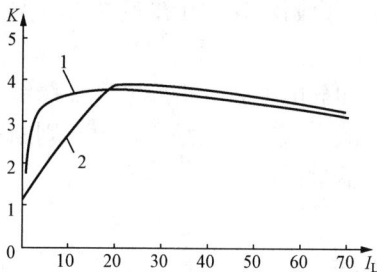

图 7-9　切空变过电压倍数与
分断电流试验曲线
1—空气断路器；2—油断路器

(2) 断路器的截流值 I_0。切除空载变压器时，过电压的大小与截断电流值 I_0 有关，变压器参数一定时，截断电流值越大，过电压就越高。截流值 I_0 与断路器的性能和分断电流 I_L（即变压器的空载电流）均有关系。对于同一类型的断路器，截流值 I_0 有较大分散性，但最大可能截断电流值 $I_{0,max}$ 有一定限度，且基本保持恒定。I_L 较小时，截流值 I_0 随 I_L 的增大而增大，过电压倍数也随之增大；I_L 超过其最大可能截断电流时，I_0 就不随 I_L 的增大而增大了，过电压倍数也如此，如图 7-9 所示。压缩空气断路器分断小电流时灭弧能力强，截流值比油断路器大，重燃次数也少，过电压倍数较大；在分断大电流时它们的截断电流值相差不多，过电压倍数也几乎相同。一般的断路器灭弧能力越强，切断小电流时截流值就越大，过电压也就越高。

此外，采用优质铁磁材料（冷轧硅钢片）的变压器，空载电流很小，只有几安培。因此切除空载变压器过电压并不严重。

2. 变压器的参数

从上面的分析可知，变压器参数与过电压倍数密切相关，变压器的励磁电感 L_T 越大，

对地电容 C_T 越小,即变压器的特征阻抗 Z_T 越大,过电压就越高。回路参数 L_T、C_T 与变压器的额定电压、额定容量、结构以及对地电容等有关,回路的自振频率 f_0 通常为几百赫。超高压变压器容量大,采用纠结式绕组和静电屏蔽等,对地电容大,且多采用优质铁磁材料,励磁电感也大,f_0 只有工频的几倍。当变压器接有较长的线路或电缆时,由于增大了对地电容,切除空载变压器过电压大为降低。

3. 变压器中性点接地方式

中性点非直接接地电网的切除空载变压器过电压比中性点直接接地电网的要高。对于中性点直接接地的电网中的 $110\sim220\text{kV}$ 空载变压器,过电压一般不超过 $3U_{phm}$;在中性点不接地电网中,切空变过电压一般不超过 $4U_{phm}$。

三、限制切除空载变压器过电压的措施

(1) 装设氧化锌避雷器。由于切除空载变压器过电压的特点是幅值比较大、持续时间短、能量小,容易限制,因此可以用氧化锌避雷器加以限制。用来限制切除空载变压器过电压的避雷器应接在断路器的变压器侧,否则在切除空载变压器时将使变压器失去避雷器保护。另外,这组避雷器在非雷雨季节也不能退出运行。

当空载变压器从一侧被切除引起的过电压时,其他侧绕组将通过电磁耦合按变比关系产生同样倍数的过电压,因此,只要绕组连接方式相同,避雷器安装在任何一侧均能起到同样的保护效果,显然装在低压侧更经济而且维修方便。如果两侧绕组连接方式不同,则需根据具体情况选择合适的避雷器。考虑到变压器高压绕组的绝缘裕度较中压及低压绕组低,以及限制大气过电压和其他类型操作过电压的需要,高压侧应装设避雷器。

(2) 采用带并联电阻的断路器。在断路器的主触头上并联一线性或非线性电阻,也能有效降低这种过电压。不过为了发挥足够的阻尼作用和限制励磁电流的作用,其阻值应接近于被切除空载变压器的工频励磁阻抗,其值为数万欧姆,是高值电阻,这对于限制切、合空载线路过电压都显得太大了。

(3) 改善变压器参数。在变压器中采用纠结式绕组和增加静电屏蔽等措施来增加绕组的对地电容,使变压器的特性阻抗减小;采用优质导磁材料,减小变压器的励磁电流,则断路器切除空载变压器时的截流也减小,从而降低切除空载变压器过电压。

任务四 电弧接地过电压

📢【教学目标】

能够简要分析电弧接地过电压的发展过程,掌握影响电弧接地过电压的因素和限制电弧接地过电压的措施。

🙌【任务描述】

归纳总结限制电弧接地过电压的措施。

💫【任务实施】

(1) 分析电弧接地过电压产生的原因,探讨其发展过程。

(2) 根据原因找出影响电弧接地过电压的因素。

(3) 归纳总结电弧接地过电压的限制措施。

【相关知识】

中性点不接地系统中发生单相接地故障时，故障点将流过数值不大的接地电容电流，此时故障相的对地电压为零，非故障相的对地电压升高到线电压，但三相之间的线电压仍然对称，对三相负荷的供电没有影响，因此规程规定可以继续运行 $1\sim2h$，运行人员可以在这段时间内迅速查明故障并进行处理，大大提高了供电的可靠性。

运行经验证明，在中性点不接地系统中，若系统较小，线路较短，线路对地电容电流较小，发生单相接地故障时流经故障点的电流也较小，许多暂时性的单相接地故障（如雷击等），故障后电弧可以自行熄灭，系统很快恢复正常。随着系统的发展和电压等级的提高，单相接地故障电流将增大。对于 $6\sim10kV$ 系统，故障点电容电流超过 30A；35kV系统故障点电容电流超过 10A 时电弧将难以自动熄灭。然而，这个电流又不至于大到形成稳定持续电弧的程度，因此可能出现电弧时燃时灭的不稳定状态。这种间歇性的电弧导致系统中电感——电容回路的电磁振荡过程，将在电网的故障相和健全相上产生很高的过电压，这种过电压被称为电弧接地过电压。因此电弧接地过电压产生的原因是单相接地时的间歇性电弧。

一、电弧接地过电压的产生过程

如图 7-10（a）所示为中性点不接地系统中发生单相接地故障时的等值电路。C_1、C_2、C_3 分别是三相导线 L_1、L_2、L_3 的对地电容，$\dot{U}_U$、$\dot{U}_V$、$\dot{U}_W$ 分别是 U、V、W 相电源电压相量。设三相导线对地电容完全对称，即 $C_1=C_2=C_3=C$，则正常情况下中性点 N 的对地电压为零，即 $\dot{U}_N=0$。

当 U 相发生单相接地时，如图 7-10（a）所示，中性点 N 对地电压升至相电压，即 $\dot{U}_N=-\dot{U}_U$，故障相导线 L_1 对地电压为零，非故障相导线 L_2、L_3 对地电压分别升高到线电压 $\dot{U}_{VU}$、$\dot{U}_{WU}$，其相量图如图 7-10（b）所示。

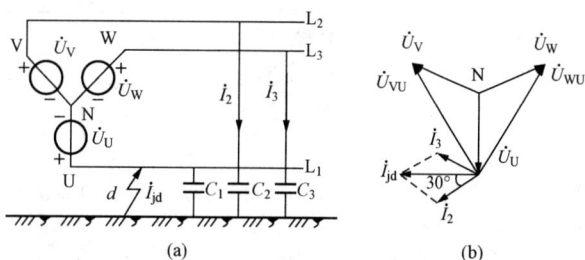

图 7-10　中性点不接地系统的单相接地故障
（a）等值电路图；（b）相量图

则非故障相导线对地电容 C_2、C_3 中的电流 $\dot{I}_2$、$\dot{I}_3$ 分别超前其相对电压 $\dot{U}_{VU}$、$\dot{U}_{WU}$ 90°，其有效值为

$$I_2=I_3=\sqrt{3}\omega CU_{ph}$$

式中　　U_{ph}——系统运行相电压有效值。

于是流经接地故障点的电流 $\dot{I}_{jd}=\dot{I}_2+\dot{I}_3$ 的有效值为

$$I_{jd}=3\omega CU_{ph} \tag{7-9}$$

由此可知，接地故障电流 $\dot{I}_{jd}$ 与故障相电压 $\dot{U}_U$ 相位差为 90°，其有效值与线路的对地电容 C 和系统运行相电压 U_{ph} 成正比。

单相接地间歇性电弧引起过电压的过程是极其复杂的，理论分析只不过是对这种极其复杂且具有强烈统计性的接地电弧进行理想化后的解释。电弧接地过电压的产生过程和幅值大小与灭弧时间有关。根据情况不同，灭弧时间有两种可能性：一种是电弧在过渡过程中的高频电流过零时灭弧；另一种是电弧在工频电流过零时灭弧。一般来说，高频灭弧理论分析所得的过电压值偏高，而工频灭弧理论分析所得的数值比较接近实际情况。

下面就按工频电流过零时灭弧来分析电弧接地过电压的产生过程。

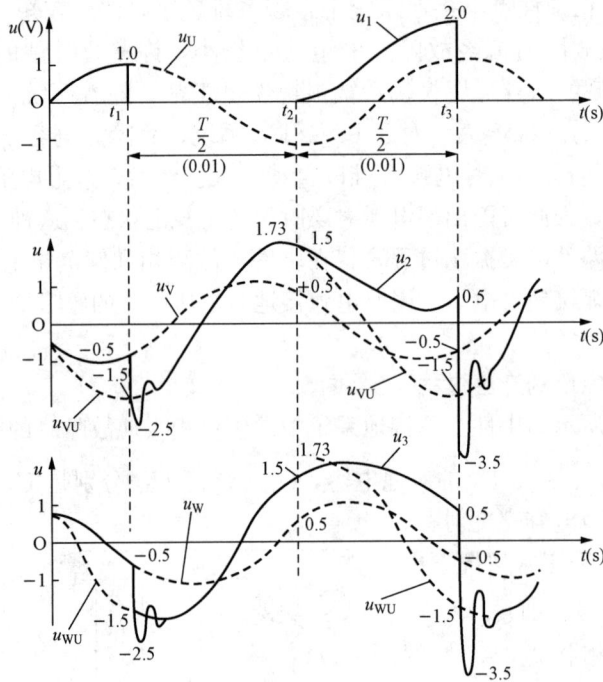

图 7-11   工频灭弧时电弧接地过电压的产生过程

如图 7-11 所示，u_1、u_2、u_3 分别为三相导线 L_1、L_2、L_3 的对地电压，即三相导线对地电容 C_1、C_2、C_3 上的电压。设 U、V、W 三相电源电压分别为

$$u_U = U_{phm}\sin\omega t, \quad u_V = U_{phm}\sin(\omega t - 120°), \quad u_W = U_{phm}\sin(\omega t + 120°)$$

则

$$u_{VU} = u_V - u_U = \sqrt{3}U_{phm}\sin(\omega t - 150°)$$

$$u_{WU} = u_W - u_U = \sqrt{3}U_{phm}\sin(\omega t + 150°)$$

设 $t = t_1$ 时刻 U 相电源电压正好达到峰值时发生单相接地故障，接地短路电弧把 U 相导线与大地连接起来。故障前 t_1^- 瞬间三相导线对地电压分别为

$$u_1(t_1^-) = U_{phm}, \quad u_2(t_1^-) = -0.5U_{phm}, \quad u_3(t_1^-) = -0.5U_{phm}$$

故障后故障相导线的对地电压将突变为零，两健全相导线的对地电压将经过高频振荡后分别与电源线电压 u_{VU}、u_{WU} 保持一致，也就是说，故障后 t_1^+ 瞬间三相导线的对地电压（导线对地电容上的电压）的稳态值分别为

$$u_1(t_1^+) = 0, \quad u_2(t_1^+) = u_{VU}(t_1) = -1.5U_{phm}, \quad u_3(t_1^+) = u_{WU}(t_1) = -1.5U_{phm}$$

由于高频振荡的频率远大于工频，因此可以认为在高频振荡过程中电源电压维持恒定，不计回路损耗，则两健全相在振荡过程中出现的最大过电压分别为

$$U_{2m}(t_1) = U_{3m}(t_1) = -1.5U_{phm} + [-1.5U_{phm} - (-0.5U_{phm})]$$
$$= -2.5U_{phm}$$

高频振荡过程结束后，U 相导线对地电压为零，另两个健全相导线对地电压分别与 u_{VU}、u_{WU} 相同，随时间作正弦规律变化，流经故障点的接地电容电流 $\dot{I}_{jd}$ 的高频分量也衰减为零达到稳态，随时间作正弦规律变化且相位上滞后 $\dot{U}_U 90°$。

从 t_1 时刻开始经过半个工频周期，到时刻 $t_2 = t_1 + T/2$，故障相电源电压达到 $-U_{phm}$，接地电弧电流为零，设此时接地电弧熄灭，则灭弧前 t_2^- 瞬间三相导线的对地电压分别为

$$u_1(t_2^-) = 0, \quad u_2(t_2^-) = u_{VU}(t_2) = 1.5U_{phm}, \quad u_3(t_2^-) = u_{WU}(t_2) = 1.5U_{phm}$$

灭弧后 t_2^+ 瞬间，接地故障暂时消除，三相导线恢复正常，三相导线的对地电压本应分别与三相电源相电压一致，但是电弧熄灭瞬间两健全相的残余电荷（即电容 C_2、C_3 上有残余电压）由于系统中性点不接地而无法泄放，于是就会有一个很快的电荷重新分配过程，使中性点对地有一个直流电压，也就是说系统中的残余电荷重新分配的结果是使三线对地电容上的直流电压相同（电容上的残余电荷相同），那么灭弧后瞬间三相导线的对地电压分别为三相电源电压上再叠加一个残余电荷形成的直流电压。这个直流电压为

$$U_{N0} = \frac{0C_1 + 1.5U_{phm}C_2 + 1.5U_{phm}C_3}{C_1 + C_2 + C_3} = U_{phm}$$

这样，灭弧后 t_2^+ 瞬间三相导线对地电压的稳态值分别为

$$u_1(t_2^+) = u_U(t_2) + U_{N0} = -U_{phm} + U_{phm} = 0$$
$$u_2(t_2^+) = u_V(t_2) + U_{N0} = 0.5U_{phm} + U_{phm} = 1.5U_{phm}$$
$$u_3(t_2^+) = u_W(t_2) + U_{N0} = 0.5U_{phm} + U_{phm} = 1.5U_{phm}$$

由此可见，灭弧瞬间三相导线对地电压的初始值分别与其稳态值相同，因此灭弧后不会出现过渡过程。此后，三相导线的对地电压就在三相电源相电压上叠加一个直流电压 U_{phm} 随时间变化。

再经过半个工频周期，到 $t_3 = t_2 + T/2$ 时刻，故障相导线对地电压达到最大值 $2U_{phm}$，如果此时接地故障点电弧重燃，则故障相导线对地电压 u_1 突降为零，电路中会再次出现过渡过程。电弧重燃瞬间三相导线对地电压的初始值分别为

$$u_1(t_3^-) = u_U(t_3) + U_{phm} = U_{phm} + U_{phm} = 2U_{phm}$$
$$u_2(t_3^-) = u_V(t_3) + U_{phm} = -0.5U_{phm} + U_{phm} = 0.5U_{phm}$$
$$u_3(t_3^-) = u_W(t_3) + U_{phm} = -0.5U_{phm} + U_{phm} = 0.5U_{phm}$$

而稳态值分别为

$$u_1(t_3^+) = 0, \quad u_2(t_3^+) = u_{VU}(t_3) = -1.5U_{phm}, \quad u_3(t_3^+) = u_{WU}(t_3) = -1.5U_{phm}$$

于是振荡过程中健全相导线上过电压的最大值为

$$U_{2m}(t_3) = U_{3m}(t_3) = -1.5U_{phm} + (-1.5U_{phm} - 0.5U_{phm})$$
$$= -3.5U_{phm}$$

以后系统每隔半个工频周期依次发生灭弧和重燃，过渡过程将与上面完全相同，两健全相的最大过电压为 $3.5U_{phm}$；故障相上不存在振荡过程，最大过电压为 $2.0U_{phm}$，如表 7-1 所示。

表 7 - 1　　　　　　　　**U 相发生单相接地故障时三相导线的对地电压**

接地电弧状况	时刻	u_1	u_2	u_3	U_{2m}	U_{3m}
发生接地故障(t_1)	t_1^-	U_{phm}	$-0.5U_{phm}$	$-0.5U_{phm}$	$-2.5U_{phm}$	$-2.5U_{phm}$
	t_1^+	0	$-1.5U_{phm}$	$-1.5U_{phm}$		
第一次熄弧 ($t_2=t_1+T/2$)	t_2^-	0	$1.5U_{phm}$	$1.5U_{phm}$	$1.5U_{phm}$	$1.5U_{phm}$
	t_2^+	0	$1.5U_{phm}$	$1.5U_{phm}$		
电弧重燃 ($t_3=t_2+T/2$)	t_3^-	$2U_{phm}$	$0.5U_{phm}$	$0.5U_{phm}$	$-3.5U_{phm}$	$-3.5U_{phm}$
	t_3^+	0	$-1.5U_{phm}$	$-1.5U_{phm}$		

二、影响电弧接地过电压的因素

(1) 电弧熄灭和重燃的相位。从上述分析可知，电弧接地过电压的发展过程与电弧熄灭与重燃的时刻有关，而其熄灭和重燃又具有强烈的随机性质，燃弧不一定发生在故障相对地电压达最大值的时刻，灭弧可能发生在工频电流过零的时刻，也可能发生在高频振荡电流过零的时刻，这些因素均会直接影响过电压的发展过程，使这种过电压幅值具有统计性。

(2) 线路的相间电容。故障点燃弧后，健全相对地电容与它们和故障相之间的相间电容并联，而由于燃弧前相间电容和对地电容上的电压是不同的，因此在燃弧后的高频振荡过程之前还有一个电荷重新分配的过程，其结果是使健全相对地电压的初始值与稳态值之间的差别变小了，从而降低了过电压幅值。

(3) 回路中的损耗。回路损耗主要包括电源的等值阻抗、导线电阻损耗以及电弧本身电阻的损耗等，它们使高频振荡衰减很快，从而降低了过电压。

大量研究表明，由于灭弧和燃弧时间的随机性、线路损耗、电晕损耗等因素的影响，过电压在一定程度上会有所降低，一般认为这种过电压的最大值不会超过 3.5 倍，一般在 3 倍以下。

三、限制电弧接地过电压的措施

电弧接地过电压的幅值虽然不是很大，但其产生的机会多，影响范围广，持续时间长（因为在中性点不接地电网中允许单相接地运行的时间为 1～2h），若不采取措施，可能使那些绝缘薄弱环节（如电动机、电缆和电缆头等）相继发生击穿，造成相间短路，使事故扩大。

为了限制这种过电压，最根本的措施是防止产生不稳定的电弧，尽量减少其产生的可能性，这可以通过改变中性点接地方式来实现。

1. 采用中性点直接接地方式

在中性点直接接地系统中发生单相接地故障时，故障点的电流很大，继电保护装置动作使断路器立即跳闸切断故障，不会出现间歇性电弧现象，也就不会产生电弧接地过电压。我国 110kV 及以上电网均采用中性点直接接地方式，避免了电弧接地过电压的出现，而且在这种接地方式的电网中，各种形式的操作过电压均低于中性点非直接接地电网，同时还可降低电网的绝缘水平，缩减建设投资。

2. 采用中性点经消弧线圈接地方式

采用中性点直接接地方式虽然避免了电弧接地过电压的产生，但却降低了供电可靠性，并且当系统电压等级较低时降低绝缘水平的经济效益也不明显，因此我国 35KV 及以下电网采用中性点非直接接地的运行方式，以提高供电可靠性，但电弧接地过电压就随之产生了。

研究表明，采用中性点经消弧线圈接地后，消弧线圈中的感性电流可补偿电网单相接地电容电流（一般采用过补偿），使电弧无法维持而自行熄灭，使电弧重燃次数大为减少，过电压持续时间大为缩短，有效地防止了高幅值过电压出现的概率。当该措施还是不能有效地限制电弧接地过电压时，还可以在消弧线圈两端并联阻尼电阻，使故障相恢复电压幅值和上升速度下降，促使电弧接地过电压值明显降低，克服了单纯经消弧线圈接地的弱点。因此，对电容电流较大，尤其是绝缘薄弱的供配电网络，可采用中性点经消弧线圈并（串）联电阻的接地方式。

（1）消弧线圈的补偿原理。如图 7-12 所示为中性点经消弧线圈接地系统单相接地故障时的等值电路图及相量图，为简化分析，不计回路损耗，设 $C_1=C_2=C_3=C$，系统正常运行时中性点对地电位为零，即 $\dot{U}_N=0$，则消弧线圈中的电流 $\dot{I}_L=0$。

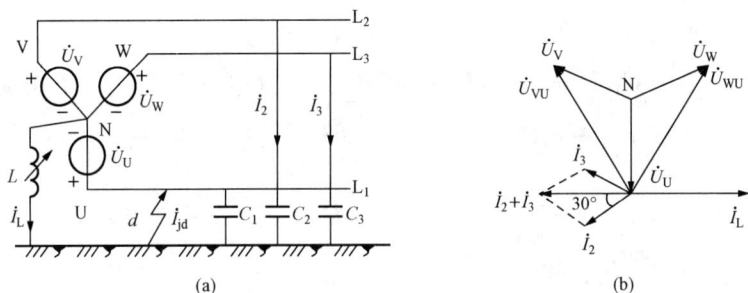

图 7-12 中性点经消弧线圈接地系统单相接地故障时的等值电路及相量图
(a) 等值电路图；(b) 相量图

当 U 相导线发生单相接地故障时，中性点对地电位为 $\dot{U}_N=-\dot{U}_U$，则消弧线圈中的电流为

$$\dot{I}_L=\frac{\dot{U}_N}{\mathrm{j}\omega L}=-\frac{\dot{U}_U}{\mathrm{j}\omega L}=\mathrm{j}\frac{1}{\omega L}\dot{U}_U$$

而 $\dot{I}_2+\dot{I}_3=-\mathrm{j}3\omega C\dot{U}_U$，则接地故障点流过的电流为

$$\dot{I}_{jd}=\dot{I}_L+(\dot{I}_2+\dot{I}_3)=\mathrm{j}\left(\frac{1}{\omega L}-3\omega C\right)\dot{U}_U$$

所以接地故障点电流的有效值为

$$I_{jd}=\left|\frac{1}{\omega L}-3\omega C\right|U_{ph} \qquad (7-10)$$

把式（7-10）与式（7-9）比较可知，消弧线圈中的电流补偿了线路的对地电容电流，使流经故障点的电流减小了，这样接地电弧就能够迅速自熄灭，从而消除了电弧接地过电压。

（2）消弧线圈的补偿度。为了表示消弧线圈的补偿作用，通常引入补偿度或脱谐度的概念。消弧线圈的补偿度是指消弧线圈中的电感电流与线路的对地电容电流比值的百分数，用 k 表示，即

$$k = \frac{\dfrac{1}{\omega L} U_{ph}}{3\omega C U_{ph}} = \frac{\dfrac{1}{\omega L}}{3\omega C} = \frac{\dfrac{1}{3LC}}{\omega^2} = \frac{\omega_0^2}{\omega^2} \tag{7-11}$$

其中 $\omega_0 = \dfrac{1}{\sqrt{3LC}}$。

脱谐度 ν 定义为

$$\nu = 1 - k = 1 - \frac{\omega_0^2}{\omega^2} \tag{7-12}$$

当 $k < 1$，$\nu > 0$ 时，消弧线圈中的电感电流小于线路对地电容电流，补偿不足，称为欠补偿；当 $k > 1$，$\nu < 0$ 时，消弧线圈中的电感电流大于线路对地电容电流，补偿过度，称为过补偿；当 $k = 1$，$\nu = 0$ 时，消弧线圈中的电感电流等于线路对地电容电流，称为全补偿。

如果 ν 趋于零，那么正常运行时中性点将产生很大的对地电压。参见图 7-12（a），正常运行时中性点对地电压 $\dot{U}_N$ 为

$$\dot{U}_N = -\frac{j\omega C_1 \dot{U}_U + j\omega C_2 \dot{U}_V + j\omega C_3 \dot{U}_W}{j\omega C_1 + j\omega C_2 + j\omega C_3 + \dfrac{1}{j\omega L}} = -\frac{C_1 \dot{U}_U + C_2 \dot{U}_V + C_3 \dot{U}_W}{3C - \dfrac{1}{\omega^2 L}}$$

当 $k = 1$，$\nu = 0$ 时，$\omega L = \dfrac{1}{3\omega C}$，若 $C_1 \neq C_2 \neq C_3$，则上式中分子不为零，分母为零，中性点对地电压将达到很高的数值。

为了避免危险的中性点电位升高，输电线路要进行换位，尽量使三相导线对地电容相等。但实际上线路对地电容受各种因素的影响是变化的，很难做到各相对地电容完全相等，因此消弧线圈不要处于全补偿工作状态。

通常消弧线圈采取过补偿 5%～10%运行，随着电网的发展逐渐转变为欠补偿工作状态，不会出现像欠补偿那样随电网的发展导致补偿度越来越小，失去消弧线圈的作用。此外，欠补偿工作状态可能由于运行中线路的退出而变成全补偿工作状态，导致较高的中性点对地电压，还有可能导致零序网络中产生严重的铁磁谐振电压。

实践表明，在多数情况下，中性点经消弧线圈接地能够有效地消除电弧接地过电压而不破坏电网的正常运行。

任务五　铁磁谐振过电压

【教学目标】

能够理解铁磁谐振的原理，掌握铁磁谐振的条件和特点，了解电力系统几种常见的谐振过电压产生的原因，掌握其采取的限制措施，能够根据铁磁谐振的原理简要分析电力系统中各种谐振过电压的产生过程。

【任务描述】

掌握铁磁谐振过电压的原理与特点，分析电力系统中的谐振过电压。

【任务实施】

（1）分析铁磁谐振的原理，探讨其发展过程。

（2）讨论铁磁谐振的条件和特点。

（3）探讨电力系统中几种常见的谐振过电压产生的原因，找出限制它们的具体措施。

【相关知识】

电路谐振是指振荡回路的固有自振频率与外加电源的频率相等或接近时出现的一种周期性或准周期性的运行状态，导致电路中的电压、电流等某些物理量幅值急剧增大。电力系统中包含许多电感和电容元件，如变压器、互感器、发电机、电抗器、线路导线电感等都是电感元件，输电线路的对地电容及相间电容、无功补偿用的电容器组以及电气设备的杂散电容等都是电容元件。复杂的电感、电容电路可以有一系列的自振频率，而电力系统电源也含有一系列不同频率的谐波，当电力系统进行操作或发生故障时，这些电感、电容元件可能构成一系列不同自振频率的振荡回路，在外加电源的作用下，如果某回路的自振频率与电源的某一谐波频率相等或接近，这个回路就会出现谐振现象，从而导致系统中的某些部分或设备上出现严重的谐振过电压。

谐振是一种稳态现象，可持续很长时间，直到谐振条件被破坏为止。电力系统中的有功负荷是阻尼振荡和限制谐振的有利因素，因此系统只有在空载或轻载的情况下才发生谐振，但如果是由于出现中性点电位偏移，同时零序回路参数又配合不当，那么由此而产生的谐振系统的正序有功负荷是不能起作用的。

电力系统中的电容和电阻元件一般是线性的，而电力系统中的电感元件可能是线性的，也可能是非线性的，还可能是周期性变化的。根据振荡回路中电感元件的特性，谐振可分为线性谐振、铁磁谐振和参数谐振。

谐振回路由不带铁芯的电感元件（如输电线路的电感、变压器的漏感）或励磁特性接近线性的带铁芯的电感元件（如消弧线圈，其铁芯中有气隙）和系统中的电容元件所组成。在正弦电源作用下，系统自振频率与电源频率相等或接近时，可能产生线性谐振。

谐振回路由带铁芯的电感元件（如空载变压器、电压互感器）和系统的电容元件组成。因为铁芯电感元件的饱和现象，使回路的电感参数是非线性的，在满足一定谐振条件时，会产生铁磁谐振，并有许多特有的性质。

由电感参数作周期性变化的电感元件（如凸极发电机的同步电抗在 $X_d \sim X_q$ 间周期性变化）和系统的电容元件（如空载长线）组成回路，当参数配合时，通过电感的周期变化，不断向谐振系统输送能量，将会造成参数谐振过电压。

下面讨论铁磁谐振现象。

一、铁磁谐振的原理

如图 7-13 所示为最简单的串联铁磁谐振电路，$\dot{E}$ 为正弦交流电源的电压相量，$\dot{I}$ 为回路电流相量，$\dot{U}_L$ 和 $\dot{U}_C$ 分别为铁芯电感 L 和电容 C 上的电压相量。如图 7-14 所示为串联铁磁谐振电路的伏安特性，电容 C 的伏安特性 $U_C(I)$ 是一条直线，铁芯电感 L 的伏安特性 $U_L(I)$ 是一条饱和曲线，在起始阶段为一直线，其斜率称为起始感抗 ωL_0。（即在额定电压下的励磁感抗），随着电流的增加，

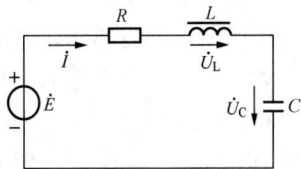

图 7-13　串联铁磁谐振电路

铁芯逐渐饱和,电感值下降,伏安特性不再是直线。

忽略电阻不计,则有如下的电压平衡关系

$$\dot{E} = \dot{U}_L + \dot{U}_C \tag{7-13}$$

因为 $\dot{U}_L$ 和 $\dot{U}_C$ 相位相反,所以有

$$E = |U_L - U_C| = \Delta U \tag{7-14}$$

由图 7-14 可见,在电源电压 E 作用下,图 7-13 所示电路分别有 a、b、c 三个工作点。这三个工作点虽然都满足电压平衡条件,却不一定是稳定的工作点,也就是说这三个工作点不一定都是实际的工作点。

先看一下 a 点,假设有一个小扰动使回路电流增加,工作点从 a 点沿 ΔU 曲线向右偏移,则有 $E < \Delta U$,于是促使电流减小回到 a 点;相反,若有一个小扰动使回路电流减小,那么工作点就从 a 点沿 ΔU

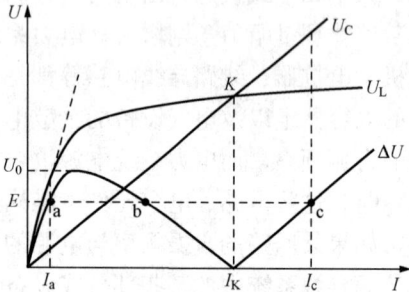

图 7-14　串联铁磁谐振电路的伏安特性

曲线向左偏移,则有 $E > \Delta U$,于是又使电流增加回到 a 点。也就是说,不管小扰动使回路电流增加还是减小,最后工作点还是会回到 a 点。因此 a 点是稳定的工作点。同理可以证明 c 点也是稳定的工作点。再看一下 b 点,若有一个小扰动使回路电流增加,工作点从 b 点沿 ΔU 曲线向右偏移,则有 $E > \Delta U$,于是使电流继续增加,一直到 c 点;若小扰动使回路电流减小,工作点从 b 点沿 ΔU 曲线向左偏移,则有 $E < \Delta U$,于是使电流进一步减小,直到 a 点。因此 b 点是不稳定的工作点,也就是说,回路不可能工作在 b 点。

正常情况下,回路工作在 a 点,此时回路电流 I_a 较小,铁芯电感和电容上的电压都不大,铁芯电感为未饱和时的电感值 L_0,其感抗大于电容的容抗,即

$$\omega L_0 > \frac{1}{\omega C} \tag{7-15}$$

当回路受到足够强烈的冲击扰动(如电源突然合闸、发生故障或故障消除等)时,回路的工作点有可能从 a 点跃变到 c 点。若回路工作在 c 点,电容的容抗大于铁芯电感的感抗(铁芯电感的电感值随着电流的增大因铁芯愈加饱和而不断减小),回路呈电容性,这时不仅回路电流很大,而且铁芯电感和电容上也会有很高的过电压,回路处于谐振状态,这就是铁磁谐振。

二、铁磁谐振的特点

1. 铁磁谐振的必要条件

由上述分析可知,回路正常工作时呈电感性,当受到一个强烈的激发(需要经过过渡过程建立谐振的现象称为铁磁谐振的激发)时,回路电流增大使铁芯电感因饱和而电感值下降,回路跃变成电容性,回路发生铁磁谐振。因此,铁磁谐振的必要条件是式(7-15)成立,即回路铁芯电感未饱和时的感抗大于容抗,回路处于电感性状态。

如果回路正常工作时呈容性,即电容的容抗大于铁芯电感未饱和时的感抗,电容 C 的伏安特性 $U_C(I)$ 和铁芯电感 L 的伏安特性 $U_L(I)$ 没有交点,ΔU 是一条单调增加的曲线,E 和 ΔU 只有一个交点,即非谐振工作点 a,无论如何回路都是不可能发生铁磁谐振的。

铁磁谐振的条件与其他谐振的条件不同,其感抗和容抗相等的情况处于谐振的激发过程

中，这一状态是不稳定的，随着振荡的发展，回路最终将稳定工作在 c 点，因此通常把 c 点称为谐振点。

2. 铁磁谐振的相位反倾现象

回路由正常工作时的感性电路通过激发跃变为铁磁谐振状态时的容性电路，工作点的跃变使回路电流相位发生 180°的变化，即跃变过程中回路电流由感性变为容性，这种现象称为相位反倾现象。

3. 铁磁谐振的激发

在图 7-14 中，当电源电压 $E < U_0$ 时，E 逐渐上升，回路只能处在非谐振的工作点 a。只有当回路经过强烈的冲击扰动，即外激发，回路才能处在谐振的工作点 c。外激发冲击扰动包括系统的突然合闸、发生故障以及故障的消除等，这些可造成铁芯电感两端的短时电压升高、大电流的振荡过程或电感中的涌流现象，一旦激发起来以后，谐振状态可以自保持，维持很长时间不会衰减。

当电源电压 $E > U_0$ 时，电路只有一个稳定的工作点 c，即使没有外界的冲击扰动，也总是工作在谐振状态，这种现象称为自激。

4. 回路电阻损耗的影响

当计算回路电阻 R 时，回路电压的平衡关系为

$$E = \Delta U' = \sqrt{(\Delta U)^2 + (IR)^2}$$

如图 7-15 所示，由于电阻 R 的存在，$\Delta U'$ 曲线与 ΔU 曲线相比有所提升，谐振点从 c 点转移到 c'，谐振时回路电流减小，L、C 两端的过电压有所下降，但通常损耗电阻 R 很小，故下降不多，限制谐振过电压幅值的仍是电感的磁饱和效应。

如果增大 R，当 $I_K R > E$ 时，图中的 K 点高于 E，回路只有一个非谐振工作点 a，就消除了出现铁磁谐振的可能性。

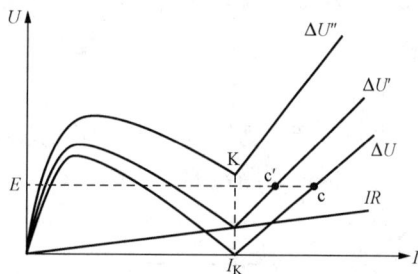

图 7-15　回路电阻的作用

5. 高次与分次谐波铁磁谐振

以上分析的是工频基波铁磁谐振的情况。实际上，由于谐振回路的电感不是常数，回路没有固定的自振频率，除可能出现基波谐振外，还可能出现其他频率的谐振现象。当谐振频率为工频的整数倍时，称为高次谐波谐振；同样回路也可能出现谐振频率等于工频的分数倍的谐振，称为分次谐波谐振。

与工频基波铁磁谐振条件相似，产生第 K 次谐波谐振的条件是回路中的非线性电感的第 K 次谐波未饱和感抗大于第 K 次谐波容抗，即

$$K\omega L_0 > \frac{1}{K\omega C} \tag{7-16}$$

三、电力系统中几种常见的谐振过电压

常见的谐振过电压有传递过电压、断线引起的谐振过电压、电磁式电压互感器饱和引起的谐振过电压等。

1. 传递过电压

在正常运行条件下，中性点绝缘或经消弧线圈接地的电网中，中性点位移电压很小。但

是，当电网中发生不对称接地故障、断路器非全相或不同期操作时，中性点位移电压将显著增大，通过静电耦合和电磁耦合，在变压器的不同绕组之间或相邻的输电线路之间会发生电压传递的现象，这就是传递过电压。若与接在电源中性点的消弧线圈或电压互感器等铁磁元件组成谐振回路，在不利的参数配合下，耦合回路可能产生线性谐振或铁磁谐振传递过电压，危及低压侧电气设备绝缘。同时传递过电压还会在耦合回路造成"虚幻接地"现象，使系统中的电压互感器测到零序电压，并发出接地指示。

为了限制传递过电压，可以采取一些针对性的措施。避免产生零序电压是根本措施，如尽量使断路器三相同期动作，不出现非全相操作。对于 110～220kV 的空载变压器，如其中性点不接地，在操作时应临时接地，并借助三角形连接的低压绕组的作用，可以避免由于非全相动作而在高压侧出现的零序电压。此外，可以采取措施避免回路参数形成谐振，如在低压侧未装消弧线圈和对地电容很小的情况下，低压侧加装对地电容（$0.1\mu F$ 以上）即可限制电容传递过电压。

2. 断线引起的谐振过电压

断线引起的过电压泛指由于导线断落、断路器拒动以及断路器的不同期切合所引起的谐振过电压。电网中出现断线谐振过电压时，将导致在绕组两端和导线对地间出现过电压，负载变压器的相位反倾，中性点位移和虚幻接地，绕组的铁芯发出响声和导线电晕声等，在严重情况下，甚至产生瓷瓶闪络、避雷器爆炸和击毁电气设备的现象。在某些条件下，这种过电压也会传递到绕组的另一侧，造成危害。在 6～35kV 电网中，断线引起的过电压事故是较频繁的。通常，最大的过电压发生在断线相上负载侧，使得该处的绝缘受到威胁、避雷器发生爆炸。

为防止产生断线过电压，应考虑采取如下措施。

（1）保证断路器的三相同期动作，避免发生拒动，不采用熔断器设备。

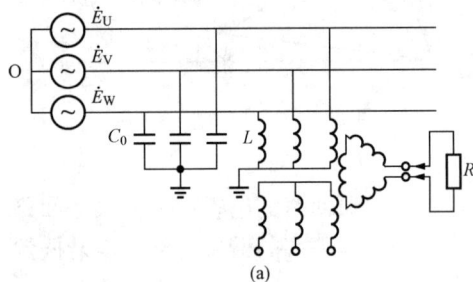

（a）

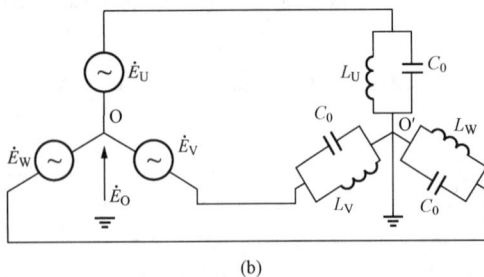

（b）

图 7 - 16　中性点不接地系统带有
Yn 连接电压互感器的三相回路
（a）原理接线；（b）等值电路

（2）加强线路的巡视和检修，避免发生断线。

（3）如断路器操作后发现异常现象，应立即复原和进行检查。

（4）在中性点直接接地的电网中，操作时应将负载变压器的中性点临时接地。必要时可在负载变压器的中性点装设放电间隙。

3. 电磁式电压互感器饱和引起的谐振过电压

在中性点不接地电网中，为了监视三相对地电压及绝缘状况，常在发电机或变电站母线上接有 Yn 接线的电压互感器。于是网络对地参数除了电气设备和导线对地电容 C_0 之外，还有电压互感器的励磁电感 L，如图 7 - 16 所示。正常运行时，电压互感器的励磁阻抗是很大的，$X_L > X_C$，所以线路对地阻抗（L 和 C 并联后的等值阻抗）呈容性，三相基本平衡，电网中性点的位移电压很小，接近为零。当电网中出现某些扰动时，会造成电压互感器电感饱和，由于电压互感器三相饱和程度不等，使得三相对地等值阻抗不再相等，将导致电网中性点有较高的位移电压，还可能激发铁磁谐振过电压。

常见的使电压互感器产生严重饱和的情况有：

（1）电压互感器突然合闸，使其某一相或两相绕组内出现巨大的涌流和磁饱和现象。

（2）由于雷击或其他原因，线路瞬间单相弧光接地，使健全相电压突然升至线电压，以及故障相在接地消失后瞬间恢复至相电压，以致造成暂态励磁电流的急剧增大和铁芯的磁饱和。

（3）传递过电压，例如高压绕组侧发生瞬间的单相接地或不同期切合，低压侧将有传递过电压使电压互感器铁芯饱和。

电磁式电压互感器饱和引起的过电压，有一相或两相电压升高，也可能三相电压同时升高，或引起虚幻接地现象。虽然过电压的形式是多样的，过电压的产生却都是由于在电源中性点出现了位移电压，即工频零序电压。因为电源变压器绕组电势 E_U、E_V 和 E_W 维持不变（它们是由发电机正序电势所决定的），所以整个电网对地电压的变动表现为电源中性点 O 的位移。所以，这种过电压现象又称为电网中性点的位移现象。

由于铁芯的磁饱和会引起电流、电压波形畸变，即产生了谐波，故也可能产生谐波谐振过电压。当线路很长，C_0 很大，或者互感器的励磁电感很大时，可导致回路的自振频率很低，有可能发生分次谐波（通常为 1/2 次）谐振过电压。反之，当线路较短，C_0 很小，或者互感器的励磁电感很小（例如互感器铁芯质量差或电网中多台电压互感器）时，其自振频率很高，就有可能产生高次谐波谐振过电压。两者的表现形式都是三相对地电压同时升高。

实测表明，在 35kV 电网中，基波和高次谐波谐振过电压可达 $3.5U_{phm}$；对于分次谐波谐振来说，由于受到电压互感器铁芯严重饱和的限制，过电压一般不超过 $2U_{phm}$，但励磁电流急剧增大，可高达额定励磁电流的几十倍以上。所以这种谐振过电压可能导致绝缘损坏、避雷器爆炸、高压保险丝熔断，或者造成电压互感器本身损坏。

统计表明，电磁式电压互感器引起的铁磁谐振过电压是中性点不接地系统中最常见、且造成事故最多的一种内部过电压，严重地影响供电安全，必须给予足够的重视。

为了限制和消除这种铁磁谐振过电压，可采用以下措施：

（1）选用励磁特性较好的电压互感器。

（2）在零序回路中接入阻尼电阻。

1）在电压互感器开口三角绕组中短时接入电阻。如图 7-16 所示。

正常运行时，因为没有零序电压，电阻 R 不会消耗能量，有零序电压时，电阻消耗能量，相当于在一次绕组上并联了电阻。电阻越小，阻尼越大。但是考虑到中性点不接地系统通常允许带有单相接地故障运行 2h，因此长时间接入较小的电阻可能会使电压互感器过热而烧毁。为了防止电压互感器过热，可经过电压继电器接入小电阻 R 或采用微机型消谐器，或在开口三角绕组长期接入一定功率的白炽灯泡，利用钨丝电阻在由冷转热状态下电阻变大的性能，既达到消谐目的，又满足互感器热容量的要求。35kV 接入 500～1000W 的灯泡，6～10kV 接入 200～600W 的灯泡。

2）在电压互感器的一次侧中性点接入电阻 R_0 或对地加装消谐阻尼器。

此时电阻 R_0 是串入励磁电感回路的，显然 R_0 数值越大，效果越好。但是 R_0 值也不能太大，否则当系统发生单相接地故障后，会使开口三角绕组的零序电压太低，影响继电保护的正常动作。

（3）增大对地电容。在个别情况下，可在 10kV 及以下的母线上装设一组三相对地电容器，或利用电缆段代替架空线路，以增大对地电容，有利于避免谐振。

（4）采取临时的措施。如特殊情况下，可将系统中性点临时经小电阻接地或直接接地，或投入消弧线圈，也可以按事先规定投入某些线路或设备以改变电路参数，消除谐振过电压。

任务六 工频电压升高

🔊【教学目标】

能够简要分析空载长线路的电容效应、单相接地短路故障、发电机突然甩负荷等引起的工频电压升高的过程，掌握电力系统工频电压升高的特点，掌握在超高压、特高压电网中限制工频电压升高的措施。

🙌【任务描述】

归纳总结工频电压升高的原因与限制措施。

💫【任务实施】

（1）了解工频电压升高的概念与特点。

（2）分别探讨空载长线路的电容效应、单相接地故障和发电机突然甩负荷引起的工频电压升高的过程。

（3）归纳总结工频电压升高的限制措施。

📖【相关知识】

电力系统中在正常运行或故障时可能出现幅值超过最大工作相电压、频率为工频或接近工频的电压升高，统称工频电压升高，或称工频过电压。

一、工频电压升高的特点

（1）工频电压升高倍数不大，本身对正常绝缘的电气设备一般没有威胁。对于 220kV 及以下的电网，一般不需要采取特殊措施限制工频过电压，但对绝缘裕度较小的超高压、远距离传输系统绝缘水平的确定却起着决定性的作用。

（2）工频电压升高大都在空载或轻载条件下发生，常伴随操作过电压，其大小将直接影响操作过电压的幅值。

（3）工频电压升高是决定避雷器工作条件的重要依据。

（4）工频电压升高是不衰减或弱衰减现象，持续时间很长，对设备绝缘及其运行条件有很大影响，是超高压和特高压系统中确定系统绝缘水平的重要因素。我国超高压电网要求母线的暂态工频电压升高不超过工频电压的 1.3 倍，线路侧不超过 1.4 倍，空载变压器允许 1.3 倍工频电压持续 1min。

二、工频电压升高的原因

电力系统中工频电压升高的原因有空载长线路的电容效应、单相接地故障、发电机突然甩负荷等。

1. 空载长线路的电容效应

如图 7 - 17 所示为一条长度为 l 的空载长线，E 和 X_S 分别为系统等值电源的电势和内阻抗，空载长线首端电压相量和电流相量分别 $\dot{U}_1$ 和 $\dot{I}_1$，末端电压相量和电流分别为 $\dot{U}_2$ 和 $\dot{I}_2$，并且有 $\dot{I}_2 = 0$。

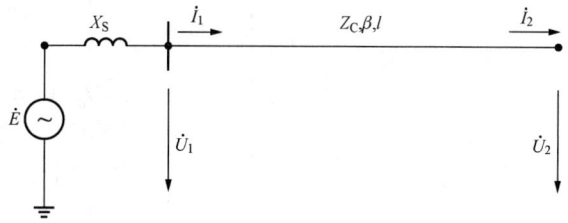

图 7 - 17　空载长线路示意图

如果空载长线路用集中参数表示，其简化等值电路如图 7 - 18（a）所示，R、L 和 C 分别表示导线的电阻、电感和对地电容，其中电阻阻值很小在工频电压作用下，线路的对地总容抗一般远大于导线的感抗，电路中将流过容性电流，则有

$$\dot{U}_1 = \dot{U}_R + \dot{U}_L + \dot{U}_C$$

$$\dot{E} = \dot{U}_S + \dot{U}_R + \dot{U}_L + \dot{U}_C = \dot{U}_S + \dot{U}_1$$

各电压相量如图 7 - 18（b）所示，由于电感和电容上的压降相位相反，且电容上的电压大于电感上电压，因此使得线路对地电容上的电压大于线路首端的电压，也就是说线路末端电压高于线路首端的电压。若考虑等值电源内阻抗，线路首端电压也大于电源电动势。

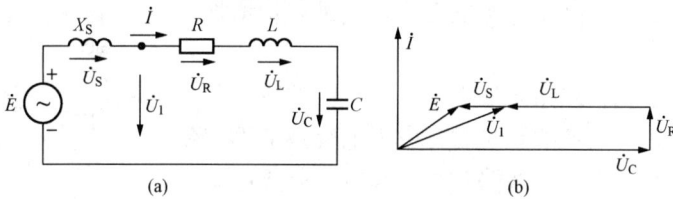

图 7 - 18　空载长线路的电容效应
（a）等值电路；（b）相量图

对于一给定的 R、L、C 串联电路，在正弦交流电作用下，若其参数 R 远远小于容抗和感抗，且容抗大于感抗，此时电路中将流过容性电流，电容上的电压等于电源电势加上电容电流流过电感造成的电压升。这种电容上电压高于电源电势的现象，称为电容效应或容升现象。

如果空载长线用分布参数表示，忽略线路损耗，在工频电压作用下，空载无损耗长线距末端距离为 x 处电压为

$$\dot{U}_x = \dot{U}_2 \cos\beta x \tag{7-17}$$

式中　β——相位系数，在真空或空气中为 $0.06°/\text{km}$，$\beta = \omega\sqrt{L_0 C_0}$；

Z_C——线路波阻抗或特征阻抗，$Z_C = \sqrt{L_0/C_0}$，L_0 和 C_0 分别是单位长度线路电感和电容。

那么长度为 l 的空载无损耗长线路首端电压为

$$\dot{U}_1 = \dot{U}_2 \cos\beta l \tag{7-18}$$

于是，无损耗空载长线路首端电压与末端电压的比值 K_{12} 为

$$K_{12} = \frac{\dot{U}_2}{\dot{U}_1} = \frac{1}{\cos\beta l} \tag{7-19}$$

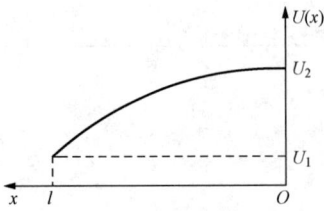
图 7 - 19　空载长线上的电压分布

由公式可知，线路上的电压自首端 U_1 起逐渐上升，沿线按余弦规律分布，线路末端电压 U_2 达到最大值，如图 7 - 19 所示。并且线路越长，末端电压越高，当 $\beta l = 90°$ 时，从线路首端看，相当于发生串联谐振，末端电压趋近于无穷大，此时线路长度为工频的四分之一波长，即 1500km。空载长线路末端电压升高与线路长度的关系如图 7 - 20 和表 7 - 2 所示。

表 7 - 2　　　　　　　　　　　　空载长线路末端电压升高与线路长度的关系

l (km)	200	400	600	900	1200	1500
βl (°)	12	24	36	54	72	90
K_{12}	1.02	1.09	1.24	1.70	3.24	∞

此外，考虑了电源内电抗后，空载线路的电容电流在电源内电抗上也会形成电压升高，而且电源容量越小，内电抗越大，工频电压升高越严重。电源内电抗相当于增加了线路长度，谐振点提前了，如图 7 - 20 中的曲线 2 所示，曲线 1 对应于电源内电抗为零的情形。因此，除了电容效应外，电源内电抗使得线路首端的电压也高于电源电动势，这进一步增加了工频过电压倍数。

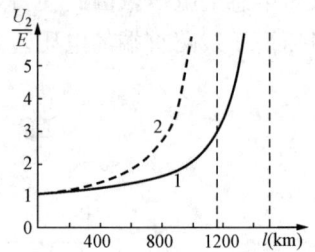
图 7 - 20　空载长线末端电压升高与线路长度的关系

综上所述，当空载长线路末端空载时，首端的输入阻抗为容性，计及电源内感性阻抗的影响时，由于电容效应不仅使线路末端电压高于首端，而且使线路首、末端电压高于电源电动势，这就是系统中的空载长线路的工频电压升高。

2. 不对称短路引起的工频电压升高

不对称短路是输电线路最常见的故障形式，当发生单相或两相接地短路时，会使健全相出现工频电压升高。系统中不对称短路故障以单相接地最为常见，健全相上的工频电压升高也更严重一些。下面就用对称分量法讨论一下单相接地短路引起的工频电压升高。

设系统中 U 相发生单相接地故障，其边界条件为 $\dot{U}_U = 0$、$\dot{I}_V = \dot{I}_W = 0$，其正序、负序、零序分量分别分别用下标（1、2、0）表示，则有

$$\begin{cases} \dot{U}_1 + \dot{U}_2 + \dot{U}_0 = 0 \\ \dot{I}_1 = \dot{I}_2 = \dot{I}_0 \end{cases}$$

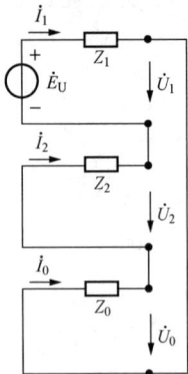
图 7 - 21　单相接地的复合序网

根据上述条件可以画出单相接地短路的复合序网，如图 7 - 21 所示，由此可以得到各序电流和健全相电压为

$$\begin{cases} \dot{I}_1 = \dot{I}_2 = \dot{I}_0 = \dfrac{\dot{E}_U}{Z_1 + Z_2 + Z_0} \\ \dot{U}_V = \dfrac{(a^2 - 1)Z_0 + (a^2 - a)Z_2}{Z_1 + Z_2 + Z_0} \dot{E}_U \\ \dot{U}_W = \dfrac{(a - 1)Z_0 + (a^2 - a)Z_2}{Z_1 + Z_2 + Z_0} \dot{E}_U \end{cases} \quad (7 - 20)$$

式中 Z_1、Z_2、Z_0——从故障点看进去的系统正序阻抗、负序阻抗和零序阻抗;

$\qquad a$——旋转因子,$a = e^{j120°}$;

$\qquad E_U$——正常运行时故障点处 U 相电压。

对于电源容量较大的系统,其内阻抗可近似为零,则 $Z_1 \approx Z_2$,再忽略各序阻抗中的电阻分量,则健全相电压为

$$\begin{cases} \dot{U}_V = \left(-\dfrac{1.5\dfrac{X_0}{X_1}}{2+\dfrac{X_0}{X_1}} - j\dfrac{\sqrt{3}}{2} \right)\dot{E}_U \\[4mm] \dot{U}_W = \left(-\dfrac{1.5\dfrac{X_0}{X_1}}{2+\dfrac{X_0}{X_1}} + j\dfrac{\sqrt{3}}{2} \right)\dot{E}_U \end{cases} \qquad (7\text{-}21)$$

于是健全相电压的大小为

$$U_V = U_W = \sqrt{3}\,\frac{\sqrt{\left(\dfrac{X_0}{X_1}\right)^2 + \dfrac{X_0}{X_1} + 1}}{\dfrac{X_0}{X_1}+2}E_U = KE_U \qquad (7\text{-}22)$$

$$K = \sqrt{3}\,\frac{\sqrt{\left(\dfrac{X_0}{X_1}\right)^2 + \dfrac{X_0}{X_1} + 1}}{\dfrac{X_0}{X_1}+2} \qquad (7\text{-}23)$$

K 是单相接地故障时的接地系数,它表示单相接地故障时,健全相的最高对地工频电压有效值与无故障时对地电压有效值之比,它与故障点向系统看过去的零序电抗与正序电抗的比值 X_0/X_1 有关。

系统中的正序电抗 X_1 包括发电机的次暂态同步电抗、变压器漏抗、线路感抗等,一般是感性的,而系统的零序电抗 X_0 则因系统中性点接地方式之不同有较大的差别。具体讨论如下:

(1)中性点绝缘系统中 X_0 由线路容抗决定,因此是负值,而 X_1 是正值。通常 3~10kV 系统采用这种运行方式,所接线路不会太长,X_0/X_1 值在 $-20\sim0$ 的范围内,单相接地故障时,工频电压升高可达 1.1 倍额定电压。一般不会达到 $X_0/X_1 = -2$ 的状态,但若为了防雷等的需要,三相母线对地接有较大电容时,会使 X_0/X_1 的绝对值降低,应当加以验算,以免造成过高的工频电压升高。

(2)中性点经消弧线圈接地系统,按补偿度可以分为两种情况。欠补偿方式时,X_0 为很大的容抗,$X_0/X_1 \to -\infty$;过补偿方式时,X_0 为很大的感抗,$X_0/X_1 \to +\infty$,单相接地故障时,健全相电压接近额定电压。通常 35~60kV 系统采用这种接地方式。

(3)中性点直接接地系统,X_0 为很小的正值,通常输电线的 $X_0/X_1 \approx 3$,系统中一部分或全部变压器中性点接地,故 $X_0/X_1 \leqslant 3$,称为有效接地。一般 110kV 及以上系统均采用这种运行方式。单相接地故障时,健全相的工频电压升高不大于 1.4 倍相电压,即 0.8 倍额定电压。

3. 发电机突然甩负荷引起的工频电压升高

当输电线路重负荷运行时，断路器因某种原因而突然跳闸甩掉负荷，会在原动机与发电机内引起一系列机电暂态过程，它也是造成工频电压升高的原因之一，通常称为甩负荷效应。

设系统正常运行时，母线电压为 U_1，线路首端负荷电流为 I_{ph}，功率因数角为 φ，若电源等值电抗为 X_S，则发电机电势 E 为

$$E = \sqrt{(U_1 + I_{ph} X_S \sin\varphi)^2 + (I_{ph} X_S \cos\varphi)^2} \qquad (7-24)$$

甩负荷前，若线路输送相当大的有功和感性无功，电源电动势必然高压母线电压，即 $E > U_1$，如图 7-22 所示。发电机因某种原因突然甩负荷后，从电磁过程看，根据磁链不变原理，可简单认为电源暂态电动势 E'_d 维持原来的数值，即 $E'_d = E$。原先负荷的电感电流对发电机主磁通的去磁作用突然消失，而空载线路的电容电流对主磁通起助磁作用，使 E'_d 反而增大，此时电源带空载长线路运行，计及空载长线路的电容效应，则线路首端电压将升高高于电源电动势，长线末端电压升高就更严重了。从机械过程看，甩负荷后发电机转速的增加及自动电压调节器和调速器也会对工频电压升高有影响。甩负荷后，由于调速器和制动设备的惯性，不能立即起到应有的调速效果，导致发电机加速旋转，使电动势及其频率上升，从而使空载线路中的工频电压升高更严重。

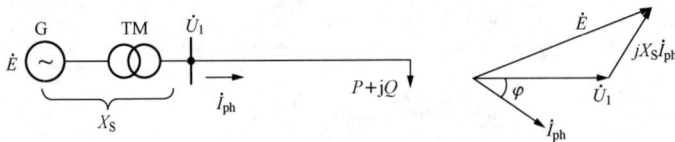

图 7-22　发电机正常带负荷运行示意图

因此，发电机突然甩负荷引起的工频电压升高与甩负荷前线路输送的功率、电源容量（影响内电抗 X_S）、线路的电容效应以及发电机的机电特性有关。

三、限制工频电压升高的措施

当线路一端单相接地甩负荷时，空载线路的电容效应、单相接地故障和突然甩负荷将同时起作用，导致比较严重的工频电压升高。实践运行经验表明，一般情况下，220kV 及以下电网中不需要采取特殊措施来限制工频电压升高。但由于超高压、特高压线路自身容性无功大、输送功率大、线路比较长，使得其工频电压升高比较严重，如果不采取措施或措施不当，其幅值可能超过 $1.8U_{phm}$，将会严重影响系统安全。限制工频电压升高的措施有：

（1）利用并联电抗器补偿空载线路的电容效应。由于电抗器的感性无功功率部分地补偿了线路的容性无功功率，相当于减小了线路长度，降低了末端电压升高。

（2）利用静止补偿器调节系统无功控制系统电压。

（3）采用良导体地线，降低 X_0/X_1 比值，有利于降低单相接地甩负荷引起的工频电压升高。

（4）使用线路两端联动跳闸或过电压继电保护，可以缩短高幅值无故障甩负荷工频电压升高的持续时间。

（5）加强电网联系，选择合理的电网结构（如装开关将长线分段）和运行方式。

（6）使用氧化锌避雷器限制短时高幅值工频电压升高。

项 目 小 结

本项目通过六个学习任务讨论了电力系统内部过电压的基本概念,简单分析了几种常见的操作过电压、铁磁谐振过电压和工频电压升高的产生原因及其过程,找出影响它们的因素,总结归纳出限制它们的措施。

常见的操作过电压有合空载线路过电压、切除空载线路过电压、切除空载变压器过电压和电弧接地过电压等。合空载线路过电压是由于合闸瞬间电源电压与线路残余电压不同造成的,切除空载线路过电压是由于断路器触头间电弧重燃引起的,切除空载变压器过电压是由于断路器的截流造成的,非直接接地系统中的电弧接地过电压是由于间歇性的接地电弧而引起的,在不同电压等级电网中所占的地位也不同。在中性点非直接接地系统中起主导作用的是电弧接地过电压,110～220kV 电网起主导作用的是切空载变压器和切除空载线路过电压,在超高压电网起主导作用的是合空载线路过电压,虽然引起这些过电压的原因各异,但都会导致较高的操作过电压,应该采用措施予以限制。

因操作或故障等各种原因引起的传递过电压、电磁式电压互感器饱和、断线过电压等都可能导致系统发生铁磁谐振,产生铁磁谐振过电压,危害很大,必须采取措施消除。

工频电压升高虽然幅值不大,但往往伴随着操作过电压,对于超高压、特高压电网应给予高度重视。

思 考 题

7-1 电力系统过电压一般可分为哪些种类?它们各有什么特点?

7-2 什么是内部过电压倍数?

7-3 计划性合闸过电压与重合闸过电压有什么不同?

7-4 请分别说明合闸空载线路过电压、切除空载线路过电压、切除空载变压器过电压、电弧接地过电压产生的原因、影响因素和限制措施。

7-5 电力系统中的谐振有哪几种?铁磁谐振的条件是什么?

7-6 什么是相位反倾?铁磁谐振的特点有哪些?

7-7 什么是工频电压升高?有什么特点?引起工频电压升高的原因有哪些?

7-8 限制工频电压升高的措施有哪些?

项目八

电力安全管理

【项目描述】

本项目通过五个任务模块的讲解，系统地介绍了电力系统安全性评价的作用、特点及实施步骤；讲述了电力事故的分类、事故的调查与分析、事故的统计与报告等知识点；详细介绍了电网企业班组安全管理的特点和内容。通过引导学生开展电气安全用具的安全性评价、事故案例调查分析与统计、开展班前会等实践操作，让学生牢固掌握安全性评价的具体方法，能够界定电力安全事故的类别，能够掌握事故调查、分析、统计与报告的方法和程序，掌握班组安全管理的内容。

【教学目标】

（1）了解电力系统安全性评价的内容，掌握安全性评价的方法步骤并能对电气安全用具开展评价。

（2）能够界定电力安全事故类别。

（3）掌握电力安全事故调查、分析、统计与报告的流程和方法。

（4）能根据电力事故案例组织开展事故调查、分析与统计，能叙述出事故的报告程序。

（5）掌握班组安全管理的基本内容。

【教学环境】

要求有教学实训场地，场地配备有一定数量的各类常用电气安全用具（验电器、绝缘棒、绝缘手套、绝缘靴、安全帽、安全带、安全绳、脚扣等），存放安全用具的场所的温湿度等环境要符合安全用具的保管要求；安装有配电变压器、跌落式熔断器等设备的 10kV 配电变压器台架及线路；要有能上互联网的教学计算机供学生上网检索电力安全事故案例报告与《电力安全事故应急处置和调查处理条例》等法律法规。

任务一　电力系统的安全性评价

【教学目标】

（1）了解安全性评价的作用、特点以及内容。

（2）掌握安全性评价的具体方法。

（3）熟悉安全性评价的步骤并开展电气安全用具的自评价。

【任务描述】

本任务介绍了安全性评价的主要内容，包含安全性评价概念、定性安全性评价、定量安全性评价等内容。通过开展电气安全用具的自评价熟悉安全性评价的步骤及掌握其方法。

【任务实施】

对学校实训教室（工厂）或学生实习班组配置的电气安全用具开展自评价。

一、工作准备

对照安全性评价的步骤将学生分成若干个评价小组并进行任务分工，收集评价所需的资料，对照评价标准开展安全用具的自我查评。

二、电气安全用具评价标准

运用逐项赋值法对电气安全用具进行的安全性评价检查表见表 8-1。

表 8-1　　　　　　　　　　电气安全用具安全性评价

序号	评价项目	标准分	查证方法	评分标准及方法	负责人	检查情况	备注
	电气安全用具	50					
1	绝缘杆、绝缘手套、绝缘靴、验电器等是否符合安全要求	15	按照清册全数查评，根据评价检查表判定是否合格	（1）无清册或实际不符合扣15分 （2）按评价检查表一件不合格扣7.5分，两件及以上不合格扣15分 （3）保管负责人不落实；存放处不干燥通风、未张挂（贴）试验周期表或试验周期表所登记的数据与实际不相符；与其他材料混放等一般问题每处扣1分；三处及以上扣3分			
2	携带型短路接地线是否符合安全要求，存放位置与编号是否对应，编号是否醒目；变电站模拟图板标示、工作票（操作票）、装设地点三处是否一致；是否经过热稳定核验。接地线（刀）是否有挂接（合）、拆除（断）专用记录	15	现场检查，是否合格按评价检查表判定；查阅热稳定校验计算报告	（1）发现现场、两票、模拟图板不对应或该挂而未挂地线或未经热稳定校验扣15分 （2）热稳定校验结果不准确扣15分 （3）无接地线（刀）挂接（合）、拆除（断）专用记录扣15分 （4）按评价检查表任一件不符合要求扣15分 （5）编号及注明电压模糊可见；接地线护层材料不够柔韧；接地操作棒握手部分和工作部分交接处无护环或明显标志；未按规定对接地线作成组直流电阻试验及操作棒的工频耐压试验等，一件不符合要求扣1分，三件以上扣3分			

续表

序号	评价项目	标准分	查证方法	评分标准及方法	负责人	检查情况	备注
3	运行人员是否掌握并正确使用安全用具	10	对运行人员单独考查，是否合格按评价检查表判定	(1) 按评价检查表考查：1人不完全掌握扣5分，2人及以上扣10分 (2) 现场发现不按规定使用电气安全用具或使用方法不正确，1人扣5分，2人次及以上扣10分 (3) 经提示后才能正确回答，1人扣1分，2人及以上扣2分			
4	电气安全用具是否从经过省级及以上鉴定的生产厂家购置，安全监督部门对购置的产品是否审查和把关；定期检查和试验责任制是否落实到位	10	现场检查，听取汇报，检查班组责任制文本	(1) 购置未经鉴定产品；安全监督对购置的安全用具不审查把关；定期检查和试验责任制不落实扣10分 (2) 安全监督对购置安全用具审查把关只停留于口头上，未履行任何手续；试验部门试验后未出具试验报告、试验报告内容填报不完整、试验漏项等一般问题每处扣1分，两处及以上扣2分			

📖 【相关知识】

安全性评价最早源于风险评估概念，其目的是评估有关项目或工业投资的各种安全、卫生、环境方面所有可能发生的危险和危害，其方法是参考已经发生的意外事故，利用统计和计算来评价风险。经过几十年的发展，很多国家根据自己的国情形成了各种风险评估的理论、方法和应用技术，制订了用于风险评估和危险辨识的法规和标准。我国电网企业从20世纪90年代初开始借鉴国外风险评估等现代安全管理办法，在安全性评价方面进行了有意义的探索。

安全性评价是指综合运用安全系统工程的方法对系统的安全性进行度量和预测，通过对系统存在的危险性进行定性和定量的分析，确认系统发生危险的可能性及严重程度，提出必要的措施，以求达到最低的事故率、最小的事故损失和最优的安全投资效益。

安全性评价是对一个企业或系统安全工作现状和水平进行科学、全面诊断的有效手段，是企业消除事故隐患、消灭违章现象、提高安全管理水平的有效方法，是企业搞好安全工作的前提和基础。

一、安全性评价的作用

安全性评价工作起到的作用，主要体现在以下七个方面：

(1) 通过评价诊断，对企业的生产设备状况、技术管理和安全管理所存在的问题进行客观、真实的评价，使企业掌握安全生产的薄弱环节和事故隐患，了解其危险程度，起到预知事故的作用。

(2) 使企业各级领导和员工发现和掌握过去不易发现、或习以为常的不安全因素，克服自满情绪，消除麻痹思想，从思想上重视安全。

（3）为企业领导层提供准确的安全基础信息，如企业在哪些方面安全基础比较薄弱、严重程度如何、哪些方面发生特、重大事故和恶性频发事故的危险性比较大，以及需要采取什么整改措施等，使企业领导对安全现状做到心中有数，为生产决策和安全投入提供有力依据。

（4）通过整改，推动各项规章制度和反事故措施的落实，使企业进一步巩固安全基础，减少事故发生，提高企业安全生产水平。

（5）通过评价，使企业安全管理规范化、标准化、科学化，提高安全管理的整体水平。

（6）安全性评价对于企业管理层和员工是一次深入的安全教育和业务培训。在评价过程中，工作组的成员深入到各基层单位和部门，进行培训、检查和指导工作，同时回答基层管理人员和班组成员提出的各种疑难问题。安全性评价也是一个严格诊断和检验的过程，是员工进一步熟悉设备系统、规章制度、技术标准的好方式，有助于提高员工的安全意识、自我保护能力和业务水平。

（7）安全性评价是一项系统工程，企业通过自查、整改、专家评价、再整改、复查、巩固、新一轮评价等不同环节形成一套企业自我约束、持续改进的安全机制。企业自觉定期开展安全性评价，将不断强化安全基础，超前控制事故的发生。

二、安全性评价的特点

安全性评价的特点主要有以下六个方面：

（1）所评价的对象是运行中的系统，是企业现存的处在变化中的危险因素。这些因素不论是主观还是客观原因形成的，只要查评时仍然存在，就要列入评价范围。过去曾经存在、而查评时已经消除的危险因素，则不在评价范围之内。安全性评价着眼于夯实安全基础，而不是评比考核或工作总结。

（2）安全性评价针对可能引发重大、特大设备损坏事故、人身伤亡事故和恶性、频发性事故进行定性和定量的评价。其主要目的就是控制和预防事故的发生。与传统的偏重事后分析处理的安全管理模式不同，安全性评价的重点是对不安全事件提前预防，尽早发现隐患，有效控制不安全事件，防患于未然。

（3）与一些评价体系多偏重于职业安全卫生和环境比较，安全性评价不仅包括人身，还包括设备、环境、管理等方面，这样更能全面反映企业的安全基础水平。

（4）安全性评价的着眼点是安全基础而不是事故概率。

（5）安全性评价的形式是企业自我查评与专家评价相结合。

（6）评价的方法是以国家和企业的安全规程为依据进行综合评价。在安全性评价范围内，用评分法进行量化，定性和定量相结合，文字说明和数字分析相结合，用一种相对得分率（安全基础指数）来衡量某个评价对象的安全性（危险性）。

三、安全性评价的内容

安全性评价的内容一般包括三大部分，即设备系统、劳动安全与作业环境、安全管理，主要考虑的评价因素有以下八个方面：

（1）生产设备是否符合安全条件。

（2）生产工具、机具是否符合安全条件。

（3）上级颁发的反事故措施是否落实。

（4）生产设备、工机具管理水平。

（5）安全生产主要规章制度建立、健全和贯彻执行情况。

（6）人员技术素质是否符合安全要求。

（7）作业环境是否符合安全条件。

（8）重大自然灾害抗灾、减灾措施落实情况。

四、安全性评价的具体方法

安全性评价方法按指标量化的程度，可分为定性安全评价和定量安全评价。定性安全评价能够找出系统的危险性，估计出危险的程度；而定量安全评价可以计算出事故发生概率和损失率。

1. 定性安全性评价

定性安全性评价是指对系统、子系统存在的所有危险因素进行辨识，并对其严重程度进行分级，给予初步的量化，最后得到子系统和系统危险性严重程度的方法。定性安全性评价不需要精确的数据和计算，它不能确定系统的事故概率，但运用广泛。其具体方法有：逐项赋值评价法和单项加权计分法。

（1）逐项赋值评价法。针对安全检查表中的每一项检查内容，按其重要程度的不同，由专家讨论赋予一定的分数值。评价时，单项检查完全合格者给满分，部分合格者按规定的标准给分，完全不合格者给零分。这样逐条逐项地检查评分，最后累计所有各项得分，便得到系统评价的总分。根据实际得分多少，按规定的标准来确定评价系统的安全等级，以及应采取的安全措施。

（2）单项加权计分法。这种评价记值方法是把安全评价所要评价的所有项目，均按统一记分体系分别评价记分，如10分制或100分制等，并按照各项目对总体安全评价的重要程度，分别赋予相应的权重系数（各评价项目权重系数之和为1）。按各项目评价所得的分值，分别乘以各自的权重系数并求和，就可得到安全评价的结果值，即

$$M = \sum_{i=1}^{n} k_i m_i \tag{8-1}$$

式中　　M——安全评价的结果值；

　　　　k_i——某一评价项目的权重系数；

　　　　m_i——某一评价项目的实际评价测量值；

　　　　n——评价项目数。

依据实际要求，在最高目标值（n 项都为满分时的 M 值 M_{max}）与最低目标值（n 项都为零时的 M 值 M_{min}）之间分成若干等级，根据实际的 M 值所属的等级来确定系统的实际安全等级。

2. 定量安全性评价

定量安全性评价是指利用数学的方法，求出系统事故发生的概率，进而将计算出的风险率与预定的安全指标进行比较，最终评价出系统是否安全。定量安全性评价较常见的一种方法称为概率危险评价方法，该法需要使用累积的故障或危险因素数据，计算出发生故障或事故的概率，并计算出事故的后果，进而计算出风险率。该风险率与社会允许的安全值进行比较，评价系统是否安全。

我国开展安全性评价较晚，基础数据的积累不够充分，因此该法在我国的使用范围受到一定影响。电网企业可使用一种类似概率危险评价的方法，即作业条件危险性评价法，来进

行定量安全性评价。

作业条件危险性计算公式为

$$危险性 = LEC \qquad (8-2)$$

式中　L——发生事故的可能性；

　　　E——作业人员暴露于危险环境的频度；

　　　C——危险严重程度。

在评价实践中，L 的取值范围一般为 $0\sim10$；E 一般为 $0\sim10$；C 一般为 $1\sim100$。

（1）发生事故可能性的取值范围 L，可从 $10\sim0.1$ 酌情逐级递减：①完全可以预料将会发生的事故；②非常有可能发生的事故；③不经常发生、但有可能发生的事故；④很少发生的事故；⑤极不可能发生的事故；⑥实际上根本不可能发生的事故。

（2）作业人员暴露于危险环境的频度的取值范围 E，可从 $10\sim0.1$ 酌情逐级递减：①持续暴露于危险环境中；②每天在工作时间都会暴露在危险环境中；③每天一次暴露于危险环境中；④每周一次或偶然暴露于危险环境中；⑤每年几次出现在危险环境中；⑥几乎没有机会暴露于危险环境。

（3）危险严重程度的取值范围 C，可从 $100\sim1$ 酌情逐级递减：①致使大电网瓦解或多人死亡的特大电网、设备事故；②致使大面积停电或人身死亡的重大电网、设备事故；③致使主设备损坏、人身死亡或多人重伤的重大事故；④致使运行或施工设备损坏、致使人员伤残的严重事故；⑤一般、轻伤、致使病假事故；⑥引人注意、微伤、仅需治疗的事故。

五、安全性评价的步骤

安全性评价的目的是夯实企业安全生产基础，提高安全生产水平，因此，必须实施有效的步骤，以达到最佳的评价效果。

1. 健全组织，合理分工

（1）建立健全安全性评价组织机构。建立健全安全性评价组织机构是开展好安全性评价工作的重要保证。安全性评价工作涉及企业安全生产活动的方方面面，如何协调好部门之间、专业之间等多方面的关系尤其重要。只有建立健全组织机构，加强协调指导，才能保证企业安全性评价工作的健康和深入开展。

一般来说，企业应建立健全如下安全性评价组织机构：①安全性评价领导小组；②安全性评价办公室；③安全性评价专业小组。

（2）安全性评价内容的分工。一般是生产设备由生产技术部门负责，劳动安全和作业环境、安全管理由安全监督部门负责。安全性评价内容的合理分工是落实安全性评价专业责任的前提。

2. 安全性评价项目的分解

对安全性评价项目进行分解的目的，是将安全性评价中的评价项目落实到企业的各个职能部门、生产车间、二级机构、班组，为安全性评价的项目自我查评工作做好准备。

评价项目分解时要按照层层分解、细致分解、完全分解和分解到人的原则进行。项目分解要做到完全和准确，应遵循以下方法步骤：

（1）实行逐级分解。按照安全性评价的项目层层分解，并落实责任人。

（2）核查反馈。评价项目分解到单位和个人后，应进行核查和反馈，及时分析论证，看有无漏项或不妥之处，发现问题及时纠正。

（3）按照分解的项目，学习掌握评价标准和依据，为准确查评做好准备。

3. 设备统计分类及资料收集

设备统计分类及资料收集是安全性评价必须完成的准备工作，其目的是在开展安全性评价之前，将需要评价的生产设备的规格、台数、生产厂家等进行统计，对评价的生产设备的技术说明、大修报告、维护记录、试验数据等资料进行收集整理，为正式开展查评工作做好充分的准备。

（1）设备统计分类。设备统计分类是指对评价的生产设备的规格型号、台套数、生产厂家等进行统计和分类，并将统计和分类的结果按照要求规范地填写在表格中。设备统计及分类应满足下列要求：①各类生产设备的数量；②是否是同厂同规格产品；③评价的设备属于几类设备；④对各类生产设备的数量（台、件）注册求和；⑤分清是主设备还是附属设备或是其他设备。

（2）设备资料的收集。生产设备资料应包括设备的技术说明书、设备的产品合格证、设备大修报告、设备维修报告、设备的试验数据、设备缺陷记录等。收集的设备资料应满足下列要求：①必须是原始资料；②资料要完整全面，不能缺漏；③数据要可靠准确。

4. 各类工器具统计分类及资料收集

各类工器具统计分类及资料收集的目的是在开展安全性评价之前，根据评价项目将需要评价的各类工器具的规格、台数、厂家等进行统计，对评价的各类工器具的技术说明、检修报告、维护记录、试验数据等资料进行收集整理，为查评工作做好准备。

（1）各类工器具的统计分类。各类工器具的统计分类是指对评价的各类工器具的规格型号、台套数、生产厂家等，按照电气安全器具类、机械安全器具类、其他安全器具类等进行统计和分类，并将统计和分类的结果按照要求规范地填写在表格中。工器具的统计和分类应满足下列要求：①各类安全工器具的数量（台、套）各有多少，共有多少；②是否属于同厂、同规格产品；③各类工器具是否属于国家、省级指定的厂家生产，有无入网证等证书。

（2）资料收集。各类工器具的资料应包括技术说明书、产品合格证、检修报告、维修报告、试验报告、缺陷记录等。收集的安全工器具资料应满足下列要求：①资料要完整全面，不能短缺；②数据要可靠准确；③必须是原始资料。

5. 安全管理资料的准备

安全管理资料收集的内容包括：上级颁发的安全生产文件、规定、标准、责任制度等资料，以及这些文件、规定、标准、制度的贯彻落实情况。例如：安全活动记录、安全分析会记录、安全网例会记录、"两措"计划和管理办法及检查考核记录、责任制度、培训制度、防火制度、特种作业持证上岗资料等。安全管理资料的收集准备同样要求完整、可靠，必须是原始记录。

6. 对照标准进行自我查评

自我查评也称自我诊断，是安全性评价工作的关键环节，也是安全性评价工作的重要实施步骤。

自我查评时通过查阅大量的历史资料、到现场观察检测、试验等手段发现问题。查评要由企业各级逐级自检自查并填表，制订整改措施。然后由企业汇总，组织企业专家查评，对查评出的问题进行分析总结，写出专家评价报告和评价工作报告。

7. 制订整改措施

安全性评价的最终目的是对系统存在的危险性进行定性和定量的分析，确认系统发生危险的可能性及其严重程度，提出有针对性的整改措施，以防止事故的发生。因此，制订整改措施是安全性评价工作的落脚点。

（1）一般性问题，边查边改。在安全性评价过程中，对发现的一般性问题在找出原因之后应及时整改，这是常用的整改方法，好处是能及时消除事故隐患，直接体现安全性评价的目的。

（2）制订整改措施。企业在查评中，对发现的重大隐患必须制订整改措施，落实项目、责任人和整改时间。对企业确实解决不了的重大隐患，应提出专题报告，报上级主管部门。

8. 综合自查报表的编制和汇总

综合自查报表是企业安全性评价查评结果的文字记录，综合自查报表编制和填写必须严肃认真，报表须经各级评价小组专业人员的审核及签章。

9. 提出安全性评价验收申请报告

企业在开展安全性评价工作中，经过培训提高、项目分解、自我查评、企业专家评审、措施整改等几个阶段后，达到和满足了安全性评价工作的标准和条件，经过安全性评价领导小组研究，可以向上级主管部门提出书面验收申请。申请报告应以文件形式上报，申请报告要简述开展安全性评价工作的经过、取得的成果和申请理由，并附如下有关资料：

（1）安全性评价专业分析报告。

（2）安全性评价工作报告。

（3）安全性评价结果明细表。

（4）安全性评价总评表。

（5）安全性评价查扣分记录。

（6）安全性评价项目检查发现问题及整改措施。

（7）安全性评价项目检查发现重大问题及整改措施或专题报告。

六、安全性评价评审及复查

1. 专家评审工作

专家评审分为企业专家评审和上级专家评审。一般是专家分专业进行评审，提出专业评审意见，综合汇总成为安全性评价专业报告或意见。

企业专家应将评价意见形成安全性评价专业分析总结报告。上级专家形成评价意见后需召开一定规模的专业会议，向企业通报评价意见，企业根据上级专家的意见制订整改措施，组织整改。

供电企业一般分为变电、送电、配电、调度（电网、通信）、继电保护和自动装置（直流）、劳动安全和作业环境、安全管理等专业组。

各专业组应按查评项目明确分工，不能漏项。每个成员既要认真查评个人负责的项目，又要积极参加专业项目的查评，互相配合，积极协作。

专家在查评后需提出评价意见。评价意见是上级专家在完成对企业的查评工作后形成的权威性、结论性意见。评价意见的内容包括简要查评过程，管理工作中值得肯定的有推广意义的好做法，各专业存在的问题，评价结论。

企业可根据专家通报的意见制订整改措施，立即着手整改。

2. 安全性评价资料归档工作

档案是人们从事各项活动的历史记录，是重要的信息资源。企业档案是企业管理的重要基础工作。

（1）评价文件归档。开展安全性评价工作，会有很多文件。应收集整理，及时移交档案管理部门立卷归档。

（2）查评资料归档。查评资料是在安全性评价过程中产生的资料。例如，生产设备、劳动安全和作业环境、安全管理的查评而形成的资料。这些资料包括安全性评价工作报告、安全性评价专业分析报告，安全性评价结果明细表、安全性评价总评表、安全性评价扣分记录、安全性评价项目检查发现问题及整改措施等。企业每次安全性评价工作结束后，都应及时将评价资料归档。

（3）上级专家评审资料归档。对专家查评资料，企业应及时移交给科技档案部门。应归档的查证资料有：

1）专家组名单。

2）安全性评价总评表。

3）安全性评价项目检查发现问题及整改措施。

4）安全性评价结果明细表。

5）安全性评价的查评意见及建议。

3. 安全性评价的复查评价

企业应每年结合春、秋检查开展安全性评价工作。安全性评价一般以三年为一个循环周期，即第一年企业自我评价并申请上级专家评价，第二年整改及上级专家复查，第三年巩固提高，然后开展新一轮的评价。

（1）复查是指上级专家的复查。复查的专家一般应是参加评价的专家，目的是保证评价工作的连贯性。

（2）复查时，专家人数可少于评价时的专家人数。

（3）复查程序和评价时基本相同，但复查以查评整改情况为重点，不放过新的危险因素。

安全性评价工作的实践表明：评价工作不能一劳永逸。企业应重视复查评价，通过发现新的危险因素和不断地整改，消除引发事故的隐患，达到稳固安全生产基础、实现安全生产的目的。

任务二　电力事故及其分类

【教学目标】

（1）能够界定电力安全事故类别。

（2）能根据发生的某电力安全事故，对事故原因进行分析、查找违章行为、提出防范措施。

【任务描述】

通过对发生电力作业事故的原因分析和防范措施的制订，牢固树立安全责任意识，强化遵守安全工作规程的能动性，通过对典型习惯性违章案例的分析强化安全工作意识。

✥【任务实施】

对某电力安装公司员工因不正确验电造成人身死亡的事故原因进行分析，说明事故类别及等级并分析存在的违章行为。

一、事故背景资料

1999 年 10 月 28 日 9 时 10 分某电力安装公司工程一班在施工过程中，由于停电申请书的停电范围填报错误，致使施工现场的工作地段仍带电。班员章某在验明线路确无电压后（事后检验该验电器自检时正常，到带电设备上试验时是坏的不响也不闪。）将验电器递回，监护人（工作负责人）黄某收回验电器，准备取接地线时，听见杆上有电弧声，抬头已看见章某下坠，现场人员立即对章某施行心肺复苏法急救后马上就近送市中医院抢救。在途中仍用心肺复苏法不停抢救，之后章某经抢救无效死亡。

二、事故分析

（1）分析事故类别及事故等级。

（2）分析事故暴露出来的主要问题、违章行为等违反规程的相关条款。

三、防范措施

（1）应吸取的事故教训。

（2）针对事故采取的预防措施。

▥【相关知识】

依据国务院第 599 号令《电力安全事故应急处置和调查处理条例》等国家相关法规释义：在电力生产中发生的电力事故主要包括电力人身伤亡事故、电力生产或者电网运行过程中发生的发电设备或者输变电设备损坏造成直接经济损失的事故、电力生产或者电网运行过程中发生的影响电力系统安全稳定运行或者电力（或热力）正常供应的事故三个类型。

一、电力安全事故的类别

（一）电力生产人身事故

1. 电力生产人身事故的划分

电力企业发生有下列情形之一的人身伤亡，为电力生产人身事故：

（1）员工从事与电力生产有关的工作过程中，发生人身伤亡的（含生产性急性中毒造成的人身伤亡，下同）。

（2）员工从事与电力生产有关的工作过程中，发生本企业负有同等以上责任的交通事故，造成人身伤亡的。

（3）在电力生产区域内，外单位人员从事与电力生产有关的工作过程中，发生本企业负有责任的人身伤亡的。

2. 电力生产人身事故的等级划分和标准

按国家有关规定，电力生产人身事故的等级划分和标准如下：

（1）特别重大人身事故。一次事故造成 30 人及以上死亡，或者 100 人及以上重伤的事故（包括急性工业中毒，下同）。

（2）重大人身事故。一次事故造成 10～29 人死亡，或者 50～99 人重伤的事故。

（3）较大人身事故。一次事故造成 3～9 人死亡，或者 10～49 人重伤的事故。

（4）一般人身事故。一次事故造成 1～2 人死亡，或者 1～9 人重伤的事故。

（二）电网事故

电网事故分为特别重大电网事故、重大电网事故、较大电网事故和一般电网事故。

1. 特别重大电网事故

电网发生有下列情形之一的，为特别重大电网事故：

（1）区域性电网减供负荷 30％以上。

（2）电网负荷 20000MW 以上的省、自治区电网减供负荷 30％以上。

（3）电网负荷 5000MW 以上 20000MW 以下的省、自治区电网减供负荷 40％以上。

（4）直辖市电网减供负荷 50％以上，或者 60％以上供电用户停电。

（5）电网负荷 2000MW 以上的省、自治区人民政府所在地城市电网减供负荷 60％以上，或者 70％以上供电用户停电。

2. 重大电网事故

电网发生有下列情形之一的，为重大电网事故：

（1）区域性电网减供负荷 10％以上 30％以下。

（2）电网负荷 20000MW 以上的省、自治区电网减供负荷 13％以上 30％以下。

（3）电网负荷 5000MW 以上 20000MW 以下的省、自治区电网减供负荷 16％以上 40％以下。

（4）电网负荷 1000MW 以上 5000MW 以下的省、自治区电网减供负荷 50％以上。

（5）直辖市电网减供负荷 20％以上 50％以下，或者 30％以上 60％以下供电用户停电。

（6）电网负荷 2000MW 以上的省、自治区人民政府所在地城市电网减供负荷 40％以上 60％以下，或者 50％以上 70％以下供电用户停电。

（7）电网负荷 2000MW 以下的省、自治区人民政府所在地城市电网减供负荷 40％以上，或者 50％以上供电用户停电。

（8）电网负荷 600MW 以上的其他设区的市电网减供负荷 60％以上，或者 70％以上供电用户停电。

3. 较大电网事故

电网发生有下列情形之一的，为较大电网事故：

（1）区域性电网减供负荷 7％以上 10％以下。

（2）电网负荷 20000MW 以上的省、自治区电网减供负荷 10％以上 13％以下。

（3）电网负荷 5000MW 以上 20000MW 以下的省、自治区电网减供负荷 12％以上 16％以下。

（4）电网负荷 1000MW 以上 5000MW 以下的省、自治区电网减供负荷 20％以上 50％以下。

（5）电网负荷 1000MW 以下的省、自治区电网减供负荷 40％以上。

（6）直辖市电网减供负荷 10％以上 20％以下，或者 15％以上 30％以下供电用户停电。

（7）省、自治区人民政府所在地城市电网减供负荷 20％以上 40％以下，或者 30％以上 50％以下供电用户停电。

（8）电网负荷 600MW 以上的其他设区的市电网减供负荷 40％以上 60％以下，或者 50％以上 70％以下供电用户停电。

（9）电网负荷 600MW 以下的其他设区的市电网减供负荷 40％以上，或者 50％以上供电用户停电。

（10）电网负荷 150MW 以上的县级市电网减供负荷 60％以上，或者 70％以上供电用户停电。

（11）发电厂或者 220kV 以上变电站因安全故障造成全厂（站）对外停电，导致周边电压监视控制点电压低于调度机构规定的电压曲线值 20％并且持续时间 30min 以上，或者导致周边电压监视控制点电压低于调度机构规定的电压曲线值 10％并且持续时间 1h 以上。

（12）发电机组因安全故障停止运行超过行业标准规定的大修时间两周，并导致电网减供负荷。

（13）供热机组装机容量 200MW 以上的热电厂，在当地人民政府规定的采暖期内同时发生两台以上供热机组因安全故障停止运行，造成全厂对外停止供热并且持续时间 48h 以上。

4. 一般电网事故

电网发生有下列情形之一的，为较大电网事故：

（1）区域性电网减供负荷 4％以上 7％以下。

（2）电网负荷 20000MW 以上的省、自治区电网减供负荷 5％以上 10％以下。

（3）电网负荷 5000MW 以上 20000MW 以下的省、自治区电网减供负荷 6％以上 12％以下。

（4）电网负荷 1000MW 以上 5000MW 以下的省、自治区电网减供负荷 10％以上 20％以下。

（5）电网负荷 1000MW 以下的省、自治区电网减供负荷 25％以上 40％以下。

（6）直辖市电网减供负荷 5％以上 10％以下，或者 10％以上 15％以下供电用户停电。

（7）省、自治区人民政府所在地城市电网减供负荷 10％以上 20％以下，或者 15％以上 30％以下供电用户停电。

（8）其他设区的市电网减供负荷 20％以上 40％以下，或者 30％以上 50％以下供电用户停电。

（9）电网负荷 150MW 以上的县级市电网减供负荷 40％以上 60％以下，或者 50％以上 70％以下供电用户停电。

（10）电网负荷 150MW 以下的县级市电网减供负荷 40％以上，或者 50％以上供电用户停电。

（11）发电厂或者 220kV 以上变电站因安全故障造成全厂（站）对外停电，导致周边电压监视控制点电压低于调度机构规定的电压曲线值 5％以上 10％以下并且持续时间 2h 以上。

（12）发电机组因安全故障停止运行超过行业标准规定的小修时间两周，并导致电网减供负荷。

（13）供热机组装机容量 200MW 以上的热电厂，在当地人民政府规定的采暖期内同时发生两台以上供热机组因安全故障停止运行，造成全厂对外停止供热并且持续时间 24h 以上。

（三）电力生产设备事故

电力企业发生设备、设施、施工机械、运输工具损坏，造成直接经济损失超过规定数额的，为电力生产设备事故。电力生产设备事故的等级划分和标准如下：

（1）重大设备事故。

1）对于装机容量 400MW 以上的发电厂，一次事故造成两台以上机组非计划停运，并造成全厂对外停电的。

2）对于电网企业，电力设备（包括设施，下同）损坏，直接经济损失达 1000 万元者或生产设备、厂区建筑发生火灾，直接经济损失达到 100 万元者。

（2）一般设备事故。

1）发电厂两台以上机组非计划停运，并造成全厂对外停电的。

2）发电厂升压站 110kV 以上任一电压等级母线全停的。

3）发电厂 200MW 以上机组被迫停止运行，时间超过 24h 的。

4）电网 35kV 以上输变电设备被迫停止运行，并造成对用户中断供电的。

5）水电厂由于水工设备、水工建筑损坏或者其他原因，造成水库不能正常蓄水、泄洪或者其他损坏的。

除了国家电力监管委员会对电力事故的规定和分类之外，各个电力企业也对事故的分类做了详细的规定，如国家电网公司发布的《安全事故调查规程》对各类事故的规定十分具体、详细。在《安全事故调查规程》中，电力安全事故体系由人身、电网、设备和信息系统四类事故组成，分为一至八级事件，其中一至四级事件对应《电力安全事故应急处置和调查处理条例》等国家相关法规定义的特别重大事故、重大事故、较大事故和一般事故。

虽然各种规定各有相异之处，但均有相似之处，都是以国家电力监管委员会的事故分类规定为基础编制的，上述论述基本上陈述了现有的电力事故基本类型及其等级情况。

二、电力生产中的违章作业

违章是指在电力生产活动过程中，违反国家和行业安全生产法律法规、规程标准，违反企业安全生产规章制度、反事故措施、安全管理要求等，可能对人身、电网和设备构成危害并诱发事故的人的不安全行为、物的不安全状态和环境的不安全因素。

违章分为行为违章、装置违章和管理违章三类。

1. 行为违章

行为违章是指现场作业人员在电力建设、运行、检修等生产活动过程中，违反保证安全的规程、规定、制度、反事故措施等的不安全行为。典型的行为违章有以下十二种：

（1）进入作业现场未按规定正确佩戴安全帽。

（2）从事高处作业未按规定正确使用安全带等高处防坠用品或装置。

（3）作业现场未按要求设置围栏。作业人员擅自穿、跨越安全围栏或超越安全警戒线。

（4）不按规定使用操作票进行倒闸操作。

（5）不按规定使用工作票进行工作。

（6）现场倒闸操作不戴绝缘手套，雷雨天气巡视或操作室外高压设备不穿绝缘靴。

（7）约时停、送电。

（8）擅自解锁进行倒闸操作。

（9）防误闭锁装置钥匙未按规定使用。

（10）调度命令拖延执行或执行不力。

（11）专责监护人不认真履行监护职责，从事与监护无关的工作。

（12）停电作业装设接地线前不验电（不按规定验电），装设的接地线不符合规定，不按规定和顺序装拆接地线。

2. 装置违章

装置违章是指生产设备、设施、环境和作业使用的工器具及安全防护用品不满足规程、规定、标准、反事故措施等的要求，不能可靠保证人身、电网和设备安全的不安全状态。典型的装置违章有以下十种：

（1）高低压线路对地、对建筑物等安全距离不够。

（2）高压配电装置带电部分对地距离不能满足规程规定且未采取措施。

（3）待用间隔未纳入调度管辖范围。

（4）电力设备拆除后，仍留有带电部分未处理。

（5）变电站无安防措施。

（6）易燃易爆区、重点防火区内的防火设施不全或不符合规定要求。

（7）深沟、深坑四周无安全警戒线，夜间无警告红灯。

（8）电气设备无安全警示标志或未根据有关规程设置固定遮（围）栏。

（9）开关设备无双重名称。

（10）线路杆塔无线路名称和杆号，或名称和杆号不唯一、不正确、不清晰。

3. 管理违章

管理违章是指各级领导、管理人员不履行岗位安全职责，不落实安全管理要求，不执行安全规章制度等的各种不安全作为。典型管理违章有以下十种：

（1）安全第一责任人不按规定主管安全监督机构。

（2）安全第一责任人不按规定主持召开安全分析会。

（3）未明确和落实各级人员安全生产岗位职责。

（4）未按规定设置安全监督机构和配置安全员。

（5）未按规定落实安全生产措施、计划、资金。

（6）未按规定配置现场安全防护装置、安全工器具和个人防护用品。

（7）对事故未按照"四不放过"原则进行调查处理。

（8）现场规程没有每年进行一次复查、修订，并书面通知有关人员。

（9）新入厂的生产人员，未组织三级安全教育或员工未按规定组织《电力安全工作规程》考试。

（10）特种作业人员上岗前未经过规定的专业培训。

任务三 事故的调查与分析

【教学目标】

通过对电力事故的调查与分析处理工作，掌握电力事故的调查、分析、处理流程。

【任务描述】

某供电局在 10kV 电杆移位施工中，发生了一起因严重违章导致电杆倒杆，杆上两名作业人员随杆坠落，一名作业人员死亡的人身死亡事故。根据事故拟定调查处理程序，分析事故原因并提出防范措施，形成事故调查报告。

【任务实施】

一、事故背景资料

2004 年 8 月 27 日，某供电局组织更换 10kV 陶树线 1～34 号杆针式绝缘子。工作过程中，工作负责人邹某因有事要离开工作现场，便通知线路值班室当班人员陈某，将工作负责人更换为郭某。后来邹某想起 26 日发现的 33 号杆 T 接的树安支线 1 号杆因洪水冲刷河床变宽，杆基已浸泡水中的缺陷，便电话告知郭某将该杆向岸边迁移 5m。

下午郭某带领 11 名施工人员来到工作现场，交代完工作任务后，又指派现场工作人员童某作为该项工作的现场负责人，随后郭某离开施工现场去验收绝缘子更换工作。

开工前，童某觉得电杆基础可能不牢固，认为沙地无法打接线锚桩，便决定采用人力拉住麻棕绳作为临时拉绳拉住电杆，以防倒杆。童某安排刘某上杆拆上层导线，涂某拆下层导线。由刘某在杆顶打好临时拉绳，地面 9 人分为 2 人、3 人、4 人三组分别拉住临时拉绳。当涂某拆完下层导线下到电杆下部，刘某拆除最后一相（C 相）导线绑线时，导线向上脱离电杆，电杆水平方向受力失去平衡，拉临时拉绳的工作人员无法稳住电杆，电杆倾倒，杆上 2 人随杆倒下，刘某被电杆着地后反弹碰撞，经抢救无效死亡。

二、事故调查报告书范本

根据上述背景资料将人员分组讨论，充分讨论后草拟一份电力事故调查报告书，报告书应包括以下内容：

（1）事故简称。

（2）企业详细名称。

（3）企业隶属关系。

（4）企业经济类型。

（5）企业详细地址。

（6）企业成立时间。

（7）事故发生时间。

（8）事故发生地点。

（9）事故归属。

（10）事故类别。

（11）事故等级（事故性质）。

（12）事故伤亡情况。

（13）事故经济损失情况。

（14）危险作业分类。

（15）事故发生时气象及自然灾害情况。

（16）事故发生后相关人员采取的应急处置措施。

（17）事故发生前的生产作业状况及电网、设备的运行工况。

（18）事故现场表征现象、发展过程等设备状态变化情况。

（19）事故抢险救援过程及效果。

（20）事故的善后处理情况。

（21）事故经过、原因分析。

（22）事故暴露的问题。

（23）对事故的责任分析和对责任者的处理意见。

（24）防止事故重复发生的对策（措施）、执行人、完成期限以及执行检查人。

（25）附件清单（包括图纸、资料、原始记录、笔录、试验和分析计算资料、事故照片、录像、录音等）。

（26）事故调查组人员名单，见表 8 - 2。

表 8 - 2　　　　　　　　　　　　　事故调查组人员名单

姓名	性别	单位	职务	事故调查组中的职别	签名

（27）事故伤亡人员具体情况，见表 8 - 3。

表 8 - 3　　　　　　　　　　　　　事故伤亡人员具体情况

姓名	伤害情况（死、重、轻）	工种及级别	性别	年龄	本工种工龄	受过何种安全教育	所属单位

（28）事故单位负责人。

（29）主持事故调查单位负责人。

（30）主持事故调查单位盖章。

（31）日期：　　年　月　日。

人身事故调查报告书、电网事故调查报告书、设备事故调查报告书、火灾事故调查报告书分别参见附录十二～十五。

【相关知识】

为贯彻"安全第一、预防为主、综合治理"的方针，加强电力企业的安全监督管理，落实安全事故责任追究制度，必须开展事故调查与处理工作。通过对人身、电网、设备事故的调查分析和统计，总结经验教训，研究事故规律，采取预防措施，防止和减少安全事故。

安全事故调查应坚持实事求是、尊重科学、分级负责的原则，及时、准确地查清事故经过、原因和损失，查明事故性质，认定事故责任，总结事故教训，提出整改措施，并对事故责任者提出处理意见。做到事故原因未查清不放过、责任人员未处理不放过、整改措施未落实不放过、有关人员未受到教育不放过（简称四不放过）。

一、调查组织

事故发生后，按相应的规定成立事故调查组。

事故调查分为企业内部调查和外部调查。企业内部调查按各电力企业内部的管理规定执行，如国家电网公司系统按《国家电网公司安全事故调查规程》的规定开展事故调查处理。外部调查指按国务院令（第 493 号）《生产安全事故报告和调查处理条例》等国家条例规定的各级人民政府或电力监管机构组织开展的调查。以下按外部调查说明。

特别重大人身事故由国务院或国务院授权有关部门组织事故调查组进行调查；重大人身事故、较大人身事故及一般人身事故分别由事故发生地省级人民政府、设区的市级人民政府、县级人民政府负责调查。省级人民政府、设区的市级人民政府、县级人民政府可以直接组织事故调查组进行调查，也可以授权或者委托有关部门组织事故调查组进行调查。

特别重大电网事故由国务院或国务院授权的部门组织事故调查组进行调查；重大电网事故由国务院电力监管机构组织事故调查组进行调查；较大电网事故、一般电网事故由事故发生地电力监管机构组织事故调查组进行调查。未造成供电用户停电的一般电网事故，事故发生地电力监管机构也可以委托事故发生单位调查处理。

特别重大设备事故由国务院或国务院授权有关部门组织事故调查组进行调查；重大设备事故、较大设备事故及一般设备事故由电力监管机构组织事故调查组进行调查。

一般事故以下的人身、电网、设备、信息事件由电力企业按相应规定组织调查。

二、调查与分析

1. 保护事故现场

事故发生后，事故发生单位必须迅速抢救伤员并派专人严格保护事故现场。未经调查和记录的事故现场，不得任意变动。事故发生单位应立即对事故现场和损坏的设备进行照相、录像、绘制草图、收集资料。因紧急抢修、防止事故扩大以及疏导交通等，需要变动现场，必须经单位有关领导和安监部门同意，并做出标志、绘制现场简图、写出书面记录，保存必要的痕迹、物证。

2. 收集原始资料

事故发生后，事故发生单位应立即组织当值值班人员、现场作业人员和其他有关人员在离开事故现场前，分别如实提供现场情况并写出事故的原始材料。应收集的原始资料包括：有关运行、操作、检修、试验、验收的记录文件，系统配置和日志文件，以及事故发生时的录音、故障录波图、计算机打印记录、现场影像资料、处理过程记录等。收集到的原始资料要妥善保管。

事故调查组成立后，事故发生单位应及时将有关材料移交事故调查组。事故调查组在收集原始资料时应对事故现场搜集到的所有物件（如破损部件、碎片、残留物等）保持原样，并贴上标签，注明地点、时间、物件管理人。事故调查组有权向事故发生单位、有关部门及有关人员了解事故的有关情况并索取有关资料，任何单位和个人不得拒绝。

3. 调查事故情况

人身事故应查明伤亡人员和有关人员的单位、姓名、性别、年龄、文化程度、工种、技术等级、工龄、本工种工龄等；查明事故发生前伤亡人员和相关人员的技术水平、安全教育记录、特殊工种持证情况和健康状况，过去的事故记录、违章违纪情况等；查明事故发生前工作内容、开始时间、许可情况、作业程序、作业时的行为及位置、事故发生的经过、现场救护情况等；查明事故场所周围的环境情况（包括照明、湿度、温度、通风、声响、色彩度、道路、工作面状况以及工作环境中有毒、有害物质和易燃、易爆物取样分析记录）、安全防护设施和个人防护用品的使用情况（了解其有效性、质量及使用时是否符合规定）。

电网及设备事故应查明事故发生的时间、地点、气象情况，以及事故发生前系统和设备的运行情况；查明事故发生经过、扩大及处理情况；查明与事故有关的仪表、自动装置、断路器、保护、故障录波器、调整装置、遥测、遥信、遥控、录音装置和计算机等记录和动作情况；查明事故造成的损失，包括波及范围、减供负荷、损失电量、停电用户性质，以及事故造成的设备损坏程度、经济损失等；调查设备资料（包括订货合同、大小修记录等）情况以及规划、设计、选型、制造、加工、采购、施工安装、调试、运行、检修等质量方面存在的问题。

事故调查还应了解现场规章制度是否健全，规章制度本身及其执行中暴露的问题；了解各单位管理、安全生产责任制和技术培训等方面存在的问题；了解全过程管理是否存在漏洞；事故涉及两个以上单位时，应了解相关合同或协议。及时整理出说明事故情况的图表和分析事故所必需的各种资料和数据。

4. 分析原因责任

事故调查组在客观公正的事故调查基础上，将所有材料加以整理，分析并明确事故发生、扩大的直接原因和间接原因。必要时，事故调查组可委托专业技术部门进行相关计算、试验、分析。事故调查组在确认事实的基础上，分析是否人员违章、过失、违反劳动纪律、失职、渎职；安全措施是否得当；事故处理是否正确等。根据事故调查的事实，通过对直接原因和间接原因的分析，确定事故的直接责任者和领导责任者；根据其在事故发生过程中的作用，确定事故发生的主要责任者、同等责任者、次要责任者、事故扩大的责任者；根据事故调查结果，确定相关单位承担主要责任、同等责任、次要责任或无责任。

事故原因分析主要从"物"和"人"这两方面入手。"物"的原因指的是作业环境、设备、设施和材料的不安全性。主要表现为：用于安全防护的装置，如应有的防护、保险、连锁、信号等装置缺失或存在缺陷；设备设施及工器具等有缺陷；个人防护用品、用具缺少或有缺陷；作业场地环境不安全；生产技术和设计上有缺陷。"人"的原因分为两个部分：组织管理和个人防护。组织管理缺陷包括生产安全规程缺失、规章制度不健全或者没有严格执行安全规程；劳动组织不合理；现场检查不到位或指导错误；教育培训不够或缺失，致使作业人员缺乏或不懂安全操作知识；无事故防范措施，或者执行事故防范措施不力，对事故隐患整改不力。个人防护方面的原因主要为违反操作规程或劳动纪律、身体健康状况不良、精神状况不符合安全规定等。

事故调查组在事故责任确定后，要根据有关规定提出对事故责任人员的处理意见。由有关单位和部门按照人事管理权限进行处理。对下列情况从重处理：

（1）违章指挥、违章作业、违反劳动纪律造成事故发生的。

（2）事故发生后迟报、漏报、瞒报、谎报或在调查中弄虚作假、隐瞒真相的。

（3）阻挠或无正当理由拒绝事故调查或提供有关情况和资料的。

在事故处理中积极抢救、安置伤员和恢复设备、系统运行的，在事故调查中主动反映事故真相，使事故调查顺利进行的有关事故责任人员，可酌情从宽处理。

事故调查组应根据事故发生、扩大的原因和责任分析，提出防止同类事故发生、扩大的组织（管理）措施和技术措施。

5. 事故调查报告

事故调查报告报经组织事故调查组的机关同意，事故调查工作即告结束；委托事故发生单位调查的一般事故，事故调查报告应当报经事故发生地电力监管机构同意。

事故调查报告书由事故调查的组织单位以文件形式向上级管理单位报送，上级管理单位接到事故调查报告后以文件形式批复给事故调查的组织单位。

事故调查结案后，事故调查的组织单位应将有关资料归档，资料必须完整。

任务四 事故的统计与报告

🔊 【教学目标】

通过对电力事故的统计及报告，掌握电力事故的统计方法和事故报告程序。

🤲 【任务描述】

本任务要求通过对某供电企业的事故案例，能叙述出该事故的报告程序及对事故进行统计上报。

〰️ 【任务实施】

一、事故背景资料

某年9月20日，某地级市电业局管辖的某500kV电站500kV某5202线线路主保护动作，开关跳闸，重合闸不成功，损失负荷450MW。当日该市全网供电负荷为1200MW。经电业局人员巡查发现，500kV某5202线224号至225号塔线下某送变电公司在进行该电业局管理的220kV某线116号塔立塔施工作业，现场吊装塔材的扒杆顶部有放电烧损痕迹，导线B相（边相）有放电烧伤痕迹。施工作业现场有一名施工作业人员被电击死亡。

二、事故报告与统计

（1）分析事故的类别与级别，对事故进行分类统计。电力事故基本信息统计报表见表8-4。

表8-4 电力事故基本信息统计报表

填报单位（章）：

项目 序号	时间	地点 （单位）	事故 类型	事故 等级	电力人身 伤亡事故 类别	造成电力安全 事故/设备事 故责任原因	事故后果	事故处置 情况
1								
2								
3								

填报说明

审核人签字： 制表人签字： 填报日期： 年 月 日

（2）事故的即时报告程序。电力事故、事件即时报告单见表8-5。

表8-5 电力事故、事件即时报告单

内容 序号		报 告 内 容	
1	报告类型	事故报告☐	事件报告☐
2	填报时间及方式	第1次报告☐	后续报告☐
		第1次报告时间	年 月 日 时 分

续表

序号	内容	报告内容		
3	企业名称、地址及联系方式	企业详细名称		
		企业详细地址		
		企业联系电话		
		上级主管单位名称		
		在建项目	建设单位名称	
			施工单位名称	
			设计单位名称	
			监理单位名称	
4	事故或事件经过	发生时间		
		地点（区域）		
		事故（或事件）类型		
		初判事故等级		
		简要经过		
5	损失情况	人身伤亡情况	死亡人数	
			失踪人数	
			重伤人数	
		电力设备、设施损坏情况		
		停运的发电（供热）机组数量、电网减供负荷或者发电厂减少出力的数值、停电（停热）范围，停电用户数量等		
		其他不良社会影响		
6	原因及处置恢复情况	原因初步判断		
		事故或事件发生后采取的措施、电网运行方式、发电机组运行状况以及事故或事件的控制或恢复情况等		
7	填报单位	填报人		填报人联系方式

【相关知识】

一、事故即时报告

电力企业在发生事故后，事故现场有关人员应当立即向发电厂、变电站运行值班人员、电力调度机构值班人员或者本企业现场负责人报告。有关人员接到报告后，应当立即向上一级电力调度机构和本企业负责人报告。本企业负责人接到报告后，应按规定向上级主管单位报告。发生一般及以上的人身、电网、设备事故还应当立即向事故发生地的电力监管机构、县级以上人民政府安全生产监督管理部门报告；热电厂事故影响热力正常供应的，还应当向供热管理部门报告；事故涉及水电厂（站）大坝安全的，还应当同时向有管辖权的水行政主管部门或者流域管理机构报告。电力安全事故报告程序见图 8-1。

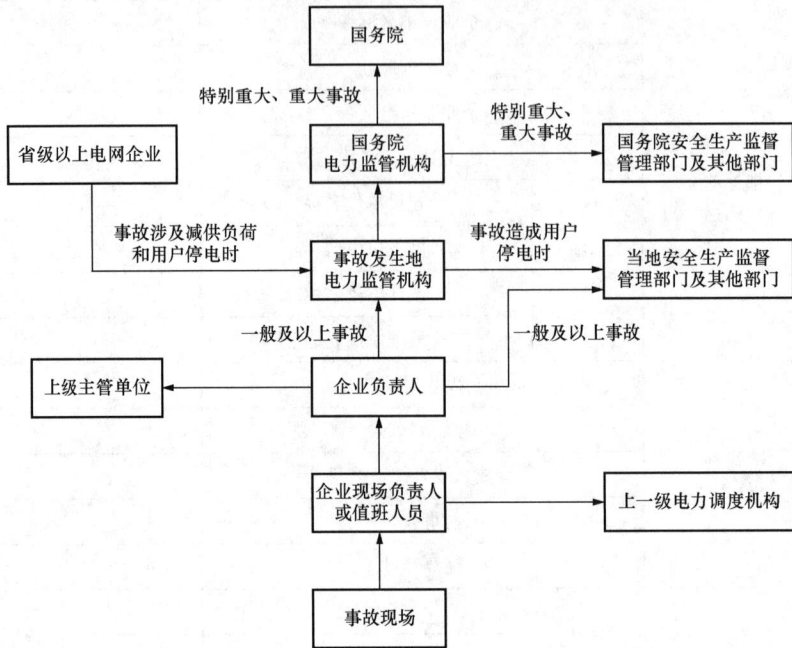

图 8-1　电力安全事故报告程序

事故报告应及时、准确、完整。必要时，可以越级上报事故情况。电力企业及其有关人员不得迟报、漏报或者瞒报、谎报事故情况。

事故即时报告应包括以下内容：

（1）事故发生的时间、地点（区域）以及事故发生单位。

（2）事故的简要经过，已知的电力设备、设施损坏情况，停运的发电（供热）机组数量、电网减供负荷或者发电厂减少出力的数值、停电（停热）范围，伤亡人数、直接经济损失的初步估计。

（3）事故发生原因的初步判断。

（4）事故发生后采取的措施、电网运行方式、发电机组运行状况以及事故控制情况。

（5）其他应当报告的情况。

事故即时报告可以电话、电传、电子邮件、短信等形式上报，事故报告后出现新情况的，应当及时补报。

二、统计报告

电力生产事故的统计和报告，按照国家电力监管委员会关于电力安全信息报送工作的要求进行统计和报告。涉及电网企业、发电企业等两个以上企业的事故，如果各企业均构成事故，各企业都应当按照有关规定统计、上报。

与电力生产有关工作过程中发生的事故统计为电力生产安全事故，在非生产性办公经营场所发生的事故统计为非生产性安全事故，由各级政府相关机构调查处理的道路交通、水上交通等事故统计为交通事故，由火灾引起的事故统计为火灾事故。一次事故既构成电网事故条件，也构成设备事故条件时，按照"不同等级，等级高者优先；相同等级，电网优先"的原则统计报告。一次事故既构成人身事故条件，也构成电网或者设备事故条件时，人身和电网或者设备事故应分别统计、上报。

按照国家有关规定，由人民政府有关部门组织调查的事故，发生事故的单位应当自收到事故调查报告书之日起一周内，将有关情况报送电力监理委员会。发电企业、供电企业和电力调度机构连续无事故的天数累计达到 100 天为一个安全周期。发生重伤以上人身事故，发生本企业应承担责任的一般以上电网事故、设备事故或者火灾事故，均应当中断安全周期。

任务五 班组安全管理

🔊 【教学目标】

通过对班组安全管理的基本知识以及班组安全管理的重要性、内容、原则和特点的讲解，熟悉班组安全管理的目标和工作要求。

🖐 【任务描述】

通过组织召开更换 10kV 线路跌落式熔断器工作的班前会，以点带面，掌握班组安全管理的基本内容。

〰 【任务实施】

一、工作任务

更换实训基地 10kV 配电线路的跌落式熔断器。由培训教师对学生分组后指定工作负责人，由工作负责人组织召开作业之前的班前会，向本组工作班成员交代本次作业的工作任务，工作线路设备名称、地段、危险点及防范措施，施工方法及工艺要求等。

二、班前会的内容

班前会的主要内容包括以下几个方面：

（1）当天工作任务的内容和进度控制情况。

（2）对工作任务作出合理分工。

（3）工作线路的设备名称、编号、位置和相关要求。

（4）该项工作曾发生过的违章行为与纠正处理方法。

（5）交代工作中可能发生的危险点及采取的防范措施。

（6）交代工作中应采取的施工方法及工艺要求。

（7）要求全体班组成员正确穿戴和使用劳动保护用品和用具，并对其进行检查。

（8）了解班组成员当天的精神状态。对精神状态不佳者，工作负责人要引起重视，对其工作安排要有所调整。

📖 【相关知识】

一、电网企业班组安全管理的特点和意义

1. 班组安全管理的特点

（1）责任首要性。概括地说，电网企业班组的工作任务是安全、优质、高效地向客户提供电能产品和服务。班组工作第一位的任务是安全生产，安全责任是班组安全管理的第一责任。

（2）预防重要性。班组安全管理应以预防事故为中心，不能等到事故发生或危险来临时才去采取补救或抢救措施，须加强风险分析和安全性评价等工作。

（3）基础先行性。班组管理是企业管理的基础，班组安全管理是一切工作的基础，安全指标在考核中具有一票否决的意义，因此安全工作必须先行。

（4）管理系统性。班组安全管理应引入系统观点，在班组生产项目的可行性论证、设计和实验、生产运行与维护检修作业、销售和服务、"物"的因素和"人"的因素等全系统全过程各环节中，全面贯彻安全管理措施。

（5）手段科学性。班组安全管理中，对风险的分析、评价及预测，对事故的处理和隐患的排除等环节，都离不开有效的科学技术手段，电网企业作为技术密集型企业，尤其如此。

（6）效益社会性。电网企业班组处在企业最基层，有些安全措施表面上在眼前局部范围内看不到明显效益，有时似乎成本大于收益，相关人必须胸怀大局、放眼社会，充分理解各项安全措施对企业整体、对全社会的价值。2008年抗震救灾、奥运保电、世博保电工作中电网企业的安全投入就是以社会效益为主的典型作为。

2. 加强班组安全管理的重要性

（1）加强班组安全管理可以改善企业安全生产状况。电能产品具有发、输、变、配、用同时（瞬时）完成的特点，电网企业是技术密集型企业，我国电网已经由超高压输电发展到特高压输电，由区域联网发展到全国联网。因此处在电网任一环节中任一班组的安全状况对全网的影响都不能小视，一个班组发生安全事故极有可能酿成电网安全事故，造成灾难性后果。近年来全球几次重大的电网事故，如2003年莫斯科大停电、2005年北美大停电、2008年年初中国南方的冰灾都证明了这一点。这就给电网企业班组安全生产提出了更高的要求。反过来，班组安全管理水平的提高，无疑对改善企业安全生产状况及至整个电网的安全状况都是至关重要的。

（2）加强班组安全管理可以推动企业科学发展。班组是企业的最基层组织单位，是企业机体的细胞。因此班组的安全运行、健康发展，对企业管理水平的提升和企业整个机体的健康、和谐、可持续发展，有着决定性的、夯实基础的作用。电网企业的安全规程、制度和措施，都要依靠班组及其每一个员工加以具体贯彻和实施。一线班组如果安全状况不佳，作业条件恶劣，事故频发或者隐患不断，职业危害严重，不仅影响员工的身心健康和工作积极性，而且会消耗企业大量的人力、物力和财力，给企业带来巨大的经济损失，直接导致企业发展停滞、倒退甚至倒闭。

（3）加强班组安全管理可以促进企业与员工共同发展。为了加强班组安全管理，必须把提高班组成员的安全意识、安全规程规范意识和相关技术技能放在首位，特别是新近加盟国家电网公司的青年员工、多种用工形式员工和轮岗转岗员工。加强班组安全管理，以班组安全管理促进班组管理的科学化规范化，是提高电网企业核心竞争力，实现电网企业管理现代化的治本性的工作，最终效果是促进企业和员工的共同发展。

二、班组安全管理的八项基本原则

（1）零事故原则。安全管理的目标就是要实现零事故，避免任何危及生命安全、身体健康、设备安全和环境安全的事故发生。

（2）全员参加原则。班组所有成员根据各自的任务和职责，主动查找作业现场中存在的一切不安全因素，提出具体整改建议，并且参与危险因素的控制和消除，共同努力推进班组安全管理。

（3）全过程管理原则。全过程管理是指通过把安全管理贯穿在班组生产活动全过程，实行系统安全管理。

（4）危险预知原则。通过危险源分析和安全性评价等手段，在事故发生之前把生产场所和各岗位的一切潜在危险因素预先辨识出来，对于那些可能导致事故的"物"和"人"的不安全因素进行预测，并且通过制定相应的对策加以控制和消除，从根本上防止事故的发生。

（5）预防为主原则。事故的发生是多种因素共同作用的结果，而人为因素往往是事故产生的主要原因。加强班组安全管理，将安全法律法规、企业安全规程的教育培训贯穿到班组整个生产过程的始终，采取有效的预防和控制措施，防止人的不安全行为，并且消除机械、物质或环境的不安全状态，避免事故是可以做到的。为了减少或控制安全事故所造成的损失，防患于未然，班组必须从领导到员工，从决策到执行，努力贯彻"安全第一、预防为主、综合治理"的方针，确保生产过程的正常、安全运行。

（6）科学合理原则。班组安全管理工作必须采用科学合理的方法，要根据电网企业科学技术的发展趋势，对事故和危害发生的客观规律进行分析，而不能仅凭直觉、凭主观想象、凭过去的经验行事。班组应组织员工学习和运用各种现代管理理论和方法，把安全管理的实际经验与现代安全管理理论和方法有机地结合起来，逐步提高安全管理水平。班组安全管理要适应班组人员、作业任务以及作业现场情况的变化发展，根据人员、时间、作业地点等情况的变化及时调整班组的安全管理内容和方法，使班组的安全管理全过程的所有措施与实际情况相适应，实现科学的动态管理。

（7）综合治理原则。班组安全管理首先要求各相关方共同参与，在上级安全主管部门的主导下，依靠班组长、安全员和工会劳保监督检查员为核心实行全员管理，形成有效的组织管理网络，发挥群体优势。班组还要从硬件配备和软件管理方面实行综合治理，即从人、设备、环境等方面，以及从制度、纪律、操作、监督、奖惩等环节创造良好的安全生产秩序，以协调安全管理活动。

（8）适应性原则。班组安全管理应适应班组现场和人员情况的变化与发展，根据具体情况在人员、时间、作业地点及防护措施等方面及时调整班组的安全管理内容，实现动态管理，使班组的安全管理全过程的所有措施与实际情况相适应。

三、班组安全管理的目标、内容及工作要求

1. 班组安全管理的目标

班组安全管理，就是针对班组生产过程中的安全问题，运用有效的资源，充分发挥班组成员的智慧，通过实施有关决策、计划、组织和控制等活动，实现生产过程中人员与机器设备、物料及环境的和谐，达到安全生产的目标。安全管理是班组管理的首要责任和重要组成部分。

班组安全管理的目标是减少和控制事故、危害及各种风险因素，尽量避免生产过程中由于事故所造成的人身伤害、财产损失、环境污染以及其他损失。

2. 班组安全管理的基本内容及其工作要求

班组安全管理的内容包括：安全生产责任制、安全培训教育、安全法律与规程的执行、班组安全制度管理、人员管理、监督检查、工艺技术管理、设备设施管理、作业环境和条件管理、安全生产策划、安全生产档案等。班组安全管理的基本对象是班组中的员工，涉及班组中的所有人员、设备设施、物料、环境、财务、信息等各个方面。以下将班组安全管理基本内容概括为安全教育、安全生产、劳动保护、职业卫生、安全检查、安全台账及事故管理等七个方面加以分述。

（1）安全教育。班组安全管理中，最重要的工作之一就是安全教育。安全教育包括两个方面的内容：第一是安全思想教育，就是通过安全生产法律法规、方针政策和劳动纪律的教育培训和管理手段，帮助员工认识安全生产的重要意义，促使员工树立安全理念和意识，提高安全生产的责任心和自觉性。第二是安全知识技能教育，既包括一般的安全常识和基本安全技能，也包括与员工本专业（工种）有关的安全生产知识和技能。安全知识教育通常包括工业卫生防护知识、一般安全技术知识和专业安全技术知识；安全技能教育主要包括安全操作技能、安全防护技能、安全避险技能、安全救护技能、安全应急技能和模拟事故训练等。

（2）安全生产。安全生产包含三个方面的内容，即人身安全、设备安全和环境安全。要实现安全生产，必须贯彻执行《安全生产法》、《电力安全工作规程》等安全法律法规和企业规程，通过日常的安全管理工作，如安全性评价、班前会、班后会、安全日活动、反习惯性违章、危险预知、事故预想、事故演习等，防止事故的发生。

（3）劳动保护。劳动保护是指对员工在生产活动中的安全与健康所采取的保护措施。劳动保护的目的是消除有损员工安全与健康的危险因素，以保证员工在生产过程中的安全与健康。电网企业属于危险程度较高的行业，其生产过程中存在大量潜在的危及员工健康与安全的因素。班组在安全工作中要遵守国家、行业和企业的各项劳动保护法律和规定，不断改善班组生产环境和劳动条件，防止伤亡事故和职业病的发生。在具体工作安排中，应遵守法律规定的劳动和休息时间，综合考虑工作量（班组承载力分析）、工作强度以及员工身体状况，加强对员工保护。在生产、工作中应做好员工个人防护，正确使用和管理劳保用品，做好工伤事故现场分析和处理，推动现代安全生产和劳动保护技术在班组的应用。

（4）职业卫生。结合本班组的实际情况，制定防范职业病危害的对策，保证在防护设备正常运转的情况下作业，并督促员工佩戴职业病防护用品。配合企业做好定期健康体检，配合有关部门进行职业病危害因素现场检测。及时发现职业病，一旦发现应做到及时治疗。

（5）安全检查。安全检查是指对生产系统中潜在的危险和有害因素进行调查，掌握其一般规律，对安全设施和安全措施的有效性进行核查，以达到安全生产的目的。班组的安全检查可借助详细的安全检查表完成。通过安全检查，可以在事故发生之前辨识出生产过程中的危险和有害因素，为分析、评价、控制和消除危险，防止事故发生提供依据。班组安全检查的内容：安全技术规程和安全管理制度的执行情况，设备和机工具的状态与安全运行状况，员工个人保护措施，员工身心健康状况，劳动条件和工作环境等。班组安全检查的方式：综合性检查与专业性检查、日常安全检查与季节性安全检查、互相交叉检查与自我检查、定期检查与随机检查、通知检查与突击检查等。

（6）安全台账。班组安全台账是班组开展安全工作的记录，是班组安全管理的基础资料和检查评比依据。其主要内容包括：安全组织结构，安全生产计划和总结，安全日活动记录，违章、事故及异常情况记录，安全检查评比记录，隐患治理记录，消防台账，月度安全情况小结，安全工器具检查登记表与特种安全设备台账，安全培训与考核，安全工作考核与奖惩记录，班组长工作日志，现场设备、安全设施巡查记录，外来人员安全管理记录，以及安全学习资料等。查看安全台账可以了解、检查班组安全工作开展的情况，提高班组安全管理的效率。班组安全台账由班组安全员负责建立和管理。安全台账必须忠实记录班组安全工作情况，做到账实相符，不能虚构浮夸。

（7）事故管理。在发生事故的情况下，班组长应首先组织抢救伤员，并及时向部门（工区）、上级安全责任者和安监部门报告。报告的内容应简洁明确，内容包括事故发生的时间、地点、伤亡者姓名、年龄、工种、伤害部位、伤害程度等；负责保护好事故现场，未经安监部门同意不得破坏现场；接受并积极配合安监部门进行事故调查，提供一切有关证据和材料。此外，对于未遂事故，班组同样也应加强管理。要召开分析会，查找原因，提出整改或防范措施，消除隐患，避免同类事故的发生。

项 目 小 结

电力系统的安全评价是通过对电力企业危险性的全面诊断，提高企业安全管理水平的有效方法。安全性评价由设备系统、劳动安全与作业环境、安全管理三大部分八个方面的评价因素组成。安全性评价的步骤是通过建立专门的组织机构，经过评价项目的分解、设备和各类工器具的统计分类和资料收集，然后进行企业自我查评，根据查评结果制定整改措施，编制各类报表和汇总结果，最后由专家评审及复查，全部评价完成后将资料整理归档几个步骤组成。

电力事故包括人身事故、电网事故、设备事故。根据事故严重程度及经济损失的大小划分为特别重大事故、重大事故、较大事故、一般事故。

事故的调查与分析是为了查明事故发生的原因和处理全过程，了解相关因素，坚持"四不放过"原则，通过分析明确事故发生和扩大的真实原因，查明事故性质，分清责任，吸取教训，并制定相应的反事故措施，防止同类事故的再次发生。

对事故进行分类统计是要从中分析事故发生的规律，寻找主要矛盾，评价安全水平，从而制定安全工作计划和措施的管理活动，是对事故的宏观分析。事故的即时报告有利于正确决策、快速、有效地组织事故应急处置，防止事故扩大，减少事故损失，有利于顺利地开展事故调查。

班组安全管理是电力企业安全管理的落脚点，直接关系着企业能否安全、长期、稳定、满负荷地组织生产，关系到企业的经济效益和生存发展。班组安全管理的基本内容主要是安全教育、安全生产、劳动保护、职业卫生、安全检查、安全台账及事故管理七个方面。

思 考 题

8-1 安全性评价的基本方法和过程是什么？

8-2 2006年11月3日，某建设集团公司某工程局在某省某水电站进行预制梁桅杆起重移动作业时，桅杆起重机倒塌，事故造成4人死亡，1人轻伤。试分析该事故类别及由哪一级组织事故调查。

8-3 班组安全生产目标如何确定，班组安全管理有哪些基本内容？

附录一

电气试验安全规程

摘自《国家电网公司电力安全工作规程（变电站和发电厂电气部分）》

一、高压试验

（1）高压试验应填用变电站（发电厂）第一种工作票。

在一个电气连接部分同时有检修和试验时，可填用一张工作票，但在试验前应得到检修工作负责人的许可。

在同一电气连接部分，高压试验工作票发出时，应先将已发出的检修工作票收回，禁止再发出第二张工作票。如果试验过程中，需要检修配合，应将检修人员填写在高压试验工作票中。

如加压部分与检修部分之间的断开点，按试验电压有足够的安全距离，并在另一侧有接地短路线时，可在断开点的一侧进行试验，另一侧可继续工作。但此时在断开点应挂有"止步，高压危险！"的标示牌，并设专人监护。

（2）高压试验工作不得少于两人。试验负责人应由有经验的人员担任，开始试验前，试验负责人应向全体试验人员详细布置试验中的安全注意事项，交代邻近间隔的带电部位，以及其他安全注意事项。

（3）因试验需要断开设备接头时，拆前应做好标记，接后应进行检查。

（4）试验装置的金属外壳应可靠接地；高压引线应尽量缩短，并采用专用的高压试验线，必要时用绝缘物支持牢固。

试验装置的电源开关，应使用明显断开的双极刀闸。为了防止误合刀闸，可在刀刃上加绝缘罩。

试验装置的低压回路中应有两个串联电源开关，并加装过载自动跳闸装置。

（5）试验现场应装设遮栏或围栏，遮栏或围栏与试验设备高压部分应有足够的安全距离，向外悬挂"止步，高压危险！"的标示牌，并派人看守。被试设备两端不在同一地点时，另一端还应派人看守。

（6）加压前应认真检查试验接线，使用规范的短路线，确认表计倍率、量程、调压器零位及仪表的开始状态均正确无误后，通知所有人员离开被试设备，并取得试验负责人许可，方可加压。加压过程中应有人监护并呼唱。

高压试验工作人员在全部加压过程中，应精力集中，随时警戒异常现象发生，操作人应站在绝缘垫上。

（7）变更接线或试验结束时，应首先断开试验电源、放电，并将升压设备的高压部分放电、短路接地。

（8）未装接地线的大电容被试设备，应先行放电再做试验。高压直流试验时，每告一段落或试验结束时，应将设备对地放电数次并短路接地。

（9）试验结束时，试验人员应拆除自装的接地短路线，并对被试设备进行检查，恢复试验前的状态，经试验负责人复查后，进行现场清理。

（10）变电站、发电厂升压站发现有系统接地故障时，禁止进行接地网接地电阻的测量。

（11）特殊的重要电气试验，应有详细的安全措施，并经单位主管生产的领导（总工程师）批准。

二、使用携带型仪器的测量工作

（1）使用携带型仪器在高压回路上进行工作，至少由两人进行。需要高压设备停电或做安全措施的，应填用变电站（发电厂）第一种工作票。

（2）除使用特殊仪器外，所有使用携带型仪器的测量工作，均应在电流互感器和电压互感器的二次侧进行。

（3）电流表、电流互感器及其他测量仪表的接线和拆卸，需要断开高压回路者，应将此回路所连接的设备和仪器全部停电后，始能进行。

（4）电压表、携带型电压互感器和其他高压测量仪器的接线和拆卸无需断开高压回路者，可以带电工作，但应使用耐高压的绝缘导线，导线长度应尽可能缩短，不准有接头，并应连接牢固，以防接地和短路，必要时用绝缘物加以固定。

使用电压互感器进行工作时，应先将低压侧所有接线接好，然后用绝缘工具将电压互感器接到高压侧。工作时应戴手套和护目眼镜，站在绝缘垫上，并应有专人监护。

（5）连接电流回路的导线截面，应适合所测电流数值。连接电压回路的导线截面不得小于 1.5mm^2。

（6）非金属外壳的仪器，应与地绝缘，金属外壳的仪器和变压器外壳应接地。

（7）测量用装置必要时应设遮栏或围栏，并悬挂"止步，高压危险！"的标示牌。仪器的布置应使工作人员距带电部位不小于下表规定的安全距离。

设备不停电时的安全距离

电压等级（kV）	10 及以下（13.8）	20、35	66、110	220	330	500
安全距离（m）	0.70	1.00	1.50	3.00	4.00	5.00

三、使用钳形电流表的测量工作

（1）运行人员在高压回路上使用钳形电流表的测量工作，应由两人进行；非运行人员测量时，应填用变电站（发电厂）第二种工作票。

（2）在高压回路上测量时，严禁用导线从钳形电流表另接表计测量。

（3）测量时若需拆除遮栏，应在拆除遮栏后立即进行。工作结束，应立即将遮栏恢复原状。

（4）使用钳形电流表时，应注意钳形电流表的电压等级；测量时戴绝缘手套，站在绝缘垫上，不得触及其他设备，以防短路或接地。

观测表计时，要特别注意保持头部与带电部分的安全距离。

（5）测量低压熔断器和水平排列低压母线电流时，测量前应将各相熔断器和母线用绝缘材料加以包护隔离，以免引起相间短路，同时应注意不得触及其他带电部分。

（6）在测量高压电缆各相电流时，电缆头线间距离应在 300mm 以上，且绝缘良好，测量方便者，方可进行。

当有一相接地时，严禁测量。

（7）钳形电流表应保存在干燥的室内，使用前要擦拭干净。

四、使用兆欧表测量绝缘的工作

（1）使用兆欧表测量高压设备绝缘，应由两人进行。

（2）测量用的导线，应使用相应的绝缘导线，其端部应有绝缘套。

（3）测量绝缘时，应将被测设备从各方面断开，验明无电压，确实证明设备无人工作后，方可进行。在测量中禁止他人接近被测设备。

在测量绝缘前后，应将被测设备对地放电。

测量线路绝缘时，应取得许可并通知对侧后方可进行。

（4）在有感应电压的线路上测量绝缘时，应将相关线路同时停电，方可进行。

雷电时，严禁测量线路绝缘。

（5）在带电设备附近测量绝缘电阻时，测量人员和兆欧表安放位置，应选择适当，保持安全距离，以免兆欧表引线或引线支持物触碰带电部分；移动引线时，应注意监护，防止工作人员触电。

附录二

电力线路第一种工作票格式

电力线路第一种工作票

编号：_____

1. 单位：_____工作班组：_____工作负责人：_____
2. 工作班人员：_____

_____共___人

3. 工作线路名称（多回线路应注明双重称号）：_____

4. 工作任务

工作地点或地段（注明分、支路名称，线路的起止杆号）	工作内容

5. 计划工作时间：自___年___月___日___时___分至___年___月___日___时___分

6. 安全措施（必要时可附页绘图说明）

应转为检修状态的线路间隔名称	
应断开线路上的断路器、隔离开关、跌落式熔断器（名称和编号）	
线路上应挂的操作接地线（应写明线路电压等级、名称、杆号和具体挂设的部位）	
配合停电的线路	
其他安全措施和注意事项	

保留或邻近的带电线路、设备：_____

工作班组应挂设地线　　　　　　　　　　　　　　　　　　共有___组

线路电压等级、名称和杆号（注明方向）	接地线编号		执行人	
	高压	低压	装设	拆除

工作票签发人：　　　　　　　　　　　年　　月　　日　　时　　分

工作负责人：

7. 确认本工作票1-6项。许可工作

许可方式	许可工作的时间	许可人（含非本单位配合停电许可）	工作负责人
	年　月　日　时　分		
	年　月　日　时　分		

8. 工作负责人现场补充安全措施（针对防止倒杆、高处坠落、物体打击等的现场安全措施）：

_____

_____

9. 工作票延期，有效期延长到：___年___月___日___时___分

延期原因：_____

工作负责人签名：_____　值班调度员签名：_____

10. 工作人员变动

增添人员姓名	日	时	分	工作负责人签名	离去人员姓名	日	时	分	工作负责人签名

工作负责人变动：原工作负责人_____离去，变更_____为工作负责人。

变动时间：___年___月___日___时___分，并已通知工作许可人_____。工作票签发人：_____

11. 工作终结报告

全部工作结束，工作班人员已全部撤离，现场已清理完毕，所挂接地线共___组已经拆除。

终结报告的方式	终结报告的时间	许可人（含配合停电许可）	工作负责人
	年　月　日　时　分		
	年　月　日　时　分		

12. 备注

(1) 指定专责监护人：_____负责监护（人员、地点及具体工作）：_____

(2) 其他事项：_____

13. 交任务、交安全措施确认

我对工作负责人布置的工作任务及安全措施已明白无误，所做安全措施已能确保我的工作安全。

工作班人员签名：_____

14. 评价情况：

经检查本票为___票，存在_____

_____问题，已向_____指出。

检查人：_____　___年___月___日

附录三

变电站（发电厂）第一种工作票格式

变电站（发电厂）第一种工作票

单位_____　编号_____

1. 工作负责人（监护人）_____班组_____

2. 工作班人员（不包括工作负责人）

_____

_____

_____

_____

_____

_____共_____人。

3. 工作的变配电站名称及设备双重名称

_____

4. 工作任务

工作地点及设备双重名称	工作内容

5. 计划工作时间

自___年___月___日___时___分

至___年___月___日___时___分

6. 安全措施（必要时附页绘图说明）

应拉断路器（开关）、隔离开关	已执行*

应装接地线、应合接地开关（注明确实地点、名称及接地线编号*）	已执行*

应设遮拦、挂标示牌及防止二次回路误碰等措施	已执行*

工作地点保留带电部分或注意事项（由工作票签发人填写）	补充工作地点保留带电部分和安全措施（由工作许可人填写）

＊已执行栏目及接地线编号由工作许可人填写。

工作票签发人签名_____签发日期：___年___月___日___时___分

7. 收到工作票时间

___年___月___日___时___分

运行值班人员签名_____　　工作负责人签名_____

8. 确认本工作票1—7项

工作负责人签名_____　　工作许可人签名_____

许可开始工作时间：_____年___月___日___时___分

9. 确认工作负责人布置的任务和本施工项目安全措施

工作班组人员签名

_____

_____

_____

_____

_____

10. 工作负责人变动情况

原工作负责人_____离去，变更_____为工作负责人。

工作票签发人_____ ___年___月___日___时___分

工作人员变动情况（变动人员姓名、日期及时间）：

_____

_____

_____

_____

工作负责人签名_____

11. 工作票延期

有效期延长到___年___月___日___时___分

工作负责人签名_____ ___年___月___日___时___分

工作许可人签名_____ ___年___月___日___时___分

12. 每日开工和收工时间（使用一天的工作票不必填写）

收工时间				工作负责人	工作许可人	开工时间				工作负责人	工作许可人
月	日	时	分			月	日	时	分		

13. 工作终结

全部工作于___年___月___日___时___分结束，设备及安全措施已恢复至开工前状态，工作人员已全部撤离，材料工具已清理完毕，工作已终结。

工作负责人签名_____ 工作许可人签名_____

14. 工作票终结

临时遮栏、标示牌已拆除，常设遮栏已恢复。未拆除或未拉开的接地线编号____等共____组、接地开关（小车）共____副（台），已汇报调度值班员。

工作许可人签名_____ ___年___月___日___时___分

15. 备注

（1）指定专责监护人_____负责监护_____

_____（地点及具体工作）。

（2）其他事项：_____

_____

_____

_____

附录四

电力电缆第一种工作票格式

电力电缆第一种工作票

单位_____ 编号_____

1. 工作负责人（监护人）_____班组_____
2. 工作班人员（不包括工作负责人）

_____

_____

_____

_____

_____

_____共_____人。

3. 电力电缆双重名称_____
4. 工作任务

工作地点或地段	工作内容

5. 计划工作时间

自___年___月___日___时___分

至___年___月___日___时___分

6. 安全措施（必要时附页绘图说明）

(1) 应拉开的设备名称、应装设绝缘挡板			
变配电站或线路名称	应拉开的断路器、隔离开关、熔断器以及应装设的绝缘挡板（注明设备双重名称）	执行人	已执行

续表

（2）应合接地开关或应装接地线		
接地开关双重名称和接地线装设地点	接地线编号	执行人

（3）应设遮栏，应挂标示牌

（4）工作地点保留带电部分或注意事项（由工作票签发人填写）		（5）补充工作地点保留带电部分和安全措施（由工作许可人填写）	

工作票签发人签名＿＿＿＿＿签发日期＿＿年＿＿月＿＿日＿＿时＿＿分

7. 确认本工作票1～6项

工作负责人签名＿＿＿＿＿

8. 补充安全措施

工作负责人签名＿＿＿＿＿

9. 工作许可

（1）在线路上的电缆工作。

工作许可人＿＿＿＿＿用＿＿＿＿＿方式许可自＿＿年＿＿月＿＿日＿＿时＿＿分起开始工作。工作负责人签名＿＿＿＿＿

（2）在变配电站或发电厂内的电缆工作。

安全措施项所列措施中＿＿＿＿＿（变配电站/发电厂）部分已执行完毕。

工作许可时间＿＿年＿＿月＿＿日＿＿时＿＿分

工作许可人签名＿＿＿＿＿　工作负责人签名＿＿＿＿＿

10. 确认工作负责人布置的任务和本施工项目安全措施

工作班组人员签名

---

11. 每日开工和收工时间（使用一天的工作票不必填写）

收工时间				工作负责人	工作许可人	开工时间				工作负责人	工作许可人
月	日	时	分			月	日	时	分		

12. 工作票延期

有效期延长到___年___月___日___时___分

工作负责人签名_____ ___年___月___日___时___分

工作许可人签名_____ ___年___月___日___时___分

13. 工作负责人变动

原工作负责人_____离去，变更_____为工作负责人。

工作票签发人_____ ___年___月___日___时___分

14. 工作人员变动情况（变动人员姓名、日期及时间）：

_____

_____

_____

工作负责人签名_____

15. 工作票终结

(1) 在线路上的电缆工作：工作人员已全部撤离，材料工具已清理完毕，工作终结；所装的工作接地线共_____副已全部拆除，于___年___月___日___时___分工作负责人向工作许可人___用___方式汇报。

工作负责人签名_____

(2) 在变配电站或发电厂内的电缆工作：在_____（变配电站/发电厂）工作于___年___月___日___时___分结束，设备及安全措施已恢复至开工前状态，工作人员已全部撤离，材料工具已清理完毕。

工作许可人签名_____ 工作负责人签名_____

16. 工作票终结

临时遮拦、标示牌已拆除，常设遮栏已恢复。

未拆除或未拉开的接地线编号_____等共_____组、接地开关（小车）共 副（台），已汇报调度。

工作许可人签名_____

17. 备注

(1) 指定专责监护人_____负责监护_____

_____（地点及具体工作）。

(2) 其他事项：_____

_____

_____

附录五

变电站（发电厂）第二种工作票格式

变电站（发电厂）第二种工作票

单位_____　编号_____

1. 工作负责人（监护人）_____班组_____

2. 工作班人员（不包括工作负责人）

_____

_____

_____共_____人。

3. 工作的变配电站名称及设备双重名称

_____

4. 工作任务

工作地点或地段	工作内容

5. 计划工作时间

自___年___月___日___时___分

至___年___月___日___时___分

6. 工作条件（停电或不停电，或邻近及保留带电设备名称）

_____

_____

7. 注意事项（安全措施）

_____

_____

_____

工作票签发人签名___签发日期___年___月___日___时___分

8. 补充安全措施（工作许可人填写）

_____

_____

9. 确认本工作票1～8项

许可工作时间：___年___月___日___时___分

工作负责人签名_____　工作许可人签名_____

10. 确认工作负责人布置的任务和本施工项目安全措施

工作班组人员签名

---

11. 工作票延期

有效期延长到___年____月___日___时___分

工作负责人签名_____ ___年____月___日___时___分

工作许可人签名_____ ___年____月___日___时___分

12. 工作票终结

全部工作于___年____月___日___时____分结束，工作人员已全部撤离，材料工具已清理完毕。

工作负责人签名_____ ___年___月___日___时___分

工作许可人签名_____ ___年___月___日___时___分

13. 备注

附录六

电力电缆第二种工作票格式

电力电缆第二种工作票

单位_____　编号_____

1. 工作负责人（监护人）_____班组_____

2. 工作班人员（不包括工作负责人）

_____

_____

_____共_____人。

3. 工作任务

电力电缆	工作地点或地段	工作内容

4. 计划工作时间

自____年____月____日____时____分

至____年____月____日____时____分

5. 工作条件和安全措施

_____

_____

工作票签发人签名_____签发日期____年____月____日____时____分

6. 确认本工作票1—5项内容　工作负责人签名_____

7. 补充安全措施（工作许可人填写）

_____

_____

8. 工作许可

（1）在线路上的电缆工作：工作开始时间____年____月____日____时____分。工作负责人签名_____

（2）在变配电站或发电厂内的电缆工作：

安全措施项所列措施中_____（变配电站/发电厂）部分，已执行完毕，

许可自____年____月____日____时____分起开始工作。

工作许可人签名_____　工作负责人签名_____

9. 确认工作负责人布置的任务和本施工项目安全措施

工作班组人员签名

_____

_____

10. 工作票延期

有效期延长到＿＿年＿＿月＿＿日＿＿时＿＿分

工作负责人签名＿＿＿＿＿＿ ＿＿年＿＿月＿＿日＿＿时＿＿分

工作许可人签名＿＿＿＿＿＿ ＿＿年＿＿月＿＿日＿＿时＿＿分

11. 工作负责人变动

原工作负责人＿＿＿＿＿离去，变更＿＿＿＿＿为工作负责人。

工作票签发人＿＿＿＿＿＿ ＿＿年＿＿月＿＿日＿＿时＿＿分

12. 工作终结

（1）在线路上的电缆工作：

工作结束时间＿＿年＿＿月＿＿日＿＿时＿＿分

工作负责人签名＿＿＿＿＿

（2）在变配电站或发电厂内的电缆工作：

在＿＿＿＿＿＿（变配电站/发电厂）工作于＿＿年＿＿月＿＿日＿＿时＿＿分结束，工作人员已全部退出，材料工具已清理完毕。

工作许可人签名＿＿＿＿＿＿ 工作负责人签名＿＿＿＿＿＿

13. 备注

＿＿

＿＿

＿＿

附录七

变电站（发电厂）带电作业工作票格式

变电站（发电厂）带电作业工作票

单位_____　编号_____

1. 工作负责人（监护人）_____班组_____

2. 工作班人员（不包括工作负责人）

_____

_____

_____共_____人。

3. 工作的变配电站名称及设备双重名称

_____

4. 工作任务

工作地点或地段	工作内容

5. 计划工作时间

自___年___月___日___时___分

至___年___月___日___时___分

6. 工作条件（等电位、中间电位或地电位作业，或邻近带电设备名称）

_____

_____

7. 注意事项（安全措施）

_____

_____

_____

工作票签发人签名_____签发日期___年___月___日___时___分

8. 确认本工作票1—7项　　工作负责人签名_____

9. 指定_____为专责监护人　专责监护人签名_____

10. 补充安全措施（工作许可人填写）

_____

_____

_____

11. 许可工作时间

___年___月___日___时___分

工作许可人签名_____　工作负责人签名_____

12. 确认工作负责人布置的任务和本施工项目安全措施

工作班组人员签名

_____

_____

13. 工作票终结

全部工作于___年___月___日___时___分结束，工作人员已全部撤离，材料工具已清理完毕。

工作负责人签名_____　工作许可人签名_____

14. 备注

_____

_____

_____

附录八

变电站（发电厂）事故应急抢修单格式

变电站（发电厂）事故应急抢修单

单位_____　编号_____

1. 抢修工作负责人（监护人）_____班组_____

2. 抢修班人员（不包括抢修工作负责人）

_____共_____人。

3. 抢修任务（抢修地点和抢修内容）

_____

_____

4. 安全措施

_____

_____

_____

5. 抢修地点保留带电部分或注意事项

_____

_____

6. 上述 1～5 由抢修工作负责人_____根据抢修任务布置人_____的布置填写。

7. 经现场勘察需补充下列安全措施

_____

_____

8. 许可抢修时间

____年____月____日____时____分

许可人（调度/运行人员）_____

9. 抢修结束汇报

本抢修工作于____年____月____日____时____分结束。

现场设备状况及保留安全措施：_____

_____

_____

抢修班人员已全部撤离，材料工具已清理完毕，事故应急抢修单已终结。

抢修工作负责人_____许可人（调度/运行人员）_____

填写时间____年____月____日____时____分

附录九

变电站（发电厂）倒闸操作票格式

变电站（发电厂）倒闸操作票

单位_____　编号_____

发令人		受令人		发令时间	年　月　日　时
操作开始时间			年　月　日　时	操作结束时间	年　月　日　时
	（　）监护下操作　　（　）单人操作　　（　）检修人员操作				
操作任务					

顺序	操 作 项 目	√

备注：

操作人：　　　　　　　　　　监护人：　　　　　　　　　　值班负责人（值长）：

附录十

倒闸操作危险点分析及控制措施卡格式

倒闸操作危险点分析及控制措施卡

1. 操作票编号：
2. 操作任务：
3. 危险点分析及控制措施：

序号	危险点分析	控制措施
1		
2		
3		
4		
5		
6		
7		
8		
9		
10		
11		
12		
13		
14		
15		

操作人：　　　　　　监护人：　　　　　　值班负责人：　　　　　　值长：

附录十一

安 全 警 告 牌 式 样

名称	悬挂处	式样		
		尺 寸 (mm×mm)	颜色	字样
禁止合闸, 有人工作!	一经合闸即可送电到施工设备的断路器和隔离开关操作把手上	200×160 和 80×65	白底,红色圆形斜杠,黑色禁止标志符号	黑字
禁止合闸, 线路有人 工作!	线路断路器和隔离开关操作把手上	200×160 和 80×65	白底,红色圆形斜杠,黑色禁止标志符号	黑字
禁止分闸!	接地开关与检修设备之间的断路器操作把手上	200×160 和 80×65	白底,红色圆形斜杠,黑色禁止标志符号	黑字
在此工作!	工作地点或检修设备上	250×250 和 80×80	绿底,中有直径200mm 和 65mm 白圆圈	黑字,写于白圆圈中
止步, 高压危险!	施工地点临近带电设备的遮栏上,室外工作地点的围栏上,禁止通行的过道上,高压试验地点,室外构架上,工作地点临近带电设备的横梁上	300×240 和 200160	白底,黑色正三角形及标志符号,衬底为黄色	黑字
从此上下	工作人员上下的铁架、梯子上	250×250	绿底,中有直径200mm 白圆圈	黑字,写于白圆圈中
从此进出!	室外工作地点围栏的出入口处	250×250	绿底,中有直径200mm 白圆圈	黑字,写于白圆圈中
禁止攀登, 高压危险!	高压配电装置构架的爬梯上,变压器、电抗器等设备的爬梯上	500×400 和 200×160	白底,红色圆形斜杠,黑色禁止标志符号	黑字

附录十二

人身事故调查报告书

1. 事故简称：

2. 企业详细名称：　　　　　　　　　　　　业别：

3. 企业隶属关系：

　　上级直接管理单位：

　　产权控股单位：

4. 企业经济类型：

5. 企业详细地址：

　　联系电话：　　　　　　传真电话：　　　　　　E - mail：

6. 企业成立时间：　　　年　　月　　日

　　　　注册地址：

　　所有制性质：

　　执照情况：

　　经营范围：

7. 事故起止时间：　年　月　日　时　分至　年　月　日　时　分

8. 事故发生地点：

9. 事故现场紧急救护情况：

10. 事故发生时气象及自然灾害情况：

　　气温：　℃　　　　　　　　　　其他（晴、阴…）

11. 事故归属：

12. 安全周期是否中断：　是（　）　否（　）

13. 事故等级（事故性质）：

14. 事故类别：

15. 本次事故伤亡情况：死亡　人，重伤　人，轻伤　人

16. 本次事故经济损失情况（包括直接经济损失和间接经济损失）：

17. 危险作业分类：

18. 事故发生时不安全状态：

19. 事故发生时不安全行为：

20. 触电类别：

21. 事故经过（包括事故发生过程描述、主要违章事实和事故后果等）：

22. 事故报告、抢救和搜救情况：

23. 事故原因分析（包括直接原因、间接原因、扩大原因）：

24. 对事故的责任分析和对责任人的处理意见（包括责任人的基本情况、责任认定事实、责任追究的法律依据及处理建议，并按以下顺序排列：移送司法机关的、给予党政处分或经济处罚的、对事故单位的处罚建议）：

　　事故责任者（包括领导责任、直接责任者、主要责任者、次要责任者、事故扩大责任者）：

25. 预防事故重复发生的措施（包括从技术和管理等方面对地方政府、有关部门和事故单位提出的整改建议，以及对国家有关部门在制定政策和法规规章及标准等方面提出的建议），执行措施的负责人、完成

期限，以及执行情况的检查人：

26. 调查组成员情况：

姓名	性别	职务	职称	所在 工作单位	联系电话	事故调查中 担任职务	签名

27. 本次事故伤亡人员具体情况：

序 号	姓 名	性 别	年 龄	本工种 工龄	主管 工作	工种 1	工种 2	受过何种 安全教育	伤害 情况	伤害 程度	伤残 等级	附 注

28. 附清单（包括事故现场平面图纸及有关事故照片、资料、原始记录、笔录、录像、事故发生时的气象地质资料、有关部门出具的诊断书、鉴定结论或技术报告、试验和分析计算资料、经济损失计算及统计表、成立事故调查组的有关文件、事故处理报告书、有关事故通报简报、处分决定和受处分单位及责任人的检查材料等）：

29. 人身伤亡事故调查报告书复印件

　　　　事故单位负责人：

　　　　填　报　人：

　　　　报 出 日 期：　年　月　日

附录十三

电网事故调查报告书

1. 事故简称：

2. 企业详细名称：　　　　　　　　业别：

3. 企业隶属关系：

　　上级直接管理单位：

　　产权控股单位：

4. 企业经济类型：

5. 企业详细地址：

　　联系电话：　　　　　传真电话：　　　　　E-mail：

6. 企业成立时间：　　　　年　月　日

　　注册地址：

　　所有制性质：

　　执照情况：

　　经营范围：

7. 事故起止时间：　年　月　日　时　分至　年　月　日　时　分

8. 事故发生地点：

9. 事故发生时气象及自然灾害情况：

　　气温：　℃　　其他（晴、阴…）

10. 事故归属：

11. 安全周期是否中断：　是（　）　否（　）

12. 事故等级（事故性质）：

13. 事故类别：

14. 本次事故经济损失情况（包括直接经济损失和间接经济损失）：

15. 事故前电网运行工况（运行实时工况等）：

16. 事故经过（包括事故发生过程、扩大过程、主要违章事实、事故后果和处理情况等）：

17. 事故报告、抢救和搜救情况：

18. 事故原因分析（包括直接原因、间接原因、扩大原因）：

19. 事故暴露的问题：

20. 事故损失及影响情况（包括事故后果，少发电量、减供负荷、损坏设备、对重要用户影响等）：

21. 对事故的责任分析和对责任人的处理意见（包括责任人的基本情况、责任认定事实、责任追究的法律依据及处理建议，并按以下顺序排列：移送司法机关的、给予党政处分或经济处罚的、对事故单位的处罚建议）：

　　事故责任者（包括领导责任、直接责任者、主要责任者、次要责任者、事故扩大责任者）：

22. 预防事故重复发生的措施（包括从技术和管理等方面对地方政府、有关部门和事故单位提出的整改建议，以及对国家有关部门在制定政策和法规、规章及标准等方面提出的建议），执行措施的负责人、完成期限，以及执行情况的检查人：

23. 调查组成员情况：

姓名	性别	职务	职称	所在工作单位	联系电话	事故调查中担任职务	签名

24. 附清单（包括事故现场平面图纸及事故照片、资料、原始记录、笔录、录像、事故发生时的气象地质资料、有关部门出具的鉴定结论或技术报告、试验和分析计算资料、经济损失计算及统计表、成立事故调查组的有关文件、事故处理报告书、有关事故通报简报、处分决定和受处分单位及责任人的检查材料等）：

25. 电网事故调查报告书原件或复印件

事故调查组组长、副组长签名：

主持事故调查单位负责人签名：

主持事故调查单位盖章：

报 出 日 期：　　年　月　　日

附录十四

设备事故调查报告书

1. 事故简称：
2. 企业详细名称：　　　　　　　　　业别：
3. 企业隶属关系：
   上级直接管理单位：
   产权控股单位：
4. 企业经济类型：
5. 企业详细地址：
   联系电话：　　　　　传真电话：　　　　E - mail：
6. 企业成立时间：　　年　月　日
   注册地址：
   所有制性质：
   执照情况：
   经营范围：
7. 事故起止时间：　　年　月　日　时　分至　年　月　日　时　分
8. 事故发生地点：
9. 事故发生时气象及自然灾害情况：
   气温：　　℃　　　其他（晴、阴…）
10. 事故归属：
11. 安全周期是否中断：　是（　）　否（　）
12. 事故等级（事故性质）：
13. 事故类别：
14. 本次事故经济损失情况（包括直接经济损失和间接经济损失）：
15. 事故前工况：
16. 事故主设备情况（包括设备规范、制造厂、投产日期、最近一次大修日期等）：
17. 事故经过（包括事故发生过程、扩大过程、主要违章事实、事故后果和处理情况等）：
18. 事故报告、抢救和搜救情况：
19. 事故原因分析（包括直接原因、间接原因、扩大原因）：
20. 事故暴露问题：
21. 事故损失及影响情况（包括事故后果，少发电量、减供负荷、损坏设备、对重要用户影响等）：
22. 对事故的责任分析和对责任人的处理意见（包括责任人的基本情况、责任认定事实、责任追究的法律依据及处理建议，并按以下顺序排列：移送司法机关的、给予党政处分或经济处罚的、对事故单位的处罚建议）：
   事故责任者（包括领导责任、直接责任者、主要责任者、次要责任者、事故扩大责任者）：
23. 预防事故重复发生的措施（包括从技术和管理等方面对地方政府、有关部门和事故单位提出的整改建议，以及对国家有关部门在制定政策和法规、规章及标准等方面提出的建议），执行措施的负责人、完成期限，以及执行情况的检查人：
24. 调查组成员情况：

姓名	性别	职务	职称	所在工作单位	联系电话	事故调查中担任职务	签名

25. 附清单（包括事故现场平面图纸及事故照片、资料、原始记录、笔录、录像、事故发生时的气象地质资料、有关部门出具的鉴定结论或技术报告、试验和分析计算资料、经济损失计算及统计表、成立事故调查组的有关文件、事故处理报告书、有关事故通报简报、处分决定和受处分单位及责任人的检查材料等）：

26. 设备事故调查报告书原件或复印件

事故调查组组长、副组长签名：

主持事故调查单位负责人签名：

主持事故调查单位盖章：

报 出 日 期：　　年　月　日

附录十五

火灾事故调查报告书

1. 事故简称：

2. 企业详细名称：　　　　　　　　业别：

3. 企业隶属关系：

　　上级直接管理单位：

　　产权控股单位：

4. 企业经济类型：

5. 企业详细地址：

　　联系电话：　　　　传真电话：　　　　E-mail：

6. 企业成立时间：　　年　月　日

　　注册地址：

　　所有制性质：

　　执照情况：

　　经营范围：

7. 事故起止时间：　　年　月　日　时　分至　年　月　日　时　分

8. 事故发生地点：

9. 事故发生时气象及自然灾害情况：

　　气温：　　℃　　其他（晴、阴…）

10. 事故归属：

11. 安全周期是否中断：　是（　）　否（　）

12. 事故等级（事故性质）：

13. 事故类别：

14. 本次事故经济损失情况（包括直接经济损失和间接经济损失）：

15. 事故经过（包括事故发生过程、扩大过程、主要违章事实、事故后果及影响和处理情况等）：

16. 事故报告、抢救和搜救情况：

17. 事故原因分析（包括直接原因、间接原因、扩大原因）：

18. 事故暴露问题：

19. 对事故的责任分析和对责任人的处理意见（包括责任人的基本情况、责任认定事实、责任追究的法律依据及处理建议，并按以下顺序排列：移送司法机关的、给予党政处分或经济处罚的、对事故单位的处罚建议）：

　　事故责任者（包括领导责任、直接责任者、主要责任者、次要责任者、事故扩大责任者）：

20. 预防事故重复发生的措施，执行措施的负责人、完成期限，以及执行情况的检查人（还包括从技术和管理等方面对地方政府、有关部门和事故单位提出的整改建议，以及对国家有关部门在制定政策和法规、规章及标准等方面提出的建议）：

21. 调查组成员情况：

姓名	性别	职务	职称	所在工作单位	联系电话	事故调查中担任职务	签名

22. 附清单（包括事故现场平面图纸及事故照片、资料、原始记录、笔录、录像、事故发生时的气象地质资料、有关部门出具的鉴定结论或技术报告、试验和分析计算资料、经济损失计算及统计表、成立事故调查组的有关文件、事故处理报告书、有关事故通报简报、处分决定和受处分单位及责任人的检查材料等）：

23. 火灾事故调查报告书复印件

　　　　事故单位负责人：

　　　　填　报　人：
　　　　报 出 日 期：　　年　月　日

参 考 文 献

［1］国家电网公司人力资源部. 国家电网公司生产技能人员职业能力培训通用教材. 电气试验. 北京：中国电力出版社，2010.

［2］国家电网公司人力资源部. 国家电网公司生产技能人员职业能力培训专用教材. 电气试验. 北京：中国电力出版社，2010.

［3］洪雪燕，林建军，王富勇. 普通高等教育"十一五"国家级规划教材（高职高专教育）. 安全用电. 2 版. 北京：中国电力教育出版社，2008.

［4］张红. 普通高等教育"十一五"国家级规划教材（高职高专教育）高电压技术. 2 版. 北京：中国电力教育出版社，2009.

［5］国家电力监管委员会电力业务资质管理中心. 电工进网作业许可考试参考教材特种类高压试验专业. 北京：中国电力出版社，2007.

［6］杨文学，任红. 21 世纪高等学校规划教材电力安全技术. 北京：中国电力出版社，2006.

［7］常美生. 普通高等教育"十一五"规划教材（高职高专教育）高电压技术. 2 版. 北京：中国电力出版社，2007.

［8］中华人民共和国电力行业标准 DLT620—1997 交流电气装置的过电压保护和绝缘配合. 1997.

［9］郭莉鸿，周卫星，等. 职业教育电力技术类专业教学用书安全用电. 中国电力出版社，2007.

［10］国家电网公司人力资源部. 电力安全生产及防护. 北京：中国电力出版社，2010.

［11］国家电网公司. 安全事故调查规程. 北京：中国电力出版社，2012.

［12］宋守信，武淑平，翁勇南. 电力安全管理概论. 北京：中国电力出版社，2009.